PCCPL

REPORT ON
COMPETITION LAW AND POLICY OF CHINA
2024

中国竞争法律与
政策研究报告
2024

中国世界贸易组织研究会竞争政策与法律专业委员会　编著

中国商务出版社
·北京·

图书在版编目（CIP）数据

中国竞争法律与政策研究报告. 2024 ／ 中国世界贸易组织研究会竞争政策与法律专业委员会编著. -- 北京：中国商务出版社，2024.12. -- ISBN 978-7-5103-5536-3

Ⅰ. D922.294.4

中国国家版本馆 CIP 数据核字第 2024QR4061 号

中国竞争法律与政策研究报告 2024

中国世界贸易组织研究会竞争政策与法律专业委员会　编著

出版发行：中国商务出版社有限公司

地　　址：北京市东城区安定门外大街东后巷 28 号　邮　　编：100710

网　　址：http://www.cctpress.com

联系电话：010—64515150（发行部）　　010—64212247（总编室）
　　　　　010—64515164（事业部）　　010—64248236（印制部）

责任编辑：薛庆林

排　　版：北京天逸合文化有限公司

印　　刷：北京九州迅驰传媒文化有限公司

开　　本：710 毫米×1000 毫米　1/16

印　　张：25.75　　　　　　　　　　字　　数：355 千字

版　　次：2024 年 12 月第 1 版　　　　印　　次：2024 年 12 月第 1 次印刷

书　　号：ISBN 978-7-5103-5536-3

定　　价：98.00 元

序　言

　　公平竞争是市场经济的基本原则，也是统一市场的必然要求、创新发展的内生动力、高水平制度型开放和国际经贸合作的重要基础。公平竞争离不开竞争法的促进与保障。从 1993 年 9 月 2 日，我国竞争法领域第一部法律《反不正当竞争法》通过，到 2008 年我国《反垄断法》正式出台并于 2022 年首次修订，再到 2024 年《公平竞争审查条例》的出台并实施，《反不正当竞争法》的新一轮修法即将完成，我国竞争法在过去的 30 年里取得了巨大的发展成就。从党的十四大到党的二十大再到党的二十届三中全会，从"为了维护社会主义市场经济秩序，鼓励和保护公平竞争，制止不正当竞争行为，保障经营者的合法权益"到"加强反垄断和反不正当竞争，破除地方保护和行政性垄断，依法规范和引导资本健康发展"，再到"加强公平竞争审查刚性约束，强化反垄断和反不正当竞争，清理和废除妨碍全国统一市场和公平竞争的各种规定和做法。规范地方招商引资法规制度，严禁违法违规给予政策优惠行为"，我国竞争法律制度逐步建立并持续完善，竞争行政执法和司法也不断探索、纵深发展，竞争政策基础地位越来越被强化，为加快建设全国统一大市场和构建高水平社会主义市场经济体制作出了重要贡献。

值此《公平竞争审查条例》颁布施行和《反不正当竞争法》即将完成第三次修订之际，特推出本期《中国竞争法律与政策研究报告》，回顾与总结 2024 年竞争法领域的中央新的决策部署、法律发展以及法律实施情况。

为全面贯彻落实党的二十大和二十届三中全会精神，2024 年我国竞争政策基础地位进一步得到强化，突出了国家平等保护各类所有制企业和让不同所有制企业公平竞争发展，并强调"深化国资国企改革"。党的二十届三中全会强调"坚持两个毫不动摇""深化国资国企改革提高企业核心竞争力"和"完善公平竞争制度，反对行政垄断"，由此不难得出结论，竞争中立和公平竞争是指导我国国有企业进一步全面深化改革的基本原则——政府只有坚持竞争中立原则，完善公平竞争制度，尊重、维护和促进市场公平竞争，坚持两个"毫不动摇"，才能真正充分发挥市场在资源配置中的决定性作用和更好发挥政府作用；只有通过推动国有企业公平参与市场竞争，以及推进国有资本布局优化和结构调整、国资国企"有所为有所不为"、健全市场化经营机制。在保障和促进民营企业公平竞争和持续发展方面，10 月 10 日，司法部、国家发展改革委公布《中华人民共和国民营经济促进法（草案征求意见稿）》，向社会公开征求意见。草案规定，"保障民营企业公平竞争。强调市场准入负面清单以外领域包括民营企业在内的各类经济组织依法平等进入，落实公平竞争审查制度，规范招标投标、政府采购等行为，促进民营企业公平参与市场竞争、平等使用生产要素。"

在国家竞争政策指导下，最高人民法院根据 2022 年新修的《反垄断法》，于 2024 年 6 月 24 日发布《关于审理垄断民事纠纷案件适用法律若干问题的解释》，于 2024 年 7 月 1 日起施行，将在未来相当长时间内对于指导各级人民法院公正高效审理垄断民事案件、激活反垄断私人实施，发挥重要作用。另外，我国反垄断部门规章、地方规章、规范性文件、指导性案例在今年相应出台，尤其是《公平竞争审查条例》的颁行，使得我国《反垄断法》规则体系更趋完善。国务院、最高人民法院和国家市场监督管理总局在这一年颁布的法规规章、司法解释，回应了竞争政策的相关要求，立足中国国情，适应市场发展，旨在更好处理政府与市场、执法与司法、规范与发展的关系，细化了竞争法的有关规定，优化了竞争监管执法程序，回应了反垄断司法中的突出问题。这一年，最高人民法院也多次发布了人民法院反垄断和反不正当竞争典型案例，明确裁判规则，为竞争领域案件的裁判提供指引。

2023 年至 2024 年 8 月，市场监管部门依法查处市场垄断案件 32 件、不正当竞争案件 1.86 万件、审结经营者集中案件 1185 件、无条件批准 1154 件，对 34 起附条件案件开展监督执行，有力维护了公平竞争市场格局，保护消费者的合法权益。2024 年 8 月，国家市场监管总局办公厅发布《关于开展 2024 年公平竞争法律和政策"进机关、进党校、进企业"宣传倡导活动的通知》，各省市积极落实，在全社会大力培育和弘扬公平竞争文化，效果值得期待。

这一年，作为贯彻落实党的二十届三中全会精神的开元之年，乘着东风，2024 年的竞争法执法司法也上升到了一个新的高度，稳定、公平、透明、可预期的市场竞争环境正在形成。与此同时，竞争政策的法律实施机制也取得了相应进展。行政执法与司法有机衔接，人民检察院开展反垄断民事检察公益诉讼。2023 年 9 月，上海市、江苏省、浙江省、安徽省市场监管局共同签署《长三角地区公平竞争政策一体化推进合作协议》；2023 年 10 月，市场监管总局和广东省政府共同签署《关于建设粤港澳大湾区统一大市场公平竞争先行区 共同推动广东在中国式现代化建设中走在前列合作框架协议》；2024 年，公平竞争审查跨区域一体化实施在长三角和粤港澳大湾区积极试点。

《中国竞争法律与政策研究报告》已连续出版十五年。在过去的十五年里，我们秉持着客观、严谨的态度，认真记录我国竞争法当年的实施情况与政策发展，希望能为日后竞争法领域的法律和政策研究提供素材，为我国的竞争法事业进步和高质量发展贡献自己的力量，这也是我们所有参与编撰的专家和学者的共同动力与诚挚期盼！

崇　泉

中国世界贸易组织研究会会长

前　言

　　自《中国竞争法律与政策研究报告》2010年首发以来至今已十五年。十五年来，中国的反垄断立法和执法有了跨越式的发展，从当初立法的学习与借鉴，执法的起步与探索，到目前法律的不断完备，执法受国内外高度关注，这一切与党和政府的高度关注和不断支持密切相关，同时也有赖于竞争政策与法律的理论工作者和实务工作者的持续推进。十五年来，通过大家的辛勤努力，研究报告以类似年鉴的形式记录着我国每一年竞争政策与法律走过的历史进程，打上了发展的每一个印记，在社会有着积极的影响，得到了学界和实务部门的较高评价。

　　回想起来，记得研究报告2010年第一期出刊的时候，当时的全国政协万鄂湘副主席作序，他在序言中评价指出："研究报告系统总结了中国竞争法律与政策的发展历程，客观评述了中国竞争法律与政策的制定和实施现状，谨慎展望了中国竞争法律与政策未来发展趋势，密切跟踪了全球主要经济体竞争法律与政策的最新进展。"当时创立了竞争政策与法律委员会的俞晓松主任在该书前言中写道："研究报告从多角度、全视野描绘了中国反垄断法的多彩图景……"在 2023 年的研究报告序言中，中国世界贸易组织研究会崇泉会长对该书给予了高度认可，他指出："《中国竞争法律与政策研究报告》秉持客观严谨的态度，记录和评价我国竞争法当年的实施情况与政策发展，持续更新介绍世界主要经济体竞争立法和执法进展。"不忘初心，十五年的历史轨迹，印证了研究报告编写的主要目的始终没有变，那就是为我国竞争政策与法律的进步做不断的探索和推进。

十五年连续出版《中国竞争法律与政策研究报告》，凝聚了每一位参与者的心血，值此 2024 研究报告出版之际，谨向多年来给予本书支持的有关机构、出版社、领导、专家和学者表示诚挚的谢意，特别感谢多年来参与本书编写的各位作者和编辑，正是他们的负责求实和笔耕不断成就了本书。

尚　明

中国世界贸易组织研究会

竞争政策与法律专业委员会

CATALOG
目录

· 附 录 ·

第一章　中国竞争政策与法律制定和竞争合作的最新发展[*]

第一节　中国竞争政策和法律制定最新发展概要

自 2022 年新《反垄断法》修订以来，我国《反垄断法》规则体系不断丰富，竞争政策法治保障体制机制日臻完善，目前已初步形成了以《反垄断法》为核心，2 部行政法规、7 部部门规章、10 部国务院反垄断指南、1 部司法解释和多部地方性法规、反垄断规范性文件为主要框架的系统高效、科学完备的竞争政策法治保障体系。地方公平竞争立法也有建树，出台了一系列地方性法规和地方反垄断指引文件，共同助力建设公平竞争市场环境和培养企业竞争合规文化。在顶层设计方面，过去一年中竞争政策和反垄断继续在党和国家高层会议和文件中高频出现，党的二十届三中全会强调要进一步全面深化改革，构建高水平社会主义市场经济体制，更好发挥市场机制作用，创造更加公平、有活力的市场环境，构建全国统一大市场，强化公平竞争审查刚性约束，强化反垄断和反不正当竞争，清理和废除妨碍全国统一大市场和公平竞争的各种规定和做法。同时，我国的国际竞争交流合作也在稳步推进，我国竞争主管部门开展、参与了多个具有重要国际影响力的双边、多边国际竞

* 本章撰稿人为黄勇、苏润生。黄勇，国务院反垄断反不正当竞争委员会专家咨询组成员，对外经济贸易大学涉外法治研究院常务副院长、校竞争法中心主任、法学院教授；苏润生，对外经济贸易大学竞争法中心研究员，法学院经济法博士研究生。

争大会。

一、《反垄断法》规则体系不断丰富　竞争政策法治保障体系日臻完善

自 2022 年新《反垄断法》修订以来，我国竞争政策法治保障体系的更新与完善一直在稳步推进，2022—2023 先后出台了《禁止垄断协议规定》《禁止滥用市场支配地位行为规定》《经营者集中审查规定》《制止滥用行政权力排除、限制竞争行为规定》《禁止滥用知识产权排除、限制竞争行为规定》5 部反垄断基础部门规章，最高人民法院对外发布了新制订的反垄断司法解释公开征求意见稿，市场监管总局还制订和修订了若干重要的部门规范性文件和工作文件。

2024 年我国《反垄断法》规则体系建设在此前工作的基础上不断丰富，正式发布了《国务院关于经营者集中申报标准的规定》《公平竞争审查条例》2 部行政法规和《招标投标领域公平竞争审查规则》1 部部门规章。2024 年 1 月 22 日，国务院正式发布了《国务院关于经营者集中申报标准的规定》。经营者集中申报标准是对经营者集中里可能存在竞争风险的初步筛查，其标准的门槛设定有较强的实践导向，新标准的修订能更好地回应与支撑我国高质量社会主义市场经济发展的现实需求。2024 年 6 月 6 日，《公平竞争审查条例》正式公布，自 2024 年 8 月 1 日起施行，是对我国 8 年公平竞争审查制度实施中凝练的宝贵经验的总结，也填补了公平竞争审查制度的立法空白，与《反垄断法》滥用行政权力排除、限制竞争章节形成联动，共同构成竞争政策基础地位法制保障体系的重要组成部分。2024 年 3 月 25 日，发改委、市场监管总局等 8 部门联合印发了《招标投标领域公平竞争审查规则》，有机衔接了招标投标制度与公平竞争审查制度，针对当前招标投标市场存在的问题，细化了公平竞争审查的具体规则，探索丰富了公平竞争审查实施机制。

除了上述出台和修订的行政法规和部门规章，市场监管总局还在 2024 年发布了《关于行业协会的反垄断指南》《经营者反垄断合规指南》《关于药品领域的反垄断指南（征求意见稿)》和《标准必要专利反垄断指引》4 部规范性文件。2024 年 1 月 10 日，国务院反垄断反不正当竞争委员会正式发布《关于行业协会的反垄断指南》，行业协会是引导规范产业发展的重要力量，也是实践中垄断行为频发和极易产生反垄断争端的领域，制定该领域的反垄断指南，不仅有助于预防和制止行业协会从事垄断行为，更有助于加强行业自律、促进行业健康可持续发展。2024 年 4 月 25 日，国务院反垄断反不正当竞争委员会制定发布《经营者反垄断合规指南》，本指南相较于 2020 版的内容有了较大幅度修改，积极探索出了一条权利义务更加明晰、风险管理更加具体、更能调动经营者主动参与合规建设能动性的反垄断监管路径。2024 年 8 月，市场监管总局发布《关于药品领域的反垄断指南（征求意见稿)》，共 7 章 55 条，在正式发布施行后，将取代 2021 年 11 月 15 日发布的《国务院反垄断委员会关于原料药领域的反垄断指南》。该征求意见稿适时总结和回应了药品领域反垄断执法的难点、痛点，结合药品领域的特殊市场结构与运营模式，给相关领域的反垄断监管执法提供了全面细致的指引。2024 年 11 月 8 日，市场监管总局发布《标准必要专利反垄断指南》，共 6 章 22 条，对标准必要专利领域的相关市场界定、信息披露与许可标准、涉及标准必要专利的垄断协议、涉及标准必要专利的滥用市场支配地位认定、涉及标准必要专利的经营者集中审查相关问题进行细化规定与说明，完善了《反垄断法》与知识产权保护衔接的体制机制与规则体系。

在司法方面，反垄断法律规则体系的建设与完善在过去一年也有比肩的成绩，2024 年 6 月，最高人民法院举行反垄断民事诉讼司法解释新闻发布会，发布《最高人民法院关于审理垄断民事纠纷案件适用法律若干问题的解释》及近期人民法院反垄断典型案例。对比 2012 年最高法制定的《最高人民法院关于审理因垄断行为引发的民事纠纷案件应用法律若干问题的规定》，本次制订的反垄断司法解释在篇幅、结构、规则细节等方面都有着长足的进步，这是反垄断法实施 16 年以来反垄断司法案件审理经验积累和审判团队专业水平提高的有力说明。

此外，市场监管总局制订的其他反垄断规范性文件和工作文件在过去一年也有增加和更新，2023 年 12 月 6 日，国务院反垄断反不正当竞争委员会办公室、市场监管总局发布了《关于建立反垄断"三书一函"制度的通知》，提出了建立反垄断"三书一函"制度，包括《提醒敦促函》《约谈通知书》《立案调查通知书》以及《行政处罚决定书（经营主体）/行政建议书（行政主体）》。"三书一函"制度通过不同阶段的监管措施，从预警、指导到调查和处罚，逐步规范和纠正企业的垄断行为，是反垄断执法领域较为新型的执法方式，有利于经营主体较早发现并纠正可能的反垄断法违法违规问题。2024 年 1 月 31 日，市场监管总局发布了《经营者集中反垄断申报指导手册》以 23 个问答的形式详细回答了经营者在申报中可能会遇到的各类问题。2024 年 6 月 17 日，市场监管总局发布《横向经营者集中审查指引（征求意见稿）》。2024 年 8 月 16 日，市场监管总局反垄断执法二司发布《违反〈中华人民共和国反垄断法〉实施经营者集中行政处罚裁量权基准（征求意见稿）》。2024 年 9 月修订发布了新版《经营者集中简易案件反垄断审查申报表》《经营者集中简易案件公示表》。

2024 年对各反垄断法律规则的修订和增补，不仅能够进一步丰富完善我国的反垄断法律体系，更能够借助集中梳理的机会，进一步理顺反垄断行政法规、部门规章、司法解释、国务院反垄断指南、市场监管总局反垄断规范性文件之间的关系，明确各自在反垄断法律体系中的职能和定位。

二、强化竞争政策基础地位　构建高水平社会主义市场经济体制

我国反垄断事业的扎实推进、竞争政策法治保障体系不断丰富完善，和中央关于进一步全面深化改革、推进中国式现代化重大部署的稳固落实、国家对竞争政策和反垄断事业的重视以及我国的市场发展是分不开的。

2023 年 12 月，中央经济工作会议提出要谋划进一步全面深化改革重大举措，为推动高质量发展、加快中国式现代化建设持续注入强大动力。深入实施国有企业改革深化提升行动，增强核心功能、提高核心竞争力。促进民营企业发展壮大，在市场准入、要素获取、公平执法、权益保护等方面落实一批举措。促进中小企业专精特新发展。加快全国统一大市场建设，着力破除各种形式的地方保护和市场分割。

2024 年 3 月，政府工作报告中指出改革开放向纵深推进，深化改革扩大开放，持续改善营商环境，出台建设全国统一大市场总体工作方案，清理一批妨碍公平竞争的政策规定。制定全国统一大市场建设标准指引，着力推动产权保护、市场准入、公平竞争、社会信用等方面制度规则统一。深化要素市场化配置综合改革试点。出台公平竞争审查行政法规，完善重点领域、新兴领域、涉外领域监管规则。专项治理地方保护、市场分割、招商引资不当竞争等突出问题，加强对招投标市场的规范和管理。坚持依法监管，严格落实监管责任，提升监管精准性和有效性，坚决维护公平竞争的市场秩序。增强宏观政策取向一致性。实施国有企业改革深化提升行动，深化电力、油气、铁路和综合运输体系等改革，健全自然垄断环节监管体制机制。

2024 年 7 月，党的二十届三中全会通过了《中共中央关于进一步全面深化改革　推进中国式现代化的决定》，强调高水平社会主义市场经济体制是中国式现代化的重要保障，"必须更好发挥市场机制作用，创造更加公平、更有活力的市场环境，实现资源配置效率最优化和效益最大化"；深化国资国企改革，完善管理监督体制机制，为非公有制经济发展营造良好环境和提供更多机会的方针政策，充分发挥市场在资源配置中的决定性作用；构建全国统一大市场，完善要素市场制度和规则，完善流通体制，建设高标准市场体系；完善产权保护、市场准入、公平竞争、社会信用等市场经济基础制度；加强反垄断和反不正当竞争，破除地方保护和行政性垄断，依法规范和引导资本健康发展；健全宏观经济治理体系，完善国家战略规划体系和政策协调机制，促进各政策协同发力；完善高水平对外开放体制机制，主动对接高标准经贸规则，稳步扩大制度型开放。

三、地方竞争政策纵深发展　探索竞争政策实施体制机制

我国自反垄断法诞生之日起，反垄断监管和竞争政策制订就从属于"中央事权"的权责范围，然而地方政府作为有效实施竞争政策不可或缺的力量，在反垄断反不正当竞争执法、公平竞争审查制度执行、竞争合规宣传指引等竞争政策实施工作方面扮演着重要的角色。特别是在推进建设全国统一大市场的背景下，如何合理划分反垄断监管各层级权责事项、充分调动发挥地方公平竞争立法执法资源、提高各地竞争政策实施效果是应当研究和讨论的课题。过去一年，竞争法律在地方性法规层面的立法有所推进，各省市制定的地方性公平竞争、反垄断指引与跨区域间反垄断合作协议也争相发布。2023 年 12 月 14 日，深圳市监局发布《深圳市企业竞争合规指引》共 9 章 54 条，为深圳市行政区域内的经营主体提供了一套系统化的竞争合规管理指南，提示企业应当依据自身规模、产业特性和主要风险来源制定专门的竞争合规制度。2024 年 4 月 17 日，重庆市市场监督管理局正式制定发布《重庆市经营者集中反垄断合规指引》（以下简称《指引》）暨《重庆市市场监督管理局经营者集中提醒敦促函》（以下简称《提醒敦促函》）。这是重庆市市场监管局自 2022 年 8 月 1 日起开展经营者集中简易案件试点审查工作以来，首次出台经营者集中监管领域合规文件。2024 年 4 月 24 日，内蒙古、山西两省区分别发布《一图读懂｜内蒙古反垄断"三书一函"使用规范》与《关于建立反垄断"三书一函"制度的通知》，两份通知针对省区内"三书一函"制度的具体施行提供了更明确的指引。2024 年 5 月 31 日，上海市浦东新区出台全国首部公平竞争审查管理措施《浦东新区深化公平竞争审查若干规定》，大连、浙江、重庆等地也陆续发布地方公平竞争审查办法，积极开展公平竞争审查专题培训。

2023 年 12 月，北京市监局发布公告提出要强化区域联动，构建经

营者集中审查协作机制。北京市监局向其他 7 个省（区、市）发函统计各行业头部企业信息，并与多省市场监管委就共享反垄断专家资源、共同开展课题研究、联合开展反垄断培训、发挥属地监管优势加强经营者集中重难点案件协查核实等有关事宜制定工作计划。2024 年 4 月 17日，为加强长江中游三省反垄断监管执法协同，合力推进竞争政策实施，湖北、江西、湖南三省市场监管局在黄冈市黄梅县共同签署《长江中游三省反垄断工作协同合作框架协议》并进行工作交流。

四、培养公平竞争市场环境　强化国际竞争交流合作

竞争意识与竞争文化是竞争法治的社会基础，我国在不断完善竞争法治体制机制的同时，也高度重视公平竞争市场环境的建设与企业竞争合规文化的培养与宣传。2024 年市场监管总局联合民政部面向行业协会、城镇燃气行业、保险行业等多个领域开办了五期反垄断合规讲堂，普及竞争法律的形式多样的宣传普法活动。9 月，中国公平竞争宣传周期间市场监管总局部署重点活动安排 80 项，各地开展了丰富多样的宣传、科普活动，弘扬公平竞争文化。

在国际竞争文化交流方面，我国竞争政策和反垄断的国际交流合作在双边、多边的对话和交流中逐步升温，反垄断领域的官员、学者频频在国际会议中亮相，主办、共同承办了中国公平竞争政策国际论坛、中欧竞争政策周论坛、中韩竞争法前沿论坛、粤港澳大湾区法治论坛，金砖国家药品市场竞争问题研究工作组会议，深度参与了全美律师协会反垄断春季大会等具有重要国际影响力的国际大会，国际竞争合作交流的深度广度、活力和凝聚力不断增强。

第二节　中国竞争政策方面的最新发展

一、顶层设计持续重视竞争政策实施　加速构建全国统一大市场

我国竞争政策法治保障体系的丰富与发展离不开顶层设计的持续重视，竞争政策基础地位的不断强化也反映了我国经济发展市场化、法治

化、国际化程度不断加深，经济高质量发展体制机制不断完善，市场竞争秩序正在稳步向效率与公平平衡、活力和秩序兼顾新格局迈进。

我国市场经济建立初期，产业政策和财政政策措施是官方政策文件的主流内容，此时竞争政策仍处于学界探讨、政策建议的萌芽阶段。直到 2008 年反垄断法颁布实施，"竞争政策"入法，原总则第九条将"研究拟定有关竞争政策"规定为国务院反垄断委员会的法定职责，为后续通过深化改革转变政府职能、监督制约公权力不当干预市场的行为预留了充足空间。自党的十八大以来，中国特色社会主义事业进入新时代，竞争政策也取得了飞跃式发展。党的十八届三中全会强调"经济体制改革是全面深化改革的重点，核心问题是处理好政府和市场的关系，使市场在资源配置中起决定性作用和更好发挥政府作用"，竞争政策迎来了从幕后走向前台、进入国家治理顶层设计视野的契机。2015年，《中共中央国务院关于推进价格机制改革的若干意见》提出，"逐步确立竞争政策的基础性地位""加快建立竞争政策与产业、投资等政策的协调机制"，这是新中国成立 60 多年以来竞争政策有关表述首次进入中央顶层设计文件；2017 年，《"十三五"市场监管规划》提出"强化竞争政策在国家政策体系中的基础性地位""实行竞争中立制度"；2018年，中央经济工作会议要求"强化竞争政策的基础性地位"；2019 年，党的十九届四中全会明确提出"强化竞争政策基础地位"，标志着竞争政策已经进入国家治理顶层设计的视野，但依然与真正成为顶层设计存在距离；2021 年 3 月，"十四五"规划和 2035 年远景目标纲要中，强化竞争政策基础地位形成单独的一节内容。2022 年新《反垄断法》颁布，"强化竞争政策基础地位"纳入总则第四条："国家坚持市场化、法治化原则，强化竞争政策基础地位，制定和实施与社会主义市场经济相适应的竞争规则，完善宏观调控，健全统一、开放、竞争、有序的市场体系。"在随后的 2022—2024 两年多的时间里，国务院和有关部门发布了一系列行政法规、部门规章、指南、司法解释、地方性法规和规范性文件，反垄断法的配套规则体系逐渐完善，竞争政策法治保障体系愈发丰富、系统、科学，初步形成了系统高效、科学完备的"1＋2＋7＋10＋1＋N"的竞争政策法治保障体系。

党的二十届三中全会是进一步推进中国式现代化，明确进一步全面深化改革总目标的重要会议，审议通过了《中共中央关于进一步全面深化改革、推进中国式现代化的决定》。《决定》指出高水平社会主义市场经济体制是中国式现代化的重要保障，"必须更好发挥市场机制作用，创造更加公平、更有活力的市场环境"，坚持和落实"两个毫不动摇"，深化国资国企改革，要"推进能源、铁路、电信、水利、公用事业等行业自然垄断环节独立运营和竞争性环节市场化改革，健全监管体制机制""深入破除市场准入壁垒，推进基础设施竞争性领域向经营主体公平开放，完善民营企业参与国家重大项目建设长效机制"，构建全国统一大市场，要"推动市场基础制度规则统一、市场监管公平统一、市场设施高标准联通"。"加强公平竞争审查刚性约束，强化反垄断和反不正当竞争，清理和废除妨碍全国统一市场和公平竞争的各种规定和做法。""规范地方招商引资法规制度，严禁违法违规给予政策优惠行为。""完善要素市场制度和规则，推动生产要素畅通流动、各类资源高效配置、市场潜力充分释放。""完善主要由市场供求关系决定要素价格机制，防止政府对价格形成的不当干预。"完善市场经济基础制度，要"完善产权制度""完善市场信息披露制度""完善市场准入制度"。

为了更好地贯彻落实中央关于进一步全面深化改革重大部署，加快建设全国统一大市场。2024 年 2 月 29 日，市场监管总局在广东省东莞市召开全国反垄断工作会议，总结 2023 年反垄断工作，部署 2024 年重点任务，市场监管总局党组成员、副局长孟扬出席会议并讲话。会议指出，2023 年市场监管部门认真贯彻落实党中央、国务院决策部署，加强重点领域反垄断监管执法，扎实做好经营者集中审查，深入推进公平竞争政策实施，加快健全反垄断法规体系，加强反垄断国际合作交流，在维护公平竞争市场秩序、建设全国统一大市场、推动高质量发展方面取得显著成效。全年共查处垄断协议、滥用市场支配地位案件 27 件，罚没金额 21.63 亿元；查处滥用行政权力排除、限制竞争案件 39 件；审结经营者集中 797 件，为优化公平竞争市场环境、促进产业优化升级、推动经济回升向好作出了积极贡献。

会议强调，要紧扣高质量发展这一首要任务，聚焦加快建设全国统一大市场这个重点，做好 2024 年反垄断工作，进一步强化竞争政策基础地位，创新反垄断监管方式、提升监管效能。深入开展整治市场分割、地方保护突出问题维护公平竞争市场秩序专项行动。纵深推进民生领域反垄断执法专项行动。切实做好互联网平台反垄断监管，促进平台经济有序竞争创新发展。持续提升经营者集中审查质效，增强经济活跃度，促进要素资源合理流动和高效配置。提升公平竞争治理能力，全面落实公平竞争审查制度，健全反垄断制度规则，促进企业合规，激发市场活力，支持各类经营主体平等参与市场竞争。加强重点领域和区域市场竞争状况评估。强化全社会公平竞争理念，推进反垄断国际交流和务实合作。加强反垄断监管执法队伍建设，深化行风建设，做到严格规范公正文明执法，为构建新发展格局、推动高质量发展作出新贡献。

二、国务院发布《公平竞争审查条例》强化公平竞争审查刚性约束

公平竞争审查制度是为了规范政府有关行为，防止出台排除、限制竞争的政策措施，从源头制约政府权力之手伸得过长的竞争政策工具。2016 年 4 月 18 日，由习近平总书记主持的中央深改领导小组第二十三次会议审议通过了《关于建立公平竞争审查制度的意见》。会议强调，建立公平竞争审查制度，要从维护全国统一市场和公平竞争的角度，明确审查对象和方式，按照市场准入和退出标准、商品和要素自由流动标准、影响生产经营成本标准、影响生产经营行为标准等，对有关政策措施进行审查，从源头上防止排除和限制市场竞争。要建立健全公平竞争审查保障机制，把自我审查和外部监督结合起来，加强社会监督。对涉嫌违反公平竞争审查标准的，依法查实后要作出严肃处理。2016 年 6 月，《国务院关于在市场体系建设中建立公平竞争审查制度的意见》（下称"34 号文")的发布，标志着公平竞争审查制度正式确立。34 号文落实了深改小组的要求，将审查标准细化为"4 项标准、18 不得"，使得防止公权力排除、限制竞争有了新的制度抓手。2017 年 10 月，国家发展改革委、财政部、商务部、国家工商行政管理总局、国务院法制办会同有关部门研究制定了《公平竞争审查制度实施细则（暂行)》明确了公平竞争审查的程序和流程。至 2019 年底，公平竞争审查制度实现国家、省、市、县四级政府全覆盖。公平竞争审查制度能够在我国的基层行政区扎根，给这项制度今后的实施提供了信心、奠定了基础。2021 年 6 月，市场监督管理总局等五部门修订发布了《公平竞争审查制度实施细则》(《实施细则》)，优化了审查机制和程序，完善和细化了审查标准的内容和表现形式。

党中央、国务院高度重视为经营者营造公平竞争市场环境。党的二十大报告指出，要加强反垄断和反不正当竞争，破除地方保护和行政性垄断，依法规范和引导资本健康发展。2022 年 6 月，《反垄断法》修订，首次在法律上正式确立公平竞争审查制度，第五条规定，国家建立健全公平竞争审查制度，行政机关和法律、法规授权的具有管理公共事务职能的组织在制定涉及市场主体经济活动的规定时，应当进行公平竞争审查。公平竞争审查制度实施的 8 年来，全国累计审查的政策措施达161.8 万件，形成了如会审制度、第三方评估制度、专家听证制度、与反垄断执法监督衔接机制等丰富经验，与《反垄断法》第五章关于防止滥用行政权力排除、限制竞争的相关条款共同构成了限制公权力不正当干预市场经济运行的制度保障。公平竞争审查制度是实施竞争政策的制度工具，因此这项制度不仅要发挥自身从源头上防止排除、限制竞争的政策文件出台的作用，还要成为强化竞争政策基础地位法治保障的路径和抓手，发挥在构建高水平社会主义市场经济、推动高质量发展的重要作用。

2024 年 3 月 28 日，市场监管总局召开第一季度例行新闻发布会，时任市场监管总局新闻发言人、新闻宣传司司长于军，市场监管总局竞争协调司司长周智高介绍近期公平竞争审查工作成果。自 2023 年 6 月开始，市场监管总局联合国家发展改革委等相关部门组织开展了妨碍统一大市场和公平竞争的政策措施清理工作。在为期 6 个月的集中清理过程中，各地区、各部门按照工作要求，加快推进清理工作，取得了积极成效。总体来看，各地区、各部门共梳理涉及经营主体经济活动的各类政策措施 690 448 件，清理存在妨碍全国统一大市场和公平竞争问题的政策措施 4218 件，其中涉及妨碍市场准入和退出的 1917 件；涉及妨碍商品和要素自由流动的 568 件；涉及不当影响生产经营成本的 1462 件；涉及不当影响生产经营行为的 121 件；因文件到期废止等其他情况作出调整的 150 件。2023 年，全国市场监管部门会同审查政策措施 9119 件、发送整改建议书 1155 份，各地区、各部门修订或者废止违反公平竞争审查制度的政策措施 1.76 万件，有力规范行政行为，促进营造市场化法治化国际化一流营商环境。本次清理问题发现率 0.61%，较 2019 年清理工作上升 0.05 个百分点。在修订、废止的政策措施中，制定主体为国务院各部门的占 0.38%，省级占 6.02%，地市级占 44.93%，区县级占 48.67%。各级政府部门特别是市县级政府部门通过开展集中清理，进一步深化了对加快建设全国统一大市场重要性紧迫性的认识，明晰了工作要求，增强了工作主动，更加自觉做到全国一盘棋。

2024 年 5 月 11 日，国务院常务会议审议通过《公平竞争审查条例（草案）》决定。2024 年 6 月 6 日，《公平竞争审查条例》（以下简称《条例》）正式公布，自 2024 年 8 月 1 日起施行，共 5 章 27 条，分别从公平竞争审查一般原则、审查标准、审查机制、监督保障四个方面完善落实了公平竞争政策法治保障体系。从具体细则来看该条例有以下几个特点，一是致力于回应经营主体的实际关切，第二章第八条至第十一条以"禁止性清单+兜底性条款"的形式，从市场准入和退出、商品要素的自由流动、生产经营成本和生产经营行为四个方面，确立了 19 项政策措施中不得包含的内容。二是强化公平竞争审查制度刚性约束，第一章总则第四条至第七条，规定有关方面的责任，国务院建立公平竞争审查协调机制，统筹、协调和指导全国公平竞争审查工作；国务院市场监督管理部门负责指导实施公平竞争审查制度，督促有关部门和地方开展公平竞争审查工作。县级以上地方人民政府建立健全公平竞争审查工作机制，市场监督管理部门负责在本行政区域组织实施公平竞争审查制度。第三章第十三条至第十九条，明确公平竞争审查机制，规定未经公平竞审查，或者违反本条例相关规定的政策不得出台。第四章第二十条至第二十五条，明确了公平竞争审查抽查、举报处理、督察等机制中相关主体权利义务边界的法律责任。

此前，我国反垄断法对建立公平竞争审查制度只是作了原则性规定，本次公布的《公平竞争审查条例》首次以行政法规的形式对公平竞争审查的对象、标准、机制、监督保障等作了系统详细的规定，填补了公平竞争制度的立法空白，以法律为准绳预防政府部门出台排除、限制竞争的政策措施，标志着公平竞争审查制度通过"政策法治化"融入了国家治理体系中，是竞争政策基础地位法治保障体系的重要组成部分。

《条例》第十五条指出鼓励有条件的地区探索建立跨区域、跨部门的公平竞争审查工作机制。公平竞争审查制度工作机制的创新与探索是释放制度活力、落实相关规则体系的重要环节，相关部门在积极推进相关工作。2024 年 3 月 25 日，发改委牵头，八部门联合印发《招标投标领域公平竞争审查规则》，有机衔接了招标投标制度与公平竞争审查制度，针对当前招标投标市场存在的问题，细化了公平竞争审查时的具体规则。另一方面，制度的落地离不开中央和地方的协同推进。5 月 13 日，司法部下发关于开展涉及不平等对待企业法律法规政策清理工作的公告；5 月 31 日，上海市浦东新区出台全国首部公平竞争审查管理措施《浦东新区深化公平竞争审查若干规定》，大连、浙江、重庆等地也陆续发布地方公平竞争审查办法，积极开展公平竞争审查专题培训。

三、培养公平竞争市场环境　培育企业合规文化

竞争意识与竞争文化是竞争法治的社会基础，我国在不断完善竞争

法治体制机制的同时，也高度重视公平竞争市场环境的建设与企业竞争合规文化的培养与宣传。2024 年有关部门采取系列宣讲、短视频等多种形式开展了许多弘扬竞争文化，普及竞争法律的形式多样的宣传普法活动。

市场监督管理总局联合民政部开展了系列反垄断合规讲堂，主动开展"送法上门"，是落实国家机关"谁执法谁普法"普法责任制的生动实践。5 月 9 日，第一期面向全国行业协会商会贯彻解读《国务院反垄断反不正当竞争委员会关于行业协会的反垄断指南》，6 月 21 日，第二期坚持"监管为民"的核心理念，面向燃气行业进行反垄断合规指导，邀请黄勇教授进行主题讲座，结合我国竞争政策法治保障体制机制建设，归纳梳理了城镇燃气行业近年来在司法、执法实践中取得的成绩和可能存在的问题，系统提示了相关领域可能存在的反垄断法律风险。7 月 25 日，第三期面向保险行业开展反垄断合规宣讲，促进社会经济稳定健康发展，筑牢反垄断合规防线。8 月 20 日，第四期面向航空运输行业开展反垄断合规宣讲，要求航空运输行业经营主体严格遵守《反垄断法》等法律规定，依法竞争、合规经营。9 月 13 日，第五期面向机动车检验行业开展反垄断合规宣讲，引导重要民生产业加强反垄断合规建设。

2024 年 4 月 15 日，《禁止垄断协议规定》和《禁止滥用市场支配地位行为规定》施行一周年。市场监管总局推出反垄断合规小课堂系列短视频，聚焦公用事业、医药、建材、汽车、平台经济、行业协会等重点行业领域，解读典型垄断行为表现形式，引导经营主体和行业协会提升反垄断合规意识，营造公平竞争市场环境。短视频通过将法律知识融入场景化剧情故事的方式，生动展现了各行业典型垄断行为的表现形式，阐释了相关行为如何损害消费者福利、破坏市场公平竞争秩序，突出反垄断法律在维护市场公平竞争中的重要作用，以及政府、企业和个人在反垄断斗争中的责任与担当。

2024 年 8 月，市场监管总局公布 2024 年中国公平竞争宣传周重点活动安排80项，其中各省、市、县（区）市监局通过开展公平竞争法律和政策"进机关、进党校、进企业"活动，在权威媒体和新媒体平台投放宣传标识、宣传片、公益广告、主题海报，以全国知识竞赛、系列主题讲堂、宣讲会等丰富多样的形式宣传倡导公平竞争文化，普及反垄断法律知识。其中上海市监局通过"沪小狮"的政务新媒体IP形象开展了"沪小狮带您听讲座、看海报、看短片、拿奖品"系列活动，通过公平竞争政策和反垄断法律法规在线直播讲座、专场讲座，在机场、公共交通、上海外滩LED屏等投放主题宣传海报，在新媒体平台发布宣传短片，以法律法规在线有奖竞答的形式宣传公平竞争文化，短视频累计观看人次超190万，取得较好反响，值得继续推广借鉴。

2023年12月14日，苏州市反垄断与反不正当竞争联盟成立。作为政府部门监管力量的有效补充，联盟的成立标志着苏州市反垄断与反不正当竞争工作由政府单向监管向社会共治迈进，在全国属于首创。未来，联盟将以指导、服务、自律和协调为重点，在政府和企业之间架起桥梁纽带，积极为企业提供反垄断法、反不正当竞争法方面的法律咨询和教育培训，帮助更多企业规范内部合规管理。

第三节　中国竞争法律方面的最新发展

2024年，竞争法律领域有了一系列新的发展，通过对各反垄断法律规则的修订和增补，不仅能够进一步丰富完善我国的反垄断法律体系，还能够借助集中梳理的机会，进一步理顺反垄断行政法规、部门规章、司法解释、国务院反垄断指南、市场监管总局反垄断规范性文件之间的关系，明确各自在反垄断法律体系中的职能和定位。目前，我国已初步形成了一个以《反垄断法》为核心，2部行政法规、7部部门规章、10部国务院反垄断指南、多部地方性法规和1部司法解释为主要框架的系统高效、科学完备的竞争政策法治保障体系，且有关部门和社会各界仍在继续群策群力、通力合作，共同致力于体系的扩大与完善。

2 部部门规章：《国务院关于经营者集中申报标准的规定》和《公平竞争审查条例》。7 部部门规章：《禁止垄断协议规定》《禁止滥用市场支配地位行为规定》《经营者集中审查规定》《禁止滥用知识产权排除、限制竞争行为规定》《金融业经营者集中申报营业额计算办法》《制止滥用行政权力排除、限制竞争行为规定》《招标投标领域公平竞争审查规则》。10 部国务院反垄断指南：《国务院反垄断委员会关于相关市场界定的指南》《国务院反垄断委员会关于汽车业的反垄断指南》《国务院反垄断委员会横向垄断协议案件宽大制度适用指南》《国务院反垄断委员会垄断案件经营者承诺指南》《国务院反垄断委员会关于知识产权领域的反垄断指南》《国务院反垄断委员会关于平台经济领域的反垄断指南》《国务院反垄断委员会关于原料药领域的反垄断指南》《关于行业协会的反垄断指南》《经营者反垄断合规指南》《关于药品领域的反垄断指南（征求意见稿）》。1 部司法解释：《最高人民法院关于审理垄断民事纠纷案件适用法律若干问题的解释》。

一、国务院发布《国务院关于经营者集中申报标准的规定》《公平竞争审查》2 部行政法规

2024 年 1 月 22 日，《国务院关于经营者集中申报标准的规定》（以下简称《经营者集中审查规定》）正式发布，共 7 条。原《经营者集中审查规定》发布于 2008 年，共 5 条，此后根据 2018 年 9 月 18 日中华人民共和国国务院令第 703 号，经历第一次修改，将原第三条、第四条中的"国务院商务主管部门"修改为"国务院反垄断执法机构"。经营者集中申报标准是对经营者集中里可能存在竞争风险的初步筛查，对监管范围划分、申报义务规范具有重要作用，肩负平衡消除潜在竞争问题风险和降低市场合规成本、促进企业发展的责任，需要与我国经济发展水平和市场竞争状况相适应。目前我国经济总量、产业发展阶段、经营主体的数量和规模都与 2008 年申报标准制定时发生了深刻变化，本次《经营者集中审查规定》的修订可以有效放宽市场准入门槛、降低经营者集中制度性交易成本、减轻企业负担、提升反垄断监管执法效能。具体到条文的修订，其主要集中在提高经营者集中申报标准门槛和建立实施评估机制两方面，一是修改的第三条，将参与集中的所有经营者全球合计营业额标准由现行 100 亿人民币提高至 120 亿人民币；将参与集中的所有经营者中国境内合计营业额标准由现行 20 亿人民币提高至 40 亿人民币；将参与集中的单个经营者在中国境内的营业额标准由现行 4 亿人民币提高至 8 亿人民币。二是新增第六条，要求国务院反垄断执法机构根据经济发展情况，对申报标准的实施情况进行评估。

2024 年 5 月 11 日，国务院常务会议审议通过《公平竞争审查条例（草案）》决定。2024 年 6 月 6 日，《公平竞争审查条例》正式公布，自 2024 年 8 月 1 日起施行，共 5 章 27 条，分别从公平竞争审查一般原则、审查标准、审查机制、监督保障四个方面完善落实了公平竞争政策法治保障体系。从具体细则来看，该条例有以下几个特点，一是致力于回应经营主体的实际关切，第二章第八条至第十一条，通过"禁止性清单+兜底性条款"的形式，从市场准入和退出、商品要素的自由流动、生产经营成本和生产经营行为四个方面，确立了 19 项政策措施中不得包含的内容。二是强化公平竞争审查制度刚性约束，第一章总则第四条至第七条，规定有关方面的责任，国务院建立公平竞争审查协调机制，统筹、协调和指导全国公平竞争审查工作；国务院市场监督管理部门负责指导实施公平竞争审查制度，督促有关部门和地方开展公平竞争审查工作。县级以上地方人民政府建立健全公平竞争审查工作机制，市场监督管理部门负责在本行政区域组织实施公平竞争审查制度。第三章第十三条至第十九条，明确公平竞争审查机制，规定未经公平竞审查，或者违反本条例相关规定的政策不得出台。第四章第二十条至第二十五条，明确了公平竞争审查抽查、举报处理、督察等机制中相关主体权利义务边界的法律责任。

此前，我国反垄断法对建立公平竞争审查制度只是作了原则性规定，本次公布的《公平竞争审查条例》首次以行政法规的形式对公平竞争审查的对象、标准、机制、监督保障等作了系统详细的规定，填补了公平竞争制度的立法空白，以法律为准绳预防政府部门出台排除、限制竞争的政策措施，标志着公平竞争审查制度通过"政策法治化"融入了国家治理体系中，是竞争政策基础地位法治保障体系的重要组成部分。

二、国家市场监督管理总局发布《招标投标领域公平竞争审查规则》、3 部反垄断指南和若干规范性文件

2024 年 3 月 25 日，发改委、市场监管总局等 8 部门联合发布《招标投标领域公平竞争审查规则》，共 5 章 22 条，分别从招标投标领域公平竞争审查的审查标准、审查机制和监督管理 3 个方面进行细化规定。具体到条文来看，第二章审查标准第八条提出应当进一步完善定标规则，尊重和保障招标人定标权，落实招标人定标主体责任。该规定否定了实践中出现的通过抽签、摇号等方式确定中标人的方式方法，可以有效保障招标人根据招标项目特点和需求依法自主选择定标方式，有效维护市场的公平竞争秩序。第九条提出政策制定机关可以通过制定实施相应政策措施鼓励经营主体应用信用评价结果，引导经营主体诚信守法参与招投标活动。强调需要建立统一的信用评价标准，不得以信用评价变相设立招标投标交易壁垒。第四章监督管理第十七条指出应当建立招标投标市场壁垒线索征集机制，动态清理废止各类有违公平竞争的政策措施。总体而言，该《规定》将公平竞争审查制度与招标投标制度相关规定进行有机衔接，创新性地提出了一些因地制宜的公平竞争审查实施方案，是对公平竞争审查制度体制机制的积极探索和推进。

2024 年 1 月 10 日，国务院反垄断反不正当竞争委员会正式发布《关于行业协会的反垄断指南》，共 26 条。此前新修订的《反垄断法》第一章总则第十四条、第二章垄断协议第二十一条、第七章法律责任第五十六条第四款相对原则性地规定了行业协会的反垄断法律责任。本次《指南》的发布主要是对行业协会垄断行为规制范围的细化、完善强化行业协会反垄断合规建设，以及对行业协会反垄断法律责任等方面做出了规定和指引，对预防和制止行业协会从事《反垄断法》禁止的行为，加强行业自律，促进行业发展，发挥行业协会在促进行业规范健康持续发展、维护市场竞争秩序等方面的积极作用，引导行业协会加强反垄断合规建设等方面具有积极促进作用。

2024 年 4 月 26 日，国务院反垄断反不正当竞争委员会制定发布了《经营者反垄断合规指南》，共 6 章 41 条，对比替换的 2020 版《经营者反垄断合规指南》的 30 条内容，本次修订幅度较大，新的指南主要在健全反垄断合规管理原则、规范企业反垄断合规管理组织模式、细化企业合规风险管理内容、完善合规管理运行和保障内容，以及增加合规激励专章五个方面作出修改。具体到条文的内容，一是新增第四条反垄断合规管理原则，提出"反垄断合规管理要覆盖所有业务领域""大型经营者通常需要建立较为完备地合规管理制度""中型、小型经营者可以结合自身实际建立与自身发展阶段和能力相适应地合规管理制度"，反垄断合规原则上应突出问题导向、实践导向，鼓励经营者根据市场竞争状况、所处行业特点和自身风险要点，有针对性地开展反垄断合规管理。二是第七条新增"合规治理机构是经营者反垄断合规管理体系的最高机构，负责反垄断合规管理的组织领导和统筹协调，研究决定反垄断合规管理重大事项。"明确了反垄断合规管理机构的组织构成模式和权利义务界限。三是第十三条、第十四条新增，经营者可以根据市场竞争状况、行业特性、业务规模、经营模式、核心业务等因素，突出重点领域、重点环节和重点人员，强化反垄断合规风险识别。提出反垄断合规分级管理，并给出一系列典型参考案例，细化反垄断合规风险管理内容，突出反垄断合规管理的问题导向、实践导向。四是新增第二十三条至第二十五条，分别从反垄断合规审查流程、反垄断合规咨询和鼓励经营者建立反垄断合规汇报机制三方面在执行层面健全支撑了经营者反垄断合规管理的运行与保障。五是新增第三十三条至第三十八条的第五章合规激励专章，分别从调查前合规激励、承诺制度中的合规激励、宽大制度中的合规激励、罚款幅度裁量区间中的合规激励、实质性审查等几个方面，结合《反垄断法》《行政处罚法》及有关法律法规和部门规章对反垄断合规激励的原则与实施方法进行了详细规定，规定反垄断执法机构在对垄断行为进行处理时，可以酌情考虑经营者反垄断合规管理制度的建设及实施情况，给予从轻、减轻或免除处罚的决定，增强了合规激励制度的可操作性和执行有效性，大幅提高了经营者参与反垄断合规建设的积极性。总体而言，反垄断合规指南的发布实施，为经营者开展反垄断合规工作提供了明确指引，积极引导、提升经营者参与反垄断合规建设积极性，有助于培养加深经营者对反垄断法相关规定的理解和认识，有效预防和降低反垄断领域法律风险。

2024 年 8 月 9 日，市场监管总局发布了《关于药品领域的反垄断指南（征求意见稿）》并向社会公开征求意见，该指南正式发布后，将取代 2021 年 11 月 15 日发布的《国务院反垄断委员会关于原料药领域的反垄断指南》。目前征求意见稿共 7 章 55 条，从垄断行为类型上看，分别从横向垄断协议，纵向垄断协议，组织、帮助达成垄断协议，滥用市场支配地位，经营者集中申报和反垄断合规 7 个方面分别针对药品领域特殊的市场运营模式中可能涉及的反垄断问题与相关法律责任进行规则细化与完善。从条文结构来看，第一章总则部分包含相关定义、药品领域反垄断监管基本原则、药品网络销售、反垄断合规监管制度和药品领域相关市场界定问题的细则，其中药品领域的相关市场界定因为涉及药品研发、生产、经营等多个环节，且与知识产权保护、市场准入许可和集中带量采购政策等交织在一起，一直是相关领域反垄断执法实践中的难点问题，指南第六条结合反垄断实务经验对此进行了细化规定，列明了相关市场界定环节中可能参考的因素，增加了反垄断执法的透明度和可执行性。在第二章垄断协议部分第十一条至第十三条对药品领域的联合研发协议、反向支付协议等特殊问题进行了清晰规定，列举了分析行为违法性时的考量因素。在第二章第十七条以及第三章第二十九条，分别明确了共同行为主体在垄断协议与滥用市场支配地位案件中的责任认定问题，回应了实践中往往存在同一或不同环节的多个经营者共同参与垄断的问题，完善了药品领域垄断主体识别与法律责任认定的思路。在第四章经营者集中部分第三十五条明确列举了药品领域经营者集中审查的可能考量因素，有利于增强相关领域反垄断执法透明度，降低经营主体制度性成本。第五章相关部分有效衔接了《反垄断法》滥用行政权力排除、限制竞争章节内容和《公平竞争审查条例》，对药品跨区域自由流通、药品招投标、地区保护和滥用行政权力排除药品市场竞争等具体问题进行了细化规定。总体而言，《指南》以垄断协议、滥用市场支配地位、经营者集中、行政性垄断这四大垄断问题为主要分析对象，并从概念界定、行为认定、责任归属三个层面提供具体指引，对各种垄断情形作了较为周延的列举，有效衔接了《反垄断法》《公平竞争审查条例》，完善了药品领域垄断主体识别、行为违法性认定和法律责任认定思路，有利于提升反垄断执法工作的精确性。

2024 年 11 月 8 日，市场监管总局反垄断执法一司发布《标准必要专利反垄断指引》共 6 章 22 条，分别就标准必要专利领域的信息披露、许可承诺、善意谈判以及该领域可能涉及的垄断协议行为、滥用市场支配地位行为、经营者集中审查相关行为的反垄断法适用规则进行细化补充。第二章讨论了涉及标准必要专利的反垄断案件中信息披露、许可承诺、善意谈判与构成排除、限制竞争之间的关系，第六条具体分析了是否违反 FRAND 原则是认定实施垄断行为的重要考虑因素，但并不必然导致违反反垄断法。第三章垄断协议相关内容第十条具体讨论了专利联营类垄断协议行为判定标准，对以标准必要专利为伪装，行固定价格、分割市场之实的卡特尔行为进行了反垄断分析方法的确认；第四章列举了标准必要专利的相关市场界定以及市场支配地位的认定方法和考虑因素、滥用市场支配地位行为的典型类型及认定因素；第五章规定了涉及标准必要专利的经营者集中申报情形及审查规定和认定标准。标准必要专利领域的公平竞争问题涉及国内、国际两个市场，覆盖无线通信、音视频、物联网、新能源汽车等众多产业，许可主体多元化、许可模式复杂化，其正常商业行为与反竞争行为之间存在模糊地带，该《指引》与《国务院反垄断委员会关于知识产权领域的反垄断指南》《禁止滥用知识产权排除、限制竞争行为规定》等限制滥用知识产权行为的相关规则体系相互补充，完善了《反垄断法》与知识产权保护衔接的体制机制与规则体系。

2024 年 9 月，市场监管总局修订发布了《经营者集中简易案件反垄断审查申报表》《经营者集中简易案件公示表》，将于 2024 年 10 月 12 日正式施行并上线经营者集中反垄断业务系统。新申报表与公示表的征求意见稿公布于 2024 年 4 月，在广泛征求社会公共意见，对各方合理意见予以吸收采纳后，进行多轮修改完善，最终施行。此前，我国经营者集中简易案件申报材料主要包括保密版申请表、非保密版申请表和公示表等 3 份材料，其中申请表基本信息要求共 44 项。在本次修订后，申请人需要提交的申请材料从 3 份减为 2 份，原则上不再需要提交非保密版申请表。在申报内容方面，需要提交的信息从 44 项减少到 38 项且申报的逻辑结构更加清晰，申报人无需填报 "设立和重要变更的历史情况""最终控制人与参与集中的经营者之间的关系""主要竞争者相关信息" 等部分重复的信息要求；无需填报 "邮编" 和 "内部及第三方编制的研究、分析和报告" 等与审查无关的信息要求；部分境外申报人可以选择提交领事认证文件或者更为便利的海牙认证文件等。在本次《经营者集中简易案件反垄断审查申报表》《经营者集中简易案件公示表》修订后，相关申报的要求更加规范明确，表格结构更完善合理，积极回应了申报主体的现实需要。在目前经营者集中简易案件数量占总案件量比例接近 90% 的情况下，此次修订申报表和公示表，能切实有效降低经营者进行申报的时间和资金成本，降低经营主体制度性成本，对进一步深化经营者集中审查制度改革，优化简易案件审查思路具有重要推动作用。

2024 年 6 月，市场监管总局发布《横向经营者集中审查指引（征求意见稿）》，共 12 章 87 条，全文共 22 000 多字，分别从证据材料、相关市场、市场集中度、单边效应、协调效应、潜在竞争、市场进入、买方力量、效率、其他因素等方面综合对横向经营者集中竞争分析的考量标准进行了构建和明确，并通过列举 29 个典型案例对相关规则进行了进一步的说明阐释。该征求意见稿系统总结了经营者集中审查中的一些已有做法，并提出了一些新的审查规则，如第十一条提出的"目的证据"规则，第十五条总结实践经验指出在相关市场界定中应当区分不同类型的经营者集中，第二十三条和第三十条明确了判断竞争影响的市场份额标准和市场集中度标准等。有利于进一步完善经营者集中审查规则，规范横向经营者集中审查，增加审查工作透明度，对于我国经营者集中审查工作的开展具有显著积极意义。

2024 年 8 月 16 日，市场监管总局反垄断执法二司发布了《违反〈中华人民共和国反垄断法〉实施经营者集中行政处罚裁量权基准（征求意见稿）》，共 19 条，分别从适用情形、指导原则、处罚对象、处罚罚款裁量步骤、从轻和从重处罚情节、最终罚款数额上调和下调考量因素、不予处罚情形等方面综合对实施经营者集中行政处罚裁量权的基准进行了构建和明确，并且采用示例的形式对处罚罚款裁量步骤以及不予处罚的情况进行了更加清晰的说明。该《征求意见稿》很好地吸收了《反垄断法》《行政处罚法》以及市场监管部门的相关经验与规定，是我国反垄断执法标准精细化的体现之一。

三、最高人民法院发布《最高人民法院关于审理垄断民事纠纷案件适用法律若干问题的解释》及近期人民法院反垄断典型案例

2024 年 6 月 24 日，最高人民法院举行反垄断民事诉讼司法解释新闻发布会，发布《最高人民法院关于审理垄断民事纠纷案件适用法律若干问题的解释》（以下简称"新反垄断民事诉讼司法解释"）及近期人民法院反垄断典型案例。新司法解释是在吸收了 2012 年 5 月颁布的《最高人民法院关于审理因垄断行为引发的民事纠纷案件应用法律若干问题的规定》（以下简称 2012 年《垄断民事案件规定》）有效经验和做

法的基础上，根据 2022 年修订的《反垄断法》制定的一部新的综合性司法解释。在 2023 年《征求意见稿》的基础上，最终形成了涵盖司法程序规定、相关市场界定、垄断协议行为、滥用市场支配地位行为、民事责任和附则共 6 章 51 条内容。

从具体条文来看，新反垄断民事诉讼司法解释第一章重点规定了审理垄断民事纠纷案件需要注意的程序事项，主要包括垄断民事纠纷案件类型的界定、起诉方式、案件管辖、仲裁协议效力、证据认定、公益诉讼、中止诉讼和线索移送等程序问题。第三条规定了垄断案件一方以涉案合同已有仲裁协议为由异议人民法院管辖权的处理原则，明确了人民法院有权对已有仲裁协议的垄断民事纠纷实施管辖。第二条、第十条规定了人民法院对行政垄断跟随民事诉讼案件的受理规则，明确对已依法认定为行政垄断行为的受益者提起的民事赔偿请求，人民法院应当受理，并明确已生效的行政诉讼在后续反垄断民事纠纷案件中的证明能力。在 2024 年 9 月公平竞争宣传周，最高法在发布的 8 件反垄断和反不正当竞争典型案例中对相关问题进行了进一步阐释，"蔬菜批发市场"滥用市场支配地位案【最高人民法院（2024）最高法知民终 748 号】明确涉案当事人的行为并不局限于涉案合同所约定的权利义务关系，还因滥用市场支配地位行为可能直接关系到公平市场竞争秩序、消费者利益和社会公共利益，"因此，不能以当事人之间存在仲裁协议即当然排除人民法院受理本案，本案属于人民法院的受案范围。""天然气公司"捆绑交易案【最高人民法院（2023）最高法知民终 1547 号】指出"川某天然气公司未能提交证据推翻行政处罚决定认定的基本事实。""在提交了已经生效的案涉处罚决定书后，无需再行举证证明川某天然气公司实施了本案被诉垄断行为。"明确了反垄断行政处罚后继诉讼中的举证责任及损害赔偿确定的规则。

第二章主要是民事诉讼案件相关市场界定的有关规则，第十四至第十七条从界定相关市场的原则要求、证明责任、分析方法、考量因素等方面做出规定，并且涵盖了涉及互联网平台案件的相关市场界定方法。

第三章是关于垄断协议的有关规定，主要包括横向垄断协议的协同行为、行为主体、算法共谋、药品专利反向支付、跨平台最惠待遇等表现形式，纵向垄断协议的举证责任、反竞争效果认定及其例外，组织帮助行为、垄断协议豁免等事项。第十八条关于协同行为认定的规定中新增了市场行为一致性和相对一致性的考量因素，如何认定相对一致性和区分协同行为与市场大环境变化造成的类似市场反应可能是未来需要加以注意和进一步厘清的问题。

第四章是关于滥用市场支配地位的有关规定，主要包括市场支配地位的界定、各种类型滥用市场支配行为的分析认定，包括构成要件、举证责任分配、证明标准及正当理由等方面。第三十八条修改了在《征求意见稿》第三十九条中新增的"拒绝交易行为明显排除、限制上游市场或者下游市场的有效竞争"的滥用市场支配地位实施拒绝交易行为的认定要件，正式表述为"拒绝交易行为排除、限制上游市场或者下游市场的竞争"，相较于征求意见稿较为模糊的"明显排除、限制""有效竞争"的认定标准更加贴合目前我国的反垄断司法实践，具有更强的可操作性。因为在目前司法案件中对拒绝交易反垄断案件的认定要件是经营者实施了拒绝交易行为，并不在个案中量化和深究拒绝交易行为对竞争是否产生了足够的影响进而排除或限制市场内的有效竞争。而且，因为反垄断诉讼案件可能存在众多其他由同一垄断行为引发的类案，加之很多受到拒绝交易行为损害的当事人可能并未提起诉讼，所以在个案中往往难以衡量和认定拒绝交易行为是否明显排除、限制上下游市场的有效竞争。新反垄断民事诉讼司法解释相关表述的调整既是立法经验与司法裁判有效衔接的一个亮点，同时也要在个案中继续推进落实相关条款的实施指导工作，更好指导未来的司法裁判。

第五章统一规定了反垄断民事诉讼的法律责任，主要包括有关民事责任形式、损失认定、行为效力、诉讼时效等方面。第六章是附则，主要规定新旧《反垄断法》衔接适用、司法解释的时间效力等。

第四节 竞争政策与法律的国际交流合作

开放是中国式现代化的鲜明标识，党的二十届三中全会指出，必须坚持以开放促改革，稳步扩大制度型开放，主动对接高标准经贸规则。2024 年在国际竞争交流方面，国际竞争交流会议和互访摆脱了新冠肺炎疫情的影响，逐步恢复并稳步开展。

一、强化双边交流与合作

2024 年 3 月 19 日至 21 日，市场监管总局与欧盟竞争总司在北京共同举办第 27 届中欧竞争政策周。中国国家市场监督管理总局反垄断总监许新建、欧盟委员会竞争总司司长奥利维尔·格森特出席开幕式并致辞。竞争周期间，中欧双方围绕数字市场监管、经营者集中审查、公平竞争审查与国家援助控制制度、标准必要专利等议题进行了交流讨论。双方一致认为，将继续推动深化竞争领域交流合作，为双边经贸关系健康发展营造公平竞争的市场环境。中欧竞争政策周活动是由 2011 年启动的"中国—欧盟世贸项目二期"（China-EU Trade Program II）创办的重要议程之一，是中国政府与欧盟委员会就中欧贸易达成的相关技术援助计划。

2024 年 7 月 17 日，第三届中韩竞争法前沿论坛在天津南开大学举办，来自中韩二十余所高校以及业界的专家学者围绕"中韩规制数字平台面临的挑战与应对"这一主题，聚焦中韩两国数字平台监管动态、数字平台行为竞争规制案例及平台经济领域隐私保护与竞争促进等热点问题展开深入研讨。本届论坛因疫情影响与上届论坛间隔 5 年之久，韩国首尔国立大学法学院李奉仪教授指出，这五年间中韩的经济社会高速发展，日新月异，平台经济领域的新兴问题不断涌现，引发了中韩两国的重视，希望深化相关领域竞争法研究的交流与合作，将该论坛塑造成有效推动相关研究交流对话的重要窗口。

二、深化多边交流与合作

2024 年中国公平竞争政策宣传周于 9 月 9 日开幕，全国各地开展了系列竞争政策主题宣传活动。2024 年 9 月 9 日，中国公平竞争政策宣传周·国务院反垄断反不正当竞争委员会专家咨询组研讨会在武汉举行，主题为"深入推进公平竞争政策实施，加快建设全国统一大市场"。国家市场监督管理总局反垄断总监许新建致辞。会议强调，公平竞争是市场经济的基本规则，也是全国统一大市场建设的基础和原则。会议建议，要持续加强重点领域反垄断反不正当竞争的监管执法，深入开展民生领域反垄断执法的专项行动，围绕医药、自然垄断、数字经济、公用事业等领域加大监管的执法力度；坚决破除各种形式的地方保护和市场分割；不断完善全国统一的公平竞争法律制度的规则，着力强化全社会的公平竞争理念，打造中国公平竞争政策宣传的平台。

2024 年 9 月 10 日，第十一届中国公平竞争政策国际论坛暨全国公平竞争大会在湖北省武汉市召开，主题为"统一大市场　公平竞未来"，由市场监督管理总局主办，市场监督管理总局竞争政策研究中心和湖北省市场监管局承办。论坛为期 2 天，包括开幕式、主题大会、5 个专题论坛、闭幕式等 8 个单元，市场监管总局局长罗文、湖北省人民政府省长王忠林出席并致辞，市场监管总局副局长孟扬主持开幕式。本次大会期间，围绕统一大市场建设、加强反垄断监管执法、优化并购监管机制、公平竞争审查、反不正当竞争和数字经济持续健康发展、公平竞争与新时代中部地区高质量发展等开展系列交流研讨活动，旨在培育和弘扬公平竞争文化，研讨公平竞争治理前沿问题，提升公平竞争意识，营造公平竞争的市场环境。大会邀请了包括韩国公平交易委员会副委员长曹洪善、俄罗斯联邦反垄断局副局长安德烈·茨冈诺夫、意大利竞争与市场管理局主席罗伯托·鲁斯蒂切利、经济合作与发展组织竞争委员会主席弗莱德瑞克·杰尼等在内的来自十余个国家（地区）竞争执法机构、国际组织代表。

2024 年 9 月 9 日，金砖国家药品市场竞争问题研究工作组会议在湖北武汉举行。会议由国家市场监督管理总局竞争政策与评估中心与金砖国家国际竞争法律与政策中心共同承办。会议聚焦生物类似药的市场准入与价格竞争，探讨了金砖国家如何通过完善药品市场的竞争监管与知识产权保护来实现医药领域的公平定价。国家市场监督管理总局反垄断总监许新建和俄罗斯联邦反垄断局副局长安德烈·茨冈诺夫先后致辞。来自中国、俄罗斯、印度、巴西、南非、埃及等金砖国家的反垄断执法机构代表、专家学者、药品企业代表以线上线下相结合的方式参加了会议。

2024 年 8 月 30 日，粤港澳大湾区法治论坛（2024）在广州白云召开，这是 2023 年在广州南沙举办首届粤港澳大湾区法治论坛，发布《粤港澳大湾区法治论坛南沙倡议》的延续与发扬。会议提出大湾区城市法学学术团体、法学研究机构要在健全涉外法律服务方式、完善人才战略布局、规则衔接机制对接等方面勠力齐心、同向前行，共建高水平对外开放门户。按照广东省涉外法治建设重点"打造三个一流、建设一个平台"总体要求，高质量推动涉外法治规则机制软联通，赋能粤港澳大湾区高质量发展。

2024 年 4 月，全美律师协会举办的第 72 届反垄断春季大会在华盛顿召开。中国国家市场监督管理总局反垄断执法二司司长徐乐夫在亚太地区执法机构圆桌会议中，就后疫情时代的中国反垄断最新执法动态和关注事项进行主题发言。

第二章 中国竞争法律与政策实施的现状与发展*

第一节 垄断协议的反垄断规制**

一、立法概括

截至 2023 年，我国在垄断协议领域已经形成了较为完备的法律体系。一部基本法（《反垄断法》）、两部配套规章（《禁止垄断协议规定》《禁止滥用知识产权排除、限制竞争行为规定》）与《横向垄断协议案件宽大制度适用指南》《反垄断案件经营者承诺指南》《关于知识产权领域的反垄断指南》《关于平台经济领域的反垄断指南》《关于原料药领域的反垄断指南》《关于汽车业的反垄断指南》等多个指南形成合力，细化规定垄断协议相关反垄断法具体问题。2024 年的《关于行业协会的反垄断指南》和《经营者反垄断合规指南》则分别在行业协会与合规领域对垄断协议相关规定作出了一定的完善。此外，值得注意的是，2024 年发布的《关于审理垄断民事纠纷案件适用法律若干问题的解释》是最高人民法院对反垄断民事诉讼规则首次较全面的修订和完善，对垄断协议的具体适用意义重大。

---

　* 本章在王晓晔教授指导下撰写。王晓晔，中国社会科学院法学所研究员。
　** 本节撰稿人为叶高芬。叶高芬，法学博士，山东大学法学院研究员，山东省反垄断法律研究和实践基地主任。本节写作感谢闫真旗同学的协助。

（一）《关于行业协会的反垄断指南》

为预防和制止行业协会从事《中华人民共和国反垄断法》所禁止的行为，发挥行业协会在促进行业规范健康持续发展、维护市场竞争秩序等方面的积极作用，引导行业协会加强反垄断合规建设，2024 年 1 月 10 日，国务院反垄断反不正当竞争委员会发布了《关于行业协会的反垄断指南》（以下简称"指南"）。该指南共 26 条，细化了反垄断法中关于行业协会禁止组织从事垄断协议的规定，明确了行业协会的经营者身份、行业协会在反垄断法下应承担的义务及行业协会违规的法律后果等。

与 2023 年 5 月公开的《关于行业协会的反垄断指南（征求意见稿）》相比，该指南的变化主要有以下几点：其一，将组织达成横向垄断协议的对象从"会员"修改为"本行业的经营者"，覆盖了实践中对象包括非会员经营者情形。其二，删除了行业协会发现会员涉嫌从事垄断协议等违法行为时需要及时制止的义务。其三，删除了社会团体登记管理机关将受《反垄断法》处罚的行业协会列入活动异常名录或者严重违法失信名单并向社会公布的义务。

（二）《经营者反垄断合规指南》

为指导和推动经营者加强反垄断合规管理，提升反垄断合规风险防范能力和水平，维护公平竞争市场秩序，促进经营者持续健康发展，2024 年 4 月 25 日，国务院反垄断反不正当竞争委员会印发新修订的《经营者反垄断合规指南》（以下简称"指南"）。该指南共 41 条，关于垄断协议，主要在以下几方面进行了完善：其一，细化了垄断协议的合规风险点。其二，在新增的合规激励专章中规定"反垄断执法机构在对垄断行为（包括垄断协议）进行调查和处理时，可以酌情考虑经营者反垄断合规管理制度的建设实施情况"，还分别规定了调查前、承诺制度、宽大制度、罚款幅度裁量等合规激励的具体适用情形，极大增强了经营者进行反垄断合规的动力。

（三）《关于审理因垄断行为引发的民事纠纷案件应用法律若干问题的规定》

为实现与 2022 年《反垄断法》的衔接适用，为各级人民法院公正高效审理垄断民事纠纷案件提供具体指导，2024 年 6 月 24 日，最高人民法院公布了《最高人民法院关于审理垄断民事纠纷案件适用法律若干问题的解释》（以下简称"解释"），共 51 条，自 2024 年 7 月 1 日起施行。该解释可为公正高效审理相关案件提供详细司法指引。

与 2012 年《最高人民法院关于审理因垄断行为引发的民事纠纷案件应用法律若干问题的规定》相比，该解释主要在以下几方面对垄断协议内容进行了完善：其一，引入了单一经济实体和代理商的概念。其二，明确了横向垄断协议协同行为的认定标准，证明责任。其三，新增药品专利反向支付协议规定，充分体现司法解释的与时俱进。其四，进一步明确"实质性帮助"的范围与法律责任。其五，对于纵向垄断协议，适用违法推定，由被告举证不具有排除限制竞争的效果。同时，解释提供了法院在审查是否具有排除、限制竞争效果时的考量因素，为将来法院进行自由裁量提供空间。其六，回应数字领域反垄断问题，引入对平台最惠国待遇条款[①]的司法规制，并进一步明确，针对最惠国待遇条款构成垄断的不同情形，法院应区别处理。

二、行政执法情况

（一）执法概况

自 2023 年 11 月 15 日至 2024 年 8 月 30 日，执法机构共查处 5 起垄断协议案件（见表 2-1），这表明，我国反垄断执法机构在垄断协议领域的行政执法取得一定成效。5 起案件均为横向垄断协议案件，占比 100%；涉及行业协会组织经营者达成垄断协议的案件有 2 件，占比

---

① "平台最惠国待遇"是指卖方在某一平台上销售商品的价格及其它优惠条件，不会高于自己在其它销售渠道销售同类商品的交易条件。

40%；适用宽大制度的案件有1件①，占比20%。

表2-1　2023年11月15日—2024年8月30日垄断协议行政执法案件汇总
（按时间排序）

行政处罚时间	案名	执法机构	罚没金额情况（万元人民币）		
			罚款	没收违法所得	罚没总额
2024年1月	焦作市二手车流通协会组织本行业经营者达成并实施横向垄断协议案	河南省市场监督管理局	98.87	/	98.87
2024年1月	福州市房地产估价协会横向垄断协议案	福建省市场监督管理局	30	/	30
2024年1月	云南省砚山县11家制砖企业达成并实施横向垄断协议案	云南省市场监督管理局	68.63	/	68.63
2024年6月	新疆5家岩棉企业达成并实施横向垄断协议案	新疆维吾尔自治区市场监督管理局	520.55	/	520.55
2024年8月	湖南湘西自治州13家机动车检测机构达成并实施横向垄断协议案	湖南省市场监督管理局	106.74	126.10	222.59

（二）案情简介

1. 河南焦作二手车流通协会组织本行业经营者横向垄断协议案

源于国务院督查组在河南督导期间交办的案件线索，河南省市监局于2022年9月20日对焦作市二手车流通协会（以下简称"协会"）组织及其他18家二手车交易市场公司达成并实施垄断协议的行为进行立案调查，并于2023年12月19日作出行政处罚。

经查明，协会组织本行业经营者达成并实施了垄断协议。2020年9月至2021年12月期间，在协会的组织下，恒桥等12家公司达成协同执行趋同的二手车交易服务费公示价格，同时约定各公司的月销售额计

---

① 新疆5家岩棉企业达成并实施横向垄断协议案。

算基数，通过"高交低补"、控制开票数量等手段达到分割销售市场之目的。

执法机关指出，焦作市 18 家二手车交易市场公司在焦作市二手车交易服务市场是具有竞争关系的经营者，上述固定、变更商品价格，分割销售市场的行为损害了消费者利益和社会公共利益，系横向垄断协议行为。违反了《反垄断法》第二十一条规定。据此，执法机关责令协会及其他 18 家二手车交易市场公司停止违法行为，并对协会处以罚款人民币 30 万元；18 家二手车交易市场公司则分别被处以 2021 年度销售额 2% 及 3% 的罚款①。罚款额共计人民币约 98.87 万元②。

2. 福建福州房地产估价协会横向垄断协议案

源于市场监管总局移交的线索，福建省市场监管局于 2021 年 11 月 16 日对福州市房地产估价协会涉嫌价格垄断协议行为立案调查，并于 2023 年 10 月 16 日作出行政处罚。

经查明，2019 年 11 月，福州市房地产估价协会组织相关评估企业签订含有排除、限制竞争内容的《承诺函》，统一规定福州地区（含六区、一市、六）房地产价格评估差额累进收费标准，并在收费标准基础上，按评估类型设立不同的最低折扣率，且同时规定最低单价，固定了福州地区的抵押评估、招投标项目（含政府采购项目）评估、装修评估、构筑物评估等类型的房地产评估服务收费价格。

执法机关指出，福州市房地产估价协会的上述行为限制了价格竞争的程度，排除了经营者相互之间的价格竞争，破坏了相关市场竞争秩序，损害了消费者利益，系固定价格的横向垄断协议。违反了修订前《反垄断法》第十六条和《禁止垄断协议暂行规定》第十四条的规定。据此，执法机关责令福州市房地产估价协会停止违法行为，并对其处以

---

① 该案中，温县顺风二手车交易市场有限公司和焦作市优信二手车市场有限公司两家企业因上一年度没有销售额，仅被分别处以 3 000 元罚款。

② 参见"市场监管总局发布焦作市二手车流通协会组织本行业经营者达成并实施垄断协议案行政处罚决定书"，载国家市场监督管理总局官网，https://www.samr.gov.cn/fldys/tzgg/xzcf/art/2024/art_f8907c555961446bb0ccdf29926e3960.html（最后访问时间：2024 年 9 月 15 日）。

人民币 30 万元的罚款①。

3. 云南砚山 11 家制砖企业横向垄断协议案

源于云南省砚山县市场监督管理局上报的线索，云南省市场监督管理局于 2020 年 6 月 5 日对云南省砚山县 11 家制砖企业涉嫌价格垄断协议行为进行立案调查，并于 2023 年 12 月 18 日作出行政处罚。

经查明，2018 年砚山县制砖协会组织涉案 11 家会员单位召开会议，通过包括明确和统一成品砖的最低销售价、由制砖协会监管砖价等内容的会议决定，并组织砖价调查监督检查组对违反价格规定的企业进行处罚。

执法机关指出，11 家制砖企业是具有竞争关系的经营者，上述行为限制了价格竞争的程度，排除了经营者相互之间的价格竞争，破坏了市场的竞争秩序，影响了市场配置资源的有效发挥，损害了消费者利益，系固定价格的横向垄断协议。违反了修订前《反垄断法》第十三条的规定。据此，执法机关对 11 家制砖企业分别处以 2019 年销售额 3%的罚款②。罚款额共计人民币约 68.63 万元③。

4. 新疆 5 家岩棉企业横向垄断协议案

源于群众举报，新疆维吾尔自治区市场监督管理局于 2021 年 11 月 6 日对新疆顶臣科技有限公司等共 5 家岩棉生产企业涉嫌达成垄断协议行为进行立案调查，并于 2024 年 5 月 31 日作出行政处罚。

经查明，2021 年 6 月 17 日及 2021 年 7 月 8 日，5 家岩棉生产企业分别两次共同签署垄断协议；2021 年 6 月 20 日至 9 月 20 日，5 家岩棉生产企业实施了相互锁定生产线限产行为，并对部分经销商、施工企业

---

① 参见"市场监管总局发布福州市房地产估价协会垄断协议案行政处罚决定书"，载国家市场监督管理总局官网，https://www.samr.gov.cn/fldys/tzgg/xzcf/art/2024/art_3eefa807724c4576920721dc68696b0e.html（最后访问时间：2024 年 9 月 15 日）。

② 本案中，涉案的砚山县制砖协会已于 2019 年 9 月 11 日被砚山县民政局批准注销。因此，本案处理对象不涉及已经注销的协会。

③ 参见"市场监管总局发布云南省砚山县 11 家制砖企业达成并实施垄断协议案行政处罚决定书"，载国家市场监督管理总局官网，https://www.samr.gov.cn/fldys/tzgg/xzcf/art/2024/art_46f6c9d15c654711a74db97edc3240f9.html（最后访问时间：2024 年 9 月 15 日）。

和建设单位按照协议价格销售产品。

执法机关指出，5 家岩棉生产企业是具有竞争关系的经营者，上述行为及协议的实施，排除、限制乌鲁木齐地区岩棉产品生产销售市场的竞争，破坏了本应由供求关系确定产量和价格的市场机制，弱化了经营者为争取市场而不断提升创新能力和服务水平的动力，降低了市场的经营效率，损害了经销商、施工企业和建设单位的利益，系限制商品生产数量的横向垄断协议，违反了修订前《反垄断法》第十三条规定。据此，执法机关责令 5 家岩棉生产企业停止违法行为，并分别处以 2020 年度销售额 1%、2% 和 3% 的罚款。其中，新疆西部金科建材有限公司因主动向反垄断执法机构报告达成垄断协议的有关情况并提供重要证据，获得宽大处理，执法机关对其按照 80% 减轻罚款（原定罚款额为 2020 年度销售额的 1%）。罚款额共计人民币约 520.55 万元[①]。

5. 湖南湘西自治州 13 家机动车检测机构横向垄断协议案

源于群众举报，湖南省市场监督管理局于 2022 年 6 月 1 日对保靖县弘千机动车检测有限责任公司等 13 家机动车检验检测机构（以下简称"车检机构"）在机动车检验检测服务（以下简称"机动车检测服务"）过程中涉嫌达成并实施垄断协议进行立案调查。并于 2024 年 7 月 22 日作出行政处罚。

经查明，2021 年 3 月 13 日，13 家车检机构通过会议协商，以口头约定的形式达成了固定机动车检测服务价格的垄断协议，会后通过意思联络或信息交流协同机动车检测服务价格涨幅，于 2021 年 3 月至 5 月实施了固定机动车检测服务价格的垄断协议。

执法机关指出，13 家车检机构是具有竞争关系的经营者，上述行为限制了湘西自治州机动车检验检测市场的公平竞争，使原市场竞争格

---

① 参见"市场监管总局发布新疆 5 家岩棉企业达成并实施垄断协议案行政处罚决定书"，载国家市场监督管理总局官网，https://www.samr.gov.cn/fldys/tzgg/xzcf/art/2024/art_8b48d4cc830b4b08b76b90122cd035c9.html（最后访问时间：2024 年 9 月 15 日）。

局明显减弱甚至消除，干扰了公平公正的市场竞争环境，抬高了当地机动车检测服务价格，加重了群众经济负担，损害了市场公平竞争和消费者利益，系固定价格的横向垄断协议。违反了修订前《反垄断法》第十三条的规定。据此，执法机关责令 13 家车检机构停止违法行为，12 家公司被没收违法所得、并处以公司 2021 年度销售额 3% 的罚款；保靖县弘千机动车检测有限责任公司由于遭遇水灾账目损失无法计算违法所得，仅被处以 2021 年度销售额 6% 的罚款。罚没款总金额共计人民币约 222.59 万元①。

三、未来展望

从近一年来的行政执法实践来看，案件涉及的主要行业包括房地产、建材、机动车、棉花等，广泛涉及国计民生领域。足见，反垄断执法机构在着力维护市场竞争秩序的同时，还着力回应社会关切、维护消费者和社会的公共利益。对于垄断协议的反垄断行政执法，谨从以下几个方面进行展望：

（一）加强行业协会监管，促进行业协会的竞争合规

行业协会是连接政府和分散的社会个体成员之间的桥梁，能够起到上传下达、穿针引线的作用。它既能克服市场的缺陷，又能弥补政府的不足，在市场竞争中发挥着重要功能。然而，行业协会屡屡成为垄断协议案件的"重灾区"。

《反垄断法》的修订工作回应现实期待，大幅提高了对行业协会的处罚上限，由修订前的"五十万元"提高到"三百万元"，旨在加大对行业协会的威慑力度。此外，《反垄断法》还为行业协会设定了引导本行业经营者"合规经营"义务，体现出监管思路的优化升级。随后跟进修订的一系列规范性文件对此进行了明确、细化。其中，《禁止垄断

---

① 参考"市场监管总局发布湖南湘西自治州 13 家机动车检测机构达成并实施垄断协议案行政处罚决定书"，载国家市场监督管理总局官网，https://www.samr.gov.cn/fldys/tzgg/xzcf/art/2024/art_66e65053a4654d619ad166cff366d4dc.html（最后访问时间：2024 年 9 月 15 日）。

协议规定》具体规定了行业协会从事的禁止性垄断行为的内容种类，2024 年《关于行业协会的反垄断指南》则明确了行业协会从事商品生产、经营或者提供服务时的经营者身份，具体阐述了行业协会的内外部合规要求与措施。

在上一年度（2023 年 11 月 25 日至 2024 年 8 月 30 日）的反垄断行政执法案件中，近四成的案件涉及行业协会，仍然体现了"高频案件"的特点。我们注意到，在云南砚山制砖垄断协议案中，尽管砚山县制砖协会在 2018 年组织本行业企业达成垄断协议并实施垄断行为，但由于协会的注销，云南省市场监督管理局无法对协会本身进行处罚；在福建福州房地产估价协会横向垄断协议案中，执法机关对涉及垄断的行业协会罚款仅为 30 万元人民币（所依据的修订前《反垄断法》中规定的顶格罚款为 50 万元）。在未来的行政执法中，执法机关或可考虑对违法情节比较严重的行业协会适用更高的罚款乃至顶格罚款，对于已被注销的行业协会可以考虑追究有关负责人的个人责任，以切实提高法律威慑力。

（二）健全落实"三书一函"制度，强化反垄断特色执法

修订后《反垄断法》在第 55 条新增反垄断约谈制度，将约谈作为一种执法手段，在预防违法行为发生或者防止损害扩大化方面起到重要作用。2023 年 12 月 6 日，《关于建立反垄断"三书一函"制度的通知》提出建立反垄断"三书一函"制度——《提醒敦促函》《约谈通知书》《立案调查通知书》和《行政处罚决定书（经营主体）/行政建议书（行政主体）》。"三书一函"制度是丰富反垄断监管手段、增强反垄断监管效能、规范反垄断监管行为的重要举措。该制度通过不同阶段的监管措施，从预警、指导到调查和处罚，逐步规范和纠正企业的垄断行为，有利于经营主体较早发现并纠正可能的反垄断法违法违规问题，是反垄断特色的执法方式。

2024 年 6 月 27 日，市场监管总局反垄断一司负责人约见 Avanci 专

利池相关负责人①，是执法机关引入"三书一函"制度以来向市场主体公开披露的首例。在未来，期待各地切实落实"三书一函"制度，强化反垄断特色执法，也可考虑在垄断协议领域适用该制度，使制度贯穿于反垄断工作的各个领域与环节。

（三）联动行政执法和检察机关，助力反垄断公益诉讼制度

修订后《反垄断法》第六十条规定，"经营者实施垄断行为，损害社会公共利益的，设区的市级以上人民检察院可以依法向人民法院提起民事公益诉讼。"诚然，执法机构进行执法能够避免诉讼程序周期漫长之局限以及反垄断诉讼之繁杂，但由于反垄断执法机构人力有限，并不能完全有效地对垄断行为进行规制。而对于大量未被关注的反垄断违法行为，引入检察机关提起民事公益诉讼机制有利于促进执法、司法双轨并行，更快更有效发现垄断协议，防止垄断行为，维护市场竞争秩序。

本年度有关垄断协议的行政执法案例涉及房地产、机动车等与公共利益息息相关的行业领域，存在适用检察院民事公益诉讼制度的空间。但需注重行政执法机关和检察院之间的合作联动机制。例如，适格起诉主体在反垄断民事公益诉讼提起前可以充分借助行政机关的力量，督促行政执法机构启动反垄断执法，即进行行政前置。这既可以充分尊重反垄断执法机构的执法规律、规则以及专业意见，避免出现"司法代替行政执法"，充分贯彻法律分工实施原则；还可以实现举证负担的减轻、司法资源的节省。我们相信，未来在检察机关与执法机构的联动和协作下，反垄断公益诉讼制度将更加健全和完善，垄断协议行为可以得到更有效的规制，从而实现民生福祉的大力提升。

---

① 在此次约见中，负责人当面递交了《提醒敦促函》，对 Avanci 专利池在必要专利许可过程中存在的垄断风险进行了提醒，并敦促 Avanci 专利池做好有关问题预防和整改工作。

第二节　滥用市场支配地位的反垄断规制*

一、立法概况

过去一年，中国和全球经济持续缓慢复苏，在此背景下，中国对滥用市场支配地位的反垄断规制持续聚焦辐射公共利益和广泛产业利益的民生产业和核心领域，如医药、公用事业、知识产权等。

在规则制定层面，国家市场监督管理总局（以下简称"监管总局"）于2023年6月和2024年8月分别推出《关于标准必要专利领域的反垄断指南（征求意见稿）》（以下简称《SEP反垄断指南（征求意见稿）》）和《关于药品领域的反垄断指南（征求意见稿）》（以下简称《药品反垄断指南（征求意见稿）》），这是继《国务院反垄断委员会关于汽车业的反垄断指南》《国务院反垄断委员会关于平台经济领域的反垄断指南》《国务院反垄断委员会关于原料药领域的反垄断指南》之后的又两个行业专项指南，且均涉及广泛的公共和产业利益。2024年4月，国务院反垄断反不正当竞争委员会（以下简称"双反委"）出台《经营者反垄断合规指南（2024）》对《经营者反垄断合规指南（2021）》进行了修订。

由于万物互联日益深入，以汽车业和物联网企业为代表的大量此前极少涉及标准必要专利的行业企业，不得不开始面对格局复杂、利益多元的标准必要专利许可问题，此外，中国通信生产企业经年积累，已逐步在5G通信标准制定中掌握话语权，开启从实施人到"实施人+权利人"的角色转换。因此，《SEP反垄断指南（征求意见稿）》甫一出台即引发大量关注与讨论。仅从滥用市场支配地位角度看，该征求意见稿有以下几点值得关注：第一，基本延续了以往反垄断行政执法和民事诉讼案件中对涉标准必要专利的相关市场界定口径，认为"通常情况下，

---

* 本节撰稿人为薛颖。薛颖，法学博士，博士后，北京市立方律师事务所高级合伙人。

标准必要专利权人在其持有的标准必要专利许可市场中，占有 100% 的市场份额，不存在市场竞争"；尽管如此，征求意见稿亦认为在分析标准必要专利权人控制相关市场的能力时应考量标准实施方制约标准必要专利权人的客观条件和实际能力，这为大部分为中小企业的专利运营机构的市场势力评估提供了想象空间。第二，汲取以往案例经验，征求意见稿对标准必要专利是否涉及过高定价、拒绝交易、搭售、附加不合理条件、差别待遇的考量因素给出明确列举，其中是否进行善意谈判成为首要因素，但同时明确仍需结合其他行为和市场特征进行综合考量，这在一定程度上回应了业界长期存在的争议，即违反公平、合理、无歧视原则（以下简称"FRAND 原则"）不进行善意谈判是否必然构成垄断行为，征求意见稿似乎给出了否定的答案，即非善意并不必然等同于支配地位滥用。第三，征求意见稿也对此前甚嚣尘上的禁诉令、禁执令、反禁诉令等涉及标准必要专利的救济措施行为在反垄断法上的可责性作出了指引，即具体分析时应当考虑许可双方是否进行善意的许可谈判，并可以考虑《关于知识产权领域的反垄断指南》规定的其他因素。

《药品反垄断指南（征求意见稿）》是对《国务院反垄断委员会关于原料药领域的反垄断指南》的"升级版"，适用于所有药品领域的经营者及其生产、经营活动，包括中药、化学药和生物制品等，涵盖研发、生产、经营（包括药品零售、配送）等环节。该指南总结既往执法、司法案例对过高定价、拒绝交易等给出更为细致的考虑因素，如在分析过高定价时，还应检视通过虚假交易、层层加价等方式，不当推高药品销售价格，在分析拒绝交易时，还应考虑通过降低原料药市场供应量，提高原料药销售价格的情形。特别值得一提的是，《药品反垄断指南（征求意见稿）》在第二十八条"其他滥用市场支配地位行为"中第一次引入产品跳转概念，即通过对已有专利技术方案的重新设计，获取新的药品专利权，并采取停止销售、回购等措施（即硬跳转，hard hopping），与在新一代产品推出后，厂家仍然继续销售上一代产品的软跳转（soft hopping）相对，实现原专利药品向新专利药品转换的产品跳转行；该条禁止具有市场支配地位的药品专利权人滥用其支配地位通过产品跳转行为阻碍仿制药企业有效开展竞争。在进行竞争分析时应考虑以下因素：（1）新专利药品是否属于非实质性改进，如仅转换药品剂型、将两种以上的药品组合成新药品，未能显著改进药品的用途或者功效、显著提升药品的安全性等；（2）原专利药品向新专利药品的转换行为是否阻碍、影响仿制药进入相关市场；（3）实施原专利药品向新专利药品的转换时，原专利是否接近有效期或者仿制药已计划进入相关市场；（4）患者、医师的选择范围是否会受到实质性限制；（5）是否存在正当理由。

此外，《药品反垄断指南（征求意见稿）》还在第二十九条引入"实施滥用市场支配地位行为的共同主体"概念，即两个以上的药品经营者分工协作从事药品生产、经营活动并以相互配合的方式滥用市场支配地位。"共同主体"不等同于共同市场支配地位，并不要求责任主体是同一相关市场的参与企业，而是在进行关于共同主体的分析时考虑以下因素：（1）参与或者控制药品产业链的同一或者不同环节；（2）共同协商药品的采购、生产或者销售等活动并实行分工；（3）不同药品经营者的行为对垄断行为的实施不可或缺；（4）共同获取并分配垄断利润。与此对应，该征求意见稿第四十九条规定反垄断执法机构在确定共同主体的具体罚款数额，依据个案情况，可以考虑以下因素：（1）参与决策的情况；（2）相互配合实施违法行为的情节；（3）在违法行为中发挥的不同作用；（4）垄断利润分配的情况。

二、行政执法情况

（一）执法概况

2023年12月到2024年9月期间，对滥用市场支配地位的行政执法延续原来聚焦医药和公用事业领域的趋势。下面我们以处罚时间先后为序，对监管总局公示的针对市场支配地位滥用行为作出的行政决定予以简要梳理（见表2-2）。

表 2–2　监管总局公示的针对市场支配地位滥用行为作出的行政决定

（2023 年 12 月—2024 年 9 月）

序号	涉案企业	案件来源	相关市场	违法行为	调查机关	行政决定
1	上海上药第一生化药业有限公司、武汉汇海医药有限公司、武汉科德医药有限公司、湖北民康制药有限公司	市监总局交办线索	中国注射用硫酸多黏菌素 B 市场	实施不公平高价	上海市监局	沪市监反垄处〔2023〕202301401 号：没收上海上药第一生化药业有限公司违法所得人民币 337 877 876.17 元，并处 2022 年销售额 3% 的罚款，计人民币 124 198 555.94 元。沪市监反垄处〔2023〕202301402 号：（1）没收武汉汇海违法所得人民币 47 580 249.95 元，并处 2022 年销售额 8% 的罚款，计人民币 11 109 208.41 元。（2）没收武汉科德违法所得人民币 616 566 065.16 元，并处 2022 年销售额 8% 的罚款，计人民币 72 524 383.47 元。（3）没收民康制药违法所得人民币 2 045 778.43 元，并处 2022 年销售额 3% 的罚款，计人民币 7 439 831.00 元
2	江西祥宇医药有限公司	市监总局交办线索	中国碘化油原料药销售市场	实施不公平高价	上海市监局	沪市监反垄处〔2023〕3220190101510 号：处 2019 年销售额 4% 的罚款，计人民币 1 563 625.54 元
3	上林县三里六仙自来水有限责任公司	南宁市监局报告	南宁市上林县三里镇乡镇集中供水服务市场	附加不合理交易条件	广西市监局	桂市监反垄断处〔2023〕1 号：（1）责令停止违法行为；（2）没收违法所得 153 788.18 元；（3）对当事人按 2022 年度销售额 1 683 340 元的 2% 予以罚款 33 666.8 元
4	简阳海天水务有限公司	举报	当事人供水区域的城市公共自来水供水服务市场	实施限定交易行为	四川市监局	川市监处罚〔2024〕4 号：处 2020 年度销售额 118 822 962.82 元的百分之一的罚款，计 1 188 229.63 元

续　表

序号	涉案企业	案件来源	相关市场	违法行为	调查机关	行政决定
5	海南昆仑港华燃气有限公司	举报	琼海市行政区域内管道燃气供应服务市场	实施限定交易行为	海南市监局	琼市监处〔2024〕5 号：（1）责令停止滥用市场支配地位行为。（2）没收违法所得 5 365 500 元。（3）处 2017 年度销售额百分之一的罚款，即罚款 1 762 891.1 元
6	大同华润燃气有限公司	涉企收费情况进行检查	大同市市区（不含大同市煤气化总公司经营区域）、大同市下属 7 县及朔州市右玉县行政区划内管道燃气供应服务市场	实施限定交易行为	山西市监局	晋市监价监罚字〔2023〕49 号：责令停止违法行为，并处 2020 年度销售额 1% 的罚款 8 599 467.17 元
7	宁波森浦信息技术有限公司	举报	中国境内单一货币经纪公司债券声讯经纪实时交易数据销售市场；中国境内具体券种债券声讯经纪实时交易全数据服务市场	实施拒绝交易行为和附加不合理交易条件行为	上海市监局	沪市监反垄处〔2024〕202302 号：（1）责令停止违法行为；（2）处以 2022 年度销售额 2% 的罚款，计人民币 4 532 782.9 元

（二）主要案例

1. 上药第一生化药业有限公司等 4 家公司滥用市场支配地位案①

根据监管总局交办线索，上海市市场监督管理局（以下简称"上海市监局"）于 2023 年 7 月 31 日对上海上药第一生化药业有限公司

---

① 参见监管总局官网：https://www.samr.gov.cn/fldys/tzgg/xzcf/art/2023/art_849f776484c549ec80455c1e2ad4cc42.html（最后访问时间：2024 年 9 月 30 日）。

（以下简称"上海生化"）、武汉汇海医药有限公司（以下简称"武汉汇海"）、武汉科德医药有限公司（以下简称"武汉科德"）、湖北民康制药有限公司（以下简称"民康制药"）（后三者由于关联关系合称"汇海方"）立案调查，于 2023 年 12 月 13 日作出行政处罚决定。

执法机关将本案的相关市场界定为中国注射用硫酸多黏菌素 B 市场，认定上海生化与汇海方滥用中国注射用硫酸多黏菌素 B 市场上的支配地位，实施了以不公平的高价销售制剂的行为，排除、限制了市场竞争，损害了患者利益和社会公共利益。

在界定本案相关商品市场时，上海市监局通过需求和替代分析，认定注射用硫酸多黏菌素 B 市场构成独立的相关商品市场。关于本案相关地域市场，由于境外药品进入中国开展销售需要获得国家药品监管部门颁发的《进口药品注册证》，而申请《进口药品注册证》时间较长。截至目前，中国尚未核发注射用硫酸多黏菌素 B《进口药品注册证》，境外生产的注射用硫酸多黏菌素 B 短期内无法对中国市场形成有效竞争，因此相关地域市场为中国境内市场。

本案认定上海生化与汇海方在中国注射用硫酸多黏菌素 B 市场具有支配地位。上海生化与汇海方在相关市场的 100% 市场份额、对市场控制能力、医院和患者对其依赖程度高、其他经营者进入相关市场难均成为执法机关的考量因素。

经查，武汉汇海主要负责与丹麦 Xellia Pharmaceuticals ApS.（以下简称"丹麦雅赛利"）以及当事人签订合作协议、从丹麦雅赛利进口硫酸多黏菌素 B 原料药并向下游销售、与省级代理商签订制剂推广协议、进行制剂推广等；民康制药根据指示，从丹麦雅赛利等公司采购硫酸多黏菌素 B 原料药，并向下游销售；武汉科德根据指示，协助武汉汇海，安排硫酸多黏菌素 B 原料药经 38 家医药公司层层流转，再通过武汉科德等公司将原料药销售至上海生化。汇海方通过合作的省级代理商在全国范围内进行市场推广。涉案期间，注射用硫酸多黏菌素 B 进入多个省、直辖市的医保挂网目录，价格持续上涨。上海生化根据汇海方指示，按照挂网价格，扣除配送费后向流通企业供货。上海生化与汇海方上述行为构成滥用市场支配地位以不公平的高价销售商品的行为。

上海市监局责令当事人停止违法行为，对上海生化没收违法所得人民币 337 877 876.17 元，并处 2022 年销售额 3% 的罚款，计人民币 124 198 555.94 元；对武汉汇海没收违法所得人民币 47 580 249.95 元，并处 2022 年销售额 8% 的罚款，计人民币 11 109 208.41 元；对武汉科德没收违法所得人民币 616 566 065.16 元，并处 2022 年销售额 8% 的罚款，计人民币 72 524 383.47 元；对民康制药没收违法所得人民币 2 045 778.43 元，并处 2022 年销售额 3% 的罚款，计人民币 7 439 831.00 元。

2. 宁波森浦信息技术有限公司滥用市场支配地位案①

根据举报线索，上海市监局于 2023 年 3 月对宁波森浦信息技术有限公司（以下简称"宁波森浦"）立案调查，并于 2024 年 8 月作出行政处罚决定。

执法机关将本案的相关市场界定为中国境内单一货币经纪公司债券声讯经纪实时交易数据销售市场和中国境内具体券种债券声讯经纪实时交易全数据服务市场两个市场，认定宁波森浦（1）为阻碍其他金融信息服务商进入相关市场，进一步提升、维持、巩固自身市场地位，滥用在中国境内单一货币经纪公司债券声讯经纪实时交易数据销售市场（上游）的市场支配地位，拒绝与中国境内具体券种债券声讯经纪实时交易全数据服务市场（下游）的金融信息服务商实施交易，阻碍数据要素的公开可获得性，排除、限制了中国境内具体券种债券声讯经纪实时交易全数据服务市场的竞争。(2) 滥用中国境内具体券种债券声讯经纪实时交易全数据服务市场的市场支配地位，通过设置最低交易金额，对交易相对人在交易时附加不合理交易条件，损害债券交易机构和投资者合法利益。

在界定本案相关商品市场时，上海市监局进行了需求和替代分析，

---

① 参见监管总局官网 https://www.samr.gov.cn/fldys/tzgg/xzcf/art/2024/art_49c68fbfff734887a6033eb51c15d417.html（最后访问时间：2024 年 9 月 30 日）。

认定单一货币经纪公司债券声讯经纪实时交易数据销售市场和具体券种债券声讯经纪实时交易全数据服务市场均构成独立的相关商品市场。关于本案相关地域市场，基于以下理由，上海市监局将单一货币经纪公司债券声讯经纪实时交易数据销售的相关地域市场界定为中国境内：一是数据销售受我国法律法规约束。债券声讯经纪实时交易数据属于金融信息且通过互联网实时传送，受我国法律法规特别约束，并接受有关主管部门监督管理。二是与境外同类数据存在较大差异。相关数据所依托的债券交易、语言文字，涉及的数据字段等明显不同。三是数据的需求主要在中国境内。基于以下考量因素，执法机关将具体券种债券声讯经纪实时交易全数据服务市场的相关地域市场也界定为中国境内：一是债券声讯经纪业务在我国属于国家金融监管许可经营项目，受我国法律法规特别约束。二是具体券种债券声讯经纪实时交易全数据的交易标的来源为中国境内的债券，而非境外债券。三是与中国境外同类数据所依托的债券交易、语言文字，涉及的数据字段存在较大差异。四是对具体券种债券声讯经纪实时交易全数据服务的需求方主要是中国境内的债券交易机构和投资者。

由于宁波森浦在上述两个相关市场均占有 100% 市场份额，且债券声讯经纪实时交易全数据产品金融信息服务商和下游债券交易机构和投资者均对当事人具有高度依赖性，因此本案认定宁波森浦在上述两个相关市场都具有支配地位。

经查，2021 年以来，宁波森浦以没有时间、授权需要更多评估或不予回应等各种理由拒绝债券声讯经纪实时交易数据相关数据购买请求，阻碍了数据要素的畅通流动，排除了下游市场的竞争，阻碍了下游市场持续创新发展，使得债券投资机构和投资者在购买具体券种债券声讯经纪实时交易全数据产品时失去选择权和获得更好价格与服务的可能性。此外，2019 年以来，宁波森浦为提高数据产品销售价格，在提供中国境内具体券种债券声讯经纪实时交易全数据服务，开展数据流产品的经营过程中，将数据流产品按照国债、金融债、短期中票、企业债公司债、地方债、同业存单、PPN、ABS、其他债券等具体债券券种进行分类和定价，并附加最低起售金额的交易条件。对于部分需求不大的交易机构和投资者，当事人同样要求购买更多产品以达到最低起售金额。

宁波森浦向上海市监局提交了《陈述申辩书》，提出其系首次违法，不具有实施垄断行为的主观故意，且违法行为影响范围有限，已完成全面整改，请求减免处罚。但执法机关经复核认为当事人不具有法定减轻、免予处罚的情节。相关从轻情节已在处罚裁量中综合考虑。因此，对当事人提出的减免处罚的陈述申辩意见不予采纳。

上海市监局责令当事人停止违法行为，虽已查明当事人 2022 年度销售额，但由于假定未垄断状态下当事人收益变化情况难以估算，当事人违法所得无法计算，因此未没收违法所得。最终执法机关对宁波森浦处以 2022 年度销售额 2% 的罚款，计人民币 4 532 782.9 元。

三、存在的问题及展望

在过去一年，对滥用市场支配地位行为的规制延续了此前的基本趋势并在小切口领域尝试制度创新。展望未来，滥用市场支配地位的行政执法在以下三个方面趋势可期：

第一，涉及国计民生的领域将持续成为监管重点。自 2023 年市场监管总局部署开展民生领域反垄断执法专项行动以来，集中整治民生领域滥用市场支配地位等垄断问题。滥用市场支配地位反垄断行政执法表明，医药（特别是原料药）和公用事业（如水、燃气、电力）由于与民生息息相关，且构成建设全国统一大市场和影响营商环境的重要因素，一直是滥用行为规制的重点。过高定价、限定交易、拒绝交易、附加不合理条件等滥用行为不仅排除、限制相关市场的竞争，还严重损害交易相对人和终端消费者的合法权益，阻碍全国统一大市场的有效运行。

第二，合规持续融入反垄断执法考量。《经营者反垄断合规指南（2024）》细化合规激励，落实《行政处罚法（2021 修订）》所规定的处罚与教育相结合原则，企业如积极承诺和实施合规管理制度，在调查事前、事中、事后均有时间窗申请不予行政处罚、从轻或者减轻行政处罚。

第三，制度创新应对反垄断监管新情况。医药行业产品跳转、产业链不同层级企业分工协作共同攫取垄断利润、标准必要专利博弈进入新发展阶段是滥用市场支配地位规制面临的新问题。执法机关通过小切口制度创新在既有法律框架之内进一步明确、细化违法类型和竞争分析、责任分配的考量因素，为未来执法风向提供了指引，同时也为企业合规提供了方向。

第三节　经营者集中的反垄断规制*

一、立法概况

我国《反垄断法》第四章对经营者集中反垄断规制的基本内容有原则性规定，在此基础上，国务院及相关部委还颁布了配套性法规、规章及规范性文件等，具体包括《国务院关于经营者集中申报标准的规定》《国务院反垄断委员会关于相关市场界定的指南》《经营者集中审查规定》《金融业经营者集中申报营业额计算办法》《经营者集中反垄断合规指引》《关于经营者集中申报的指导意见》《关于经营者集中申报文件资料的指导意见》《关于经营者集中简易案件申报的指导意见》《关于规范经营者集中案件申报名称的指导意见》以及《监督受托人委托协议（示范文本）》等。值得注意的是，2024 年 6 月，国家市场监督管理总局对《横向经营者集中审查指引（征求意见稿）》公开征求意见①，这是我国反垄断执法机构进一步完善经营者集中审查规则、规范经营者集

---

　　* 本节撰稿人为韩伟。韩伟，法学博士，中国社会科学院大学副教授，中国社会科学院国际法研究所竞争法研究中心研究人员。本节写作感谢熊志远同学的协助。

　　① 市场监管总局关于公开征求《横向经营者集中审查指引（征求意见稿）》意见的公告，https://www.samr.gov.cn/fldys/tzgg/zqyjgg/art/2024/art_6884aa02443f4984b60786bacf84d85d.html（最后访问时间：2024 年 9 月 26 日）。

中审查工作的重要体现。

二、执法情况

（一）执法概况

2023 年 11 月至 2024 年 9 月，市场监管总局对 2 起交易附加限制性条件，对 2 起未依法申报违法实施经营者集中案件进行行政处罚。

（二）附条件案

两起附条件批准的经营者集中案件分别为：2023 年 11 月 21 日批准的博通公司收购威睿公司股权案①（以下简称"博通案"），2024 年 6 月 11 日批准的 JX 金属株式会社收购拓自达电线株式会社股权案②（以下简称"JX 金属株式会社案"）。

1. 博通案

（1）相关市场与竞争分析

博通案中，市场监管总局将相关市场界定为全球范围内的端点保护软件市场、非公有云虚拟化软件市场、光纤通道适配器市场、存储适配器市场和以太网网卡市场（同时考察中国境内市场的情况）。根据《反垄断法》第三十三条规定，市场监管总局从参与集中的经营者在相关市场的市场份额及其对市场的控制力、相关市场的市场集中度、集中对下游用户企业和其他有关经营者的影响等方面，深入分析了此项经营者集中对市场竞争的影响，认为此项集中对全球和中国境内非公有云虚拟化软件市场、光纤通道适配器市场、存储适配器市场和以太网网卡市场具有或可能具有排除、限制竞争效果。

首先，集中后实体在相关市场具有排除、限制竞争的能力。一方面，在各个相关市场，威睿或博通占有较高市场份额，且各相关市场集

---

① 国家市场监督管理总局：https://www.samr.gov.cn/fldes/tzgg/ftj/art/2023/art_cae805a5e37d489ea929af8a4a369f6b.html（最后访问时间：2024 年 9 月 26 日）。

② 国家市场监督管理总局：https://www.samr.gov.cn/fldes/tzgg/ftj/art/2024/art_ee026cc074884d50ade381f916ab943a.html（最后访问时间：2024 年 9 月 26 日）。

中度较高，集中后实体在各相关市场具有支配地位或较强竞争力；另一方面，威睿的非公有云虚拟化软件和博通的光纤通道适配器、存储适配器和以太网网卡均在服务器上使用，面临共同客户群，存在相邻关系。服务器中使用的硬件需要通过驱动程序接口与威睿的非公有云虚拟化软件进行通信。威睿作为虚拟化软件供应商建立了认证硬件的程序，服务器中使用的硬件为了确保与威睿非公有云虚拟化软件的互操作性，需要通过威睿的硬件认证程序。通过该认证程序后方可保证硬件能够与威睿软件一同运行。为确保与威睿软件的互操作性及获得威睿认证，硬件厂商可能向集中后实体提供竞争性敏感信息，集中后实体有能力利用该信息获得不正当竞争优势，从而进一步提升其自身产品的竞争力。

其次，集中后实体在相关市场具有排除、限制竞争的动机。一是集中后实体具有将威睿非公有云虚拟化软件与博通光纤通道适配器、存储适配器和以太网网卡（以下简称"博通硬件"）进行搭售的动机。二是集中后实体具有降低威睿非公有云虚拟化软件与博通竞争者硬件产品互操作性的动机。三是集中后实体具有不正当使用其他竞争者商业敏感信息的动机。

最后，集中后实体的上述行为在相关市场具有或者可能具有排除、限制竞争的效果。一是集中后实体可能搭售虚拟化软件和光纤通道适配器、存储适配器和以太网网卡等硬件，损害下游客户利益和选择权。二是集中后实体可能拒绝或者延迟威睿虚拟化软件对于其他非博通硬件产品的认证或功能实现，降低威睿虚拟化软件与其他非博通硬件产品之间的互操作性，以及博通的光纤通道适配器与非威睿虚拟化软件之间的互操作性。三是集中后实体可能通过本交易获得其他硬件厂商向威睿提供的商业敏感信息，使其拥有竞争优势，排除、限制其他竞争者并进而可能对行业内技术创新产生消极影响。

（2）限制性条件的内容及其变动

鉴于此项经营者集中在相关市场具有或可能具有排除、限制竞争效果，市场监管总局附加了行为性限制条件，要求集中双方和集中后实体履行如下义务：①向中国境内市场销售博通的光纤通道适配器、存储适配器、以太网网卡（以下简称"相关硬件产品"）和威睿的服务器虚拟化软件时，无正当理由，不得以任何方式进行搭售，或者附加任何其他不合理的交易条件；不得阻碍或限制客户单独购买或使用上述产品；不得在服务水平、价格或功能等方面歧视单独购买上述产品的客户。②继续保证威睿的服务器虚拟化软件与在中国境内市场销售的第三方相关硬件产品的互操作性。③博通的光纤通道适配器认证团队将维持原有做法，继续开发、认证和发布博通光纤通道适配器的驱动程序，以确保与第三方服务器虚拟化软件的互操作性。④对第三方硬件制造商的保密信息采取保护措施，包括但不限于与第三方硬件制造商签订保密协议、明确信息使用范围、单独储存保密信息、确保相关人员分离、禁止交叉任职等。

本案中，限制性条件自生效日起 10 年内有效，期限届满后自动解除。自生效日起，若相关市场竞争状况发生重大改变，或交易双方和集中后实体情况发生重大变更时，交易双方和集中后实体可向市场监管总局申请变更或解除限制性条件。

2. JX 金属株式会社案

（1）相关市场与竞争分析

JX 金属株式会社案中，市场监管总局将相关市场界定为全球的黑化压延铜箔、电磁屏蔽膜和各向同性导电胶膜市场（同时考察中国境内市场的情况），以及中国境内的柔性电路板不锈钢补强板市场。根据《反垄断法》第三十三条规定，市场监管总局从参与集中的经营者在相关市场的市场份额及其对市场的控制力、相关市场的市场集中度、集中对下游用户和其他有关经营者的影响等方面，深入分析了此项经营者集中对市场竞争的影响，认为此项集中对中国境内黑化压延铜箔、柔性电路板不锈钢补强板、电磁屏蔽膜、各向同性导电胶膜市场具有或可能具有排除、限制竞争效果。

首先，集中后实体在相关市场具有排除、限制竞争的能力。一方面，JX 金属在全球和中国境内黑化压延铜箔市场、拓自达在全球和中国境内各向同性导电胶膜市场的份额均超过 50%，且中国境内相关产品市场的客户依赖性和进入壁垒较高，短期内难以出现新的有效竞争者，集中后实体在中国境内黑化压延铜箔市场和各向同性导电胶膜市场具有很强的市场力量；另一方面，黑化压延铜箔、柔性电路板不锈钢补强板、电磁屏蔽膜和各向同性导电胶膜存在相邻关系。上述四种产品均为柔性电路板原材料。市场调研发现，为保障终端产品性能、质量和供应链安全等，终端客户消费电子企业也会与上游关键原材料生产商建立直接联系，进行业务协商和技术交流，同时可以在产品方案中直接确定原材料的品牌、型号等。集中后实体将有能力通过影响直接下游客户或终端客户的方式，利用其在黑化压延铜箔上的市场力量，搭售其电磁屏蔽膜、各向同性导电胶膜，或者利用其在各向同性导电胶膜上的市场力量，搭售其黑化压延铜箔、柔性电路板不锈钢补强板。

其次，集中后实体在相关市场具有排除、限制竞争的动机。集中后实体如果实施上述搭售行为，一方面可提升其柔性电路板不锈钢补强板、电磁屏蔽膜产品的竞争力，另一方面也可以进一步巩固其在黑化压延铜箔、各向同性导电胶膜产品上的优势地位。经济学分析显示，集中后实体如果实施上述搭售行为，将会增加其经济利益。

最后，集中后实体的上述行为在相关市场具有或者可能具有排除、限制竞争的效果。黑化压延铜箔、柔性电路板不锈钢补强板、电磁屏蔽膜、各向同性导电胶膜均会对消费电子产品的性能质量产生重要影响，下游客户更换上述产品供应商较为慎重。交易完成后，集中后实体如实施搭售行为，将限制下游客户的选择权，损害其他竞争者公平参与黑化压延铜箔、柔性电路板不锈钢补强板、电磁屏蔽膜、各向同性导电胶膜市场竞争的机会，排除、限制竞争。

（2）限制性条件的内容及其变动

鉴于此项经营者集中在相关市场具有或可能具有排除、限制竞争效果，市场监管总局附加了行为性限制条件，要求集中双方和集中后实体履行如下义务：①对中国客户销售 JX 金属的黑化压延铜箔、柔性电路板不锈钢补强板和拓自达的电磁屏蔽膜、各向同性导电胶膜时，没有正当理由，不得自行或要求其经销商实施以下行为：对 JX 金属产品和拓自达产品进行搭售，或者施加其他不合理的交易条件；阻碍或限制客户单独购买或使用 JX 金属产品和拓自达产品；在价格、质量、数量、交货时间、售后服务等商业条款方面歧视单独购买 JX 金属产品或拓自达产品的客户；阻碍或限制合作伙伴选择第三方的黑化压延铜箔、柔性电路板不锈钢补强板、电磁屏蔽膜、各向同性导电胶膜。②自行并要求其经销商以公平、合理、无歧视原则的条款和条件向中国客户供应黑化压延铜箔和各向同性导电胶膜。③除为满足客户要求外，不得降低其黑化压延铜箔和各向同性导电胶膜与第三方的黑化压延铜箔、柔性电路板不锈钢补强板、电磁屏蔽膜、各向同性导电胶膜之间的现有兼容性水平。

本案中，限制性条件自生效日起 8 年内有效，期限届满后自动解除。自生效日起，若相关市场竞争状况发生重大改变，或交易双方和集中后实体情况发生重大变更时，交易双方和集中后实体可向市场监管总局申请变更或解除限制性条件。

（三）行政处罚案

两起未依法申报违法实施经营者集中行政处罚案分别是：2024 年 6 月 7 日公布的上海海立与海尔空调设立合营企业郑州海立未依法申报违法实施经营者集中案① （以下简称"上海海立案"），2024 年 9 月 13 日公布的茂名市城乡建设投资发展集团有限公司收购广东众源投资有限公司股权未依法申报违法实施经营者集中案② （以下简称"茂名城建案"）。

上海海立案中，上海海立（集团）股份有限公司（以下简称"上

---

① 国家市场监督管理总局：https://www.samr.gov.cn/fldes/tzgg/xzcf/art/2024/art_9654125c3d2d44c6be54c41da17f7372.html（最后访问时间：2024 年 9 月 26 日）。

② 国家市场监督管理总局：https://www.samr.gov.cn/fldes/tzgg/xzcf/art/2024/art_54b79e825dcc45b58d8a2caf5aa13ba5.html（最后访问时间：2024 年 9 月 26 日）。

海海立") 与青岛海尔空调器有限总公司（以下简称"海尔空调"）于2023年1月签署《郑州海立电器有限公司之合资合同》，拟于郑州共同设立合营企业郑州海立，从事空调转子式压缩机的生产与销售。上海海立持有合营企业51%股权，海尔空调持有合营企业49%股权。首先，依据《反垄断法》第二十五条规定，上海海立与海尔空调设立并共同控制合营企业郑州海立，属于《反垄断法》意义上的经营者集中。其次，2022年上海海立（含关联方）与海尔空调（含关联方）营业额达到经营者集中申报标准，属于应当申报的情形。2023年3月，合营企业登记注册成立，在此之前，未获得市场监管总局批准，违反《反垄断法》第二十六条，构成未依法申报违法实施的经营者集中。立案后，市场监管总局就上海海立与海尔空调设立合营企业郑州海立对市场竞争的影响进行了评估，评估认为，该项经营者集中不会产生排除、限制竞争的效果。最终，市场监管总局依据《反垄断法》第五十八条、第五十九条的规定，综合考虑当事人违法行为的性质、程度、持续时间和消除违法行为后果的情况，本案不具有从重处罚情形，同时考虑到集中双方属于首次违法实施经营者集中，且能够积极配合违法实施经营者集中调查并主动提供证据材料，经营者在违法实施集中后积极整改，建立并有效实施完善的经营者集中反垄断合规制度等，决定处罚给予上海海立150万元罚款的行政处罚，给予海尔空调150万元罚款的行政处罚。

茂名城建案中，2023年12月，茂名市城乡建设投资发展集团有限公司（以下简称"茂名城建"）就收购广东众源投资有限公司（以下简称"众源投资"）股权交易向市场监管总局经营者集中申报系统提交申报材料。交易前，中山市电力实业发展有限公司（以下简称"中山实业"）持有众源投资100%的股权，单独控制众源投资。交易后，茂名城建、中山实业分别持有众源投资51%、49%的股权，共同控制众源投资。首先，依据《反垄断法》第二十五条规定，茂名城建通过股权收购的方式取得众源投资控制权，属于《反垄断法》意义上的经营者集中。其次，2022年，茂名城建（含关联方）与中山实业（含关联方）

营业额达到经营者集中申报标准，属于应当申报的情形。《反垄断法》第三十条规定"国务院反垄断执法机构作出决定前，经营者不得实施集中"。市场监管总局2023年12月13日收到该交易经营者集中反垄断申报并于12月20日受理。2023年12月21日，在审查受理后公示阶段，众源投资已完成股权变更登记，违反《反垄断法》第三十条。立案后，市场监管总局就茂名城建收购众源投资股权对市场竞争的影响进行了评估，评估认为，该项经营者集中不会产生排除、限制竞争效果。最终，市场监管总局依据《反垄断法》第五十八条、第五十九条的规定，综合考虑当事人违法行为的性质、程度、持续时间和消除违法行为后果的情况，本案不具有从重处罚情形，同时考虑到茂名城建及其关联企业此前未因未依法申报受到过行政处罚，能够积极配合调查，如实陈述违法事实并主动提供证据材料，建立并有效实施反垄断合规制度，决定给予茂名城建175万元罚款的行政处罚。

三、经营者集中反垄断审查制度的完善

世界各辖区竞争执法部门目前高度关注人工智能领域的市场结构问题，2023年以来，德国、英国、欧盟、美国等反垄断辖区先后对大型数字平台与人工智能初创企业之间的投资与合作关系开展反垄断调查。此前，有学者提出此类合作关系可能是大型数字平台绕开并购反垄断审查的手段，可能引发自我优待、限制互操作性等反竞争风险，并主张调整反垄断法中经营者集中的概念。[①]

人工智能领域的企业合作关系以微软和OpenAI之间的投资合作关系为代表。微软与OpenAI之间的合作关系主要内容包括：微软向OpenAI数十亿美元的投资，并作为OpenAI云服务的独家供应商而微软可以在其产品和服务中部署OpenAI的模型，并基于OpenAI的技术开发

---

① Christophe Carugati, *The competitive relationship between cloud computing and generative AI*, Bruegel Working Paper 19/2023, 2023.

新的数字服务。[1]

（一）相关调研与执法动态

2023 年 11 月，德国联邦卡特尔局（FCO）表示，经过研究，其认为微软对 OpenAI 的参与及其与 OpenAI 的合作不在德国并购审查范围内。具体而言，FCO 认为微软与 OpenAI 之间的合作关系构成对 OpenAI 的重大影响，属于德国竞争法意义上的经营者集中，但没有达到申报门槛。与欧盟并购控制制度不同，依据德国《反限制竞争法》（GWB），一家公司对另一家公司的重大竞争影响足以构成集中，而不一定需要对另一家公司拥有控制权。FCO 认为微软早在 2019 年，或者最迟在 2021 年深化合作伙伴关系时，就已经对 OpenAI 产生了重大的竞争影响。然而，当时 OpenAI 在德国还未开展实质性活动，不足以满足与交易价值门槛相关的要求（GWB 第 35 条第 1a 款第 4 项）。FCO 表示："一方面，人工智能提供了促进竞争的机会，但另一方面，存在大型互联网企业进一步巩固其市场力量的风险。我们需要密切关注市场的发展情况，特别是主要市场参与者在多大程度上参与到该行业年轻、有前途的企业中。如果微软未来增加对 OpenAI 的影响力，我们将不得不重新审查他们是否属于合并控制的范围。"此外，FCO 强调，该审查结果并未表明此类合作关系是否也符合其他反垄断制度，特别是它是否符合垄断协议相关规定。[2]

此外，英国、欧盟和美国等辖区的竞争执法部门正积极推进相关问题的调研并准备执法活动。2023 年 12 月，英国竞争与市场管理局（CMA）发起一项意见征集[3]，邀请公众表达意见，以评论微软和

---

[1] Microsoft Corporate Blogs, *Microsoft and OpenAI extend partnership*, Jan. 23, 2023, https://blogs.microsoft.com/blog/2023/01/23/microsoftandopenaiextendpartnership/.

[2] FCO, *Cooperation between Microsoft and OpenAI currently not subject to merger control*, Nov. 15, 2023, https://www.bundeskartellamt.de/SharedDocs/Meldung/EN/Pressemitteilungen/2023/15_11_2023_Microsoft_OpenAI.html?nn=3599398.

[3] 征求意见（Invitation to Comment, ITC）是 CMA 信息收集过程的第一部分，在正式启动第一阶段调查之前进行。CMA 需要从微软和 OpenAI 收集某些信息，然后才能开始第一阶段调查，包括其英国活动、数据和内部文件等相关信息。

OpenAI 之间的合作关系是否构成并购情形，如果是这样，该并购可能对英国的竞争产生何种影响。CMA 将审查合作关系是否导致控制权的获得——即导致一方对另一实体具有重大影响、实际控制权或超过50%的投票权，或一个实体对另一个实体的控制权性质发生变化。2024年 4 月，CMA 进一步对微软和 Mistral AI、亚马逊和 Inflection AI 以及亚马逊和 Anthropic 之间的合作关系征求意见，以研究对这些合作关系是否符合英国并购审查规则或在英国引起竞争问题。① 2024 年 9 月，CMA 对微软收购 Inflection 特定资产的交易作出决定，认为微软雇用 Inflection 前员工及其知识产权许可等相关安排构成经营者集中，但本交易不会引发实质性竞争损害。② 此外，延续前期对人工智能领域竞争问题的研究，CMA 于 2024 年 4 月发布了《人工智能基础模型：更新文件》《人工智能基础模型：技术性更新报告》两份文件。③ CMA 认为将人工智能领域的企业间合作关系可能被用来扩大市场力量。针对人工智能市场集中化发展的趋势，CMA 梳理了谷歌、亚马逊、微软、Meta、苹果、英伟达等主要数字平台企业在人工智能领域的投资与合作关系，发现其关系复杂，且数量多达 90 多个合作关系。CMA 强调，这种合作关系虽然可能带来有利于竞争的好处，但也可能成为大型平台企业规避并购审查的手段，并借此巩固其现有市场力量或将市场力量扩展到相邻市场，竞争执法部门应当对此保持密切关注。

欧盟委员会和美国联邦贸易委员会（FTC）则同时在 2024 年 1 月对人工智能领域的企业间合作关系开展调研。欧盟委员会表示，其正在研究大型数字企业与生成式人工智能开发商、供应商之间达成的一些协议，以及这些合作关系对市场动态的影响。更为具体地，欧盟委员会正

---

① CMA, *CMA seeks views on AI partnerships and other arrangements*, Apr. 24, 2024, https://www. gov.uk/government/news/cma-seeks-views-on-ai-partnerships-and-other-arrangements.

② CMA, *Microsoft Corporation's hiring of certain former employees of Inflection and its entry into associated arrangements with Inflection*, Sept. 4, 2024, https://assets. publishing. service. gov. uk/media/66d82eaf7a73423428aa2efe/Summary_of_phase_1_decision.pdf.

③ CMA, *AI Foundation Models: Update paper*, 2024, https://www. gov. uk/government/publications/ai-foundation-models-update-paper.

在研究 Microsoft 对 OpenAI 的投资是否可以根据欧盟《合并条例》进行审查。① FTC 则宣布，它已经向谷歌、亚马逊、Anthropic、微软和 OpenAI 五家公司发出命令，要求它们提供有关生成式人工智能公司和主要云服务提供商的近期投资和合作伙伴关系的信息，以供审查企业与人工智能供应商的合作关系对竞争格局的影响。②

（二）启示与建议

1. 对人工智能市场竞争状况开展市场调研

2018 年 10 月，习近平总书记在十九届中央政治局第九次集体学习时强调，"人工智能是新一轮科技革命和产业变革的重要驱动力量，加快发展新一代人工智能是事关我国能否抓住新一轮科技革命和产业变革机遇的战略问题。"③ 2024 年 3 月，李强总理在北京调研时强调，"人工智能是发展新质生产力的重要引擎。"人工智能市场的健康发展，离不开统一开放、竞争有序的市场环境。反垄断法作为保障市场有效竞争的核心规则，可以为推动人工智能高质量发展提供一个公平竞争的市场环境。人工智能市场是一个新兴市场，正在经历快速的发展，只有全面了解市场的竞争状况及特点，才能作出更加及时准确的执法决策。因此，我国反垄断执法部门应当及时对人工智能市场开展市场调研，了解市场状况及潜在竞争问题，为保障人工智能高质量发展提供知识基础。

2. "经营者集中"概念之反思

从各辖区竞争执法部门对人工智能领域企业合作关系的密集调查不难发现，其高度关注人工智能市场的竞争状况，担心企业利用投资合作关系的形式逃避并购审查。从目前各辖区反垄断调查结果的差异来看，

---

① European Commission, *Commission launches calls for contributions on competition in virtual worlds and generative AI*, Jan. 9, 2024, https://ec.europa.eu/commission/presscorner/detail/en/ip_24_85.

② FTC, *FTC Launches Inquiry into Generative AI Investments and Partnerships*, Jan. 25, 2024, https://www.ftc.gov/news-events/news/press-releases/2024/01/ftc-launches-inquiry-generative-ai-investments-partnerships.

③ 《习近平：推动我国新一代人工智能健康发展》，载央广网 2018 年 11 月 1 日，http://china.cnr.cn/news/20181101/t20181101_524401147.shtml。

各辖区对类似微软与 OpenAI 之间的合作关系的并购审查的差异，核心点在于各辖区竞争法所规定的"经营者集中/并购"的概念是不同的。FCO 虽然终止了对该合作关系的并购审查，但其原因与欧盟不同，FCO 已经认定该合作关系构成德国竞争法上的经营者集中，仅因为未达到申报门槛而放弃调查。值得注意的是，英国竞争法所认定的经营者集中与德国类似，也认可施加重大影响构成经营者集中的形式之一。

　　为更好应对此类合作关系可能引发的竞争风险，有学者主张欧盟委员会应修订现有的反垄断规则，包括改变并购控制下经营者集中的定义[①]。具体而言，Christophe Carugati 认为，云计算供应商和生成式人工智能供应商之间密切的合作关系可能引发竞争风险，具体风险涉及云服务和人工智能供应商之间的合作关系导致的潜在集中，以及占支配地位的 IT 供应商在提供 IT 设备方面进行歧视、转换过程的互操作性障碍、商业用户数据的使用、云服务相对于第三方的自我优待、搭售和纯粹的捆绑等反竞争行为。现有反垄断法规定不能很好解决这些问题，因而，欧盟委员会应修订现有的规则，包括改变合并控制下集中的定义，并应根据《数据法》规定云提供商的互操作性要求。在我国语境下，反垄断执法部门则应当关注此类企业合作关系是否构成我国《反垄断法》意义上的"经营者集中"。

　　3. 并购控制之外的反垄断制度考量

　　虽然目前各辖区针对合作关系的反垄断调查主要基于并购审查规则，但困于并购审查规则适用范围的限制，已有竞争执法部门选择放弃并购调查。如德国明确终止并购调查，第三方报道也表示欧盟放弃并购调查。然而，这并不意味着这种合作关系将逃逸于各辖区反垄断规则的覆盖范围。正如 FCO 所说，"德国联邦卡特尔局关于申报义务的调查结果并未表明微软和 OpenAI 之间的合作是否也符合合并控制之外的竞争法制度，特别是它是否符合 TFEU 第 101 条。"也如第三方报道所称，

① Christophe Carugati, *The competitive relationship between cloud computing and generative AI*, Bruegel Working Paper 19/2023, 2023.

"知情人士表示，欧盟委员会已决定不根据欧盟并购审查规则对微软和OpenAI 之间的合作关系进行审查，但微软仍可能面临反垄断调查。调查将关注微软与 OpenAI 合作是否限制或扭曲欧盟内部市场竞争，或者微软的市场力量是否通过某些做法扭曲了市场。其中一位知情人士称，欧盟委员会倾向于第二个角度。"[1] 这表明，即使此类合作关系无法被纳入合并审查的范围，但基于对人工智能市场竞争的重视程度，也可能被放到垄断协议和滥用市场支配地位制度的范围内审查其竞争影响。

第四节　滥用行政权力排除、限制竞争的法律规制与公平竞争审查执法[*]

一、立法概况

2024 年是《反垄断法》首次修改后正式实施的两周年。修改后的反垄断法明确了国家建立健全公平竞争审查制度，强化了竞争政策的基础地位，完善了禁止滥用行政权力排除、限制竞争的规定。在此基础上，为进一步完善公平竞争制度、加强反垄断监管执法以及弘扬公平竞争文化，2024 年我国加快了出台相关条例、指南、工作规则等法律文件的步伐，以充分发挥市场在资源配置中的决定性作用，更好发挥政府作用，进而推动我国经济高质量发展。

当前，加强公平竞争审查的刚性约束已经成为我国在构建全国统一大市场、推动中国式现代化进程中的一项普遍共识。这一措施旨在确保市场竞争的公平性，促进经济的健康发展。为规范"有形之手"，促进市场公平竞争，2024 年 5 月 11 日，国务院依据《反垄断法》等法律法规制定并通过了《公平竞争审查条例》（以下简称《条例》），并于 2024

---

[1]　Reuters, *Exclusive：Microsoft's OpenAI partnership could face EU antitrust probe, sources say*, Apr. 18, 2024, https://www.reuters.com/technology/microsofts-openai-partnership-could-face-eu-antitrust-probe-sources-say-2024-04-18/.

[*]　本节撰稿人为黄晋。黄晋，法学博士，中国社会科学院国际法研究所副研究员，国际经济法研究室副主任，国际法研究所竞争法研究中心主任。

年 8 月 1 日正式施行。《条例》全面梳理了我国公平竞争审查制度实施八年来的立法与执法经验，要求所有行政机关和法律、法规授权的具有管理公共事务职能的组织在起草涉及经营者经济活动的法律、行政法规、地方性法规、规章、规范性文件以及具体政策措施（以下统称"政策措施"）时必须进行公平竞争审查。随后，为有效预防和制止出台违反公平竞争审查标准的政策措施，市场监管总局通过了《公平竞争审查举报处理工作规则》，规则于 2024 年 10 月 13 日正式施行。该规则明确单位和个人可以举报违反《公平竞争审查条例》规定的情形、举报受理的原则、市场监督管理部门的核查、未履行或者不规范履行公平竞争审查程序的情形、违反公平竞争审查标准的情形、第三方意见的听取、核查的期限、结束核查的情形、《提醒敦促函》的制发与内容、约谈、依法给予处分建议的提出、涉嫌滥用行政权力排除限制竞争行为线索的移交等内容。2024 年 10 月 18 日，国务院召开国务院常务会议，研究部署深入推进全国统一大市场的有关举措，并强调指出，"推进全国统一大市场建设是一项系统性改革，实质上是为企业营造更加公平有序的发展环境……坚决破除地方保护和市场分割，打通制约经济循环的堵点卡点，促进商品、要素、资源在更大范围内畅通流动。要推进违规返还财税奖补、政府购买服务、妨碍公平竞争等领域专项整治，让各类企业在公平竞争中成长壮大，以更高经济效率推动各地更好发展。"可以看出，我国高度重视公平竞争审查制度在构建全国统一大市场中的重要作用，旨在规范政府及其部门不当干预市场行为以保护统一市场内的公平竞争，从而激发经营者的活力和内生动力，更好发挥市场机制作用，实现资源配置效率最优化和效益最大化。

在严格实施公平竞争审查的同时，我国也在积极推动行业协会的规范管理、经营者的合规经营、公平竞争审查机制的完善，以及对滥用行政权力排除、限制竞争行为的禁止等相关规定的协调统一。在行业协会合规层面，国务院反垄断反不正当竞争委员会依据《反垄断法》等法律规定于 2024 年 1 月 10 日发布了《关于行业协会的反垄断指南》，明确指出"行业协会不得基于行政机关的要求、委托，或者通过与行政机关联合制定发布规定、办法、决定、公告、通知、意见、函件、会议纪要，签订合作协议、备忘录等方式，协助行政机关实施滥用行政权力排除、限制竞争行为"；"经法律、法规授权具有管理公共事务职能的行业协会制定涉及经营主体经济活动的规范性文件、其他政策性文件以及"一事一议"形式的具体政策措施时，应当按照《反垄断法》及相关规定的要求进行公平竞争审查，评估对市场竞争的影响，防止排除、限制竞争。"在经营者合规层面，国务院反垄断反不正当竞争委员会于 2024 年 4 月 25 日发布了《经营者反垄断合规指南》，明确要求"经营者在与行政主体签订合作协议、备忘录等，或者收到行政主体要求执行的办法、决定、公告、通知、意见、函件、会议纪要等文件时，要注意识别相应文件内容是否带来反垄断合规风险，及时向行政主体作出提示，必要时向反垄断执法机构反映"，同时指南还就经营者涉及的与滥用行政权力排除、限制竞争行为相关的垄断合规风险发布了参考示例。总的来说，上述指南在推动行业协会和经营者加强自律、培养竞争文化以及防止从事可能违反《反垄断法》的行为方面发挥了重要作用，有助于预防和制止垄断行为、保护市场公平竞争，有助于发挥行业协会在促进行业规范健康持续发展、维护市场竞争秩序等方面的积极作用，有助于指导和推动经营者加强反垄断合规管理、建立健全反垄断合规管理制度。

在中央层面，破除地方保护、行政性垄断和严格公平竞争审查为构建高水平社会主义市场经济体制提供了重要抓手。我国拥有 14 亿多人口的超大规模市场和 1.8 亿多户经营者主体，已经成为全球第二大经济体；2023 年全年国内生产总值超 126 万亿元，GDP 全年增量超 6 万亿元，对世界经济增长贡献率有望超 30%。[①] 构建高水平社会主义市场经济体制，就是要利用这一超大规模市场优势和发挥所有经营者主体的主

---

① "超 126 万亿元！中国经济有底气"，2024 年 10 月 20 日，载新华网，http://www.news.cn/fortune/20240117/a45168f0eb9543bcb64593f3fb9613c9/c.html。另参见廖长江："加快推进全国统一大市场建设"，《人民政协报》2024 年 6 月 13 日第 3 版。

动性和创造性，在理顺政府与市场关系的基础上，更好发挥市场机制作用，从而创造更加公平、更有活力的市场环境。为此，国家发展改革委、工业和信息化部、住房和城乡建设部、交通运输部、水利部、农业农村部、商务部、市场监管总局等八部门于 2024 年 3 月联合发布了《招标投标领域公平竞争审查规则》。该规则明确要求，政策制定机关应当"尊重和保障招标人组织招标、选择招标代理机构、编制资格预审文件和招标文件的自主权""落实全国统一的市场准入条件""平等对待不同地区、所有制形式的经营主体""尊重和保障招标人定标权"等内容，以加强和规范招标投标领域公平竞争审查，维护该领域的公平竞争市场秩序。2024 年 7 月 18 日通过的《中共中央关于进一步全面深化改革推进中国式现代化的决定》也进一步强调指出，"构建全国统一大市场。推动市场基础制度规则统一、市场监管公平统一、市场设施高标准联通。加强公平竞争审查刚性约束，强化反垄断和反不正当竞争，清理和废除妨碍全国统一市场和公平竞争的各种规定和做法。规范地方招商引资法规制度，严禁违法违规给予政策优惠行为。建立健全统一规范、信息共享的招标投标和政府、事业单位、国有企业采购等公共资源交易平台体系，实现项目全流程公开管理……"此外，为推动有效市场和有为政府更好结合，中共中央办公厅与国务院办公厅于 2024 年 8 月 1 日联合发布了《关于完善市场准入制度的意见》，明确要求"完善市场准入负面清单管理模式。由法律、行政法规、国务院决定、地方性法规设定的市场准入管理措施，省、自治区、直辖市政府规章依法设定的临时性市场准入管理措施，全部列入全国统一的市场准入负面清单。各类按要求编制的全国层面准入类清单目录和产业政策、投资政策、环境政策、国土空间规划等涉及市场准入的，全部纳入市场准入负面清单管理，各类经营主体可依法平等进入清单之外的领域……"

在省级层面，各地也加快了公平竞争立法的步伐。2024 年 1 月 10 日，重庆市人民政府办公厅发布《重庆市公平竞争审查制度实施办法》；2024 年 2 月 1 日，辽宁省人大常委会通过的《辽宁省促进市场公平竞争条例》正式施行；2024 年 4 月 1 日，浙江省人民政府通过的《浙江省公平竞争审查办法》正式施行；2024 年 9 月 27 日，福建省人大常委会通过了《福建省促进公平竞争条例》，并于 2024 年 12 月 1 日起施行；此外，北京市市场监督管理局、北京市发展和改革委员会、北京市财政局、北京市商务局、北京市司法局等五部门出台的《北京市公平竞争审查工作程序规定（试行）》于 2024 年 2 月 1 日起正式施行。

在市辖区层面，2024 年 5 月 30 日，上海市浦东新区人大常委会通过了《浦东新区深化公平竞争审查若干规定》（以下简称为《若干规定》），这是上海市浦东新区依托国家层面赋予的立法权，细化完善公平竞争审查规则，强化制度的刚性约束，出台的全国首部公平竞争审查管理措施。[①]《若干规定》明确要求"在制定涉及经营者经济活动的行政规范性文件以及具体政策措施的过程中，应当按照本规定进行公平竞争审查"，同时设置专门条款加强重点防范和审查事项，如政策措施不得对市场退出作不合理限制、对参与招标投标和政府采购作不合理限制、没有依据限定法人资格、设置名录库限定供应商范围、将经营者缴纳税款与安排财政支出相挂钩等，此外还特别规定了牵头部门对各单位开展抽查评估、发送提示函、约谈、考核评价等多项保障措施，特别是将公平竞争审查工作纳入政府绩效考核体系，对违反规定追究相关责任。[②]

实践中，防止行政性垄断和政府对市场竞争的不当干预，也是优化营商环境不可或缺的重要一环。一方面，优质的营商环境对于经营者来

---

① 蒲篁："上海浦东发布全国首部公平竞争审查管理措施"，《中国市场监管报》2024 年 6 月 4 日第 A2 版。参见"上海浦东发布全国首部公平竞争审查管理措施"，2024 年 10 月 20 日，载国家市场监督管理总局网站，https://www.samr.gov.cn/xw/df/art/2024/art_da5377bb309b4ac6916578153ee80531.html；参见《浦东新区深化公平竞争审查若干规定》，2024 年 10 月 24 日，载浦东区人民政府网站，https://www.pudong.gov.cn/zwgk/glcs-elesn/2024/155/327455.html。

② 蒲篁："上海浦东发布全国首部公平竞争审查管理措施"，《中国市场监管报》2024 年 6 月 4 日第 A2 版。参见"上海浦东发布全国首部公平竞争审查管理措施"，2024 年 10 月 24 日，载国家市场监督管理总局网站，https://www.samr.gov.cn/xw/df/art/2024/art_da5377bb309b4ac6916578153ee80531.html；参见《浦东新区深化公平竞争审查若干规定》，2024 年 10 月 24 日，载浦东区人民政府网站，https://www.pudong.gov.cn/zwgk/glcs-elesn/2024/155/327455.html。

说，就如同阳光、水和空气一样，是不可或缺的基本要素；另一方面，营造一流营商环境，是政府提供公共服务的重要内容，也是实现高质量发展的重要基础和关键一环。为持续建设市场化、法治化、国际化一流营商环境，市场监管总局于 2024 年 8 月专门印发了《市场监管部门优化营商环境重举措（2024 年版）》，要求"加快完善市场监管领域制度规则……加快完善公平竞争制度规则。推动出台公平竞争审查抽查、举报处理等配套制度，细化工作规则……研究制定《滥用行政权力排除、限制竞争执法工作指引》"。① 在持续优化民营经济发展环境方面，2024 年 10 月 10 日，司法部、国家发展改革委联合发布的《民营经济促进法（草案征求意见稿）》也指出，"国家坚持平等对待、公平竞争、同等保护、共同发展的原则，促进民营经济发展壮大……民营经济组织与其他各类经济组织享有平等的法律地位、市场机会和发展权利。"② 为持续破除市场准入壁垒、全面落实公平竞争政策制度，《征求意见稿》还设专章讨论公平竞争的内容，"提出实行全国统一的市场准入负面清单制度，包括民营经济组织在内的各类经济组织可以依法平等进入；各级人民政府及其有关部门落实公平竞争审查制度，出台政策措施应当经过公平竞争审查，并定期评估、清理废除含有妨碍全国统一市场和公平竞争内容的政策措施，保障民营经济组织公平参与市场竞争；反垄断和反不正当竞争执法机构按照职责权限，预防和制止市场经济活动中的垄断、不正当竞争行为以及滥用行政权力排除或者限制竞争的行为，为民营经济组织经营活动提供良好的市场环境。"③ 除了中央层面，

---

① "市场监管总局关于印发《市场监管部门优化营商环境重点举措（2024 年版）》的通知"，2024 年 10 月 20 日，载中国政府网，https://www.gov.cn/zhengce/zhengceku/202409/content_6972309.htm。

② "司法部　国家发展改革委关于《中华人民共和国民营经济促进法（草案征求意见稿）》公开征求意见的通知"，2024 年 10 月 24 日，载司法部网站，https://www.moj.gov.cn/pub/sfbgw/lfyjzj/lflfyjzj/202410/t20241010_507325.html。

③ "司法部　国家发展改革委关于《中华人民共和国民营经济促进法（草案征求意见稿）》公开征求意见的通知"，2024 年 10 月 20 日，载司法部网站，https://www.moj.gov.cn/pub/sfbgw/lfyjzj/lflfyjzj/202410/t20241010_507325.html。

各地也在加快营商环境建设，营造公平竞争生态，实施创造型改革。例如，广州市发布《推进粤港澳大湾区国际一流营商环境建设三年行动方案（2024—2026 年）》，明确提出"优化市场准入和退出服务……持续清理对本市企业跨区域经营、迁移设置的不合理条件，完善企业迁移办理操作规程……维护公平竞争市场秩序……深化公平竞争政策实施，深入开展公平竞争集中审查试点，出台公平竞争集中审查办法……开展招投标和政府采购等重点领域违反统一市场建设专项整治行动，清理对企业规模、所有制形式、税收贡献、业绩、资质、人员、场所等方面设置的不合理准入条件，规范不当市场竞争和市场干预行为。"①

防止行政性垄断和政府对市场的不当干预同样适用于依法保障外商投资企业公平参与政府采购的活动。2024 年 2 月，为巩固外资在华发展信心、提升贸易投资合作质量和水平，国务院办公厅于印发了《扎实推进高水平对外开放更大力度吸引和利用外资行动方案》，强调"优化公平竞争环境，做好外商投资企业服务。清理违反公平竞争的行为和政策措施。及时处理经营主体反映的政府采购、招标投标、资质许可、标准制定、享受补贴等方面对外商投资企业的歧视行为，对责任主体予以通报并限期整改……加快制定出台政府采购本国产品标准，在政府采购活动中对内外资企业生产的符合标准的产品一视同仁、平等对待。全面清理妨碍统一市场和公平竞争的政策措施……完善招标投标制度。加快推进修改招标投标法。组织开展招标投标领域突出问题专项治理，集中纠治一批经营主体反映比较强烈的问题，破除制约各类所有制企业平等参与招标投标的不合理限制……强化公平竞争审查刚性约束，避免出台排斥限制公平竞争的政策文件……公平参与标准制修订。支持外商投资企业以相同条件参加先进制造、工程材料、信息通信等标准化技术委

---

① "广州市全面优化营商环境领导小组办公室关于印发广州市推进粤港澳大湾区国际一流营商环境建设三年行动方案的通知"，2024 年 10 月 20 日，载广东省人民政府网站，https://sqzc.gd. gov.cn/rdzt/schj/zcsd/content/post_4499459.html。

员会或相关标准化组织机构，依法平等参与标准制定修订工作……"① 江苏省政府在同年 2 月也适时通过了《关于进一步优化外商投资环境加大吸引外商投资力度的若干措施》，明确提出 "依法保障外商投资企业公平参与政府采购，政府采购的采购人、采购代理机构不得在政府采购信息发布、供应商条件确定和资格审查、评标标准等方面对外商投资企业实行差别待遇或者歧视待遇，不得限定供应商的所有制形式、组织形式、股权结构、投资者国别以及产品、服务品牌等，不得对外商投资企业在中国境内生产的产品、提供的服务和内资企业区别对待。"② 河南等地区也先后出台进一步优化外商投资环境加大吸引外商投资力度若干措施，以保护外商投资企业合法权益，保障外商投资企业依法参与政府采购活动，持续清理政府采购领域妨碍统一市场和公平竞争的各项壁垒。③ 国务院及省级政府出台的这些行动方案和政策，有利于营造市场化、法治化、国际化一流营商环境，能够更大力度吸引和利用外资，这为我国充分发挥超大规模市场的优势提供了坚实的保障。

当前，我国自由贸易试验区正在深入实施提升战略、持续推进公平竞争制度。自 2013 年 9 月 29 日中国（上海）自由贸易试验区揭牌运行，到 2023 年 11 月 1 日中国（新疆）自由贸易试验区正式揭牌，全国已建设运行 22 个自贸试验区，形成了覆盖东西南北中，统筹沿海、内陆、沿边的改革开放新格局。自由贸易试验区实施提升战略，鼓励首创性、集成式探索。为此，广东省人民政府专门印发《中国（广东）自由贸易试验区提升战略行动方案》，明确提出 "由省市场监管局牵头，

---

① "国务院办公厅关于印发《扎实推进高水平对外开放更大力度吸引和利用外资行动方案》的通知"，2024 年 10 月 20 日，载中国政府网，https://www.gov.cn/zhengce/content/202403/content_6940154.htm。

② "省政府印发关于进一步优化外商投资环境加大吸引外商投资力度若干措施的通知"，2024 年 10 月 20 日，载江苏省人民政府网站，https://www.jiangsu.gov.cn/art/2024/2/21/art_46143_11155008.html。

③ "河南省人民政府办公厅关于印发河南省进一步优化外商投资环境　加大吸引外商投资力度若干措施的通知"，2024 年 10 月 20 日，载河南省人民政府网站，https://www.henan.gov.cn/2024/09-04/3058339.html。

省商务厅、政务服务数据管理局，广东自贸试验区广州南沙新区片区管委会、广东自贸试验区深圳前海蛇口片区管委会，横琴粤澳深度合作区执委会按职责分工负责打造国际一流营商环境……探索完善公平竞争审查制度工作机制，加强外资企业和民营企业合法权益保护。"[①]

二、执法情况

2024 年，各级市场监管部门持续加强反行政性垄断和公平竞争审查工作，积极纠正行政机关和法律、法规授权的具有管理公共事务职能的组织滥用行政权力排除、限制竞争的行为，强化公平竞争审查刚性约束，取得了积极的效果，有力地保障了统一大市场的构建。

2024 年，继国务院反垄断反不正当竞争委员会办公室、市场监管总局联合下发《关于建立反垄断"三书一函"制度的通知》后，各地加快建立健全反垄断"三书一函"即《提醒敦促函》《约谈通知书》《立案调查通知书》《行政处罚决定书（经营主体）/行政建议书（行政机关）》制度，增强反垄断监管的有效性和规范性。

2024 年 2 月 29 日，市场监管总局在全国反垄断工作会议上对 2024 年反垄断重点任务进行了部署，强调"要围绕讲政治、强监管、促发展、保安全工作总思路，紧扣高质量发展这一首要任务，聚焦加快建设全国统一大市场这个重点，做好 2024 年反垄断工作，进一步强化竞争政策基础地位，创新反垄断监管方式、提升监管效能。深入开展整治市场分割、地方保护突出问题维护公平竞争市场秩序专项行动。纵深推进民生领域反垄断执法专项行动……提升公平竞争治理能力，全面落实公平竞争审查制度，健全反垄断制度规则，促进企业合规，激发市场活力，支持各类经营主体平等参与市场竞争。加强重点领域和区域市场竞

---

① "广东省人民政府关于印发中国（广东）自由贸易试验区提升战略行动方案的通知"，2024 年 10 月 20 日，载广东省人民政府网站，https://www.gd.gov.cn/xxts/content/post_4337244.html。

争状况评估。强化全社会公平竞争理念，推进反垄断国际交流和务实合作……"①

2024年3月8日，国家市场监管总局局长罗文在十四届全国人大二次会议第二场"部长通道"上接受媒体采访时又进一步强调"……坚决纠正利用隐形壁垒实施地方保护行为。针对现在有不少企业反映，有的地方利用信用评价地方标准构筑新的隐性壁垒行为……一方面推动企业信息公示暂行条例的修订实施，全面强化信用、信息共享共用，着力推进企业信用评价公平统一。另一方面，也将深入开展地方标准专项梳理排查，进一步规范地方标准的制定和应用，目的在于严格禁止利用地方标准实施妨碍商品要素自由流通的行为……继续加大对行政性垄断的监管执法力度，针对不少地方限定交易，限制企业参加招投标的不正当竞争行为，将进一步加大监管执法力度，及时回应经营主体关切，同时也将加大案件的公开曝光力度，强化行政建议和执法约谈，大力纠治不当市场干预行为，真正为经营主体的发展创造广阔空间，尤其是公平竞争舞台。"②

随后，上海、天津、北京、河南、浙江、安徽等多地市场监督管理部门纷纷开展民生领域反垄断专项行动，加强重点线索排查，聚焦城市水电气热、教育、医疗卫生、交通运输、工程建设、保险、政府采购、招投标等重点行业和领域，强化执法力度，对依法查处的限定交易、排斥或者限制外地经营者、利用信用评价等手段设置市场准入门槛、妨碍商品要素在地区之间自由流通等滥用行政权力排除、限制竞争行为，强化执法约谈，加大典型案例曝光力度，增强执法权威，以促进全国统一大市场建设。

与此同时，各地市场监督管理部门也高度重视严格规制行政性垄断

---

① "市场监管总局召开2024年反垄断工作会议"，2024年10月20日，载国家市场监督管理总局网站，https://www.samr.gov.cn/xw/zj/art/2024/art_3ef9557a3078498dbbfdf1f6f40ead5e.html。

② "市场监管总局：继续加大对行政性垄断的监管执法力度"，2024年10月21日，载国家市场监督管理总局网站，https://www.samr.gov.cn/xw/mtjj/art/2024/art_948dd696db30473f9032ef83d810dfaa.html。

与公平竞争审查抽查、督查等机制的衔接，对公平竞争审查抽查和督查等工作中发现的涉嫌滥用行政权力排除、限制竞争的行为，在核查后及时上报，并根据授权依法进行查处。

（一）反行政性垄断

当前，为深入贯彻落实党的二十届三中全会精神，积极落实构建全国统一大市场的要求，市场监管部门着力强化滥用行政权力排除限制竞争的执法，主要聚焦市场反映较为集中的公共事业、招标投标、工程建筑等重点领域，依法查处滥用行政权力排除限制竞争案件，开展执法约谈，纠治限定交易、妨碍商品要素自由流通、排除限制外地经营者参加本地经营的行为。

2023 年全年，市场监管部门持续加强和改进滥用行政权力排除、限制竞争执法，共办结滥用行政权力排除、限制竞争案件 39 件，开展滥用行政权力排除、限制竞争执法约谈 17 次。[①] 2024 年 1 月至 4 月，市场监管总局公布的省级市场监管局纠正的滥用行政权力排除、限制竞争行为案件共计 11 件，覆盖地域范围涉及广西、贵州、江西、北京、甘肃、辽宁、安徽、海南等多个地区，相关领域包括互联网租赁助力车、新开办企业印章刻制、共享二轮电动单车、共享自行车、健康体检、预防性健康体检市场、瓶装液化石油气、医疗责任保险服务、医疗责任保险经纪服务等，在纠正行政机关等对市场的不当干预行为的同时，有效维护了上述相关市场的公平竞争秩序。2024 年 9 月，市场监管总局发布了 2024 年民生领域反垄断执法专项行动第一批典型案例，其中涉及滥用行政权力排除、限制竞争案件 1 件。[②] 该案件涉及的多个政策措施于 2010 年 8 月至 2011 年 1 月期间制发且持续生效，含有限定海南公立医疗机构购买、使用原海南省卫生厅招标确定的保险公司提供

---

① 国家反垄断局编：《中国反垄断执法年度报告（2023）》，https://www.gov.cn/lianbo/bumen/202406/P020240619381431996452.pdf。

② "市场监管总局发布 2024 年民生领域反垄断执法专项行动第一批典型案例"，2024 年 10 月 21 日，载国家市场监督管理总局网站，https://www.samr.gov.cn/xw/zj/art/2024/art_17a9c250ca574364acdcf50967e09119.html。

的医疗责任保险服务以及变相限定海南公立医疗机构使用特定保险经纪机构提供的医疗责任保险经纪服务等内容，明显违反《反垄断法》。① 为保障医疗责任保险市场公平竞争的市场环境，海南省市场监管局依法进行了查处，并依据《反垄断法》第 61 条的规定，向海南省卫生健康委的上级机关海南省人民政府提出依法处理的建议，建议责令海南省卫生健康委梳理仍在生效的其他政策措施和参与印发的其他有关文件，限期完成整改并向上级机关和反垄断执法机构报送改正情况。②

在中央和省级市场监管部门加强民生领域反垄断执法专项行动的同时，一些地区市场监管部门也加强了对行政性垄断的监督执法及案件公示。例如，2024 年 9 月，浙江省市场监管局在其官方网站上发布了纠正宁波市镇海区住房和建设交通局滥用行政权力排除、限制竞争行为的执法公告。该案件涉及当事人在没有法律法规和国家政策依据情况下，通过与特定经营主体签订《战略合作框架协议》，指定特定经营者实施相关绿化迁移工程项目，排除、限制其他经营主体参与相关市场竞争。③ 又如，2024 年 9 月，陕西省市场监管局与陕西省省高级人民法院联合发布陕西省反垄断和反不正当竞争典型案例，其中涉及滥用行政权力排除、限制竞争行为案 1 件。④

此外，2024 年 10 月，国家发展和改革委员会办公厅发布了《关于违背市场准入负面清单典型案例的通报（第七批）》，明确对多地区和

---

① "市场监管总局发布 2024 年民生领域反垄断执法专项行动第一批典型案例"，2024 年 10 月 21 日，载国家市场监督管理总局网站，https://www.samr.gov.cn/xw/zj/art/2024/art_17a9c250ca574364acdcf50967e09119.html。

② "市场监管总局发布 2024 年民生领域　反垄断执法专项行动第一批典型案例"，2024 年 10 月 21 日，载国家市场监督管理总局网站，https://www.samr.gov.cn/xw/zj/art/2024/art_17a9c250ca574364acdcf50967e09119.html。

③ "浙江省市场监管局纠正宁波市镇海区住房和建设交通局滥用行政权力排除、限制竞争行为"，2024 年 10 月 20 日，载浙江省市场监督管理局（浙江省知识产权局）网站，https://zjamr.zj.gov.cn/art/2024/9/29/art_1229248167_59038842.html。

④ "省市场监督管理局　省高级人民法院联合举行'陕西省反垄断和反不正当竞争典型案例'新闻发布会"，2024 年 10 月 20 日，载陕西省市场监督管理局网站，https://snamr.shaanxi.gov.cn/info/1823/31354.htm。

多部门主动报送和排查归集的不当干预市场行为的典型案例予以通报。① 这些典型案例的通报有利于大力破除市场准入壁垒，进一步健全优化市场环境。

（二）公平竞争审查

随着《公平竞争审查条例》的发布与施行，各级政府及其相关部门积极开展政策措施的公平竞争审查工作，严格清理存量、审查增量。根据统计，我国公平竞争审查制度自 2016 年建立实施以来，全国累计审查政策措施 161.8 万件，清理存量文件 447 万件，修订废止 9.3 万件，有力维护了公平竞争和全国统一大市场。②

自市场监管总局、国家发展和改革委员会、财政部和商务部等四部门于 2023 年 6 月发布《关于开展妨碍统一市场和公平竞争的政策措施清理工作的通知》以后，各地区、各部门共梳理涉及经营主体经济活动的各类政策措施 690 448 件；③ 2023 年全年，市场监管部门督促各地区、各部门修订或者废止违反公平竞争审查制度的政策措施 1.76 万件，清理妨碍统一市场和公平竞争的政策措施 4218 件。④ 从 2023 年政策措施的清理结果来看，重点清理的四大类问题中，涉及妨碍市场准入和退出的 1917 件，占 45.44%；涉及妨碍商品和要素自由流动的 568 件，占 13.47%；涉及不当影响生产经营成本的 1462 件，占 34.67%；涉及不当影响生产经营行为的 121 件，占 2.87%；因文件到期废止等其他情况

---

① "国家发展改革委办公厅关于违背市场准入负面清单典型案例的通报（第七批）"，2024 年 10 月 22 日，载国家发展和改革委网站，https://www.ndrc.gov.cn/xwdt/tzgg/202410/t20241028_1394016.html。

② 孟扬："深入落实公平竞争审查制度　加快建设全国统一大市场"，《经济日报》2024 年 8 月 2 日第 1 版。"深入落实公平竞争审查制度　加快建设全国统一大市场"，2024 年 10 月 24 日，载国家市场监督管理总局网站，https://www.samr.gov.cn/xw/mtjj/art/2024/art_2e44201a0cbe438184b291274b30186d.html。

③ "市场监管总局：清理妨碍统一大市场和公平竞争问题的政策措施 4 218 件"，2024 年 10 月 20 日，载人民网，http://finance.people.com.cn/n1/2024/0328/c1004-40205551.html。

④ 国家反垄断局编：《中国反垄断执法年度报告（2023）》，https://www.gov.cn/lianbo/bumen/202406/P020240619381431996452.pdf。

作出调整的 150 件。① 从清理的政策措施类型看，规章、行政规范性文件和"一事一议"等具体政策措施的占比分别为 0.55%、50.55% 和 48.9%；从修订、废止的政策措施制定主体来看，国务院各部门占 0.38%，省级占 6.02%，地市级占 44.93%，区县级占 48.67%。② 同时，为保证增量文件符合公平竞争审查制度要求，2023 年，全国市场监管部门会同审查政策措施 9119 件、发送整改建议书 1155 份，有力地规范了行政行为。③

2024 年，各地区持续强化对存量政策措施的清理工作和加强重大政策措施的公平竞争审查会审工作。例如，在政府采购和招标投标领域公平竞争审查实施工作中，辽宁省市场监管局紧盯以不合理的条件排斥、限制经营者参与投标采购的行为，部署在 2024 年 5 月至 10 月开展专项清理行动，坚决制止滥用行政权力排除、限制竞争；专项清理行动范围覆盖辽宁省政府各工作部门，并将各部门在 2022 年度政府采购和招标投标文件等全部纳入公平竞争审查范围，严格履行公平竞争审查程序要求，全面清理审查政府采购和招投标领域的不合理限制。又如，2024 年以来，济南市市场监管局围绕贯彻落实《公平竞争审查条例》，加大重大政策会审审查力度，共会审金融、生物医药、产业发展等各类相关重大政策措施 93 件，提出修改意见建议 34 件；同时组织清理妨碍统一市场和公平竞争政策措施 591 件，修改 5 件，废止 4 件。

当前，各级政府和部门正积极落实《公平竞争审查条例》，在倡导竞争文化的同时，完善公平竞争审查工作机制，保障公平竞争审查工作力量，在公平竞争审查工作经费纳入政府预算的同时，严格依法将公平竞争审查工作情况纳入法治政府建设、优化营商环境等考核评价内容。

---

① "市场监管总局：清理妨碍统一大市场和公平竞争问题的政策措施 4218 件"，2024 年 10 月 20 日，载人民网，http://finance.people.com.cn/n1/2024/0328/c1004-40205551.html。
② 同①。
③ 同①。

三、存在的问题与展望

(一)存在的问题

1. 反行政性垄断执法中发现的问题

一是滥用行政权力排除、限制竞争行为在民生重点领域仍然持续高发。根据国家反垄断局于 2024 年 6 月发布的《中国反垄断执法年度报告(2023)》报告,从 2023 年市场监管部门办结行政性垄断案件所涉及的违法领域来看,民生领域案件占比 92%,其中城市管理、医疗卫生、工程建筑、公用事业、民生其他领域案件占比分别为 31%、18%、15%、15%、13%。[①] 城市管理领域案件主要涉及城区物业经营管理、餐厨垃圾收运、城市共享电单车运营等多个行业,具体行为包括限定城区物业服务企业、要求使用特定企业提供的餐厨垃圾收运服务、限制互联网租赁助力车营运企业间公平竞争等;医疗卫生领域案件主要涉及健康体检、医疗物资配送等行业,以实施限定交易行为最为典型;工程建筑领域案件主要涉及园林绿化、工程施工等行业,以妨碍外地企业参与竞争最为典型;公用事业领域案件主要发生在燃气经营等行业;此外,民生其他领域案件主要涉及自然资源、保险等行业。[②]

二是多发的滥用行政权力排除、限制竞争行为既涉及具体行政垄断行为如限定交易行为,也包含抽象行政垄断行为如涉及制定排除和限制竞争内容规定,既存在明确限制型行政垄断行为如限制参加招投标,也包含隐蔽型限制行为如签订合作协议妨碍其他经营者进入相关市场等。从 2023 年办结行政性垄断案件所涉及的违法行为类型来看,涉及限定交易行为的案件占比 48%;涉及制定含有排除、限制竞争内容规定行为的案件占比 36%;涉及限制经营者参加招标投标以及其他经营活动行

---

① 国家反垄断局编:《中国反垄断执法年度报告(2023)》,https://www.gov.cn/lianbo/bumen/202406/P020240619381431996452.pdf。

② 国家反垄断局编:《中国反垄断执法年度报告(2023)》,https://www.gov.cn/lianbo/bumen/202406/P020240619381431996452.pdf。

为的案件占比 5%；涉及签订合作协议妨碍其他经营者进入相关市场行为的案件占比 5%；涉及妨碍商品自由流通行为的案件占比 3%；涉及强制设立分支机构行为的案件占比 3%。①

三是滥用行政权力排除、限制竞争的行为涉及省、市和县三级，但以市、县级政府及其所属部门居多。从 2023 年办结行政性垄断案件所涉及的涉案主体来看，涉及省级政府所属部门的案件占比 3%，涉及市级政府及所属部门的案件占比 30%，涉及县级政府及所属部门的案件占比 67%。②

2. 公平竞争审查工作中发现的问题

当前，各地区和各部门在严格对照《公平竞争审查条例》中的审查标准进行自我审查时，仍然遇到了一些问题。这些问题涉及：

一是政策制定机关的内部公平竞争审查机制和审查程序有待完善。与欧盟委员会对成员国实施的国家援助进行全面审查不同，我国在建立公平竞争审查制度时起就确立了自我审查的模式。内部审查模式强调政策制定机关必须建立健全自己内部的公平竞争审查机制和审查程序。然而，在实践中，一些政策制定机关的公平竞争内部审查机制和审查程序或者根本没有建立，或者建立后严重缺乏有效监督机制，无法督促业务处室适时实施公平竞争审查工作，甚至有些公平竞争内部审查机构即使对业务处室明显涉嫌违反公平竞争审查的做法非常了解，但仍采取放任态度，事不关己，听之任之。

二是一些政策制定机关在对增量政策措施实施公平竞争审查时把关不足，且对存量政策措施的清理仍然不到位。以 2024 年 1 月山东省市场监督管理局发布的 2023 年违反公平竞争审查标准的典型整改案例为

---

① 国家反垄断局编：《中国反垄断执法年度报告（2023）》，https://www.gov.cn/lianbo/bumen/202406/P020240619381431996452.pdf。

② 同①。

例。① 在 15 件典型整改案例中，相关政策措施制发的时间最早为 2017 年，最晚为 2023 年，涉及的主要问题包括：设置不合理或者歧视性的准入和退出条件；排斥、限制或者强制外地经营者在本地投资或者设立分支机构；排斥或者限制外地经营者参加本地招标投标活动；限定经营、购买、使用特定经营者提供的商品和服务；限制外地和进口商品、服务进入本地市场或者阻碍本地商品运出、服务输出；安排财政支出与特定经营者缴纳的税收或非税收入挂钩；限定经营、购买、使用特定经营者提供的商品和服务；违法给予特定经营者优惠政策等。再以市场监管总局发布的 2024 年民生领域反垄断执法专项行动第一批典型案例为例。在海南省市场监管局依法纠正海南省卫生健康委员会滥用行政权力排除、限制竞争行为案中，案件所涉及的政策措施如上文所述，制发于 2010 年 8 月至 2011 年 1 月期间，但由于这些政策措施长期未得到清理且一直在执行，因此政策措施中所涉及的违法行为一直持续到 2023 年 7 月正式启动反垄断调查时才得到制止。②

三是政策制定机关对公平竞争审查的审查标准及关键性概念存在模糊认识。一方面，《公平竞争审查条例》与国务院印发的《关于在市场体系建设中建立公平竞争审查制度的意见》（国发〔2016〕34 号）、市场监管总局等五部门发布的《公平竞争审查制度实施细则》在审查标准的规定上略存在差异，如何在公平竞争审查实践中有效适用《公平竞争审查条例》中的市场准入和退出、商品和要素自由流动、影响生产经营成本标准以及影响生产经营行为标准等四大类 19 项标准需要进一步厘清。另一方面，《公平竞争审查条例》对重要概念如经济活动、特定经营者、要素等没有给予明确解释，但这些重要概念在执法实践中

---

① "关于发布 2023 年违反公平竞争审查标准的典型整改案例的公告"，2024 年 10 月 20 日，载淄川区市场监督管理局网站，http://www.zichuan.gov.cn/gongkai/site_zcqscjdglj/channel_639c1fb1048ed645c95a7c9d/doc_665d702c9ef59c23e8b522c4.html。

② "市场监管总局发布 2024 年民生领域反垄断执法专项行动第一批典型案例"，2024 年 10 月 21 日，载国家市场监督管理总局网站，https://www.samr.gov.cn/xw/zj/art/2024/art_17a9c250ca574364acdcf50967e09119.html。

需要得以应用，因此未来有必要在执法中给予明确。此外，由于《公平竞争审查条例》没有采纳将严重排除、限制市场竞争作为唯一审查标准，因此随着相关市场的动态发展，未来对资金流动、用工地域的限制或者变相限制也值得进一步讨论。

四是政策制定机关对政府和市场的边界和作用仍缺乏充分理解，对市场失灵和政府不当干预市场竞争的认识不足。实践中，一些政策制定机关对市场经济条件下存在的市场失灵理解不够，对《反垄断法》在我国发挥经济宪法作用解决市场之灵和行政机关等不当干预市场竞争认识不足，常常将地方产业政策凌驾于国家产业政策、国家竞争政策之上，以地方财政补贴地方经济为借口，建立自己的封闭小市场、自我小循环，搞地方保护和市场分割，损害统一大市场的建设。

（二）竞争执法展望

1. 充分提高对加快统一大市场建设的认识和理解，完善预算监督体系、招商引资评价体系和中小企业促进体系

党的二十届三中全会明确提出构建全国统一大市场。构建全国统一大市场就是要实现市场基础制度规则统一，就是要推动市场监管公平统一，就是要促进市场设施高标准联通，这有助于充分利用我国超过十四亿人口的超大买方市场规模优势，在民族国家竞争的今天，在面对复杂国际和国内形势的情况下，强化我国在全球市场的竞争能力和话语权，促进我国经济社会高质量发展。

当前，为贯彻落实党的二十届三中全会精神，各级政府及其部门，特别是市县两级政府及其部门应当进一步提高对全国统一大市场建设的理解和认识，强化对修订后的《反垄断法》和《公平竞争审查条例》的理解。修订后的《反垄断法》已经明确提出强化竞争政策基础地位，从立法上确立了国家竞争政策的优先级；《公平竞争审查条例》进一步明确了国家竞争政策、国家产业政策和地方产业政策之间的关系，强调不得以地方性产业政策干扰国家竞争政策，同时为具有或者可能具有排除、限制竞争效果，但包含有维护安全和发展利益、促进科学技术进步

和增强国家自主创新能力、实现社会公共利益以及法律、法规规定的其他情形等内容的涉及国家产业政策、社会政策等政策措施提供了适用例外的可能性。各级政府及其相关部门有必要结合《反垄断法》《公平竞争审查条例》等法律法规，强化对国家竞争政策、国家产业政策、地方产业政策的理解，并针对地方保护、市场分割和排除、限制竞争等突出问题，持续开展对滥用行政权力排除、限制竞争等不当干预市场竞争行为的专项治理活动，突出强调经营者在经济活动的自主权，完善适应全国统一大市场建设的体制机制。

此外，中央和省级两级政府及其部门还应加快完善预算监督体系、招商引资评价体系和中小企业促进体系，厘清政府和市场的边界。预算监督体系的完善能够有效约束地方政府及其部门的奖补措施的出台；招商引资评价的完善有助于改变地方财政竞争的困境，将市场中的地方政府招商竞争改变为企业的自主竞争，充分发挥市场在资源配置中的决定性作用；中小企业促进体系的完善有助于将地方政府的招商引资的竞争冲动转变到发展本地中小企业、促进就业和劳动力保护的正常轨道上，这既能解决市场失灵的问题，又能避免行政机关等滥用行政权力过度干预市场竞争行为。因此，加快完善预算监督体系、招商引资评价体系和中小企业促进体系，厘清政府和市场的边界，推动市、县两级政府和部门将更多精力放在加快社会发展的轨道上，有助于强化公共服务保障职能，促进中小企业发展；有助于减少对经营者市场行为的干预，让市场在资源配置中发挥决定性作用；有助于政府及其相关部门对市场失灵问题发挥宏观调控和市场监管的积极作用。

2. 积极实施《公平竞争审查举报处理工作规则》，强化反行政性垄断执法与立法工作

发现违反公平竞争审查制度的行为一直是公平竞争审查执法的难点。2024 年 10 月 13 日起正式施行的《公平竞争审查举报处理工作规则》完善了查处公平竞争审查违法的制度设计。根据《公平竞争审查举报处理工作规则》，任何单位和个人可以向市场监督管理部门举报

涉嫌违反《公平竞争审查条例》规定的政策措施，这些政策措施存在涉嫌违法的情形包括：未履行公平竞争审查程序，或者履行公平竞争审查程序不规范；存在违反公平竞争审查标准的内容，以及；其他违反《公平竞争审查条例》的情形。此外，该工作规则还明确要求，市场监督管理部门应当向社会公开举报电话、信箱或者电子邮件地址。

当前，积极实施《公平竞争审查举报处理工作规则》对于强化公平审查执法有着重要意义。积极实施《公平竞争审查举报处理工作规则》有助于敦促各级市场监督管理部门通过单位和个人举报行为有效监督政策制定机关涉嫌违反公平竞争审查制度的行为，有助于维护市场的公平竞争秩序和保障经营者在市场竞争中的合法权利，有助于构建和完善高水平社会主义市场经济体制。因此，积极实施《公平竞争审查举报处理工作规则》应当成为未来一段时间实施公平竞争审查执法的重点。

同时，各级市场监管部门也应进一步强化反行政性垄断行为的执法和立法工作。一是，各地应加快落实反垄断"三书一函"即《提醒敦促函》《约谈通知书》《立案调查通知书》《行政处罚决定书（经营主体）/行政建议书（行政机关）》制度。当前，反垄断"三书一函"已经成为市场监管部门重要的反垄断执法制度和执法工具，随着各地积极落实反垄断"三书一函"制度，市场监管部门针对行政性垄断行为的执法将更加规范化，这有助于丰富反垄断监管手段，增强反垄断监管效能，规范反垄断监管行为。二是，市场监管部门应从保护市场竞争秩序和严格执法公开的角度出发，敦促各地强化存量和增量政策措施的公开要求及对涉嫌违法的政策措施实施执法的公示要求。存量和增量政策措施的公开有利于发现违法问题，及时解决违法行为；对涉嫌违法的政策措施在执法过程中和执法后进行公示则有利于敦促整改，提醒注意以及为执法活动提供预期和指引。三是，市场监管总局还应当落实2024年10月18日国务院常务会议的要求，积极出台相关办法，重点关注违规返还财税奖补、政府购买服务、妨碍公平竞争等领域，制定行政性垄断行为的受益对象返还不当得利的相关制度，强化制度供给，推动执法工作。

3. 提升信息化建设水平，强化政策措施的可视化和数据化支持

当前，提升各级政府的信息化建设水平，减少政策制定机关数据的碎片化问题仍然应当引起高度重视。我国在政策措施起草、审查和清理的可视化和数据化支持上仍然有很长的路要走。我国应当加快建立中央和省级政策措施的数据库，加快实现政策数据的共享、互联和互通，这对推进国家治理体系和治理能力现代化有着重要意义。当前，尽管各地资源禀赋存在不同，经济发展和社会发展的程度存在差异，然而各地政府和相关部门不得不为招商引资等需要展开财政奖补等各种隐蔽型或者半公开型优惠措施的竞争，其结果导致各地地方产业政策以及伴随产业政策同时出台的地方财税政策等同质化严重，体现为各种重复的、低水平、低维度的奖补措施，反而对统一大市场建设造成了阻碍，也制约了政府及其相关部门在社会发展方面的投入和能力。因此，有必要推动各地产业政策措施的公开、可视化和数据化，从而改变这种不透明的以邻为壑的地方治理经济模式，促进各地政策的差异化，进而完善全国统一大市场的法治化基础。

第五节　反不正当竞争行为的规制*

一、立法概况

《反不正当竞争法》的新一次修订正在稳步推进。2022 年 11 月 22 日，国家市场监管总局公布了《中华人民共和国反不正当竞争法（修

＊ 本节撰稿人为谭袁。谭袁，法学博士，中国社会科学院大学法学院副教授，中国社会科学院大学竞争法研究中心执行主任。

订草案征求意见稿)》，向社会公开征求意见。[①] 2024 年 3 月，全国人大常委会工作报告中提到，2024 年将修改反不正当竞争法。[②] 2024 年 5 月 8 日，全国人大常委会发布的《全国人大常委会 2024 年度立法工作计划》中，提出要修改反不正当竞争法。[③] 2024 年 9 月 29 日，国务院常务会议讨论并原则通过《中华人民共和国反不正当竞争法（修订草案)》，决定将草案提请全国人大常委会审议。[④]

市场监管总局制定《网络反不正当竞争暂行规定》并于 2024 年 5 月 6 日公布，自 2024 年 9 月 1 日起施行。《规定》旨在预防和制止网络不正当竞争，维护公平竞争的市场秩序，鼓励创新，保护经营者和消费者的合法权益，促进数字经济规范健康持续发展。《规定》具有以下几个特点：一是坚持鼓励创新，二是着力规范竞争，三是加强消费者权益保护，四是强化平台责任，五是优化执法办案，六是明确法律责任。[⑤]

地方反不正当竞争立法修法也在稳步展开。2023 年 11 月 14 日，辽宁省第十四届人民代表大会常务委员会第六次会议于通过《辽宁省促进市场公平竞争条例》，自 2024 年 2 月 1 日起施行。[⑥] 这是东北地区第一部维护市场公平竞争秩序的基础性地方性法规，条例共 6 章 36 条，主要从公平竞争政策制定、影响公平竞争的行为、保障和监督的措施、

---

① "市场监管总局关于公开征求《中华人民共和国反不正当竞争法（修订草案征求意见稿)》意见的公告"，2022 年 11 月 22 日，载国家市场监管总局网站：https://www.samr.gov.cn/hd/zjdc/art/2023/art_53f286b0f8a64545a52f92db0aeb8162.html。

② "全国人民代表大会常务委员会工作报告——2024 年 3 月 8 日在第十四届全国人民代表大会第二次会议上"，载中央人民政府网：https://www.gov.cn/yaowen/liebiao/202403/content_6939421.htm。

③ "全国人大常委会 2024 年度立法工作计划"，载中国人大网：http://www.npc.gov.cn/npc/c2/c30834/202405/t20240508_436982.html。

④ "李强主持召开国务院常务会议　学习贯彻习近平总书记在中央政治局会议上的重要讲话精神等"，载中央人民政府网：https://www.gov.cn/yaowen/liebiao/202409/content_6977540.htm?menuid=104。

⑤ "市场监管总局发布《网络反不正当竞争暂行规定》"，载市场监管总局网站：https://www.samr.gov.cn/xw/zj/art/2024/art_3468167e44e24ba784e6b72511c05dc7.html。

⑥ 《辽宁省促进市场公平竞争条例》，载辽宁省人民代表大会常务委员会网站：https://www.lnrd.gov.cn/lnrd/zyfb/tzgg/20231127102522772718/index.shtml。

法律责任等方面对辽宁省促进市场公平竞争进行了规定。[1] 2024 年 7 月 17 日，重庆市市场监管局制定了《重庆市医药领域反商业贿赂合规指引》，引导和帮助医药企业、医疗卫生机构培育公平竞争的合规文化，建立健全预防商业贿赂的管理制度，防范商业贿赂法律风险。这是全国首个医药全领域反商业贿赂合规指引。《指引》分为 6 章 32 条，首次提出企业合规管理体系搭建、合规制度体系搭建和合规运行保障指引，并列举了 8 种涉嫌商业贿赂行为，对商业贿赂可能引发的行政风险、民事风险及刑事风险作出提示，使企业在进行合规建设时能够充分考虑自身行为风险，确保企业稳健运行。[2]

为进一步引导北京市互联网企业结合自身发展方向，构建完善商业秘密管理体系，预防商业秘密侵权风险，营造互联网行业重视商业秘密利用与保护的良好氛围，促进互联网企业有序发展，2023 年 11 月 8 日，北京市市场监督管理局发布《北京市互联网企业商业秘密保护工作指引》，从 10 个方面提出了互联网企业商业秘密保护的方向和建议。[3]

二、执法现状

各级市场监管部门继续开展重点领域反不正当竞争执法行动，查办了大量的不正当竞争案件。反不正当竞争执法工作取得新成就。

2024 年 9 月 11 日，市场监管总局在全国公平竞争会议上发布了《中国反不正当竞争执法年度报告（2023）》，该报告涵盖了 6 个主要部分，包括工作总结、执法成果、法治建设、典型案例、地方工作和大事记，全面展示了 2023 年中国在反不正当竞争领域的工作成果。在 2023 年，全国共处理了 12496 起不正当竞争案件，涉及的罚没金额达到了 5.82 亿元，其中网络领域的不正当竞争案件有 2187 起。市场监管总局

以推进法律制定、加强执法力度和促进多方合作为工作重点，不断深化和扩大反不正当竞争的工作范围，加快了《中华人民共和国反不正当竞争法》的修订进程，发布了《网络反不正当竞争暂行规定》，启动了反不正当竞争的"守护"专项行动，并举办了首届"企业商业秘密保护能力提升服务月"活动。旨在推动建立一个更加开放、透明和有序的市场环境，为构建全国统一的大市场提供支持。①

地方市场监管部门也开展各种形式的反不正当竞争专项执法活动，并定期发布典型案例。上海市市场监督管理局分别于 2024 年 1 月 9 日和 2024 年 1 月 30 日先后发布了两批反不正当竞争"守护"专项执法行动典型案例，涵盖了虚假宣传、侵犯商业秘密、商业混淆、刷单炒信等多个方面。② 2024 年 2 月 21 日，江苏省市场监管局发布反不正当竞争"守护"行动典型案例，执法行动期间，全省市场监管部门共查处各类反不正当竞争案件 1446 件、罚没金额约 6286.69 万元，聚焦平台经济、民生热点、商业秘密保护等案件领域。③ 2024 年 3 月 21 日，安徽省市场监管局印发通知，部署在全省开展价格监督检查和反不正当竞争守护行动，突出涉企、民生、反不正当竞争、打传规直等重点领域，对社会关注度高、投诉举报集中的问题加强监管执法，依法严厉打击整治各类违法行为。2024 年 8 月 30 日，江西省市场监管局公布 2024 年第一批反不正当竞争典型案例，充分发挥了警示教育作用，督促了经营主体自觉守法，营造公平竞争市场环境。④

---

① "市场监管总局发布《中国反不正当竞争执法年度报告（2023）》"，2024 年 9 月 12 日，载国家市场监督管理总局网站：https://www.samr.gov.cn/xw/mtjj/art/2024/art_325804f483c84b7f8fab80c30e3f254b.html。

② "市市场监管局公布一批反不正当竞争'守护'专项执法行动典型案例"，2024 年 1 月 9 日，载上海市市场监督管理局网站：https://scjgj.sh.gov.cn/1073/20240109/2c984a728cd3f55d018cebea9be362ed.html。

③ "省市场监管局发布反不正当竞争'守护'行动典型案例"，2024 年 2 月 21 日，载江苏省市场监督管理局网站：https://scjgj.jiangsu.gov.cn/art/2024/2/21/art_70154_11154458.html。

④ "江西公布 2024 年第一批反不正当竞争典型案例"，2024 年 8 月 30 日，载江西市场监督管理局网站：http://amr.jiangxi.gov.cn/art/2024/8/30/art_22466_4994814.html。

（一）仿冒混淆行为规制

仿冒混淆一直都是典型的不正当竞争行为，各级市场监管部门也重点查处了该领域内的不正当竞争行为。自"铁拳"行动开展以来，全国各地市场监管部门聚焦民生领域群众反映强烈、社会舆论关注的突出问题，重拳出击，紧盯与人民群众生命健康和财产安全的重点商品、重点领域和重点行业，查办了一批与群众紧密相关、性质恶劣的违法案件，有效维护公平竞争的市场秩序，有力解决人民群众急难愁盼问题。

上海市市场监督管理局在 2024 年发布的反不正当竞争典型案例中就有三个有关仿冒混淆行为的案例。在上海熵云网络科技有限公司商业混淆案中，当事人开发运营名称为"ChatGPT 在线"的微信公众号，该公众号使用高度类似 OpenAI 公司官方图像的图案作为头像，并在简介中称该公众号是 ChatGPT 中文版，含有 AI 智能对话功能，按次收费。经查，当事人通过后台接入 OpenAI 公司对外开放的应用程序接口，调用了 ChatGPT 产品背后的基础模型支持其公众号运行相关 AI 智能对话功能，但不能提供 ChatGPT 产品本身的服务。经统计，该公众号累计吸引注册付费用户 4 200 余人。当事人明知其提供的服务不是 ChatGPT 产品本身，但通过使用与他人有一定影响的商品名称、图案等相同或者近似的标识，使人产生误认的行为，违反了《反不正当竞争法》第六条第（四）项的规定。

在上海泊采皮肤科诊所有限公司商业混淆案中，当事人经营业务为生活美容，全程使用某生物公司旗下"夸迪"院线品牌化妆品提供服务，在大众点评网内的店铺名称为"夸迪·QUADHA 服务体验中心官方旗舰店"。自 2023 年 3 月起，为获取竞争优势，吸引更多流量，当事人未经某头部网络带货主播本人及其所属公司同意，擅自通过图形处理等技术，将店招名称添加至该主播形象照上，并发布于大众点评网进行推广。同时，当事人还要求服务员在提供美容服务时向消费者宣传该主播与"夸迪"品牌之间的合作关系，让消费者误认为该主播是当事人的代言人，或者该主播直播推广了当事人店铺。当事人的上述宣传行为，使消费者误认为当事人所提供的美容服务与他人存在着特定联系，违反了《反不正当竞争法》第六条第四项的规定。

在上海啊噗啊噗餐饮管理有限公司商业混淆案中，当事人为了吸引消费者，在未经"连花清瘟胶囊"权利人同意的情况下，擅自在天猫网店定制了 2 000 个"莲花清温咖啡"标签，并使用贴有上述"莲花清温咖啡"标签的杯子盛放饮品进行销售，该标签与石家庄以岭药业股份有限公司生产的"连花清瘟胶囊"外包装的布局、颜色、字体相似，极易使消费者将二者混淆，误认为两者之间有特定联系。当事人擅自使用与他人有一定影响的商品名称、包装等近似标识的行为，违反了《反不正当竞争法》第六条第一项的规定。以上三个案件均被市监局责令停止违法行为，并处以罚款。[①]

（二）商业贿赂规制

商业贿赂严重影响市场经济的正常交易秩序，影响风清气正营商环境。随着市场竞争日趋激烈，商业贿赂表现形式也花样翻新，呈现出复杂性、隐蔽性特点。加大对商业贿赂的监管执法力度，形成强监管的社会震慑力，对推动经营者增强守法经营意识，维护正常的市场竞争秩序，保护其他经营者和消费者的合法权益具有重要意义。2023—2024年，各地市场监管局部署开展反不正当竞争"守护"专项执法行动，公布了一批涉及商业贿赂不正当竞争的典型案例。

2024 年 2 月 21 日江苏省市场监管局发布了一批反不正当竞争"守护"行动典型案例，其中有多个商业贿赂案例。

常州某商贸有限公司商业贿赂案。2023 年 3 月，常州市新北区市场监管局对常州某商贸有限公司涉嫌商业贿赂立案调查。经查，当事人为谋取钢材的供货业务，2020 年 11 月至 2021 年 6 月期间，以转账方式给予采购单位常州某机械设备有限公司业务员张某好处费 91574 元，共

---

① "市市场监管局公布一批反不正当竞争'守护'专项执法行动典型案例"，2024 年 1 月 9 日，载上海市市场监督管理局网站：https://scjgj.sh.gov.cn/1073/20240109/2c984a728cd3f55d018cebea9be362ed.html。

签订合同 60 多份，合同交易金额达 1 000 余万元。因无法确认当事人通过向张某行贿所获取的具体合同数量和金额，故其违法所得无法计算。当事人给予交易相对方工作人员好处费以谋取交易机会的行为，违反了《反不正当竞争法》第七条第一款第一项的规定。2023 年 6 月，新北区市场监管局依据《反不正当竞争法》第十九条的规定，对当事人处罚款 10 万元。经执法人员指导，当事人加强了对相关法律法规学习，在后续的执法检查中，未再发现当事人有上述违法行为。

滨海某医院有限公司商业贿赂案。2022 年 9 月，滨海县市场监管局对滨海某医院有限公司涉嫌商业贿赂立案调查。经查，当事人为争取更多业务量，让乡镇医生为其介绍、推送患者，给付介绍、推送患者的医生价值 100~400 元不等的油费补贴或赠送烟酒礼品，并通过市场费名目在账外报销。当事人于 2021 年 6 月起，以油费、烟酒费等名目支付给乡镇医生共计 10 540 元，获取推送病人 25 人次。被介绍的病人在院治疗费用合计为 353 520 元，当事人获利 60 407 元。当事人的行为违反了《反不正当竞争法》第七条第一款第三项的规定。2023 年 6 月，滨海县市场监管局依据《反不正当竞争法》第十九条的规定，没收当事人违法所得 60 407 元，并处罚款 13 万元。处罚决定下达后，经执法人员后续多次检查，未再发现上述违法行为。[①]

（三）虚假宣传规制

虚假宣传行为是国家市场监管总局和地方各级市场监管部门重点查处的不正当竞争行为类型，在市场监管部门发布的典型案例中，虚假宣传案件占了很大的比例。例如，在 2023 年 10 月 7 日市场监管总局发布的 9 起网络不正当竞争典型案例中，其中有 6 起涉及经营者利用互联网从事虚假宣传行为。[②] 以下列举两例较为典型的虚假宣传案件。

---

① "省市场监管局发布反不正当竞争'守护'行动典型案例"，2024 年 2 月 21 日，载江苏省市场监督管理局网站：https://scjgj.jiangsu.gov.cn/art/2024/2/21/art_70154_11154458.html。

② "市场监管总局公布 9 起网络不正当竞争典型案例"，2023 年 10 月 7 日，载国家市场监管总局网站：https://www.samr.gov.cn/jjj/sjdt/gzdt/art/2023/art_885915ef69c94901bd4ce6b44d9029bc.html。

"轻抖"不正当竞争纠纷案。该案件涉及组织刷量、制造虚假流量的虚假宣传行为的认定。案情介绍：抖某平台系北京微某视界科技有限公司运营的短视频分享平台，根据用户需求推送视频，其算法推荐机制系基于视频完播率、评论数、点赞数、分享数、直播间人气、用户粉丝数等若干指标设计的算法程序，依赖于用户对视频、直播等的真实反馈从而实现智能推送。杭州大某网络科技有限公司设计、开发、运营针对抖某平台的"轻抖"产品（包括官网、App 和小程序等形式），对增加粉丝量、播放量等数据有需求的用户在"轻抖"产品上有偿发布"任务"，吸引其他用户在抖某平台上完成关注、观看视频等任务后赚得赏金。爱某马（杭州）网络科技有限公司系"轻抖"产品的收款方。北京微某公司以二被告组织运营"轻抖"系列服务产品的行为构成不正当竞争为由，诉至法院，请求判令二被告停止侵权、消除影响并共同承担 450 万元的赔偿。法院经审理认为，北京微某公司对以视频播放量、直播间人气及抖某平台用户粉丝数为代表的数据整体享有竞争法上的合法权益，其就抖某平台的运营及开发利用该数据资源能够为其带来的商业价值及竞争利益应获得保护。被诉行为通过运营交易平台，帮助、指引流量需求方发布需求任务，"接任务"用户伪装成正常用户完成刷量任务，人工制造虚假点击量和关注数量，干扰了平台流量分配机制，属于反不正当竞争法第八条第二款规制的不正当竞争行为。遂判令二被告停止侵权、消除影响并共同承担 400 万元的赔偿责任。本案为打击"刷粉刷量"等网络黑灰产业的典型案例。人民法院准确运用反不正当竞争法关于制止虚假宣传行为的法律规定，及时、有效规制为平台主播组织"刷粉刷量"、不当获取流量的虚假宣传不正当竞争行为，对于引导、促进平台主播诚信经营，保障健康直播业态，营造公平竞争、规范有序的市场环境，发挥了积极作用。①

上海荆轲网络科技有限公司虚假宣传案。2019 年 1 月起，当事人

---

① "最高人民法院发布反垄断和反不正当竞争典型案例"，2024 年 9 月 11 日，载中国市场监管报公众号：https://mp.weixin.qq.com/s/gYp6OmUZeY263BVpOGikQw。

开始在华为、应用宝、百度、360 等各类应用商店上线推广其自行设计开发的 App，主要功能为实现恢复误删除的微信聊天记录，消费者在应用商店下载 App 并使用数据恢复功能需要注册 VIP 并进行付费。根据司法鉴定机构出具的软件原代码鉴定意见，当事人该款软件在华为、应用宝等应用商店上架推广时不具备恢复微信 7.0.0 及以上版本已删除数据的功能，仅能恢复部分 7.0.0 以前的微信版本的已删除数据，但当事人仍在应用商店以及 App 软件醒目位置以快速聊天记录恢复、快速有效还原丢失数据为卖点，宣称"深度还原""万能收集数据恢复"等内容，也未在宣传页面或者 App 软件的醒目位置备注提示消费者可恢复数据的微信版本。当事人在其 App 不具备恢复微信数据功能情况下，仍以快速聊天记录恢复、快速有效还原丢失数据为卖点进行虚假宣传的行为，违反了《反不正当竞争法》第八条第一款的规定。2023 年 11 月，闵行区市场监管局依据《反不正当竞争法》第二十条第一款的规定，责令当事人停止违法行为，并罚款人民币 4 万元。①

（四）侵犯商业秘密规制

商业秘密保护是反不正当竞争的重要内容，市场监管总局高度重视商业秘密保护工作，连续多年部署开展重点领域反不正当竞争专项执法行动。2024 年 5 月，国家市场监管总局启动第二届"企业商业秘密保护能力提升服务月"活动，部署全系统采取有效措施帮助企业进一步提升商业秘密保护效能，增强重点产业创新能力，助推新质生产力发展。党的二十届三中全会审议通过的《中共中央关于进一步全面深化改革、推进中国式现代化的决定》中也提出，要"构建商业秘密保护制度。完善商业秘密保护法律框架，加快推进商业秘密保护标准、指引建设，探索建立与高水平国际经贸规则相衔接的商业秘密保护体系。扩

---

① "市市场监管局公布一批反不正当竞争'守护'专项执法行动典型案例"，2024 年 1 月 9 日，载上海市市场监督管理局网站：https://scjgj.sh.gov.cn/1073/20240109/2c984a728cd3f55d018cebea9be362ed.html。

大全国商业秘密保护创新试点，推进商业秘密保护强企护链工程"。①

各地也不断探索加强商业秘密的保护工作。2024 年 6 月，北京市市场监管局开展了主题为"保护商业秘密推动强企护链"的企业商业秘密保护能力提升服务月北京场系列活动，通过精准服务、防范化解、合力赋能等多举措，护航企业行稳致远。北京市市场监管局制定《北京市商业秘密保护示范基地培育建设方案》，聚焦区域重点产业，建立商业秘密保护联络站（点），通过商业秘密保护联络员机制，为服务企业提供便利，初步打造"点线面"结合的立体商业秘密保护网络。②2024 年 6 月，深圳市市场监管局印发第二届"企业商业秘密保护能力提升服务月"活动方案，启动以"保护商业秘密　推动强企护链"为主题的"服务月"活动，在 6 月推进实施商业秘密保护服务"十个一"活动。③

（五）不正当有奖销售规制

2023—2024 年，市场监管总局继续加大工作力度，连续部署开展反不正当竞争专项执法行动。2023 年 12 月 26 日，贵州省市场监管局公布第九批民生领域"铁拳"行动典型案例，其中包含一起不正当有奖销售案件。该案为赫章县某首饰店不正当有奖销售案，2023 年 9 月 22 日，赫章县市场监管局执法人员依法对当事人赫章县某首饰店开展检查，发现当事人在经营场所张贴宣传海报正在开展有奖销售活动，活动内容为"消费满 1 元便可参加豪华礼品抽奖活动，100% 中奖，特等奖（电视机）、一等奖（洗衣机）、二等奖（多功能电火锅）、三等奖（驼绒被）、四等奖（汤锅）、幸运奖（玫瑰杯六件套）。"经查，当事人制

---

① "中共中央关于进一步全面深化改革　推进中国式现代化的决定"，2024 年 7 月 21 日，载中华人民共和国中央人民政府网网站：https://www.gov.cn/zhengce/202407/content_6963770.htm?sid_for_share=80113_2。

② "北京已建立 45 个商业秘密保护示范基地"，载国家市场监管总局网站：https://www.samr.gov.cn/xw/df/art/2024/art_eddcf8d8e8c446e9befd47c02092ee70.html。

③ "企业商业秘密保护能力提升服务月启动"，载深圳市市场监管局网站：https://amr.sz.gov.cn/xxgk/xwzx/mtbd/content/post_11385808.html。

作有奖销售活动奖票中实际仅有三等奖、四等奖和幸运奖奖票和奖品，并未设置特等奖、一等奖、二等奖奖票及相应奖品。同时当事人在现场也未明确公布所设奖的兑奖条件、奖品金额、奖品数量等有奖销售信息。当事人的行为违反了《中华人民共和国反不正当竞争法》第十条第一项、第二项的规定，已构成进行有奖销售不明确有奖销售信息及以欺骗方式进行有奖销售的违法行为，赫章县市场监管局依法对当事人作出行政处罚。①

2024 年四川省成都市市场监管局以"护民生"为中心，突出"保安全""反欺诈"两大主题，查办了一批违法违规案件。2024 年 3 月 29 日，该局公布成都市 2024 民生领域案件查办"铁拳"行动暨"春雷行动"第一批典型案例，其中包含不当奖售案例，即成都电顽巴士商贸有限公司不正当竞争案。成都市高新区市场监管局收到杭州市余杭区市场监管局移送线索，对成都电顽巴士商贸有限公司涉嫌不正当竞争行为立案调查。经查，当事人在电商平台开展名为"整点购 switch 主机抢免单"的有奖销售活动，公布活动规则中载明"首位免单""本店前 N 活动将于 6 月 15 日 20 点开始，前 N 名结算以实际订单付款支付时间为准，按顺序发放奖品"。但活动结束公布中奖名单时，当事人却以订单下载时间先后顺序进行排序发奖，该排序结果与以消费者支付时间先后排序结果不同，从而导致最早支付的消费者不能按照活动规则兑奖。当事人的上述行为属未按照向消费者明示的信息兑奖的情形，违反了《反不正当竞争法》有关规定，高新区市场监管局责令当事人停止违法行为，并处罚款 5 万元。②

（六）商业诋毁规制

在 2024 年 1 月 10 日北京市场监管公布的反不正当竞争"守护"专

---

① "贵州省市场监管局公布民生领域'铁拳'行动典型案例（第九批）"，2023 年 12 月 26 日，载贵州省市场监督管理局网站：https://amr.guizhou.gov.cn/ztzl_85/pfzl/yasf/202312/t20231226_83401607.html。

② "四川成都公布'铁拳''春雷'行动典型案例"，载国家市场监管总局网站：https://www.samr.gov.cn/zt/pgt/art/2024/art_aa7aa05dbe8c4bbea0865f86491a9290.html。

项行动中，某酒业有限公司涉嫌商业诋毁的不正当竞争案引人注目。朝阳区市场监督管理局接到关于某酒业有限公司（以下简称"当事人"）涉嫌商业诋毁的举报线索。经查，当事人通过多家网络平台销售葡萄酒、果酒等商品，与举报人存在竞争关系。2022 年 8 月至 2023 年 4 月期间，当事人 14 名在职员工在举报人网络店铺购买多种产品并给予差评，其中 11 名当事人员工存在多次购买后反复给予差评的情况。经查，上述差评系当事人组织发布，对举报人的商品具有明显的丑化和贬低意味，且无证据能证明其差评内容的真实性，上述差评内容已对举报人的商品声誉造成了负面影响，构成商业诋毁行为。当事人的行为违反了《中华人民共和国反不正当竞争法》，市场监管部门依法对其处以 20 万元罚款。①

在 2024 年 2 月 21 日江苏省市场监督管理局发布的反不正当竞争"守护"行动典型案例中，也有典型的商业诋毁案例。江苏某科技有限公司商业诋毁案：2023 年 5 月，南京市高淳区市场监管局对江苏某科技有限公司涉嫌商业诋毁立案调查。经查，当事人于 2023 年 4 月至 5 月期间，在无充分事实依据的情况下，在其网店销售的某商品详情页宣传其竞争对手扬州某商贸有限公司销售的同一类型机器"贴牌代工产品质量堪忧"，损害了竞争对手的商品声誉。当事人编造虚假信息，损害竞争对手商品声誉，违反了《反不正当竞争法》第十一条的规定。2023 年 8 月，高淳区市场监管局依据《反不正当竞争法》第二十三条以及《行政处罚法》第三十二条第一项的规定，责令当事人停止违法行为，并处罚款 5 万元。处罚决定下达后，执法人员对当事人网店进行再次检查，当事人相关页面已经整改到位，未发现当事人其他损害竞争对手商品声誉等违法行为。②

---

① "北京青年报：北京市场监管公布反不正当竞争'守护'专项行动六大典型案例"，2024 年 1 月 10 日，载北京市场监督管理局网站：https://scjgj. beijing. gov. cn/zwxx/mtjj/202401/t20240111_3532307.html。

② "省市场监管局发布反不正当竞争'守护'行动典型案例"，2024 年 2 月 21 日，载江苏省市场监督管理局网站：https://scjgj.jiangsu.gov.cn/art/2024/2/21/art_70154_11154458.html。

（七）互联网不正当竞争行为规制

随着互联网领域竞争业态及方式的转变，借助技术手段，衍生出的数据爬取、流量劫持等新型网络不正当竞争行为频发多发，刷单炒信、虚假交易、口碑营销等网络虚假宣传行为花样翻新，网络不正当竞争行为既损害网络市场竞争秩序，也侵犯经营者、消费者合法权益，不利于网络经济持续健康发展。2023 年，市场监管总局继续加大监管执法力度，部署开展反不正当竞争"守护"专项执法行动，严厉打击各类网络不正当竞争行为，着力规范互联网领域市场竞争秩序，持续推动经营主体依法规范经营、公平参与竞争。截至 2023 年 10 月，全国各级市场监管部门共立案查处各类不正当竞争行为 6870 件，其中网络不正当竞争案件 1209 件。2023 年 10 月 7 日，市场监管总局公布了一批专项行动中查处的网络不正当竞争典型案例。[①] 其中既包括依据《反不正当竞争法》第十二条查处的互联网不正当竞争案件，也包括借助互联网所从事的传统不正当竞争行为。

2024 年 9 月 11 日，市场监管总局在 2024 年全国公平竞争大会"强化反不正当竞争　推动构建新发展格局"专题大会上发布《中国反不正当竞争执法年度报告（2023）》，披露 2023 年全国共查处网络不正当竞争案件 2187 件。《网络反不正当竞争暂行规定》已于 2024 年 9 月 1 日实施。市场监管总局提出要继续做好宣传解读、合规指导，并将坚持公正监管，着力规制网络不正当竞争行为。充分发挥反不正当竞争在维护公平竞争秩序、建设高标准市场体系中的重要作用，强化反不正当竞争，形成更加公平、更有活力的市场环境，做到既"放得活"又"管得住"，推动我国经济实现更高质量、更有效率、更加公平、更可持续、更为安全的发展。[②]

---

① "市场监管总局公布 9 起网络不正当竞争典型案例"，2023 年 10 月 7 日，载国家市场监管总局网站：https://www.samr.gov.cn/jjj/sjdt/gzdt/art/2023/art_885915ef69c94901bd4ce6b44d9029bc.html。

② "市场监管总局发布《中国反不正当竞争执法年度报告（2023）》"，载国家市场监管总局网站：https://www.samr.gov.cn/xw/mtjj/art/2024/art_325804f483c84b7f8fab80c30e3f254b.html。

三、存在的问题及展望

（一）存在的问题

第一，反不正当竞争法律制度仍不完善。《反不正当竞争法》第三次修订目前仍然没有最新进展，相关配套法规仍不健全，规定不明确，导致各地反不正当竞争执法部门在理解方面存在差异，不利于全国统一大市场的建立。

第二，不正当竞争行为仍然普遍发生。市场监管总局发布的《中国反不正当竞争执法年度报告（2023）》显示，2023 年全国共查处各类不正当竞争案件 12496 件、罚没金额 5.82 亿元，其中查处网络不正当竞争案件 2187 件。[①] 这既表明反不正当竞争执法机构在执法方面取得了较大成就，同时也表明不正当竞争行为仍然普遍发生，执法威慑力不强，公平市场竞争秩序的维护仍然面临巨大挑战。

第三，形式多样的不正当竞争行为不断涌现，对执法人员的执法能力提出了挑战。涉及数据、算法等的不正当竞争行为层出不穷，如何进行有效识别、取证、认定、查处，是反不正当竞争执法人员面临的重大挑战，传统的执法方式难以有效应对新型不正当竞争行为的查处。

第四，专项执法有利有弊。针对典型不正当竞争行为展开专项执法，能够集中执法资源查处涉及民生和民众切身利益的不正当竞争行为，取得了较好的执法效果。但对于专项执法以外的其他不正当竞争行为的查处，则不免受此影响。如何有效平衡专项执法与常态化执法之间的关系，有效分配执法资源，也是反不正当竞争执法面临的一大问题。

（二）反不正当竞争执法展望

2024 年，我国《反不正当竞争法》的实施进入了新的阶段。在过去的 30 年中，该法律在提升战略定位、完善法律规则、拓展深化监管

---

① "市场监管总局发布《中国反不正当竞争执法年度报告（2023）》"，2024 年 9 月 12 日，载国家市场监督管理局网站：https://www.samr.gov.cn/xw/mtjj/art/2024/art_325804f483c84b7f8fab80c30e3f254b.html。

执法、加大商业秘密保护力度以及创新宣传倡导等方面取得了显著成就，为社会主义市场经济的繁荣发展做出了重要贡献。展望未来，反不正当竞争执法工作将继续保持高压态势，进一步凸显其在维护公平竞争秩序中的地位和价值。

2024 年 9 月 12 日，国家市场监管总局发布中英文《中国反不正当竞争执法年度报告（2023）》，报告指出，2023 年里市场监管总局以推动立法立规、强化执法办案、促进多方共治为重点，不断深化拓展反不正当竞争。市场监管总局加快推动《中华人民共和国反不正当竞争法》修订，并制定出台《网络反不正当竞争暂行规定》，这些新规的实施将为反不正当竞争提供更加坚实的法律基础。随着全球竞争格局的加速调整，反不正当竞争已经成为国际经贸规则重要关注点。我国也将加强前瞻性动态研究，促进我国竞争政策与国际规则接轨，推动构建更加开放、透明、有序的市场环境，为加快建设全国统一大市场保驾护航。

第三章　中国反垄断与反不正当竞争民事诉讼制度及发展[*]

2023 至 2024 年，中国反垄断和反不正当竞争民事诉讼制度建设的重点是，依法打击垄断和不正当竞争行为，运用法治方式促进民营经济做大做优做强。

2023 年 9 月 25 日，《最高人民法院关于优化法治环境　促进民营经济发展壮大的指导意见》（法发〔2023〕15 号）提出："依法打击垄断和不正当竞争行为。完善竞争案件裁判规则，研究出台反垄断民事诉讼司法解释。依法严惩强制'二选一'、大数据杀熟、低价倾销、强制搭售等破坏公平竞争、扰乱市场秩序行为，引导平台经济向开放、创新、赋能方向发展。依法审理虚假宣传、商业诋毁等不正当竞争纠纷案件，保障和促进民营企业品牌建设。强化商业秘密司法保护，处理好保护商业秘密与自由择业、竞业限制和人才合理流动的关系，在依法保护商业秘密的同时，维护就业创业合法权益。"

2024 年 6 月 24 日，《最高人民法院关于审理垄断民事纠纷案件适用法律若干问题的解释》（法释〔2024〕6 号）发布。该司法解释共 51 条，废止了《最高人民法院关于审理因垄断行为引发的民事纠纷案件应用法律若干问题的规定》（法释〔2012〕5 号），根据 2022 年修订后的《反垄断法》，对诉讼程序、相关市场界定、垄断协议、滥用市场支配地位、民事责任等问题作出细化规定，努力开创反垄断审判工作新局

---

* 本章撰稿人为吴宏伟、董笃笃。吴宏伟，法学博士，中国人民大学法学院教授、博士生导师；董笃笃，法学博士，经济学博士后，广西大学法学院副教授。

面。下文将围绕相关市场界定、默示共谋、不公平高价、低于成本价销售这四个问题，评述新司法解释相关规定，并为进一步深化新司法解释的实施提出建议。

第一节　相关市场界定的核心：找人而非找商品

反垄断法的调整宗旨和职能定位是确保竞争过程自身不被扭曲，或者说，防止竞争遭受减损。反垄断法的实施，需要先对竞争过程做出预测，再评估特定行为是否扭曲竞争过程的正常运行。对于竞争过程的预测以及特定行为是否减损竞争的评估，只能在特定产业中进行，就不得不从整个经济体系中抽取出所有能够对特定行为主体决策产生影响的销售者和购买者，勾勒出特定行为主体的决策背景。[1] 这便是相关市场界定。

相关市场界定的最终目的不是描述现实，而是评估特定行为的效果，需要厘清能够对行为主体决策产生影响的所有因素，因此相关市场界定具有非对称性。[2] 如果经营者 A 和经营者 B 销售同一商品，为评估经营者 A 特定行为所界定的相关市场，与为评估经营者 B 特定行为所界定的相关市场，并不完全一致。关键不是看他们销售了什么商品，而是要看具体有哪些销售者和购买者能够对行为主体的决策产生影响。涉案主体不同，相关市场的范围亦不同。因此，明确争议行为及其主体，是正确界定相关市场的逻辑前提。

然而，上述逻辑前提却因太过具有常识性而被遗忘。反垄断实践在界定相关市场时，通常采用假定垄断者测试的思路，略过争议行为及其主体，重点分析一种商品价格的改变对另一种商品销售量的影响，容易

---

[1] See Edward S. Mason, *Economic Concentration and the Monopoly Problem*, Atheneum, Harvard University Press, 1964, pp. 4-6.

[2] See Stefan Arora - Jonsson, Nils Brunsson, Raimund Hasse, and Katarina Lagerstrom, *Competition：What It Is and Why It Happens*, Oxford University Press, 2021, p. 11.

造成找商品而非找人的错觉。这种思路在数字经济这种特殊的经济运行形态中遭遇诸多挑战。特别是，互联网平台的商品大多免费，使得假定垄断者测试不具有可操作性。

面对挑战，新司法解释在第十五条第二款规定："人民法院进行需求替代或者供给替代分析时，可以采用假定垄断者测试的分析方法，一般选择使用价格上涨的假定垄断者测试方法；经营者之间的竞争主要表现为质量、多样性、创新等非价格竞争的，可以选择质量下降、成本上升等假定垄断者测试方法。"第十六条第二款规定："分析界定互联网平台（以下称平台）所涉相关商品市场时，结合被诉垄断行为的特点、产生或者可能产生排除、限制竞争效果的具体情况、平台的类型等因素，一般可以根据该平台与被诉垄断行为最相关一边的商品界定相关商品市场，也可以根据被诉垄断行为所涉及的多边商品分别界定多个相关商品市场，必要时也可以根据特定平台整体界定相关商品市场。特定平台存在跨边网络效应，并给该平台经营者施加了足够的竞争约束的，可以根据该平台整体界定相关商品市场，也可以根据跨边网络效应所涉及的多边商品分别界定多个相关商品市场，并考虑各个相关商品市场之间的相互关系和影响。"

上述这些新规定对相关市场界定作出相对细化的指引，却并未澄清相关市场界定的核心，没能阐明假定垄断者测试的本意。在假定垄断者测试出现之前，反垄断实践通过考察交叉需求弹性或商品特征来界定相关市场，但这两种标准存在冲突，相关市场范围宽窄不一。然而，无论是交叉需求弹性，还是商品特征，它们都是以准确描述不同商品之间的替代性程度为目的。在此背景下，反垄断实践提出假定垄断者测试。[1] 与交叉需求弹性或商品特征相比，假定垄断者测试更接近界定相关市场的本意，即找出所有能够对行为主体决策产生影响的销售者和购买者。因此，从假定垄断者测试产生的背景来看，它最核心的实践意义

---

[1]　See Gregory J. Werden, "The History of Antitrust Market Delineation", *Marquette Law Review*, Vol. 76, 1992.

是提醒我们注意，相关市场界定的核心不是描述商品替代性程度，而是框定影响行为主体决策的所有因素，进而为评估行为的效果提供一个基本框架。至于假定垄断者测试的具体操作方法，反垄断实践依赖的主要还是经验，并不是定量分析。如此，互联网平台的商品大多免费，对假定垄断者测试的影响其实不大，更不构成挑战。为了依法推进反垄断实施，反垄断实践需要做的是，强调相关市场界定的必要性与基本目的，澄清假定垄断者测试的本意是找人而非找商品，并以个案裁判为载体不断积累经验。基于此，新司法解释可以在第十五条之前新增一条规定："特定行为是否具有排除、限制竞争的效果，原则上应在特定市场范围内进行评估。相关市场界定应当首先明确争议行为及其主体，然后找出所有能够对争议行为主体决策产生影响的销售者和购买者。"

第二节　默示共谋的举证：证明责任移转而非举证责任倒置

默示共谋属于 2022 年《反垄断法》第十六条所规定的"其他协同行为"，是反垄断实践的争议焦点和难点。理论上讲，一个成功的或者说能够维持的共谋具有以下三个基本要素：[1]（1）目标结果。例如，设定明确的共同价格或者规定哪个企业在哪个地理区域销售。（2）监督协议。企业之间能够互相监督彼此是否在维持共谋协议中规定的各种目标结果。如果价格可以被彼此观察到，并且共谋的结果就是设定一个共同的高价，那么它们可以通过历史成交价来监督彼此的行为。（3）惩罚措施。当某家企业被观察到违背了共谋的目标结果时，其他参与共谋的企业能够对其实施惩罚措施。这种惩罚可能是暂时或永久性地恢复到竞争性价格，也可能是其他企业对背离协议的企业展开一场激烈的价格战，即以更低的价格销售产品。因此，只有同时具备上述三个要素的因素的

---

[1]　参见［美］小约瑟夫·E. 哈林顿：《共谋理论和竞争政策》，王申、陈媚译，中国人民大学出版社 2021 年版，第 2 页。

情况下，企业之间才具有达成或者说维持共谋的可能。反之，如果难以同时满足上述三个要素，则企业间一般难以达成共谋。

反垄断实践对于默示共谋的违法性认定，大致分为两个环节。首先，结合市场结构、市场行为等特点，判断存在默示共谋的可能性。一般而言，市场透明度越高、进入壁垒越高、竞争者数量越少、市场份额分布越均衡、产品差异化程度越小，越可能存在默示共谋。其次，认定具体行为的违法性，区分两类情形。如果默示共谋存在的可能性较大，同时又存在意思联络，便可适用"本身违法"认定协同行为的违法性。如果默示共谋存的可能性较大，同时又存在减少背叛发生的信息交流等便利行为，便需适用"合理法则"，综合考察便利行为的负面影响与积极效果来认定其违法性。

反垄断实践经常出现的情况是，一方面，市场透明度、进入壁垒、竞争者数量等部分因素能够证明存在默示共谋的可能性比较低；另一方面，市场份额、产品差异化程度等其他部分因素又能够证明存在默示共谋的可能性比较高。当事人双方都会着重强调符合自身诉求的那部分因素，同时淡化甚至遮蔽与自身诉求不符的那部分因素。这时，举证证明责任的配置就会成为决定案件胜负的关键。

对此，新司法解释在第十八条规定，人民法院认定反垄断法第十六条规定的其他协同行为，应当综合考虑下列因素：（一）经营者的市场行为是否具有一致性；（二）经营者之间是否进行过意思联络、信息交流或者传递；（三）相关市场的市场结构、竞争状况、市场变化等情况；（四）经营者能否对行为一致性作出合理解释。原告提供前款第一项和第二项的初步证据，或者第一项和第三项的初步证据，能够证明经营者存在协同行为的可能性较大的，被告应当提供证据或者进行充分说明，对其行为一致性作出合理解释；不能作出合理解释的，人民法院可以认定协同行为成立。

第十八条的上述规定表面上是降低了原告的证明负担，事实上却不利于原告。根据第十八条的规定，原告提供行为具有一致性和意思联络的初步证据之后，如果被告结合市场透明度、进入壁垒等部分因素证明存在协同行为的可能性比较低，之后法院便直接作出裁决。如此，原告便丧失在被告作出合理解释之后进一步提供证据的机会，无法结合市场份额、产品差异化程度等部分因素证明存在协同行为的可能性比较大。

为避免上述情形的发生，新司法解释第十八条应被解释为举证证明责任的移转，① 而非举证责任倒置。亦即，原告承担举证责任，首先提供初步证据，证明责任随后移转给被告，被告作出合理解释之后，证明责任再次移转给原告，原告可以针对被告的主张继续提供证据，最后法院作出裁决。基于此，新司法解释第十八条第二款可以修改为："原告提供前款第一项和第二项的初步证据，或者第一项和第三项的初步证据，能够证明经营者存在协同行为的可能性较大的，被告应当提供证据或者进行充分说明，对其行为一致性作出合理解释；不能作出合理解释的，人民法院可以认定协同行为成立。被告作出合理解释的，原告应当继续提供第三项的证据，证明存在协同行为的可能性较大，人民法院综合个案具体情况作出裁决。"

第三节　不公平高价的定性：排他性滥用而非剥削性滥用

在中国，不公平高价通常被归类成剥削性滥用。在短期均衡分析中，具有市场支配地位的经营者借助不公平高价抽取更多甚至全部消费者剩余，导致生产者与消费者之间分配不公，因而被视为剥削性滥用。此外，不公平高价可能扩大无谓损失，但也可能缩小无谓损失。然而，生产者与消费者之间的分配不公，并不等于均衡过程被破坏或者竞争遭受减损。认定均衡过程是否被破坏或者竞争是否遭受减损，关键还要通过长期均衡分析来判断竞争者是否遭受排挤并且阻碍均衡过程。

---

① 参见 [美] 赫伯特·霍温坎：《论反垄断法上的合理原则（上）》，兰磊译，载《竞争政策研究》2018 年第 6 期，第 34—35 页。

关于不公平高价，美国反托拉斯实践强调，拥有垄断地位并实施垄断定价本身不仅不违法，而且原本就是市场体系的一项重要构成要素，[①] 不公平高价不是一类独立的违法行为，[②] 只有其成为实施搭售、价格歧视或者拒绝交易等排挤竞争者的手段时才构成违法，不公平高价等所谓剥削性滥用的规制应当适用管制法而非反托拉斯法。

欧盟竞争法虽然将不公平高价规定成一类独立的违法行为，但很少有纯属不公平高价的案例。[③] 在现有少量不公平高价案例中，欧盟竞争法也缺乏具有可操作性的违法性认定方法。1978 年以前，Park 案、Sirena 案、Deutsche Grammophon 案和 General Motors 案都涉及不公平高价问题，但是对于不公平高价违法性认定的指导意义却微乎其微。1978 年 United Brand 案确立了"两步走"的认定方式。首先用价格减去成本的方法来判断利润是否过高；其次判断高利润是否公平，如果高利润是对创新和冒险的回报，来源于企业的高效率，就不能认为价格是不公平的。但 United Brand 案的方法存在成本难以计算、效率难以评估的难题。United Brands 案之后，欧洲法院又探索出与基准价格相比较的方法，用以取代成本价格测试，主要包括两类方法。一是空间比较法，将支配企业的定价与同一相关市场中其他竞争者的价格进行对比，或者与不同地理市场中其他企业的相同产品的价格进行对比，抑或与支配企业在不同地理市场中的价格进行对比。该方法面临的难题是，同一相关市场往往没有其他竞争者，其他相关市场的基准价格也可能不具有可比性。二是时间比较法，对比同一企业、同一产品不同时期的价格。该方法面临的难题是，价格涨幅是否源于原材料成本、劳动力成本、供给短缺、需求增长等其他因素的变化。但无论是空间比较法还是时间比较法，更严重的难题是，即便能找到合适的基准价格，与基准价格相差多

[①] See Verizon v. Trinko, 540 U. S. 398 (2004), p. 7.

[②] See Niamh Dunne, *Competition Law and Economic Regulation: Making and Managing Markets*, Cambridge University Press, 2015, pp. 120–126.

[③] 参见［英］西蒙·毕晓普，［英］迈克·沃克：《欧盟竞争法的经济学：概念、应用和测量》，董红霞译，人民出版社 2016 年版，第 255 页。

少才构成不公平高价。

违法性认定方法不具有可操作性，根源在于分析框架不合理。无论是考察利润还是对比价格，不公平高价的违法性认定均以短期均衡分析为框架，不涉及长期均衡分析。而均衡过程的预测以及竞争是否遭受减损的判断，则需采用短期均衡分析与长期均衡分析相结合的方式进行。仅仅依靠短期均衡分析去考察无谓损失，无法判断竞争是否遭受损害。如果把这种经济学原理转换成叙事，就可以天津金耀药业有限公司滥用市场支配地位案（津市监垄处〔2023〕1 号）为例进行说明。该案行政相对人是国内唯一生产卡莫司汀注射液的经营者，将注射液价格从每支 100~245 元提高至平均每支 1500 元，提高约 7.5 倍。如果说该行为减损了竞争，到底减损了哪个市场的竞争？行政相对人所在的市场只有一家经营者，下游便是消费者，上下游市场均没有竞争，又何来竞争减损？亦即，在反垄断法的视野下，不公平高价不应当定性为剥削性滥用，应当定性为排他性滥用。反垄断实践应当重点分析不公平高价是否具有排挤竞争者的效果。

然而，新司法解释在第三十六条只是列出了收益率、利润、不同时期的价格、不同地域的价格、不同交易方的价格等考察因素。这种不公平高价违法性认定思路，仍然局限于短期均衡分析，并未迈向长期均衡分析，没有从排他性滥用的角度提炼违法性考察因素。基于此，新司法解释可以在第三十六条新增一款规定："人民法院认定反垄断法第二十二条第一款第一项规定的经营者'以不公平的高价销售商品或者以不公平的低价购买商品'，需要分析该行为是否具有排挤竞争者的效果。"

第四节　低于成本价销售的实质：图谋垄断而非滥用市场支配地位

为了防止竞争遭受减损，反垄断实践需要在既定竞争过程的基础上，评估争议行为对竞争过程影响。由于评估模型很难形成共识，反垄断实践大多依赖经验来判断。目前，反垄断实践从经验中总结出的结论是，如果行为主体的市场份额、相关市场的集中度、商品差异化程度、市场进入壁垒等能够达到一定程度，便可推定争议行为很可能会减损竞争。此时，反垄断实践将行为主体称为具有市场支配地位的经营者，将争议行为称为滥用市场支配地位。但这只是经验推定，不是一般原理。行为主体不具有市场支配地位，特定行为也不一定必然不会扭曲竞争，如低于成本价销售。为了弥补经验推定的不足，美国反托拉斯制度还规定有图谋垄断条款，对不具有市场支配地位的经营者单方实施的行为进行反垄断规制。相对于滥用市场支配地位，图谋垄断是否减损竞争的判断更加困难，能够参照的经验也更少，多数国家的反垄断法只规定了滥用市场支配地位制度，并未对图谋垄断做出明确规定。①

在数字经济这种新型经济运行形态中，以市场支配地位为核心的经验推定可能不再成立。对于已经成熟的市场，如果经营者不具有市场支配地位，低于成本价销售、拒绝交易等行为很难扭曲竞争过程的正常运行。但在变化迅猛、具有网络效应和品牌效应的数字经济中，即便经营者不具有市场支配地位，低于成本价销售也可以使潜在竞争者相信进入市场无利可图，阻止潜在竞争者进入市场，帮助经营者实现或维持先发优势，最终扭曲竞争过程的正常运行，减损竞争。如果只设置滥用市场支配地位制度，没有图谋垄断制度，反垄断法将很难对此做出有效规制。在 2022 年中国《反垄断法》修订过程中，2021 年 10 月 23 日《反垄断法（修正草案）》征求意见稿在第十条第二款曾试图增设如下规定："经营者不得滥用数据和算法、技术、资本优势以及平台规则等排除、限制竞争。"该规定为图谋垄断制度的创设提供了法律依据。然而，在 2022 年《反垄断法》中，该规定被修改成第九条的如是表述："经营者不得滥用数据和算法、技术、资本优势以及平台规则等从事本法禁止的垄断行为。"该表述正式关上了中国《反垄断法》增设图谋垄

---

① See Barry E. Hawk, "Attempts to Monopolize: An American Anomaly", *Fordham Law Legal Studies Research Paper No.* 2851027.

断制度的大门。

在此背景下，新司法解释也强调行为主体具有市场支配地位是认定低于成本价销售是否构成违法的构成要件。第三十七条规定，具有市场支配地位的经营者，具有下列情形之一的，人民法院可以初步认定其构成反垄断法第二十二条第一款第二项规定的"以低于成本的价格销售商品"：（一）经营者在较长时间内持续以低于平均可变成本或者平均可避免成本的价格销售商品；（二）经营者在较长时间内持续以高于平均可变成本或者平均可避免成本，但低于平均总成本的价格销售商品，且有其他证据证明其具有排除、限制同等效率的其他经营者在相关市场开展有效竞争的明确意图。

事实上，即便没有市场支配地位，经营者如果在较长时间内持续以低于平均可变成本或者平均可避免成本的价格销售商品，或者在较长时间内持续以高于平均可变成本或者平均可避免成本，但低于平均总成本的价格销售商品，且有其他证据证明其具有排除、限制同等效率的其他经营者在相关市场开展有效竞争的明确意图，该行为同样会造成竞争减损。更重要的是，在中国，除《反垄断法》之外，1997 年《价格法》同样对低于成本价销售作出明确规定，并未以行为主体具有市场支配地位为违法性要件。根据《价格法》第十四条第二项规定，经营者不得在依法降价处理鲜活商品、季节性商品、积压商品等商品外，为了排挤竞争对手或者独占市场，以低于成本的价格倾销，扰乱正常的生产经营秩序，损害国家利益或者其他经营者的合法权益。基于此，建议新司法解释将第三十七条的"具有市场支配地位的经营者"修改为"经营者"，并在序言部分把《价格法》增设为新司法解释的法律依据，将其修改为："为维护市场公平竞争秩序，依法公正高效审理垄断民事纠纷案件，根据《中华人民共和国民法典》《中华人民共和国价格法》《中华人民共和国反垄断法》《中华人民共和国民事诉讼法》等有关法律规定，制定本解释。"

总体而言，与 2012 年《最高人民法院关于审理因垄断行为引发的

民事纠纷案件应用法律若干问题的规定》相比，新司法解释不再止步
于原则性、类型化的规范，而是试图为垄断民事纠纷的审判工作提供更
全面、更细致、更具可操作性的指引，为优化营商环境提供更好竞争法
治保障。但是，垄断民事纠纷审判质量的提升，不只需要细化行为违法
性考察因素，更需要阐明基本原理、澄清分析框架、明确民事诉讼在国
家竞争治理体系中的职能定位。从这个意义上讲，新司法解释及其实施
还需要在反垄断经济学原理和解释权配置方面继续研究，努力实现以高
质量审判服务高质量发展的初衷。

第四章　我国反垄断典型案件评析

第一节　垄断协议案例评析[*]

　　垄断协议是经营者间采取协商一致这种极低成本、极简方式以谋求垄断利益的垄断行为，其对市场秩序的破坏性极大，容易造成价格机制的扭曲、商品质量的下降以及市场进入的高壁垒等问题。目前，我国已形成了以《反垄断法》为核心的系统化垄断协议行为规范框架，《反垄断法》的任务之一便是识别和打击这种反竞争行为，维护市场的公平和有效的竞争秩序。通过检索市场监管总局公布的 2024 年 1 月至 9 月的行政处罚案件，共查处 6 起垄断协议案件，主要集中在燃气、二手车交易、建材等民生领域。党的二十届三中全会强调在"发展中保障和改善民生是中国式现代化的重大任务"，民生领域的垄断问题关系到广大人民群众的切身利益和市场中经营者的营商环境，因此本节选取了"蚌埠市怀远县瓶装液化气经营者涉嫌达成并实施垄断协议案""焦作市二手车流通协会组织本行业经营者涉嫌达成并实施垄断协议"两个典型案件作为评析对象，对案件的执法过程和涉及的法律问题进行剖析。

一、蚌埠市怀远县瓶装液化气经营者垄断协议案

　　2024 年 9 月 13 日，市场监管总局发布了《2024 年民生领域反垄断

---

　　* 本节撰稿人为孙晋、聂童。孙晋，武汉大学法学院教授，法学博士；聂童，武汉大学法学院博士。

执法专项行动第一批典型案例》，列举了"安徽省市场监督管理局依法查处蚌埠市怀远县瓶装液化气经营者涉嫌达成并实施垄断协议案"。2024 年 8 月 29 日，安徽省市场监管局依法对蚌埠市怀远县龙亢液化气有限公司等 9 家瓶装液化气经营者达成并实施垄断协议案作出行政处罚决定，责令当事人停止违法行为，并处罚款合计 75.08 万元。燃气行业具有自然垄断的天性，关系着普罗大众的日常生活所需，也是市场监管部门历来重点关注的民生领域。本文将结合自然垄断行业的特点，对蚌埠市怀远县瓶装液化气经营者垄断协议案进行分析。

（一）案情简介

2021 年 9 月 4 日，安徽省市场监督管理局收到国务院督查组交办的蚌埠市怀远县瓶装液化气经营者涉嫌价格垄断行为线索材料后，立即组织执法人员对该线索材料进行核查。2021 年 9 月 7 日，安徽省市场监督管理局对蚌埠市怀远县 10 家瓶装液化气经营者涉嫌达成并实施垄断协议行为进行立案调查。经查明，涉案的 10 家瓶装液化气经营者均在怀远县独立经营瓶装液化气业务，在怀远县瓶装液化气销售市场是具有竞争关系的经营者。2018—2021 年，涉案的 10 家瓶装液化气经营者达成并实施分割销售市场与达成固定商品价格但尚未实施的垄断协议。2018 年 9 月 15 日，为协调统一怀远县 10 家瓶装液化气经营者市场销售价格，各瓶装液化气经营者负责人和李某（另案处理）经过协商共同签订了《合伙经营协议书》，共同入股合伙经营安徽聚源燃气贸易有限公司（以下简称"聚源公司"）。聚源公司不开展燃气经营活动，主要负责协调统一各家瓶装液化气市场销售价格，并兼顾气源采购的联系和销售毛利润的分配。2019 年 5 月上旬，涉案的 10 家瓶装液化气经营者达成一致意见，即在保证一定利润的前提下，由聚源公司实时监测液化气市场进价情况，统一确定各液化气站的销售价格，但在实际销售过程中 10 家瓶装液化气经营者并未执行。

安徽省市场监管局认为，涉案的 10 家瓶装液化气经营者的行为违反了修改前的《反垄断法》第十三条第一款第一项、第三项的规定，属于具有竞争关系的经营者达成"固定或者变更商品价格"和达成并实施"分割销售市场"的情形，构成了达成并实施垄断协议行为。对此，涉案的 10 家瓶装液化气经营者在法定期限内未向本局进行陈述申辩，也未要求举行听证。

在行政处罚与决定方面，安徽省市场监督管理局鉴于当事人在案件调查过程中，能够积极配合调查，如实陈述相关事实，在调查期间主动停止违法行为，且影响范围仅限怀远县辖区范围内。根据修改前的《反垄断法》责令 10 家涉案的瓶装液化气经营者停止违法行为，综合考虑违法行为的性质、程度和持续时间，决定处罚 2020 年度销售额 1% 的罚款，共计 75.08 万元。

（二）案例分析

瓶装液化气（LPG）作为一种重要的生活和工业燃料，广泛存在于居民日常生活、餐饮服务、工业生产等多个领域。由于瓶装液化气高度便捷性和储存灵活性，特别是在城市燃气管网覆盖不到的区域，液化石油气成为一些居民不可或缺的能源来源。然而这种特质，使得在某一区域瓶装液化气行业的市场上，经营者之间极易制定垄断协议，因此瓶装液化气行业的垄断行为常态化监管成为政府反垄断工作的重点。[①] 譬如，市场监管总局于 2024 年 6 月份举办第二期燃气行业反垄断讲堂，面向燃气行业进行反垄断合规指导，即是健全自然垄断环节监管体制机制的创新举措，生动体现了市场监管工作"监管为民"的理念。

1. 本案的总体执法思路分析

从以上案件处罚决定书中可以看到，执法的重点在于对瓶装液化气行业中竞争者之间垄断行为的监管与处置，尤其是在市场分割和价格操控等方面，该案件的执法逻辑分为以下两层：

（1）确认竞争关系与市场结构

安徽省市场监管局执法首先确认了 10 家瓶装液化气经营者之间的

---

① 参见张炜，张正明：《竞争法在能源领域的应用》，载《中国价格监管与反垄断》2018 年第 5 期。

竞争关系。这些企业在同一地理区域——怀远县独立经营瓶装液化气业务，彼此之间本应是竞争关系。对于这一点的确认非常关键，因为反垄断法的核心是针对具有竞争关系的市场主体，如果这些主体之间达成了垄断协议，显然很可能损害市场竞争。在本案中，由于交通运输等方面的原因，瓶装液化气的市场具有高度的区域性特征，这意味着在怀远县瓶装液化气市场中，地方性企业占据了所有市场份额，锁定了供应渠道，形成了一个"局部垄断"的市场结构。在这样封闭的区域市场中，竞争者更容易达成协议以操控价格、分割市场。

（2）垄断协议的确认及其实施状况

尽管有着强烈的法律推定，但竞争者之间的协议不一定是垄断协议，也不一定会损害消费者的利益。[①] 在本案中，10 家瓶装液化气企业达成了《合伙经营协议书》成立"聚源公司"，虽然该公司不开展实际燃气经营活动，却负责协调市场价格，并分配销售毛利润。安徽省市场监管局明确指出该行为构成了分割市场和固定价格的垄断协议。通过"聚源公司"来协调销售和利润分配，人为地避免了瓶装液化气市场的竞争，剥夺了消费者选择更优质或更便宜燃气供应的机会，并在 2019 年之后正式实施该协议，导致市场完全失去了竞争性。这种长时间且持续的市场分割行为极具垄断性质，需要严厉打击。此外，2018 年 11 月至 2019 年 5 月期间，10 家经营者在聚源公司法定代表人李某的组织下，通过电话、聚餐等方式多次协商，意图通过统一监测液化气市场价格来统一调整瓶装液化气的销售价格。然而，案件指出该协议达成后，虽然有通知价格调整的行为，但实际上并未严格按照协议实施，企业在实际销售中没有统一执行价格。这意味着该协议在实践中未被充分执行，因此对于此部分的执法可能会有所不同，处罚的力度相对较轻。

2. LPG 市场垄断协议的特征

瓶装液化气行业内经营者达成横向垄断协议事件频发，主要原因在

---

① 参见［美］赫伯特·霍文坎普：《美国反垄断法：原理与案例（第 2 版）》，陈文煊等译，中国人民出版社 2023 年版，第 161 页。

于其行业的特点。首先，瓶装液化气的生产和分销具有高度的区域性和集中性。液化气的供应链包括来自上游的生产、运输到下游的销售和产品，整个链条涉及多个环节，每个环节都需要大量的基础设施投入和严格的安全管理。因此，往往有少数几家企业控制着某些地区的瓶装液化气供应。[①] 高市场集中度为企业之间达成垄断协议提供了土壤。其次，瓶装液化气的市场准入标准较高。由于涉及燃气安全问题，政府对液化气的生产、运输和储存都有严格的监管要求，包括安全许可证、运输许可、储存设施的建设标准等新进入者很难在短时间内获得这些资质，故而现有的瓶装液化气企业往往在某些地区形成了事实上的市场垄断。这些企业之间可能通过私下协议，以价格操纵、市场分割和限制他排性协议等方式排除、限制市场竞争。

笔者发现瓶装液化气（LPG）行业垄断协议主要有以下三种形式出现：①价格操控协议：瓶装液化气企业之间通常通过合谋控制市场价格。例如，在本案中，几家主要供应商会私下商定统一的气瓶价格，或协商集体液化气价格，而不是按照市场价格竞争的方式来确定价格水平，并且其还会通过拉拢新进入瓶装液化气经营者的方式，维持价格垄断的现状。这种价格操纵行为不仅抑制了市场的正常竞争，还让消费者承受了过高的生活成本；②市场分割协议：瓶装液化气企业通过协议划分市场，形成地理区域上的垄断。瓶装液化气经营者会约定不进入不同的市场区域，从而避免与竞争对手发生正面竞争。例如 2023 年江苏省市场监管局查办的南京 10 家瓶装液化气企业垄断案件中，涉案瓶装液化气企业要求新增客户应当报备，不得低价接盘其他公司客户，[②] 这种分割销售市场垄断行为削减了消费者的权利，使得消费者只能接受特定经营者提供的产品和服务；③排他性协议：瓶装液化气经营者还会与下游的分销商、经销商履行排他性协议，要求这些下游企业只能与特定的

---

① 参见彭知军，李冬梅，厉森：《我国城镇燃气领域反垄断监管回顾与展望》，载《天然气技术与经济》2024 年第 1 期。

② 参见江苏省市场监督管理局苏市监反垄断案〔2023〕2-11 号行政处罚决定书。

液化气供应商合作，而不得与其他竞争者进行交易。这种排他性协议不仅限制了下游企业的选择自由，也进一步强化了上游企业的市场垄断地位，形成市场壁垒，阻止了新的竞争者进入市场。本案中则主要涉及前两种横向垄断协议，即蚌埠市怀远县 10 家瓶装液化气经营者，借助《合伙经营协议书》的名义划分经营范围与固定市场价格，以此攫取瓶装液化气市场的垄断利益。

3. LPG 行业垄断监管的启示

垄断协议往往导致价格的非正常上涨，消费者因此需要支付更高的费用才能获得基本的瓶装液化气服务。在缺乏竞争的环境下，企业没有动力进行技术创新。燃气行业的垄断协议使得市场环境固化，企业为了维持既得利益，往往会选择避免创新或采用新技术，因为这可能会破坏现有的垄断局面。长期来看，这对整个行业的发展都是不利的，阻碍了燃气行业向更高效、更环保的方向转型。为应对燃气行业的垄断行为屡禁不止的现状，反垄断监管机构必须采取更为积极的措施。首先，监管机构需要加强对燃气行业的市场行为监控，特别是在价格变化、市场分割和企业并购等方面进行严格审查。借助大数据和现代信息技术，监管机构能够更及时、更精准地发现企业之间可能存在的垄断协议，并迅速采取行动。其次，对于已经发现的垄断协议行为，监管机构应加大处罚力度，确保违法企业付出足够的经济代价。[1] 再次，从《反垄断法》的制定及执法与司法的实践情况来看，排除、限制竞争在垄断协议中的认定有着举足轻重的作用，按照目前的分析框架已能够提高法律适用的准确性，但针对现实中的一些分歧仍需依靠立法的完善和制度的构建。[2] 最后，通过推动燃气市场的进一步开放，政府可以促进更多竞争者的进入，削弱垄断企业的市场控制力。尤其是在基础设施建设和能源供应领域，允许更多的民营企业和外资企业参与竞争，可以有效打破现

---

[1] 参见王翔：《公用企业反垄断合规治理体系构建研究》，载《中国价格监管与反垄断》2024 年第 3 期。

[2] 参见王健：《垄断协议认定与排除、限制竞争的关系研究》，载《法学》2014 年第 3 期。

有企业的垄断格局，增加市场活力。

二、焦作市二手车流通协会组织本行业经营者案

（一）案情简介

2024 年 1 月 12 日，市场监管总局发布了河南省市场监督管理局对焦作市二手车流通协会组织本行业经营者涉嫌达成并实施垄断协议案行政处罚书。河南省市场监督管理局自 2022 年 9 月对焦作市二手车流通协会组织本行业经营者立案调查以来，历时一年多，对涉案协会和 18 家二手车交易市场公司作出共计 98 万余元的处罚。虽然在处罚力度上，与其它反垄断案件相比并不算严格，但该案是《反垄断法》修订生效后，已公开处罚决定的首件使用《反垄断法》对"上一年度"无销售额的当事人处罚的案件，对后续类似情况的执法具有引导意义。

焦作市二手车流通协会成立于 2017 年，经营范围包括制定行业服务标准，规范从业者经营行为，组织二手车相关知识培训，维护二手车交易秩序等。

根据国务院督查组在河南督导期间向交办的焦作市多家二手车交易市场公司涉嫌达成并实施垄断协议案件线索，2022 年 9 月 20 日，河南省市场监督管理局对协会组织当事人及其他相关经营者达成并实施垄断协议的行为正式进行立案调查。经核查，本案是由焦作市二手车流通协会（以下简称"协会"）组织本行业经营者达成并实施的垄断协议，本案中共涉及 18 家二手车交易市场公司且均从事二手车交易服务，向客户收取交易服务费，属于焦作市二手车交易服务市场中具有竞争关系的经营者。2020 年 9 月至 2021 年 12 月期间，在协会的组织下，恒桥、安驰、东城、启汇、通大、警源、富捷、源通、瑞轩、天赐、路安、路通等 12 家公司达成并实施了固定或变更商品价格、分割销售市场的垄断协议。2022 年上半年，上述 12 家公司协同维持的垄断协议，因鑫丰、鸿大、德聚、盛博、顺风、优信等公司的开业而被迫中断执行。为拉拢新开业公司加入协议，协会多次采取会议、走访以及其他形式与各公司

商讨如何继续协同。2022 年 8 月 1 日协会组织会议，达成了统一将二手车交易服务费变更至趋同公示价格的协议。

河南省市场监督管理局认为焦作市二手车流通协会及涉案 18 家会员单位的行为排除、限制了市场竞争，损害了消费者利益和社会公共利益，违反了《反垄断法》第二十一条"行业协会不得组织本行业的经营者从事本章禁止的垄断行为"与第十七条第一、三项："禁止具有竞争关系的经营者达成下列垄断协议：（一）固定或者变更商品价格；（三）分割销售市场或者原材料采购市场"之规定。

对此，作为协会会长单位焦作市恒桥旧机动车交易市场有限责任公司提出三个方面陈述和申辩意见：一是主体不适当不应处罚；二是被动参与协议慎用处罚；三是销售额不应是全部收入。

在行政处罚与决定方面，河南省市场监督管理局综合考虑当事人违法行为的性质、程度和持续的时间，同时考量当事人的积极整改和经营状况等因素，最终作出责令停止违法行为，对协会处以 30 万元罚款，对 16 家二手车交易市场公司各处以 2021 年度销售额 2%~3% 的罚款，对 2 家新开业而无 2021 年度销售额的二手车交易市场公司各处以 3 000 元罚款。

（二）案情分析

1. 行业协会的概念及其内涵

国务院反垄断与反不正当竞争委员会于 2024 年初发布《关于行业协会反垄断指南》（以下简称《指南》）。《指南》第三条指出："本指南所称行业协会，是指由同行业经济组织和个人组成，行使行业服务和自律管理职能的社会团体法人。"依照此概念，对于行业协会可做以下三方面理解。

第一，行业协会应当是由同行业经济组织或者个人组成。一方面，此处所说的同一行业指会员来源于同一产品的同一阶段"水平式"和虽来自同一产业但处于生产和流通不同阶段的"垂直式"两类。行业协会的自律规则具有普遍适用性，要求其会员在经营活动、经营行为经营规则上能够相同或相似，便于行业协会功能的充分实现。[1] 本案中涉案的 18 家焦作市二手车交易市场公司，从事二手车交易服务，是具有竞争关系的经营者。另一方面，行业协会可由经济组织和个人组成，例如本案中焦作市二手车流通协会属于由经济组织形成，而律师协会、注册会计师协会则为典型的由个人组成的协会。

第二，行业协会理应行使服务和自律管理的职能。行业协会自律是行业协会自愿性本质的体现，行业协会的自律性主要体现在自我约束、自我规范、自我管理及自我控制四方面。[2] 行业协会通常会制定道德和行为准则，要求成员在商业行为中遵循公平竞争、诚信经营的原则，这些规范有助于防止不正当竞争行为，维护行业的公正性和公平性。同样，行业协会承担对成员的监督职责。通过定期检查、行业自律报告和审查等方式，协会可以监督成员的经营活动，确保其符合行业标准和道德规范。另外，行业协会具有服务职能，行业协会一般只会对本领域中的事务进行管理和服务。例如行业协会为会员提供分享信息、技术和市场动态的交流平台，通过定期发布行业报告、市场分析和政策解读，帮助会员了解最新的行业趋势、政策变化和技术创新。当行业利益与其他利益相互冲突之时，行业协会应当据理力争，维护本行业的正当权益，实现行业利益的最大化。

第三，行业协会是独立的社会团体法人。行业协会有其独立的机构，独立于成员，也就是说行业协会实施排除、限制竞争的行为后可以独立的承担《反垄断法》所规定的法律责任。《指南》第二十三条第一款指出："行业协会从事或者组织本行业的经营者从事垄断行为，行业协会和经营者应当依据《反垄断法》的规定分别承担相应的法律责任。"按照《反垄断法》第二十六条第四款的规定："行业协会违反本法规定，组织本行业的经营者达成垄断协议的，由反垄断执法机构责令改正，可以处三百万元以下的罚款；情节严重的，社会团体登记管理机

---

① 参见王保树：《经济法原理》，社会科学文献出版社 1999 年版，第 157 页。

② 参见叶明：《行业协会限制竞争行为的反垄断法规制》，法律出版社 2010 年版，第 12 页。

关可依法撤销登记。"本案在确定具体的法律责任时，河南省市场监管局考虑违法行为的性质、程度、持续时间、消除违法行为后果的情况、行业协会发挥的作用、以及垄断协议实施的情况等因素，最终处以焦作市二手车流通协会 30 万元的罚款。

2. 行业协会限制竞争的原因探析

2022 年、2023 年均有 3 例行业协会组织实施垄断行为的案件，截至目前，2024 年国家市场监管总局的官网上新增 2 例行业协会组织实施垄断行为案件，包括"福州市房地产估价协会垄断协议案""焦作市二手车流通协会垄断协议案"。为了更好地发挥行业协会在倡导和促进公平竞争中的作用，同时预防和制止相关垄断行为，《指南》所公布的 26 条详细解释了行业协会可能涉及的垄断行为、法律责任、合规建设以及行业内的合规等方面的内容。可见行业协会在现代社会中扮演着重要角色，既是行业利益的代表者，也是促进行业发展和市场竞争的重要经济力量。然而，行业协会事实上具有在促进竞争与限制竞争之间游走的双重面孔，在推动行业进步的同时，其亦有可能成为垄断和不正当竞争的温床。

（1）内部因素：合规意识薄弱

一方面行业协会在很多情况下对法律的认知不足，尤其是对《反垄断法》的理解还不够深入。一些协会认为通过发布行业规范或组织成员监督的方式，能够维护市场秩序或避免价格竞赛，而没有认识到这些行为可能构成了价格操纵等限制竞争的垄断行为。行业协会在协商价格、分配市场份额或限制收益时，往往打着"自律公约"或"维护行业秩序"的名义，实则对市场竞争产生了负面影响。另一方面，行业协会中的大企业往往处于主导地位，借助协会平台制定有利于自身的规则或行业标准。[1] 这种情况下，大企业可以通过行业协会规整市场价格、控制供应量或设置技术壁垒，以实现对市场的垄断。而协会内部缺

---

[1]　参见焦海涛：《行业协会参与垄断行为的反垄断法应对》，载《甘肃政法大学学报》2024年第 2 期。

乏有效的监督和决策机制，使得中小企业或新进入市场的企业利益难以得到保障，导致行业协会成为大企业实现垄断的工具。[1] 在本案中，新开业的公司即被行业协会和其他焦作市二手车交易市场上占据市场份额较大的经营者拉拢，并最终达成固定或者变更商品价格、分割销售市场的垄断协议。

（2）外部环境：行政色彩浓厚

在我国，许多行业协会具有一定的行政背景，往往承担着某些政府监管的职责，甚至还有"二政府"之称。鉴于现代社会利益的多元化，政府与市场主体之间，在政策的制定与实施上可能存在冲突。此时，行业协会作为集体利益的代表便成为政府与市场主体二者间沟通的桥梁，既回应了市场主体表达自身利益的需要，也满足了政府政策落实需要市场主体配合的需求。具体而言，一方面，首先行业协会在政府制定政策制定过程发挥了不可忽视的作用，行业协会经常参与政府政策制定的过程以弥合政策应然效果与实然效果的嫌隙，其次行业协会也在行业事务管理的工作中帮助政府宣传、指导和监督企业更好遵守国家政策方针以及法律法规，协助政府管理和规范市场。[2] 另一方面，地方保护主义与行业协会利益相互勾连增添了行业协会的公权力色彩。出于保护本地企业或经济的考虑，地方政府对本地区的行业协会和企业给予一定程度倾斜保护。这种地方保护主义往往会干预市场的公平竞争，甚至助长行业协会进行垄断行为，默许或支持行业协会进行价格操纵或市场分割，以保护地方的主导企业利益，从而削减了其他市场经营主体参与市场竞争的机会。

3. 行业协会反竞争行为的责任承担

本案是由焦作市二手车流通协会组织 18 家二手车交易公司达成垄断协议的案件，河南省市场监督管理局最终给出的处理结果则是采取了行业协会与参与达成垄断协议的协会成员共同处罚的方式。

---

① 参见王国明：《惊动国务院督查组的垄断案》，载《中国市场监管报》2024 年 1 月 26 日。
② 参见张江莉：《我国转型时期行业协会的反垄断法规制》，载《法商研究》2008 年第 5 期。

　　行业协会限制竞争行为的责任主体，是指应当对限制竞争行为承担法律责任的"人"，当然此处的"人"不仅仅指自然人，也应包括具有法人资格的行业协会以及不具有法人资格的社会组织。焦作市二手车流通协会组织本行业 18 家经营者涉嫌达成并实施垄断协议行为，因此本案中涉及的责任主体有两类：一类是作为行业协会的焦作市二手车流通协会；另一类则是作为协会成员的 18 家二手车交易公司。申言之，就本案中限制竞争行为责任承担主体分为三种情况：一是以焦作市二手车流通协会为责任主体；二是以 18 家涉案的二手车交易公司为责任主体；三是同时以焦作市二手车流通协会与 18 家涉案的二手车交易公司为责任主体。

　　深入思考后发现，上述三种责任承担情况将会在实践中产生不同的效果。若是按照第一种责任承担方式，即单独以行业协会本身为责任主体，则会极易使得焦作市二手车流通协会成为其成员进行限制竞争的工具和挡箭牌。从限制竞争行为决议执行的角度上看，倘若失去了协会成员的支持贯彻，那么该限制竞争行为决议并不会对焦作市二手车交易市场竞争秩序造成影响。从责任承担的方式来看，行业协会是履行自我管理，提供服务的社会组织，在面对市场监管部门采取的经济罚款方式时往往难以承担，并且无法对诸如本案中的 18 家涉案二手车交易公司产生一定的威慑和惩罚的效果。因此，对于行业协会限制竞争行为，在责任承担的主体确定上，需要观察到行业协会成员在限制竞争行为中所扮演的关键角色，否则惩罚性措施失去了其实质意义。若是按照第二种责任承担方式，即单独以协会成员为责任主体，则无法体现行业协会限制竞争行为的本质。例如本案中，焦作市二手车流通协会为达成行业内价格固定、分割销售市场的协议，多次组织涉案的协会成员采取会议等方式促进巩固。换言之，行业协会利用其组织优势容易达成限制竞争决议，并且更加容易付诸行动。因此，仅以协会成员为责任主体而忽略行业协会的作用是不可取的。相对而言，笔者更加赞同第三种责任承担的方式，即案件中河南省市场监督管理局采用的同时以焦作市二手车流通协会与 18 家涉案的二手车交易公司为责任主体。行业协会达成的限制竞争行为决议不同于企业之间所签订的契约具有相对性，其虽是以单个主体意思为表现形式但背后却暗含协会成员的共同意志，同时，在决议的达成和执行阶段由协会成员投票决出并负责具体实施。[①] 因此，本案中河南省市场监管局针对焦作市二手车流通协会的限制竞争行为采取行业协会与协会成员的双罚制是合理有效的。

值得注意的是，本案中以给予 3000 元罚款的方式处理了两家上一年度未产生销售额的当事人，根据《反垄断法》第五十六条规定，"经营者达成并实施垄断协议的，应当没收违法所得，并处上一年度销售额百分之一以上百分之十以下的罚款，上一年度没有销售额的，处五百万元以下的罚款。"涉案新成立的两家二手车交易公司各 3000 元的罚款数额，相较于其他涉案企业的罚款数额较少，处罚效果能否达到仍有待探讨，从增强经营者对垄断处罚行为预期的视角笔者认为应当进一步细化处罚规则。

三、结语

在新一轮科技革命和产业变革的背景下，无论是理论界还是实务界均将更多的目光集中于数字经济领域。然而，事实上燃气、建材、供水、二手车市场等传统行业仍是垄断协议案件多发地带，需要市场监管部门持续关注。本文选取的两个案例"蚌埠市怀远县瓶装液化气经营者涉嫌达成并实施垄断协议案""焦作市二手车流通协会组织本行业经营者涉嫌达成并实施垄断协议"均属于垄断风险高，与群众生活距离近的代表性行业。

党的二十届三中全会强调要"强化反垄断和反不正当竞争"。强化"反垄断和反不正当竞争"意味着既要应对国内外数字经济飞速发展所带来的垄断新课题，又要解决人民群众"急难愁盼"问题，持续推进民生领域的监管执法，把每一件关系群众利益的事情妥善地处理好、解

---

① 参见徐士英:《行业协会限制竞争行为的法律调整——解读〈反垄断法〉对行业协会的规制》，载《法学》2007 年第 12 期。

决好。展望未来，以《反垄断法》为核心的垄断协议立法框架日趋完善，市场监管部门的执法工作将不断取得新突破、新进展与新成效。反垄断执法机构要实现监管规范和促进发展并重，在提升科技、民生等领域反垄断执法质效的同时，增强经营者的反垄断合规意识，促进行业自律规范，最终营造出世界一流的营商环境。

第二节　滥用市场支配地位案例评析（上）*

本节选取了 2023—2024 年涉及滥用市场支配地位的两起典型案件进行评析。第一起案件是由最高人民法院二审审理的"有线数字电视加扰信号服务公用企业"滥用市场支配地位纠纷案。该案系 2024 年中国公平竞争政策宣传周活动期间，最高人民法院发布的 8 件反垄断和反不正当竞争典型案例之一。该案裁判对于法院积极发挥反垄断司法职能作用，精准识别滥用市场支配地位行为，维护市场公平竞争，具有很强的指导意义。第二起案件是由上海市市场监督管理局调查并处理的森浦公司滥用市场支配地位案。该案系国内首例金融数据领域垄断案件。反垄断执法机构依法查处相关市场数据垄断和封锁行为，恢复了公平竞争的市场秩序，有利于促进金融数据合规高效流通使用，为服务债券市场高质量发展发挥了积极作用。

一、"有线数字电视加扰信号服务公用企业"滥用市场支配地位纠纷案①

（一）案件基本情况

本案主要当事方为某化纺视讯维修站（下称"某化纺维修站"，一

---

* 本节撰稿人为王先林、喻张鹏。王先林，上海交通大学凯原法学院教授；喻张鹏，上海交通大学凯原法学院博士研究生。

① 参见最高人民法院（2023）最高法知民终 383 号民事判决书，本案一审裁判文书案号为：辽宁省沈阳市中级人民法院（2021）辽 01 民初 3624 号民事判决书。

审原告、二审上诉人）与中国广电某网络股份有限公司鞍山市分公司（下称"广电某鞍山分公司"，一审被告、二审被上诉人）。2018 年 11 月 23 日，北方某某电视网络股份有限公司（后更名为"某乙公司"）、广电某鞍山分公司（甲方）与某化纺维修站（乙方）签订合作协议，约定：甲方在合作区域内传输有线数字加扰信号和发展宽带业务所需信号，乙方在合作区域内开展并办理相关业务；乙方需负担配备甲方智能卡的费用，乙方剩余机顶盒消耗完后，只能使用甲方提供的机顶盒；合作区域内的数字电视业务按市物价局审批的资费标准收取；有线电视业务的基础业务部分，甲方分成所得为"24 元/年×（主+副终端总数）"，余下为乙方分成所得；宽带业务、付费节目部分，甲方分成为业务总收入的 60%，乙方分成为 40%；合作期限为三年。2021 年 11 月 21 日，广电某鞍山分公司向某化纺维修站发函称合作协议到期后不再续约。某化纺维修站以滥用市场支配地位为由向沈阳市中级人民法院（以下简称"一审法院"）提起诉讼，主张广电某鞍山分公司滥用其在鞍山市有线电视领域的市场支配地位，从事了拒绝交易、搭售等滥用行为。2022 年 9 月 7 日，一审法院经审理认为广电某鞍山分公司的行为不构成滥用市场支配地位，判决驳回原告诉请。某化纺维修站不服一审判决，向最高人民法院提起上诉。最高人民法院于 2024 年 8 月 2 日作出二审判决，撤销一审判决并部分支持某化纺维修站的上诉请求。

（二）案件争议焦点及相关分析

最高人民法院在本案二审审理过程中结合当事人的诉辩主张总结出 3 个争议焦点：①本案相关市场应如何界定，广电某鞍山分公司在相关市场内是否具有支配地位；②广电某鞍山分公司在本案中是否实施了 2007 年反垄断法①所规制的拒绝交易和搭售行为；③广电某鞍山分公司可能承担的法律责任。

---

① 二审法院认为，考虑到本案被诉垄断行为主要集中发生在 2007 年颁布的《反垄断法》施行之后、2022 年修正的《反垄断法》施行之前，故本案原则上应当适用 2007 年反垄断法。为表述方便，此案例分析中引用的条文与判决书保持一致。

1. 本案相关市场界定及市场支配地位认定问题

关于本案相关商品市场的界定问题。一审法院将本案相关商品市场界定为有线数字电视加扰信号服务①市场。广电某鞍山分公司则认为，本案相关商品市场应界定为包括某网络电视服务在内的整个电视服务市场。最高人民法院从需求替代的角度展开分析，确认了一审法院的相关市场界定。最高人民法院认为，界定相关商品市场应以被诉垄断行为涉及的商品作为起点，对于涉案被诉垄断行为涉及的商品，应回溯至本案双方当事人签订合作协议时所约定的合作事项加以审视。被诉垄断行为直接影响的对象系某化纺维修站（间接影响终端用户），故被诉垄断行为直接涉及的商品系有线数字电视加扰信号服务。对于该项服务的直接需求者也是被诉垄断行为的直接受影响者某化纺维修站（不是终端用户）而言，有线数字电视节目本身显然不是其需求的商品。

关于本案相关地域市场的界定问题。一审法院将本案相关地域市场界定为合作协议约定的合作区域。广电某鞍山分公司则主张，本案相关地域市场为整个辽宁省地区。最高人民法院认为，本案的相关地域市场应界定为辽宁省鞍山市。一方面，某化纺维修站不太可能产生跨城市寻求有线数字电视加扰信号供应服务的需求；另一方面，广电某鞍山分公司能够提供覆盖整个鞍山市的有线数字电视加扰信号，将本案相关地域市场局限于双方合作区域既无必要亦属过窄。

关于广电某鞍山分公司市场支配地位认定问题。最高人民法院认为，广电某鞍山分公司被诉行为涉及的服务具有极强的公用事业属性，且该公司是鞍山市内唯一能够将该项业务实现全市覆盖的经营主体，可以据此推定该公司在相关市场内具有市场支配地位。广电某鞍山分公司

---

① 传输有线数字电视信号时加载加扰信号是收视所需的一项技术，网络电视和有线电视不可以用同一个设备，在二者之间切换需要更换设备。某化纺维修站与广电某鞍山分公司签订的涉案合作协议约定的分工合作模式是，广电某鞍山分公司向某化纺维修站传输有线数字电视加扰信号，由某化纺维修站将接收到的有线数字电视加扰信号进行放大后，再通过其自营铺设的有线电视网络基础设施输送至终端用户（居民用户）家中，进而终端用户通过安装在家中的数字机顶盒将放大的加扰信号解扰后正常收看有线数字电视节目。

提供的证据不足以推翻前述认定。综上，可以认定广电某鞍山分公司在鞍山市有线数字电视加扰信号市场中具有市场支配地位。

2. 广电某鞍山分公司是否实施了拒绝交易和搭售行为

（1）拒绝交易

最高人民法院认为，广电某鞍山分公司在合作协议履行期届满后不同意与某化纺维修站续签新的合作协议，从外观上看已经构成拒绝交易。但是，随着有线数字电视播放技术的更新迭代升级，特别是随着辽宁省有线电视网络整合为"全省一网"的政策文件的出台，要求在辽宁省内完成"全省一网"整合，实施统一运营管理，无论是从有线电视网络行业发展大趋势的宏观层面看，还是从能够有效提升有线数字电视传播效率之新技术手段涌现的微观层面看，有线数字电视加扰信号服务市场因技术及市场需求原因已经日益萎缩乃至消失。消除提供有线数字电视加扰信号服务这一中间市场环节后，终端用户正常收看有线数字电视的消费者福利不仅并未因本案双方当事人未续签合作协议而受影响，反而还进一步享受到有线数字电视信号传输的"直通车"服务，消费者福利（观看有线数字电视节目的便捷与效率）得到明显提升。基于上述分析，最高人民法院认为广电某鞍山分公司未实施反垄断法意义上之拒绝交易行为。

（2）搭售

在本案一审过程中，一审法院认为，广电某鞍山分公司提供的机顶盒、智能卡是用于接收有线电视加扰信号的专用设备，能够实现统一管理、保证服务质量，故该公司销售上述商品具有正当性。最高人民法院认为，一审法院关于广电某鞍山分公司不构成搭售行为的认定有所不当。最高人民法院指出，反垄断法之所以将搭售作为滥用市场支配地位行为加以规制，原因在于实施搭售行为的经营者的主要意图是将其在结卖品市场内具有的支配地位进一步传导至被搭售商品（搭卖品）市场，旨在排除、妨碍其他经营者或潜在经营者进入被搭售商品所在市场。基于如下理由，广电某鞍山分公司的行为构成搭售行为。

首先，双方合作协议约定的内容表明，有线数字电视提供服务和机顶盒（含与机顶盒配套的智能卡）本就属于可分别单独销售的商品，用户使用某化纺维修站自行购买的机顶盒，不会导致在接收广电某鞍山分公司提供的有线数字电视加扰信号后无法正常收看电视节目。广电某鞍山分公司要求某化纺维修站在自行购买的机顶盒消耗完毕后只能使用该公司提供的机顶盒，客观上构成搭售行为。

其次，广电某鞍山分公司实施的搭售行为不具有正当理由。广电某鞍山分公司辩称，某化纺维修站自行采购的机顶盒存在质量问题，影响用户收视体验；其向某化纺维修站供应机顶盒始终秉持"不盈利"的原则；统一提供数字机顶盒和插入数字机顶盒的某卡符合交易习惯。最高人民法院对上述答辩意见进行了逐一回应：广电某鞍山分公司未提供证据证明某化纺维修站自行采购的机顶盒存在质量问题；具有市场支配地位的经营者在实施搭售行为的过程中有无从被搭售商品中实际获利，对于认定该行为是否构成滥用市场支配地位的垄断行为而言无关宏旨；即使收看有线数字电视节目是否需要同时使用数字机顶盒和某卡，但此问题的关切仅在于是否只能统一购买由广电某鞍山分公司提供的数字机顶盒和某卡。

最后，广电某鞍山分公司实施的搭售行为具有排除、限制竞争效果。最高人民法院认为，广电某鞍山分公司强行要求某化纺维修站只能捆绑购买其供应的有线电视机顶盒，不仅限制、剥夺了某化纺维修站在有线电视机顶盒市场上选择其他交易相对方的自由，客观上也排斥、限制了其他现有或潜在的有线电视机顶盒供应商向某化纺维修站供应机顶盒的交易机会，扭曲了市场供求关系和资源配置。

3. 广电某鞍山分公司可能承担的法律责任

本案中，某化纺维修站的起诉主张除"确认广电某鞍山分公司在鞍山市有线电视领域具有市场支配地位"外，还包括"判令广电某鞍山分公司停止实施拒绝交易的滥用市场支配地位行为，并按原合同24元/户/年的标准续签合同""确认广电某鞍山分公司搭售机顶盒和某卡的行为无效，并允许某化纤维修站使用其他品牌的客户终端（机顶盒和某卡）入网""广电某鞍山分公司负担本案诉讼费、律师费"。最高人民法院认为，因涉案合作协议约定的三年履行期届满后，广电某鞍山分公司针对某化纤维修站实施的搭售行为已告终结，同时广电某鞍山分公司已自行完成此前双方合作协议覆盖的合作区域范围的有线电视网络建设，有线数字电视加扰信号服务市场在本案目前的具体场景下已不复存在，目前该区域的居民用户可正常收看有线电视节目。如果强行作出改变现状的处理，即判令广电某鞍山分公司与某化纤维修站续签新的合作协议、允许某化纤维修站使用其他品牌的机顶盒和某卡入网，只会给当地居民用户（有线电视节目内容的终端消费者）徒增不必要的交易流程和交易环节，于提升消费者整体福利而言毫无实益。因此，最高人民法院并未支持某化纤维修站的第二项、第三项诉讼请求，仅支持第四项诉请请求。

（三）对"有线数字电视加扰信号服务公用企业"滥用市场支配地位纠纷案的总体评价

本案纠纷虽然发生在有线数字电视加扰信号的供应方和接收方之间，但直接关系终端用户收看有线数字电视的民生福祉。最高人民法院在二审裁判中进行了足够详细的说理，有效彰显了反垄断法治精神，对规范民生领域的垄断行为具有积极意义。该案中也有不少法律适用的亮点值得进一步探讨：

首先，本案进一步明晰了在拒绝交易类滥用案件中需要考虑和衡量的因素。《最高人民法院关于审理垄断民事纠纷案件适用法律若干问题的解释》（以下简称《垄断民事司法解释》）第三十八条对拒绝交易类案件中需要考察的三项因素进行了简要阐释：①经营者是否拒绝交易或变相拒绝交易；②经营者与交易相对人进行交易是否具有可行性；③拒绝交易行为排除、限制上游市场或者下游市场的竞争。然而，如何妥善处理垄断者的交易义务，仍是反垄断法中悬而未决且最令人纠结的问题之一。任何市场主体都有决定是否交易以及选择交易对象的自由，这一理念构成了市场经济的基石。外在的干预都不可避免地带有破坏意思自由的风险。本案中，最高人民法院同样注意到意思自由的重要性，并在说理中强调，是否进行交易、与何人进行交易、按何种条件进行交易，原则上是市场经营主体的意思自由，此乃私法自治的应有之义。法院过去在滥用案件中对拒绝交易的分析主要集中在拒绝交易行为的正当性基础或者拒绝行为对市场进入的影响，较少关注拒绝交易的前提即交易行为是否有存在的法律基础。在本案中，最高人民法院重点分析了双方的合同约定，指出涉案合作协议仅是赋予某化纤维修站在同等条件下的优先续约合作经营权，是否顺延双方之间的合作仍需双方达成合意。此外，最高人民法院还特别考察了相关市场的历史成因和发展趋势，并指出相关市场已日趋自然消亡。最高人民法院认为，反垄断法规制任何垄断行为的目的在于将一个在相关市场中存续的、被扭曲的竞争恢复为正常状态，对于一个已趋于自然消亡的市场，运用反垄断司法救济的方式将其恢复至原有状态，既无必要也无意义。本案判决于此处体现的利益平衡精神与福利最大化理念值得进一步研究。

其次，本案对于精准识别公用企业滥用市场支配地位行为，实现反垄断法预防和制止垄断行为的立法目的具有指导意义。一方面，公用企业涉及民生重点领域，与人民群众的日常生活息息相关，其滥用市场支配地位行为通常受到人民群众高度关注。另一方面，公用企业往往位于重要的经济部门，占据国民经济的命脉，掌握着下游生产经营所必需的资源。在这种情况下，公用企业从事垄断行为的危害更甚，往往会完全排除潜在竞争者，彻底扼杀市场中的自由竞争。在各类公用企业滥用市场支配地位案件中，搭售是主要的违法行为类型，且通常伴随"满足商品安全""实施特定技术""维护正常运行"等"正当理由"。在本案中，广电某鞍山分公司也提出了类似抗辩理由。一审法院同样认为，广电某鞍山分公司提供的机顶盒系专用设备，能够实现统一管理并保证服务质量，故其搭售机顶盒与智能卡具有正当性。值得注意的是，《垄断民事司法解释》规定，被告以其行为具有正当性为由进行抗辩的，应当承担举证责任。也就是说，最高人民法院更倾向于将"正当理由"解释为抗辩事由而非将"没有正当理由"作为滥用行为的构成要件。故此，就滥用行为的分析而言，在被告提出其行为具有正当理由时，应重点审查其抗辩事由是否具有效率或者客观必要性，且没有排除或者严重限制相关市场的实际或者潜在竞争。在此过程中，被告应负有较重的证明责任，不能简单认定其抗辩事由成立。在本案中，最高人民法院在二审中逐一审查了广电某鞍山分公司的抗辩事由。例如，广电某鞍山分公司辩称，某化纺维修站自行采购的机顶盒存在质量问题，影响用户收视体验。最高人民法院经审查后认为，果如广电某鞍山分公司所称，某化纺维修站自行购买的机顶盒存在上述问题，何以双方在合作协议中对用户使用某化纺维修站自行购买的机顶盒的过渡期作出专门安排，该专门安排恰恰表明购买广电某鞍山分公司提供的机顶盒并非交易所必需。

司法是衡平的艺术。本案从维护市场公平竞争与市场自由的利益平衡出发，将缺乏正当理由的搭售行为界定为违法行为，将客观上不具有排除、限制竞争效果的不续约行为界定为合法，既避免了公用企业滥用市场支配地位损害消费者福利，又彰显了司法裁判对意思自由、私法自治的尊重。本案的调查和法律分析过程将为未来的反垄断司法裁判发挥很好的示范效应。

二、森浦公司滥用市场支配地位案[①]

(一) 案件基本情况

2023 年 3 月，根据举报，上海市市场监督管理局对宁波森浦信息技术有限公司（以下简称"森浦公司"）涉嫌实施滥用市场支配地位行为立案调查。经查，森浦公司通过"独家代理"方式取得国内最大的货币经纪公司债券声讯经纪实时交易数据，并拒绝向其他信息服务商提供，构成拒绝交易行为。同时，森浦公司利用只有其一家掌握债券声讯

---

① 参见上海市市场监管局沪市监反垄处〔2024〕202302 号行政处罚决定书。

经纪实时交易全数据所形成的市场支配地位，在提供信息服务时规定"70 万起售"的交易条件，构成附加不合理的交易条件行为。2024 年 8 月 13 日，上海市市场监督管理局对其作出行政处罚决定。

（二）案件处理思路

1. 相关市场界定

根据《反垄断法》规定，按照相关指南中明确的界定相关市场原则和方法，上海市市场监管局在本案中重点分析了相关商品市场和相关地域市场。上海市市场监管局将本案的相关市场分别界定为中国境内单一货币经纪公司债券声讯经纪实时交易数据销售市场（上游）与中国境内具体券种债券声讯经纪实时交易全数据服务市场（下游）。

（1）相关商品市场

本案涉及的"债券声讯经纪实时交易数据"是指货币经纪公司在开展债券声讯经纪业务过程中所产生的债券实时报价及成交信息等实时行情数据。① 各单一货币经纪公司实时交易信息的集合，构成债券声讯经纪实时交易全数据。债券声讯经纪实时交易全数据由金融信息服务商按券种分类清理加工后形成的具体券种债券声讯经纪实时交易全数据产品，为债券交易机构和投资者开展债券交易业务提供完整实时行情基础性信息。金融信息服务商只有分别获得各单一货币经纪公司债券声讯经纪实时交易数据，才能生产加工债券声讯经纪实时交易全数据产品，从而进入相关市场开展竞争。在具体分析中，上海市市场监管局分别界定了两个相关市场：单一货币经纪公司债券声讯经纪实时交易数据销售市场（上游）与具体券种债券声讯经纪实时交易全数据服务市场（下游）。

上海市市场监管局认为，各单一货币经纪公司债券声讯经纪实时交易数据均为独立的商品，其销售构成独立的相关市场。从需求替代角度来看，单一货币经纪公司债券声讯经纪实时交易数据是生产加工债券声

---

① 债券声讯经纪业务是指通过电话等声讯手段和电子技术，提供促进债券交易的经纪活动，属国家金融监管许可经营项目。目前仅有 6 家货币经纪公司从事该项经营活动。

讯经纪实时交易全数据产品不可或缺的生产要素和原材料，具有独特的商品特征与用途，与其他数据不具有显著替代关系。各单一货币经纪公司产生的实时交易数据均体现了特定交易行情，彼此间亦不具有替代性。从供给替代角度来看，债券声讯经纪业务属于国家金融监管许可经营项目，未获得国家金融监管部门审批许可，无法从事相关业务并产生实时交易数据。同时，各货币经纪机构产生的债券声讯经纪实时交易数据均为不同的实时行情信息，具有唯一性。对单一货币经纪公司债券声讯经纪实时交易数据在相关市场公开可获得性的限制，可形成市场封锁效应，导致相关金融信息服务商无法生产加工体现完整债券交易实时行情的债券声讯经纪实时交易全数据产品。本案中所涉及的单一货币经纪公司债券声讯经纪实时交易数据销售市场，是由某公司经营过程中产生的债券声讯经纪实时交易数据的销售，所构成的相关商品市场。

上海市市场监管局认为，依托具体券种债券声讯经纪实时交易全数据生产加工形成的具体券种债券声讯经纪实时交易全数据服务构成独立的相关商品市场。从需求替代来看，债券交易机构和投资者在从事债券投资业务时，既有就全部债券券种交易的情况，也有仅就部分债券券种进行交易的情况，对各券种债券声讯经纪实时交易全数据服务的需求存在差异。此外，不完整的具体券种债券声讯经纪交易数据不符合交易机构和投资者的最低使用需求。因此，各券种债券声讯经纪实时交易全数据服务相互之间，以及与非基于全数据的实时行情数据产品不具有显著替代关系。从供给替代来看，基于全数据的实时行情数据产品与非基于全数据的实时行情数据产品、各具体债券券种声讯经纪实时交易全数据产品之间亦不具有替代关系。

（2）相关地域市场

上海市市场监管局认为本案的相关地域市场为中国境内市场。首先，债券声讯经纪业务在我国属于国家金融监管许可经营项目，受我国法律法规特别约束。其次，相关数据以及实时交易全数据的交易标的来源为中国境内的债券，与境外数据存在较大差异。最后，相关商品或服务的需求方主要是中国境内的金融信息服务商、债券交易机构和投资者。

2. 市场支配地位认定

上海市市场监管局经调查后认定，森浦公司在中国境内单一货币经纪公司债券声讯经纪实时交易数据销售市场与中国境内具体券种债券声讯经纪实时交易全数据服务市场具有市场支配地位，主要理由如下：

一是森浦公司在相关市场具有 100% 的市场份额。森浦公司逐年与 6 家货币经纪公司之一的某公司签订独家数据销售协议，具有某公司债券声讯经纪业务过程中所产生的单一货币经纪公司债券声讯经纪实时交易数据的独家代理销售权。当事人是唯一获得中国境内债券声讯经纪实时交易全数据的企业，因而也是唯一可提供中国境内具体券种债券声讯经纪实时交易全数据服务的企业。在部分交易机构发布的招标采购公告中，对当事人相关数据产品的采购方式被列为单一来源采购。

二是相关数据及数据产品的需求方对森浦公司具有高度依赖性。在单一货币经纪公司债券声讯经纪实时交易数据销售市场中，独家协议有效期间，该单一货币经纪公司债券声讯经纪实时交易数据不存在被另行生产或获得的可能性。在具体券种债券声讯经纪实时交易全数据服务市场中，相关数据产品是债券交易机构和投资者完整了解债券市场准确行情的重要途径和开展债券交易的参考依据。

3. 滥用行为的认定

（1）拒绝交易

上海市市场监管局认为，森浦公司滥用中国境内单一货币经纪公司债券声讯经纪实时交易数据销售市场的市场支配地位，没有正当理由对其他金融信息服务商实施拒绝交易的行为。具体分析如下：

首先，森浦公司实施了拒绝交易行为。随着国内债券市场的发展，其他金融信息服务商向当事人提出购买由当事人独家代理销售的单一货币经纪公司（某公司）债券声讯经纪实时交易数据，尝试进入相关市场，但均被森浦公司拒绝。

其次，森浦公司拒绝交易的行为没有正当理由。最大可能实现数据销售符合当事人和某公司的商业利益，拒绝交易行为不符合独家代理销售的商业逻辑。森浦公司向其他金融信息服务商销售数据不会造成成本增加和收益不当减损。此外，森浦公司同时从事单一货币经纪公司债券声讯经纪实时交易数据销售市场（上游）和具体券种债券声讯经纪实时交易全数据服务市场（下游）的经营活动，其承认拒绝交易行为的目的是排除下游市场竞争。

最后，森浦公司拒绝交易的行为排除、限制了下游市场竞争。森浦公司的拒绝交易行为阻碍了相关数据的畅通流动和公开可获得性，导致其他金融信息服务商无法开展具体券种债券声讯经纪实时交易全数据服务经营活动，形成市场封锁，不当维持和巩固了自身在下游市场的垄断地位。这一方面阻碍数据要素自由流动，妨碍数据资源共享共用，更好释放价值红利；另一方面导致下游市场相关数据产品的供给减少，使投资机构和投资者失去了选择权和获得更好价格与服务的可能性。

（2）附加不合理交易条件

上海市市场监管局认为，森浦公司滥用中国境内债券声讯经纪实时交易全数据服务市场的市场支配地位，没有正当理由实施了附加不合理交易条件的行为。具体分析如下：

首先，森浦公司实施了附加不合理交易条件的行为。2019 年以来，森浦公司在开展数据流产品的经营过程中，将数据流产品按照具体券种进行分类并附加最低起售金额的交易条件。部分交易机构和投资者因交易规模较小，无法达到最低起售条件而放弃购买所需数据产品；部分交易机构和投资者虽然对数据产品需求较小，但受最低起售条件的限制而购买了超出其实际需求的数据产品。

其次，森浦公司实施附加不合理交易条件的行为没有正当理由。相关数据产品在使用功能上可以按照具体券种分别独立销售和使用。除大型债券交易机构对全部券种债券声讯经纪实时交易全数据产品具有需求外，大多数债券交易机构和投资者仅对部分券种相关全数据产品具有需求。森浦公司无视相关商品功能，将本可独立销售的相关数据产品，附加最低起售金额的交易条件，组合销售，不符合交易机构和投资者实际购买需求。

最后，森浦公司附加不合理交易条件的行为限制了债券交易机构和投资者购买数据产品的自主选择权，增加了债券交易机构和投资者获取数据信息的成本，损害债券交易机构和投资者合法利益。

（三）案件处理结果

上海市场监管局认为，森浦公司滥用中国境内单一货币经纪公司债券声讯经纪实时交易数据销售市场与中国境内债券声讯经纪实时交易全数据服务市场的市场支配地位，对其他金融信息服务商实施拒绝交易，对交易机构和投资者附加最低起售金额的交易条件，排除、限制了相关市场竞争，构成《反垄断法》禁止的拒绝交易和附加其他不合理交易条件的行为。

森浦公司2022年度销售额为人民币226 639 145.03元。由于假定未垄断状态下当事人收益变化情况难以估算，森浦公司违法所得无法计算。同时，考虑到森浦公司积极开展合规整改，于2023年3月主动提供业务配合与技术支持，使相关市场引入新的竞争者，取消了不合理的交易条件，改善了相关市场竞争状况等因素，上海市市场监管局作出相应的行政处罚决定：责令森浦公司停止违法行为；对森浦公司处以其2022年度中国境内销售额2%的罚款，计453.27万元。

（四）对"森浦公司滥用市场支配地位案"的总体评价

2022年12月2日，《中共中央国务院关于构建数据基础制度更好发挥数据要素作用的意见》（以下简称《数据二十条》）将数据明确列为新型生产要素，要求建立健全数据要素市场体系和制度规则。作为我国首例数据领域行政执法案件，本案的调查和处理有效地维护了数据市场的公平竞争秩序，彰显了反垄断法在防止数据滥用、促进数据要素市场健康发展等方面的重要作用。

数据市场经营者滥用市场支配地位规制的最大难点在于相关市场界定。与传统相关商品市场不同，数据市场的商品界限相对模糊，不同分析维度下通常可以推演出不同的数据类型。本案中，反垄断执法机构注意到，各单一货币经纪公司的债券声讯经纪实时交易数据反映了特定的行情信息，互相不可替代。金融信息服务商必须分别获得各单一货币经纪公司债券声讯经纪实时交易数据，才能生产加工债券声讯经纪实时交易全数据产品。从交易环节和主要用途看，由债券声讯经纪实施交易数据组成的相关市场更接近于相关技术市场。在标准必要专利领域中，一种技术标准的必要专利会被多个专利权人拥有，这些专利在功能上互不替代。如果生产商要生产符合技术标准的产品，必须分别与不同的专利权人进行谈判。因此，每个标准必要专利在谈判中都可能构成单独的相关市场。上海市市场监管局在本案中采用了类似的分析方法与相关市场界定思路，将每家货币经纪公司的债券声讯经纪实施交易数据视为单独的相关市场。经金融信息服务商生产加工形成的债券声讯经纪实时交易全数据产品，由于债券投资者对不同券种存在需求差异，各券种债券声讯经纪实时交易全数据产品同样构成单独的相关市场。相较于笼统地界定相关市场，执法机构根据债券声讯实时交易数据供给的特殊性与债券投资者对相关数据产品需求的差异性，分别界定相关市场无疑能够更准确地还原垄断行为全貌，更具有创新意义。作为国内金融数据领域垄断首案，反执法机构的分析思路反映了其对数据要素市场与金融市场的深刻认识，值得持久关注和深入讨论。

本案中，反垄断执法机构重点关注了森浦公司的两项行为：在上游市场的拒绝交易与在下游市场的附加不合理交易条件。在对拒绝交易行为进行分析时，执法机构似有意论证单一公司债券声讯经纪实时交易数据构成必需设施或者必需数据。执法机构强调，相关数据具有不可替代性，拒绝交易行为形成了市场封锁，造成下游市场涉案期间仅有森浦公司一个卖方经营者。考虑到森浦公司在受到调查后主动提供业务配合与技术支持使相关市场引入新的竞争者，可以理解执法机构此举在于打破数据壁垒，促进相关数据的高效流通。然而，需要注意的是，必需设施理论仍存在巨大争议，拒绝行为的违法性分析仍需以排除、限制竞争效果为核心。森浦公司同时从事上游市场和下游市场的经营活动，其获得单一公司债券声讯经纪实时交易数据的独家代理销售权后自行加工生产数据产品，而不对外销售。从纵向一体化的角度考量，其行为亦可能具有一定的商业合理性。此外，仅就行政处罚决定书披露的内容而言，森浦公司与某货币经纪公司签订的独家数据销售协议，可能才是排除、限制单一货币经纪公司债券声讯经纪实时交易数据销售市场竞争的实质所在。值得注意的是，在金融行业主管机构发布的货币经纪公司提供数据标准中特别提到，货币经纪公司不得滥用自身特殊地位，从事数据垄断行为或者与第三方达成排他性数据合作。若反垄断执法机构能够从排他性数据合作的角度切入分析，则本案关于市场封锁效果的论证会更具合理性。

同其他领域的反垄断执法案件相比，上海市市场监管局在本案中更详尽地分析了森浦公司滥用市场支配地位行为的排除、限制竞争效果，并特别考虑了行为对数据流通的影响。反垄断执法机构特别指出"国家鼓励数据依法合理有效利用，保障数据依法有序自由流动，促进以数据为关键要素的数字经济发展，增强数据要素共享性、普惠性，激励创新创业创造"，而森浦公司的拒绝交易行为"阻碍数据要素自由流动，妨碍数据资源共享共用，更好释放价值红利"，附加不合理交易条件行为"抬高了市场主体获取数据的门槛"。执法机构在竞争损害分析中明确将"数据流通""数字经济发展""数据要素共享性"等目标作为反垄断执法的考量因素，不仅体现了我国反垄断法的多元价值取向，更反映了反垄断法对于推动数据要素市场基础制度建设的重要作用。

第三节　滥用市场支配地位行为典型司法案例评析（下）[*]

2023 年度裁判文书网中以市场支配地位滥用纠纷为案由的裁判文书共 19 篇，除程序性的裁定书，有评析价值的裁判文书共 11 篇，其中涉及日本某株式会社的系列案共 8 起，本文选取其中 1 起与其他另外 2 起案件进行评析。具体分析如下。

案例一　泉州甲殡仪服务公司诉泉州乙殡仪服务公司滥用市场支配地位纠纷案[①]

上诉人（一审原告）：泉州甲殡仪服务公司（简称"甲公司"）

被上诉人（一审被告）：泉州乙殡仪服务公司（简称"乙公司"）

审理法院：最高人民法院

【案情】

甲公司系一家殡葬中介服务公司，为消费者提供一条龙殡葬服务，其中一项包括俗称"报班业务"的服务（"报班业务"系丧事承办人或其委托人凭死亡证明等手续到殡仪馆申办遗体火化业务）。乙公司由泉州市殡葬管理所改制而来，承办原殡葬管理所负责的基础殡葬服务，主要包括安排遗体火化服务、遗体接运服务等。2019 年 10 月起，甲公司多次向有关部门投诉乙公司的基本殡葬服务不合理收费问题，有关部门查证属实后责令乙公司退还多收价款，并对乙公司作出行政处罚。2019 年 12 月—2021 年 2 月期间，乙公司以甲公司擅自接运遗体、手续不符合规定为由，不接受甲公司的报班业务，甚至禁止甲公司的法定代表人吴某进入乙公司的经营场所。

---

  * 本节撰稿人为许光耀、范李思俊。许光耀，广西大学法学院教授，法学博士；范李思俊，广西大学法学院硕士研究生。

  ① 参见最高人民法院民事判决书，（2021）最高法知民终 242 号。

甲公司遂向一审法院起诉乙公司构成行政垄断，一审法院以乙公司不属于行政主体为由驳回甲公司的诉讼请求。甲公司提起上诉，指控乙公司从事拒绝交易行为，构成支配地位的滥用。二审法院经过审理后认为，甲公司的主张成立，判令乙公司对其开放报班业务并赔偿损失。

【法院判决及其论证过程】

甲公司在一审中指控乙公司从事垄断行为，由于乙公司不属于行政主体，很容易认定其败诉。上诉审中则主张乙公司实施了支配地位滥用行为，本文考察二审法院对后者的分析。

（一）相关市场的界定

关于本案相关商品市场的界定，法院认为，乙公司所提供的是遗体接运、遗体存放、遗体火化、骨灰寄存等基本殡葬服务，系满足群众的基本殡葬服务需求。从需求替代性的角度看，这些服务与甲公司所提供的附加殡葬服务和殡葬中介服务有本质区别。从供给替代性的角度看，从事基本殡葬服务只能由获得专门许可的机构提供，并需经审批，而提供殡葬中介服务则没有行政审批要求，因此法院认为，两种服务分属不同的市场，乙公司所处的基本殡葬服务市场属于上游市场，甲公司所处的殡葬中介服务市场则是下游市场，本案被诉垄断行为发生在上游基本殡葬服务市场，但对下游的殡葬中介服务市场产生影响。

关于本案相关地域市场的界定，甲公司自称其服务范围是泉州市鲤城区、丰泽区、洛江区，大多数业务位于鲤城区。该区域内仅有乙公司一家提供基本殡葬服务的公司。因此，法院将本案的相关地域市场界定为福建省泉州市中心市区（鲤城区、丰泽区、洛江区）。

综上，本案相关市场为福建省泉州市中心市区（鲤城区、丰泽区、洛江区）的基本殡葬服务市场和殡仪中介服务市场。

（二）支配地位的认定

本案中，二审法院依据司法解释的规定，直接认定乙公司拥有支配地位。根据《反垄断民事诉讼解释》第九条的规定，被诉垄断行为属于公用企业滥用市场支配地位的，人民法院可以根据市场结构和竞争状况的具体情况，认定被告在相关市场内具有支配地位，但有相反证据足以推翻的除外。本案中，乙公司是相关市场内唯一从事基本殡葬服务的企业，而根据《福建省殡葬管理办法》的规定，遗体跨区域运输须经过死亡地和火化地县级以上民政部门的批准，因此其他地区的同类企业与乙公司不具有替代性。此外，于殡葬设施的设立需要经过批准并符合一定的规划要求，因此其他经营者进入相关市场的难度很大。综上，法院认定乙公司具有支配地位。

（三）滥用行为的认定

二审判决认定乙公司的拒绝交易行为违法。法院认为，①由于乙公司是基本殡葬服务市场的唯一经营者，而甲公司的殡葬中介服务以基本殡葬服务为基础，如果甲公司无法为消费者提供报班服务，则其中介服务也不会被消费者所选择。②乙公司虽然并不在下游市场从事殡葬中介服务，并无攫取下游市场的支配地位的意图，但可以将拒绝接受甲公司的报班服务作为手段，对其举报行为实施报复，并以此造成"寒蝉效应"，使得其他人也不敢对乙公司的违法行为进行举报。③乙公司的拒绝交易行为不存在合理理由。乙公司虽提出一些抗辩理由，但均不成立。综上，法院判决乙公司向甲公司开放报班业务并赔偿损失。

【评析】

法院在论证过程中较好地展现了反垄断法的分析方法。

（一）关于本案相关市场的界定

1. 相关市场的界定标准

依《相关市场界定指南》，界定相关市场的标准有二：①需求替代性标准，②供给替代性标准。本案中，法院即分别依据这两个标准，界定出基本殡葬服务市场以及殡仪中介服务市场两个相关商品市场。

但从法理的严谨性来说，界定相关市场的标准只应是需求替代性标准。两种商品必须能够满足消费者的同一需求，才能互具替代性。本案中，甲、乙公司的服务满足的需求不同。乙公司的服务满足的是火化、运送等需求，而甲公司并不从事火化等工作，而是为顾客代办基本殡葬服务。因此二者分属不同的市场，这两个市场处于上下游关系。

至于供给替代性，法理上应属于相关市场界定之后的竞争者识别问题。比如判决中指出，"殡葬设施的设立需要行政审批并符合一定的规划要求"，因此其他经营者很难进入相关市场。即使其他经营者进入相关市场，也只是在该市场上增加一个竞争者，并不使其他经营者的原有服务与相关商品具有替代性，因此不改变相关市场的范围。

而所谓具有"供给替代性"的经营者，是指那些虽然并未实际生产相关商品，但拥有相应的产能、很快可以投入相关商品生产的经营者。这些经营者与现有竞争者一样，可以对垄断行为起到直接的抑制作用，因此在考察行为人的市场力量时，应将替代性经营者与现有竞争者同等对待，在计算市场份额时，应将其产能换算成销售额，纳入市场份额计算公式的分母之中。

替代性经营者不是潜在竞争者。前者的产能已经位于相关市场，只是并未用于相关商品的生产；后者则不具有现实的产能，更没有产出，既无销售额也无法换算，因此无法纳入市场份额的计算过程，只能作为下一环节，进行单独考察。

2. 本案中界定两个市场的意义

有一种普遍存在的认识误区，即一个案件中只界定一个相关市场，这一认识并不成立。多数支配地位滥用行为类型是跨市场运行的，即当事人在一个市场拥有支配地位，并在这一市场上从事滥用行为，但其排斥性效果却发生在另一个市场上。比如搭售行为便是如此，当事人利用在搭售品市场上的支配地位，搭售另一市场上的产品从而排斥竞争者，最终在这一市场上获得支配地位。这两个市场均属相关市场，前一市场是搭售品经营者竞争的范围，后一市场则是被搭售品经营者竞争的范围。

支配企业的拒绝交易行为也涉及上下游两个市场。该种行为的主要竞争影响在于，如果上游支配企业同时在下游从事经营，则有动机对下游竞争者进行排斥，从而为自己在下游获得支配地位。这种行为的发生以存在两个市场为前提，本案中，二审法院注意到这一点，因此同时界定两个相关市场。

（二）关于本案市场支配地位的认定

支配地位的获得，主要是基于对产能的控制，即在相关市场的总产能中占有极大的比重。产能的占比一般通过市场份额来衡量，因此拥有巨大的市场份额通常是认定支配地位的首要条件。

但市场份额只能反映当下的产能占比，如果竞争者能够迅速增加产能，潜在竞争者能够充分进入市场，或买方拥有对抗力量，则即便市场份额巨大，仍不足以拥有支配地位。不过在多数情况下，市场份额越大，越可能拥有支配地位，因为这表明竞争者们的产能占比越小，增加产能越困难。因此根据《反垄断法》第二十四条，如果当事人的市场份额达到其所规定的标准，比如单个企业的市场份额超过50%，则可以实行举证责任倒置，推定其拥有支配地位，然后由当事人证明其不符合支配地位的其他要件。

公用企业通常是所在市场唯一的经营者，市场份额为100%，或至少会超过第二十四条所规定的门槛，因此可以推定其拥有支配地位。所谓公用企业，按原国家工商总局颁布的《关于禁止公用企业限制竞争行为的若干规定》第二条的理解，是指公用事业的经营者，包括供水、供电、供热、供气、邮政、电讯、交通运输等行业的经营者。这一规定背后的道理是，这些被视为具有"自然垄断"属性的领域通常并不适宜采用竞争机制。一般说来，竞争机制是最合理的价格形成机制，因为竞争驱使价格趋近于成本；但公用事业往往具有显著的规模效率，比如一个地区铺设一套供水系统，其成本由该地区全部用户分摊，可以使平均成本降到最低的水平，而如果同时铺设两套系统，则会使每一系统的用户数量大大减少，导致平均成本提高。后一种情况下存在竞争，竞争使价格趋近于成本，但成本过高，因而价格也过高；前一种情况下不存在竞争，但平均成本较低，因而价格反而会更理想。对于这种不存在竞争的行业，经营者有能力提高价格，国家对这些领域往往进行价格管制，而并非由企业独立定价。

本案中，对于乙公司所在的殡葬行业是否具有自然垄断属性，尚需要进行讨论，但不论其是否具有显著的规模效率，至少由于法律的规定，它与供水、供电企业一样具有独家性，因此应认可其公用企业身份，直接推定其拥有支配地位。对于这一推定，当事人可以进行抗辩。

但即便采用支配地位的常规证明方法，也很容易认定乙公司拥有支配地位：它是相关市场唯一的经营者，市场份额为100%；不存在现有竞争者，因此不存在现有竞争者扩大产能的问题；而由于很难得到准入许可，潜在竞争者无法进入市场，而消费者又无对抗力量，因此可以认定乙公司拥有支配地位。采用推定方法的好处在于减轻原告的举证负担，但本案中，证明乙公司拥有支配地位并不困难，因此不依赖推定方法来减轻难度。

（三）关于本案滥用行为的认定

反垄断分析通常有两个步骤：①证明当事人的行为对竞争活动产生限制，并由此可能破坏竞争性市场结构。这类行为被认定为垄断行为，推定其非法。②当事人如果能够证明其垄断行为是增进效率或社会公共利益所必需，则是合法的。第一个步骤考察的内容是行为对竞争的影响，而垄断行为的认定标准是该行为对市场结构的影响；第二个步骤考察的内容是行为对效率的影响。

根据第一个步骤，垄断行为是限制竞争的行为，这有两层含义：①垄断行为必须有限制竞争活动的内容。②其对竞争活动的限制程度十分严重，有可能破坏市场的竞争性。"竞争活动"与"市场的竞争性"是两回事，必须区分开来，反垄断法上作为垄断行为认定标准的竞争是后者。

支配企业同样拥有契约自由，但当其行为满足上述第一个步骤所规定的标准，具有破坏竞争性市场结构的可能性时，应认定为垄断行为。

通常情况下，拒绝交易行为所可能破坏的是下游市场的结构。欧盟法上经由一系列重要判例，至 2007 年微软案判决形成了成熟的分析过程，即如果支配企业的拒绝交易行为满足以下四个要件，则认定其非法：①当事人的产品或设施是其他人进入下游市场从事有效竞争所必需的；②其拒绝交易行为消除了下游市场上的有效竞争；③当事人没有合理的理由；④如果拒绝的标的是一项知识产权，则须增加一个要件，即请求人打算在下游市场推出的是一种新产品，其有些功能可以满足消费者的新需求，而当事人的下游产品并不能满足这些需求。①

但本案中，当事人的拒绝交易行为却有不同特点。乙公司拒绝与甲公司进行交易，并非企图在甲所在的下游市场上消除竞争，从而为自己获得支配地位，而是为了维护其在乙所在的上游市场上的不合理价格。这一地位现在受到甲公司的举报的挑战，乙公司为了消除这一挑战，遂采用拒绝交易手段，将其排除出该市场，并威慑其他相对人，使其不敢仿效。这些举报原本对乙公司的垄断行为具有打击力，有助于上游市场上竞争性结构的恢复，而如果消除了这些举报，乙公司的支配地位便可以人为地持续下去并将继续加以滥用，因此其产生的效果同样是结构性的。但这种案情似乎无法套用欧盟微软案判决所形成的要件。

不过微软案判决所形成的要件体系只是操作手段，属于技术层面的问题。真正的分析依据是上述两个步骤所体现的法理，而要件体系也仅在与法理相一致的情况下才是有效的。垄断行为的认定标准是其对竞争性市场结构的损害，而不同案件中，所损害的市场不同。在通常情况下，拒绝交易正如在微软案中那样，所损害的是下游市场的竞争性；而在本案中，所损害的是上游市场的竞争性，即阻止该市场上竞争性结构的恢复。这产生的也是结构性影响，因此同样可以认定为垄断行为。

当事人的行为被认定为垄断行为的，推定其非法，但当事人如能证明其为增进效率所必需，则认定其合法。本案中，当事人未能提出合理

---

① 参见许光耀：《支配地位滥用行为的反垄断法调整》，人民出版社 2018 年版，第 225–228 页。

的抗辩，因此法院判决对该行为予以禁止。

案例二　合肥医某医药股份有限公司、合肥恩某药业有限公司与扬某药业集团有限公司等滥用市场支配地位纠纷案①

上诉人（一审被告）：合肥医某医药股份有限公司（简称"医某公司"）

上诉人（一审被告）：合肥恩某药业有限公司（简称"恩某公司"）

上诉人（一审原告）：扬某药业集团广州海某药业有限公司（简称"广州海某公司"）

上诉人（一审原告）：扬某药业集团有限公司（简称"扬某药业"）

一审被告：南京海某药业股份有限公司（简称"南京海某公司"）

审理法院：最高人民法院

【案情】

医某公司是恩某公司的母公司（二者简称"医某公司方"），扬某药业是广州海某公司的母公司（二者简称"扬某药业方"）。医某公司方持有一款用于生产枸地氯雷他定原料药的化合物专利（下文简称"998专利"），该原料药用于一种俗称"贝雪"的制剂的生产。在本案发生前，案涉原料药仅有医某公司方一家生产商。2006年扬某公司与医某公司签订《技术转让合同书》，受让了"贝雪"片剂生产批件和生产技术，约定了医某公司的原料药供货义务，医某公司保留了其原料药和硬胶囊剂生产技术。此后，该原料药及其硬胶囊剂的生产和销售均由医某公司方负责，扬某公司方只负责"贝雪"片剂的生产和销售工作，并且"贝雪"片剂的销售受制于医某公司方原料药的供应。

2016年起，医某公司方对该原料药的价格进行调整，由原来的每千克18500元涨至48000元。双方就此涨价行为开展了多轮磋商，最终以38500元每千克的价格成交。此后，扬某药业方声称医某公司方为了

---

① 参见最高人民法院民事判决书，(2020) 最高法知民终1140号。

使其接受涨价行为，以其子公司要上市为借口停止供应该原料药一段时间，迫使自己接受计件提成协议，购买超出自己需求的商品用于补齐成交价与涨价后的价格之间的差价。因此，扬某药业方向一审法院提起诉讼，指控被告从事以下垄断行为：①医某公司方要求其购买超过自己需求的原料药，构成限定交易、过高定价行为；②医某公司方将 998 专利出售给它的行为不是原料药交易所必需的，构成搭售行为；③医某公司方终止与双方在盐酸头孢他美研究项目的合作，构成附加其他不合理的限制条件。

一审法院经过审理后认为，医某公司方具有市场支配地位，扬某药业方指控的滥用行为部分成立，遂判决医某公司方向扬某药业方赔偿损失。双方均不服此判决，并向二审法院提起上诉。二审法院审理后认为，医某公司方虽然具有市场支配地位，但是被控各项行为均有一定的合理性，不构成滥用行为，遂撤销一审判决，并驳回扬某药业方的全部诉讼请求。

【法院判决及其论证过程】

本案两审法院的判决结论完全相反，其论证说理的部分自然也存在诸多观点上的冲突。

（一）相关市场的界定

一审法院认为，枸地氯雷他定原料药构成独立的相关商品市场。由于受制于药品管理法规的限制，"贝雪"制剂在取得药品注册批件和通过优良制造标准（GMP）认证之后，所采用的原料药便不能被其他原料药所替代。因此，本案的相关商品市场应为枸地氯雷他定原料药市场。在相关地域市场方面，根据药品管理法实施条例的相关规定，外国药企进入我国原料药市场进行经营活动并非易事，因此本案的相关地域市场界定为中国境内市场。

二审法院维持了一审对于相关市场的界定结果，但论证过程不同。该院认为在涉及原料药时，相关市场的界定有时需要考虑下游制剂市场带来的间接竞争约束。枸地氯雷他定原料药用于生产下游产品"贝雪"

制剂，如果前者提高价格，将导致"贝雪"制剂价格提高；而"贝雪"制剂在下游市场上处于同类药剂的竞争压力之下，其价格提高将导致产出减少，因此只能采用竞争性价格，这反过来抑制着枸地氯雷他定原料药的价格，使其同样不能高于竞争性的水平。因此这些同类药剂的原料药与枸地氯雷他定原料药也处于竞争关系之中，尽管其性能互不相同。依照这样的推理，所有这些原料药应属同一市场，但本案二审法院没有作出这样的认定，而是选择在支配地位认定环节才考察这一间接竞争因素的影响。

（二）支配地位的认定

一审法院认为，医某公司及其子公司在一段时间内交替独占相关市场，拥有100%的市场份额。并且案涉原料药是生产"贝雪"制剂的唯一原料药，扬某药业方对医某公司方有较强的依赖性。此外，医某公司方在与扬某药业方合作以来，不断提高案涉原料药的价格，可见其具有控制价格的能力。综上，一审法院认定医某公司方具有市场支配地位。

二审法院在认定市场支配地位时，所考量的因素相对多一些。二审法院首先采用推定的方法，由于被告在相关市场上的份额为100%，因此依《反垄断法》第二十四条推定其具有支配地位，然后再通过论证其他因素，对这一推定进行辅助证明。①下游制剂是第二代抗组胺药。在下游市场上，有其他第二代抗组胺药对被告在原料药市场上产生间接竞争约束。②被告控制相关市场的能力有限。首先，从《技术转让合同》的内容上看，被告承担的违约责任重于原告；其次，即使是在被诉垄断行为发生期间，被告的涨价要求也并未得到原告不折不扣的执行；最后，被告所拥有的专利排他权仅及于案涉原料药，对其他第二代抗组胺药的原料药其并没有专利权，不能影响其他第二代抗组胺药原料药的生产和销售。③原告拥有制衡力量。原告在国内药企中排名靠前，案涉原料药仅占其销售额的1.7%，而被告的收入则主要依赖于案涉原料药的生产和销售，其转产难度大。

综上，二审法院认为，被告虽然在相关市场具有支配地位，但因其面临来自下游市场的较强间接竞争约束，故其支配地位受到了一定程度的削弱。

（三）滥用行为的认定

本案中，原告指控了多个滥用行为，一审法院经过逐一分析，判决其部分成立。二审法院则全部驳回，认为这些行为均不构成支配地位滥用行为。

1. 998 专利的保护范围

二审法院认为，首先需要澄清案涉原料药是否属于 998 专利的保护范围，这是认定本案诸多行为是否构成滥用行为的前提。该院认为，根据行业人士众所周知的事实，涉案枸地氯雷他定原料药属于 998 专利的保护范围。

2. 限定交易行为的认定

从双方的历史交易情况看，在被诉垄断行为发生前，双方购销协议均是一年一签，但是，在原告向有关部门递交仿制该原料药的申请后，被告方不断加价，并签订长期购销协议，要求原告方在今后的五年内从被告处购买占自身需求 75% 的原料药，还规定了较重的违约责任。这导致原告不得不放弃自己的仿制药生产，而继续求购被告所提供的原料药，一审法院认定该行为构成限定交易行为。

二审法院则认为，该行为虽然符合限定交易行为的外观，但是不具有排除、限制竞争效果。因为该原料药属于 998 专利的保护范围，其他人未经原告方许可不得擅自生产、销售该原料药。所以哪怕被告不实施数量限定，原告的剩余需求也只能从被告处购买，而且该长期购销协议的有效期并不长于 998 专利的有效期，并未超出 988 专利的法定排他效果范围。因此该行为不构成限定交易行为。

3. 过高定价行为的认定

一审法院通过分析被告的历史交易行为和涨价幅度，认定被告的涨价行为构成过高定价。该院首先明确何为案涉原料药的合理价格。它认为双方达成的 15600 元/千克的交易价格仅维持了一年时间，此后五年内双方均以 19900 元/千克的价格成交，可见在该价格下，被告方有着合理的利润空间，因此该价格应视为合理的价格。从 19900 元/千克涨至 48000 元/千克，价格明显过高，且被告并未举证证明其合理理由，因此认定为过高定价行为。

二审法院则认为不能单凭涨幅就认定其价格过高，还需要通过对其他因素的考量来综合认定。药品行业的创新性极强，如果不允许被告对于研发成功的产品收取较高的价格，则其所获利润无法覆盖那些研发失败的项目，从而导致无人愿意投入创新。从内部收益率分析，被告以目标价格出售案涉原料药时，内部收益率为 24%。国内其他创新药的内部收益率大多超过 20%，部分药品甚至达到 40%~50%，因此案涉原料药的内部收益率并不算高。再从价值与经济价值的匹配度上考量，即使被告将价格提高至 48000 元/千克后，原料药成本也仅占"贝雪"售价的 4%，其他同类成品药的原料药成本占其售价的比重均超过 20%。在此情况下，很难说明案涉原料药的价值与其经济价值是不匹配的。综上所述，二审法院认为被告的涨价行为不构成过高定价。

4. 搭售行为的认定

原告指控被告强行要求其购买 998 专利的行为构成搭售行为。两审法院均认为这一行为并不属于搭售，但其判决理由不一。

一审法院认为，998 专利与本案纠纷无关：①原告只是购买案涉原料药再加工，并不直接生产案涉原料药，使用专利的行为本身不会导致专利侵权；②在双方签订的转让协议中并未约定费用问题；③入门费加销售提成的方式是常见的交易模式。双方的费用支付模式是被告支付一定的基础采购费用，再根据销售额的多少向原告分成，这并不属于专利费，而是一般的按销售额提成的费用支付模式。但一审法院在原告的指控范围之外，又考察了被告在合同到期后仍然收取提成费的行为，并将其认定为附加其他不合理的交易条件，判决予以退还。

二审法院则认为，搭售行为除了要符合行为样态外，还应该符合结果样态，在行为后果上需要具有限制、竞争的效果。法院经审理查明，原被告虽曾达成专利技术转让协议，这并非出售原料药所必需的，有搭售的嫌疑。但是该技术转让协议并非当事人的真实意图，而是双方虚假行为。被告的真实想法是，对双方以前采用的 38500 元/千克的价格不满意，因此想通过签订专利转让协议并收取提成费的方式，来补收该价格与目标价格 48000 元/千克之间的差价。在目标价格本身不构成过高定价的前提下，被告补收差价的行为也是合法的。这既不是搭售，也不属于附加其他不合理的交易条件。

5. 附加其他不合理交易条件的认定

原告方认为被告擅自终止盐酸头孢他美项目的合作，是为了使其接受高价格，因此构成附加其他不合理的交易条件。法院经审理后认为，被告终止该项目的原因是国家和地方出台相关监管法规，将该药品列为限制使用级或者特殊使用级的药物，致使该合作的客观情况发生变化。并且双方在合作协议中约定，如遇到国家产业政策调整等不可抗力原因，双方有权终止合同，并无须承担违约责任。综上，法院认为被告方终止该项目具有合理理由，不构成滥用行为。

【评析】

本案是一起涉及专利权的原料药垄断纠纷案件，判决书中表明审判人员具有较为扎实的反垄断法和经济学功底，并提出了具有较强创新性的观点。

(一) 原料药领域相关市场的界定

相关市场的界定是审理垄断案件的起点，而原料药领域相关市场的界定问题又是审理原料药领域垄断案件的难点。根据《原料药领域反垄断指南》第四条，"由于原料药对于生产药品具有特殊作用，一种原料药一般构成单独的相关商品市场，并可能根据具体情况作进一步细分。如不同品种原料药之间具有替代关系，可能根据具体情况认定多个品种原料药构成同一相关商品市场。"因此，在此前执法机构办理的原料药领域垄断案件中，一般将案涉原料药界定为独立的相关商品市场，而对于该条文的后半段，则很少有人考究其实际含义。对此，可以有两种理解：①不同原料药可以生产同一种成品药；②虽然每种下游成品药只能由一种原料药生产，但是下游成品药有不止一种，相互之间具有替代关系。上述第一种情况是比较罕见的，但第二种情况则较为常见，实践中经常会出现多种成分不同但具有相似价格和疗效的下游成品药，本案的情况也属于后者。

界定相关市场的标准是需求替代性，能够满足消费者同一需求的商品应被纳入同一相关市场。反垄断法意义上的消费者是广义的，当事人的任何交易相对人均属消费者，包括终端消费者，也包括经营者，后者购买当事人的商品再进行加工，将加工后的商品再出售给终端消费者。这后一类"消费者"在此具有双重身份：在当事人面前它们是消费者，在终端消费者面前它们又是经营者，而当事人向这些中间消费者所出售的商品也被称为中间产品。原料药就是典型的中间产品，在界定这些中间产品的相关商品市场时，除了要考虑到同类中间产品的需求替代性，还需要考虑到最终产品的需求替代性问题，如果有若干种最终产品之间具有竞争关系，则各最终产品的中间产品之间也互相产生竞争压力，其经营者均不敢提高价格。二审法院也认识到了这一点，但并未将其放在相关市场界定环节进行考察，而认为应将这些因素放到支配地位的认定环节进行讨论，这可能是考虑到，枸地氯雷他定原料药与其他第二代抗组胺药的原料药之间在产品特性上差异很大，要论证其具有替代性很费周折，因此想将这一难题移至后一环节；可是在支配地位认定环节考虑这一因素同样并不容易，因为在该环节，主要考察相关市场上各种竞争者的力量对比关系，而其他药剂的原料药既然被划在相关市场之外，就很难找到将其纳入考虑范围的理由。因此总体说来，还是将其纳入相关市场界定环节更为方便。所有第二代抗组胺药的原料药既然都属于同一相关市场，那么这有可能极大地稀释当事人的市场份额，从而导致其不再具有支配地位。

（二）支配地位的抵消因素

当事人拥有支配地位，根本原因在于控制了相关市场的产能，即其他人缺乏足够的产能来满足消费者的转向需求。因此拥有支配地位需要满足三个要件：当事人拥有较大的市场份额，现有竞争者无能力扩大，潜在竞争者无法及时进入市场。但有些案件中，即便满足了上述三个要件，如果相对人拥有对抗力量，则当事人同样并不拥有支配地位，这往往是由于相对人在其所在市场上同样拥有巨大的力量，或者是由于双方互有需求，因此力量相互抵消。本案中，如果将枸地氯雷他定原料药界定为独立的相关市场，则前两个条件均能满足。但是原告已经获得原料药的仿制药生产资格，意味着可以进入相关市场，因此并不满足第三个要件。

不仅如此，本案中买方拥有对抗力量。虽然对一审原告的成药生产来说，该原料药是必需的，但该成药的销售额只占原告总销售额的1.7%，原告对其依赖性较小。反过来，被告的生存完全依赖该原料药，因此如果对抗起来，被告面临生死问题，一旦终止交易，双方风险并不对等，可以认为买方拥有对抗力量。

（三）过高定价行为的认定

获得垄断利润是当事人实施垄断行为的最终目的，这在价格上就体现为提高价格。但是要认定过高定价，需要首先确定一个合理的价格，由于这个合理价格很难界定，因而导致过高定价行为的难以认定。美国法上只禁止损害竞争的行为，并不禁止过高定价行为。欧盟法上虽然禁止不合理的高价，但并未现实地发生过这样的案例。我国却发生过很多认定过高定价行为案件，而且大部分集中在原料药领域，其案情也大致相同，即某个经销商与各原料药生产商达成协议，成为对方的独家销售商，从获得支配地位，并利用这一地位大幅度提高价格。

本案提高价格的不是经销商，而是专利权人，而专利权体现着对创新的保护，这一因素是前者所没有的。一审法院可能参照了原料药领域以往的案例，看到本案中药品价格上涨幅度如此之高，便认定为过高定价，但没有注意到此案与彼案之间的差别：在以往案件中，涨价的是销售商，而在本案中，涨价的是专利权人。专利制度旨在激励创新的积极性,其唯一手段是授予权利人以排他性的权利,未经其许可,其他人不得生产其专利产品或使用其专利方法。这样做的法理依据是,该创新成果所带来的价值均属权利人所创造,其有权获得由此产生的全部回报;至于这种回报是多少,取决于市场的反应。因此专利权有人权采用能够使其利润最大化的价格,其也只会将价格定在这一水平,因为如果其定价超过这一水平,则有过多的消费者无法承受,会导致其利润减少;其也不会低于这一价格,因为这同样使其利润减少。专利法的意图便是使其能够采用这一价格,而并不企图迫使其降价;这一价格是市场形成的,专利的价值应当由市场来评价。反垄断法与专利法地位平等,并不试图损害专利法的意图。相比之下,经销商通过收购独家销售权来形成地位,并凭借这一地位提高价格,其背后便无创新价值作为支撑,其所赚取的超额利润完全是由其排斥竞争的行为带来的,因而是违法的。

二审法院注意到了专利权的上述特殊性,认识到案涉行业是一个创新性极强的行业,不能简单地以成本来衡量价格的合理性,否则将抹杀创新的价值。不仅如此,它还通过衡量内部收益率和价值与经济价值的比重等因素来判断,哪怕排除了创新性的影响,被告的定价相较于同类产品而言也并不过分,因此不认为其构成滥用行为。这与一审判决相比是重大推进,但仍然没有推进到底,没有对专利权的特殊性达成到位的认识:原则上,专利权人有权采用使其自身利润最大化的价格,价格是否合理并不需要与成本进行比较,而取决于消费者的接受程度。

(四)本案中的其他问题

在垄断行为的认定方法上,二审法院的认识有助于深化人们对反垄断法理的理解。二审判决指出,无论是限定交易、搭售还是附加其他不合理的交易条件,都需要同时具备"行为样态"和"结构样态",即不仅需要某种行为的发生,还要考察其是否具有排除、限制竞争的效果。如果更紧密地结合反垄断法原理,对上述认识可以提供更加透彻的解释。反垄断法的适用既需要进行法律分析,也需要进行经济学分析,前者是对行为进行定性,比如确认当事人的行为是否构成搭售行为,这主要采用要件式的分析。要件式分析是法学分析的典型特征，它明确各种行为类型的构成要件，在个案审查时，依托这些要件对案涉行为进行定性，以明确后者属于法律规定的哪种行为类型。比如搭售行为的构成有两个要件，即存在两种不同的商品，且当事人强制相对人一起购买。对于许多法律部门来说，行为的效力与后果已经在事前进行概括性规定，比如盗窃罪和抢劫罪都分别事先规定了量刑标准，在个案中，主要的工作便是进行定性，判明当事人的行为是不是构成盗窃罪等，在完成这一工作后，刑期的基本范围也大致确定了，然后再考察其他情节在这一范围内具体量刑。

但反垄断法不是这样。同属搭售行为，如果是中小企业所为，其不可能带来提高价格的能力，则反垄断法通常不予过问；即便是支配企业所为，也需要具体考察其后果，是不是有可能破坏结构、带来提高价格的能力。反垄断法只管辖有可能破坏竞争性市场结构的行为。这一部分属于经济学分析。接下来，即便构成垄断行为，如果当事人能够证明其为增进效率所必需，同样是合法的。考察行为对效率的影响，同样属于经济学分析。

因此审理反垄断案件既需要进行法律分析，也需要进行经济学分析，这是反垄断分析的基本方法与常识，本案二审法院将其分别称为"行为样态"分析与"效果样态"分析，不如采用"法律分析"与"经济学分析"的划分更为透彻。

案例三　日本某株式会社与宁波华某磁业有限公司滥用市场支配地位纠纷案[①]

上诉人（一审被告）：日本某株式会社（简称"日某会社"）

被上诉人（一审原告）：宁波华某磁业有限公司（简称"华某公司"）

[①]　参见最高人民法院民事判决书，(2021) 最高法知民终 1413 号。

审理法院：最高人民法院

【案情】

华某公司是一家专业从事烧结钕铁硼永磁材料研究、生产的高新技术企业。日某会社是一家日本企业，产品主要涵盖磁性材料（包含烧结钕铁硼永磁材料等）、磁铁应用零部件等，该会社的产品销售至包括中国大陆在内的众多地区，其中烧结钕铁硼在中国大陆主要针对日资企业限量销售。1983 年，日本另一家株式会社发明案涉产品并注册专利，此后该公司被日某会社收购。

华某公司因与日某会社在专利授权中发生纠纷，遂向一审法院起诉，称日某会社存在两项垄断行为：①日某会社将涉及烧结钕铁硼的必要专利搭配其他专利捆绑销售，相对人如不接受该条件，则拒绝向其许可烧结钕铁硼的必要专利，华某公司指控这构成搭售行为；②日某会社拒绝许可案涉专利的行为构成拒绝交易行为。一审法院经审理后认为，华某公司指控的搭售行为不能成立，但是其指控的拒绝交易行为成立，判决日某会社赔偿损失。日某会社对此判决结果不服，提出上诉，二审法院审理后认为，日本某株式会社不具有支配地位，遂驳回原告的诉讼请求。

【法院判决及其论证过程】

（一）本案的法律适用

一审法院没有注意到这一问题，二审法院予以纠正。被告日某会社是一家日本公司，因此本案含有涉外因素。《中华人民共和国涉外民事关系法律适用法》第四条规定："中华人民共和国法律对涉外民事关系有强制性规定的，直接适用该强制性规定。"2007 年《反垄断法》第二条规定："中华人民共和国境内经济活动中的垄断行为，适用本法；中华人民共和国境外的垄断行为，对境内市场竞争产生排除、限制影响的，适用本法。"二审法院认为，本案准据法为中国反垄断法。

（二）相关市场的界定

在相关商品市场的界定上，一审法院经咨询专家辅助人后认为，日某会社拥有三类专利：第一类专利是生产烧结钕铁硼无法绕开的，如果采用其他技术将导致成本剧烈上升，最终将使生产商退出市场；第二类专利是虽然不如前一类重要，但经营者如果绕开仍会导致成本上升；第三类专利则不涉及该产品的生产。一审法院认为，前述第一、二类专利为生产案涉产品所必需的专利，本案相关商品市场为日某会社所拥有的烧结钕铁硼必需专利的许可市场。由于烧结钕铁硼产品已构成全球化的产业链，故地域市场是全球市场。

二审法院则认为该认定过窄。日某会社关于烧结钕铁硼产品的相关专利并非生产相关产品所绕不开的，在上述第一类和第二类专利中，中国企业同样拥有十几种，当事人可以通过使用这些中国企业的专利而绕开，并且中国有些生产商并未使用日某会社的专利技术，但同样生产了该产品并出口至欧洲各国。因此，二审法院认为日某会社的相关专利并非生产烧结钕铁硼材料所必需，还存在其他替代性专利，二者均应纳入相关市场的范围本案。对于本案的相关地域市场，二审法院则不持异议。

（三）支配地位的认定

一审法院界定的相关市场是日某会社所拥有的案涉专利许可市场，在这一市场上，日某会社的份额为100%，足以证明其有控制相关市场进入的能力。此外，鉴于日某会社在日本、美国等国家拥有注册专利，非授权经销商只能将产品销售至该公司专利权覆盖范围以外的国家。若买方将未经授权的商品销售至日本、美国等拥有专利权的国家，将构成侵权行为。这种专利限制不仅对未授权经销商的销售地域构成重大约束，也限制了他们向目的地不确定的下游厂商供货的可能性。因此，日某会社凭借其专利权对非授权经销商具有一定的支配力。综上，一审法院认定其具有市场支配地位。

二审法院认定的相关市场范围更大，相应地，日某会社的市场份额也相应变小。二审法院认定，日某会社的市场份额为13.6%，并且其所持有的专利并非不可替代，华某公司等4家公司在2014—2017年期间，烧结钕铁硼产量、销售额均逐年增长，并可以顺利出口，由此可以看出，日本某株式会社并无控制相关市场的能力，二审法院因此认定为其没有支配地位。

（四）滥用行为的认定

判决书中对一审判决的论证过程交代得较为简略。一审法院认为，被告所持有的专利是生产烧结钕铁硼所必需的，已经构成了反垄断法意义上的"关键设施"，被告有对外开放的义务，因此被告的拒绝许可行为构成支配地位滥用行为。

二审法院则认为，滥用行为的认定依赖于支配地位的认定，在被告不具有支配地位的情况下，其拒绝许可行为并不构成支配地位滥用。

【评析】

本案两审法院的判决结果完全不一致，其背后的深层原因在于对反垄断法的理解深度与准确程度不同。

（一）关于本案的法律适用

本案被告为一家日本公司，这使本案含有涉外因素，故在实体审理前应首先明确本案的准据法。一审法院没有注意到这一问题，二审法院对此进行了纠正，但在引用法律条文时出现了错误。二审法院援引的是2007年《反垄断法》第二条，该条针对的是我国《反垄断法》的域外适用问题，即对于发生在外国的垄断行为，如果对我国市场产生影响，同样适用本法。但本案中出现的并不是这类案情，而是外国企业在我国从事垄断行为。由于这一行为发生在中国，当然应适用中国《反垄断法》，这是该法适用于域内行为，并非域外适用。

根据《最高人民法院关于适用〈中华人民共和国涉外民事关系法律适用法〉若干问题的解释（一）》第十条规定，"有下列情形之一，涉及中华人民共和国社会公共利益、当事人不能通过约定排除适用、无需通过冲突规范指引而直接适用于涉外民事关系的法律、行政法规的规定，人民法院应当认定为涉外民事关系法律适用法第4条规定的强制性规定：（5）涉及反垄断、反倾销的。"由此可见，本案应依据上述司法解释的规定确定准据法，中国强行法必须适用，而中国反垄断法是强行法，因此成为本案的准据法。

（二）关于本案相关市场的界定

两审判决所界定的相关市场范围不同，主要是由于它们对基本事实的认定不同。一审判决将日某会社所拥有的相关专利的许可业务界定为相关市场，是基于这些专利的不可替代性，因此被告的这些专利构成"关键设施"，构成独立的相关市场。

然而，二审法院对此持不同意见，并对一审法院的事实认定进行了较为详尽的修正。①原告未能充分举证证明被告所持有的专利是生产涉案产品所必不可少的。根据行业内的共识，在烧结钕铁硼领域，主要生产厂商的产品成分已趋于稳定，且为行业所周知，仅在成分的配比上存在微小差异，各厂商通常拥有各自的专利，且行业中亦存在为数较多的公知技术。②其他专家辅助人的意见进一步指出，被告的专利具有可规避性，生产过程可以通过替代技术加以实现。③判决书中还采用了一种简化的分析方法，即部分中国企业在未使用被告专利的情况下，仍能够成功生产该产品，并且这些产品可以广泛销售。此外，这些企业明确表示其生产过程未侵犯相关专利。这些事实充分表明，被告的专利并非必需设施，市场上存在与被告专利相当的替代性技术。

基于上述原因，二审法院将其他替代技术也纳入同一相关市场。通常情况下，法院对其相关市场界定过程应依据需求替代性标准进行详尽论证，在本案中，二审法院虽然没有明确采用需求替代性标准，但是其考察的"专利是否可规避"实质上也是在进行需求替代性考察。原告的生产经营情况及其自称的"未侵犯相关专利"的事实也间接佐证了这一结论，这也在一定程度上简化了相关市场的界定过程。因此，二审法院的界定结论具有充分的合理性。

（三）关于本案中支配地位的认定

在二审判决所界定的相关市场上，被告的市场份额只有不到20%，这通常不足以带来支配地位。

支配地位的证明，必须满足法律所规定的标准，通常也必须采用法律所规定的考察方法。支配地位是能够控制商品价格、产量及其他交易条件的地位，原因在于对产能的控制，这通常要满足四个要件，其中最首要的条件是拥有巨大的市场份额，只有这样，竞争者才会出现产能不足的问题。而本案中，根据二审判决的说法，被告的市场份额只有不到20%，这通常不足以带来支配地位，因为竞争者拥有其余80%的产能，有足够的能力扩大产量来满足消费者的转向需求，从而阻止被告提高价格。

（四）关于本案中滥用行为的认定

由于二审判决认定被告没有支配地位，也就没有必要对滥用行为进行分析，因此这里只能通过一审判决中的有限描述来猜测被告行为的内容。

本案原告指控被告从事了两项垄断行为，①被告将案涉专利与其他专利打包出售，被指控为搭售。对于这一主张，原告未能提供证据，因此被驳回。②因原告不能接受被告所提出的许可费率，导致被告并未将案涉专利许可给原告使用。从其行为过程来看，这里的拒绝交易并不构成独立的行为。任何交易中，卖方在对方不愿支付自己所定的价格时，均会拒绝将产品出售给对方，这是定价行为的必然效果，从属于定价行为，而不构成独立的拒绝交易行为。因此这里应当指控的，是被告从事了过高定价行为。如前所述，专利权许可费的合理性并不取决于成本，而取决于市场的接受度，一般不会出现过高定价的问题。不过对于本案来说，既然二审判决认定被告并无支配地位，则案件的审理可以到此为止，无须对涉嫌行为进行更多分析。

第四节　2023 年 12 月至 2024 年 11 月经营者集中案例评析*

引言：2024 年 11 月，国家市场监督管理总局公布了 2024 年前 10 个月无条件批准经营者集中案件情况，无条件批准经营者集中案件共

＊本节撰稿人为孙晋、雷昊楠、聂童。孙晋，武汉大学法学院教授，法学博士；雷昊楠，武汉大学法学院博士研究生；聂童，武汉大学法学院博士研究生。

456 件，总体呈现以下特点。从案件类型看，大多是简易案件，共 398 件，约占 91%，在案件审查的决定类型中，在初步审查阶段审结不实施进一步审查的案件 390 件，约占 89%；在进一步审查阶段审结不予禁止的案件 49 件，附加限制性条件批准 1 件。从行业分布看，涉及制造业的集中数量最多，为 155 件，约占 35%；其他交易数量较多的行业包括水电气热生产供应、批发零售、金融、交通运输等。从细分行业类别看，制造业中涉及电气机械和器材的集中数量最多，为 24 件，约占制造业总数的 15%；其他数量较多的行业包括化学原料和化学制品制造业、汽车制造业、计算机及电子设备制造业等。从交易类型和模式特点看，涉及同行竞争者的横向集中 259 件，约占 59%；涉及上下游企业的纵向集中 183 件，约占 42%；没有横纵向关系的混合集中 117 件，约占 27%。以股权收购方式的集中为 235 件，约占 54%；以合营企业方式的集中为 210 件，约占 48%；以新设合并、资产收购的集中为 27 件。

案例一：JX 金属株式会社收购拓自达电线株式会社股权案

集中类型：股权收购

当事人：控制方——JX 金属株式会社（以下简称"JX 金属"）

目标企业——拓自达电线株式会社（以下简称"拓自达"）

审查方：国家市场监督管理总局（以下简称"市场监管总局"）

【案情】

JX 金属于 2002 年在日本成立，最终控制人为引能仕控股株式会社，主要从事资源开发、冶炼和精炼，电子材料制造销售，报废设备回收等业务。拓自达于 1945 年在日本成立，为东京证券交易所上市公司，无最终控制人，主要从事电子材料、电线电缆、传感器和医疗产品的生产和销售。2022 年 12 月，交易方发布要约收购公告，JX 金属拟通过公开要约收购拓自达除 JX 金属目前持有及拓自达自持股以外的全部股份。交易后，JX 金属将单独控制拓自达。市场监管总局认为，此项集中对中国境内黑化压延铜箔、柔性电路板不锈钢补强板、电磁屏蔽膜、各向同性导电胶膜市场具有或可能具有排除、限制竞争效果。据此，市场监管总局与当事人进行附加限制性条件商谈。

（一）关于相关市场界定

第一，相关商品市场。审查决定书指出，铜箔可分为压延铜箔和电解铜箔，压延铜箔的延展性、挠曲性优于电解铜箔，且铜纯度高于电解铜箔，两者应用领域存在显著差异，不可相互替代。黑化压延铜箔具有更加优良的高挠曲性、耐弯折性、耐蚀刻性、高抗氧化性等性能特点，光压延铜箔和红化压延铜箔无法有效替代黑化压延铜箔。应将黑化压延铜箔界定为单独的相关商品市场。柔性电路板补强板是柔性电路板的一个独特部件，具有不可替代的功能，其他部件无法替代。按照原材料不同，柔性电路板补强板主要可分为不锈钢补强板、FR4补强板和聚酰亚胺补强板，其中不锈钢补强板的性能及应用场景与其他两类补强板存在显著差异，不可相互替代。应将柔性电路板不锈钢补强板界定为单独的相关商品市场。电磁屏蔽膜可满足柔性电路板对屏蔽体的性能要求，导电布、导电硅胶、金属屏蔽器件等传统电磁屏蔽材料无法实现替代。本案将电磁屏蔽膜界定为单独的相关商品市场。导电胶膜可以在垂直方向（Z方向）实现导电性能，在水平方向（X、Y方向）实现绝缘性能；各向同性导电胶膜在所有方向上都能导电，且在柔性电路板生产中，通常仅使用各向同性导电胶膜。本案将各向同性导电胶膜界定为单独的相关商品市场。

第二，相关地域市场。审查决定书认为，黑化压延铜箔、电磁屏蔽膜、各向同性导电胶膜均在全球范围内供应和采购，供应商在全球范围内开展竞争，产品在不同国家不存在明显价格差异，且产品运费占最终售价比例较低，不存在显著的跨境贸易壁垒。因此将黑化压延铜箔、电磁屏蔽膜、各向同性导电胶膜的相关地域市场界定为全球。同时考察中国境内市场的情况。柔性电路板不锈钢补强板的生产工艺较为成熟，国内产能充足，我国下游客户主要采购国内供应商提供的产品。因此将柔性电路板不锈钢补强板的相关地域市场界定为中国境内。

（二）关于该项集中竞争影响的分析

审查决定书认为该项集中对中国境内黑化压延铜箔、柔性电路板不锈钢补强板、电磁屏蔽膜、各向同性导电胶膜市场具有或可能具有排除、限制竞争效果。

第一，集中后实体在中国境内黑化压延铜箔、柔性电路板不锈钢补强板、电磁屏蔽膜、各向同性导电胶膜市场具有排除、限制竞争的能力。

一是集中后实体在中国境内黑化压延铜箔市场具有很强的市场力量。2022 年，JX 金属在全球黑化压延铜箔市场的份额为 65%～70%，远超该市场中的其他竞争者，而且国内客户对 JX 金属黑化压延铜箔产品具有很强的依赖性。此外，黑化压延铜箔的生产技术复杂，下游客户对质量稳定性要求高，进入壁垒高，短期内难以出现新的有效竞争者。

二是集中后实体在中国境内各向同性导电胶膜市场具有很强的市场力量。2022 年，拓自达在全球和中国境内各向同性导电胶膜市场的份额分别为 50%～55% 和 55%～60%。此外，供应该产品需要取得消费电子企业等终端客户的认证，且客户认证要求高，具有较高进入壁垒，短期内难以出现新的有效竞争者。

三是黑化压延铜箔、柔性电路板不锈钢补强板、电磁屏蔽膜和各向同性导电胶膜存在相邻关系。集中后实体将有能力通过影响直接下游客户或终端客户的方式，利用其在黑化压延铜箔上的市场力量，搭售其电磁屏蔽膜、各向同性导电胶膜，或者利用其在各向同性导电胶膜上的市场力量，搭售其黑化压延铜箔、柔性电路板不锈钢补强板。

第二，集中后实体在中国境内黑化压延铜箔、柔性电路板不锈钢补强板、电磁屏蔽膜、各向同性导电胶膜市场具有排除、限制竞争的动机。

集中后实体如果实施上述搭售行为，一方面可提升其柔性电路板不锈钢补强板、电磁屏蔽膜产品的竞争力，另一方面也可以进一步巩固其在黑化压延铜箔、各向同性导电胶膜产品上的优势地位。经济学分析显示，集中后实体如果实施上述搭售行为，将会增加其经济利益。

第三，集中可能在中国境内黑化压延铜箔、柔性电路板不锈钢补强板、电磁屏蔽膜、各向同性导电胶膜市场产生排除、限制竞争的效果。

黑化压延铜箔、柔性电路板不锈钢补强板、电磁屏蔽膜、各向同性导电胶膜均会对消费电子产品的性能质量产生重要影响，下游客户更换上述产品供应商较为慎重。交易完成后，集中后实体如实施搭售行为，将限制下游客户的选择权，损害其他竞争者公平参与黑化压延铜箔、柔性电路板不锈钢补强板、电磁屏蔽膜、各向同性导电胶膜市场竞争的机会，排除、限制竞争。

（三）附加限制性条件商谈

审查决定认为，该项交易具有或可能具有排除、限制竞争效果，要求集中双方和集中后实体履行 3 项义务，分别是不得进行搭售或者施加其他不合理的交易条件，以公平、合理、无歧视原则提供产品，不得降低兼容性水平等。

【评析】

本案整体的论证体系十分完整、全面，但在具体的相关市场界定与附加限制性条件商谈等步骤的论证有待进一步完善。

（一）相关市场界定

关于相关商品市场界定，反垄断执法机关将黑化压延铜箔作为其中一个相关商品市场。在具体的论证上，反垄断执法机关只从生产工艺与表面处理工艺两个方面简单对比了压延铜箔与电解铜箔的差异，以及光压延铜箔、红化压延铜箔和黑化压延铜箔的差异。例如，审查决定书中提到，压延铜箔的延展性、挠曲性优于电解铜箔，且铜纯度高于电解铜箔，因此两者应用领域存在差异，不具备可替代性。但是为何压延铜箔的延展性与挠曲性更优、铜含量更高能直接说明不具备可替代性？一方面，反垄断执法机关在论证两者不具备可替代性时，仍然未明确理清压延铜箔与电解铜箔的生产工艺的差异导致的不可替代之直接因果关系；另一方面，审查决定书也未涉及两者的不可替代性主要通过何种不同的应用领域予以表现。据此，建议反垄断执法机关在进行相关商品市场的可替代性分析时，应进一步明确产品的差异与不可替代之间的直接因果关系，构筑完整的论证链条，并且这种不可替代性需要通过存在差异的应用领域予以表现。

关于相关地域市场界定。在界定相关地域市场时应当注意，如果两个地区属于同一地域市场，一个地区的消费者应当可以非常方便地转向购买另一个地区的商品。如果企业及其竞争对手只在某个有限的地区销售其商品——而消费者无法或者很难从其他渠道购买该商品——则该地区可以构成一个独立的地域市场。[①] 在界定黑化压延铜箔、电磁屏蔽膜、各向同性导电胶膜的相关地域市场时，反垄断执法机关考虑价格差异、贸易壁垒等一系列因素，论证非常全面。但在界定柔性电路板不锈钢补强板的相关地域市场时，反垄断执法机关仅考虑了国内产能问题。国内产能充足并不意味着市场壁垒高，更与可替代性没有关系，通过国内产能充足直接反推经营者不会购买国外的柔性电路板不锈钢补强板的结论显然有失偏颇。据此，建议在分析柔性电路板不锈钢补强板的相关地域市场时，充分考量消费者偏好、贸易壁垒、价格差异等一系列考量因素，进而判断是否存在较多的经营者选择购买国外的柔性电路板不锈钢补强板。

（二）附加限制性条件商谈

经过附加限制性条件商谈，反垄断执法机关要求集中后实体履行了三大项义务，其中一项明确除为满足客户要求外，不得降低其黑化压延铜箔和各向同性导电胶膜与第三方的黑化压延铜箔、柔性电路板不锈钢补强板、电磁屏蔽膜、各向同性导电胶膜之间的现有兼容性水平。换言之，反垄断执法机关要求并购后的实体维持现有的兼容性水平。一般情况下，维持兼容性水平能够防止并购实体在交易批准后利用更加强大的市场力量实施拒绝交易等滥用行为。但在某些特殊的情况下，并购后实

---

① 参见王先林：《论反垄断法实施中的相关市场界定》，载《法律科学（西北政法大学学报）》2008 年第 1 期。

体的兼容性水平由于技术或者数据、算法等非同质性等原因，导致客观上兼容性水平下降，那么要求维持兼容性水平的限制性条件显然是不够周全的。一方面，当客观上的兼容性水平降低，维持兼容性水平同样无法比及并购前的兼容性水平，无法有效防范滥用行为；另一方面，当兼容性水平降低，提高兼容性水平十分必要，但是具体的限度和措施同样难以把握。此时，反垄断执法机关应当调查并购实体是否存在客观兼容性水平降低的情形，如果没有，则可以继续适用维持兼容性水平这类限制性条件；如果有，反垄断执法机关则需要进一步与并购实体商谈如何提高兼容性水平。

案例二：上海海立（集团）股份有限公司与青岛海尔空调器有限总公司设立合营企业郑州海立电器有限公司未依法申报违法实施经营者集中案

集中类型：设立合营企业

当事人：合营方——上海海立、青岛海尔

审查方：市场监管总局

【案情】

上海海立于 1993 年 3 月在上海市注册成立，最终控制人为上海电气控股集团有限公司，主要从事家庭用电器和新能源汽车核心零部件及冷暖关联产品研发制造等。海尔空调于 1996 年 2 月在山东省青岛市注册成立，最终控制人为海尔集团公司，主要从事电器行业相关业务，经营范围包括空调电器、家用电器、制冷设备的制造和销售，以及空调技术的开发、推广和应用，主要产品包括柜机、分体机。

（一）交易概况

2023 年 1 月 19 日，上海海立与海尔空调签署《郑州海立电器有限公司之合资合同》，拟于郑州共同设立合营企业郑州海立，从事空调转子式压缩机的生产与销售。上海海立持有合营企业 51% 股权，海尔空调持有合营企业 49% 股权。2023 年 3 月 13 日，合营企业郑州海立取得营业执照。

（二）违法事实及相关证据

本案构成未依法申报违法实施的经营者集中。2022 年上海海立（含关联方）与海尔空调（含关联方）的营业额达到了《国务院关于经营者集中申报标准的规定》第三条规定的申报标准，属于应当申报的情形。2023 年 3 月 13 日，合营企业登记注册成立，在此之前，未获得我局批准，违反《反垄断法》第二十六条，构成未依法申报违法实施的经营者集中。

反垄断执法机关认为，本案不具有排除、限制竞争的效果。通过对上海海立与海尔空调设立合营企业郑州海立对市场竞争的影响进行评估发现，该项经营者集中不会产生排除、限制竞争的效果。上述事实，有集中双方提交的说明函、合资合同、交易前后股权结构图、合营企业公司章程、集中双方营业执照副本及 2022 年财务报表、合营企业营业执照副本、反垄断审查申报表、相关市场界定及竞争数据分析材料等证据证明。

（三）行政处罚依据和决定

反垄断执法机关认为，上海海立与海尔空调负有依法申报经营者集中的法律义务，未依法申报获批准前实施集中，构成违法实施的经营者集中，违反了《反垄断法》第二十六条。依据《反垄断法》第三十三条，评估认为本项集中不具有排除、限制竞争的效果。

依据《反垄断法》第五十八条、第五十九条的规定，综合考虑当事人违法行为的性质、程度、持续时间和消除违法行为后果的情况，本案不具有从重处罚情形，同时考虑到集中双方属于首次违法实施经营者集中，且能够积极配合违法实施经营者集中调查并主动提供证据材料，经营者在违法实施集中后积极整改，建立并有效实施完善的经营者集中反垄断合规制度等，决定给予上海海立 150 万元罚款的行政处罚，给予海尔空调 150 万元罚款的行政处罚，并通过国家企业信用信息公示系统依法公示。

【评析】

作为《反垄断法》修订后的首例未依法申报经营者集中案，本案的行政处罚决定书的论证结构完整，处罚结果合理。在处罚环节，反垄断执法机关对单个经营者处以 150 万元罚款，创下了违法实施经营者集中处罚金额的记录，有效提高了经营者集中审查的威慑力。值得注意的是，2024 年 8 月，市场监管总局发布了《违反〈中华人民共和国反垄断法〉实施经营者集中行政处罚裁量权基准（征求意见稿）》（简称《裁量基准征求意见稿》），就违法实施经营者集中案件行政处罚裁量的步骤、阶次、考量情节和因素等公开征求意见。对于不具有排除、限制竞争效果的违法实施经营者集中，反垄断执法机关通常先明确初步罚款数额，其次综合考虑下调因素和上调因素并确定最终罚款额。根据《裁量基准征求意见稿》，初步罚款数额为 250 万元；具有从轻确定初步罚款数额的情形之一的，初步罚款数额为 100 万元；具有从重确定初步罚款数额的情形之一的，初步罚款数额为 400 万元；既有从轻行政处罚情形又有从重行政处罚情形的，初步罚款数额为 250 万元。最终罚款数额不超过 500 万元。对于具有或者可能具有排除、限制竞争效果的违法实施经营者集中，反垄断执法机关将参照不具有排除、限制竞争效果的违法实施经营者集中行政处罚罚款裁量的步骤，综合考虑集中实施时间等因素，确定最终罚款数额。最终罚款数额不超过上一年度销售额的 10%，且不低于 500 万元。[1] 虽然裁量基准目前尚处于征求意见稿阶段，但其中的内容与做法实质上在本案中已有所体现。

除了处罚结果外，该处罚决定书涉及的论证内容仍然有待进一步完善。其一，罚款额的计算方法与来源。反垄断执法机关仅根据《反垄断法》第五十八条、第五十九条的规定简要明确地作出罚款的原因与

---

[1] 参见《市场监管总局关于公开征求〈违反《中华人民共和国反垄断法》实施经营者集中行政处罚裁量权基准（征求意见稿）〉意见的公告》，国家市场监督管理总局官网，https://www.samr.gov.cn/hd/zjdc/art/2024/art_f55824e7d2f2436aa6ebcc4228d2acba.html（最后访问时间：2024 年 8 月 16 日）。

法律依据，但是并未明确列出罚款额的计算过程。此外，作为《反垄断法》修订后的首例未依法申报经营者集中案，本案的处罚过程在很大程度上对后续的经营者集中应报未报的处罚（包括过程与结果）有很大的借鉴意义。其二，通常情况下，应报未报案通常是集中参与方为了规模经营者集中审查而实施的"抢跑"行为，这类集中本来就比一般的集中交易的垄断风险更显著。此时，反垄断执法机关应在明确罚款的原因和依据的基础上，如涉案经营者违法行为的性质、程度、持续时间等，进一步公开经营者违法行为的性质恶劣程度，以及持续时间的长短，以保证整个论证过程的公开透明。其三，在竞争损害分析环节，反垄断执法机关仅以一句"评估认为，该项经营者集中不会产生排除、限制竞争的效果"概括，并没有公开评估考量因素、评估过程，以及评估结论的依据等。如此一来，无论是集中参与者还是社会公众，都无法根据行政处罚书有效监督经营者集中审查工作，导致审查工作缺乏有效的外部监督。据此，对于应报未报的经营者集中案，反垄断执法机关应当公开竞争损害分析过程，并且可以根据审查力量、损害程度等因素适当弱化分析过程，但不应一刀切地直接省略竞争损害分析过程。在具体实施上，反垄断执法机关可以在行政处罚书上简要论证应报未报的经营者集中是否会产生竞争损害，同时应当上传相关的附件详细公开竞争损害分析过程，最大程度保证外部监督约束机制的高效运转。

案例三：西安隆基氢能科技有限公司与深圳市禾望电气股份有限公司设立合营企业未依法申报违法实施经营者集中案

集中类型：设立合营企业

当事人：合营方——隆基氢能、禾望电气

审查方：市场监管总局

【案情】

隆基氢能于 2021 年 3 月在陕西省西安市注册成立，主要从事电解水制氢设备研发、制造、销售和提供可再生能源制氢系统解决方案业务。禾望电气于 2007 年 4 月在广东省深圳市注册成立，主要从事电能变换与控制领域业务。

（一）交易概况

2023 年 7 月 13 日，隆基氢能和禾望电气签订《合资协议》，约定双方设立合营企业氢芯电气，注册资本 1 亿元。其中，隆基氢能出资 5 100 万元，持股 51%；禾望电气出资 4 900 万元，持股 49%。2023 年 7 月 28 日，合营企业注册成立。隆基氢能和禾望电气共同控制合营企业。

（二）违法事实及相关证据

本案构成未依法申报违法实施的经营者集中。经查，隆基氢能和禾望电气设立合营企业并取得共同控制权，属于《反垄断法》第二十五条规定的经营者集中。

2022 年，隆基氢能（含关联方）与禾望电气的营业额达到《国务院关于经营者集中申报标准的规定》第三条规定的申报标准，属于应当申报的情形。2023 年 7 月 28 日，合营企业注册成立，在此之前未开展经营者集中申报，违反《反垄断法》第二十六条，构成未依法申报违法实施的经营者集中。

反垄断执法机关认为，本案不具有排除、限制竞争的效果。通过对隆基氢能与禾望电气设立并共同控制合营企业对市场竞争的影响进行评估发现，该项经营者集中不会产生排除、限制竞争的效果。上述事实，有当事人提交的交易说明、合资协议、2022 年年度报告及财务报表、营业执照、反垄断审查申报表、相关市场界定及市场数据等证据证明。

（三）行政处罚依据和决定

反垄断执法机关认为，隆基氢能、禾望电气负有依法申报经营者集中的法律义务，但未申报而实施，违反了《反垄断法》第二十六条，构成违法实施的经营者集中。依据《反垄断法》第三十三条，评估认为本项集中不具有排除、限制竞争的效果。

依据《反垄断法》第五十八条、第五十九条的规定，综合考虑当事人违法行为的性质、程度、持续时间和消除违法行为后果的情况，本案不具有从重处罚情形。同时，考虑到隆基氢能、禾望电气能够在本局发现前主动报告违法事实，双方及关联方此前未因未依法申报受到过行政处罚，建立并有效实施反垄断合规制度，决定分别给予隆基氢能和禾望电气各 70 万元罚款的行政处罚。

【评析】

本案论证合理、严密，处罚尺度得当，但整体的论证内容仍然可以进一步优化，以期成为经营者集中应报未报案的范本。

处罚方式过于依赖单一的反垄断罚款。根据既有的经营者集中处罚案来看，反垄断执法机关基本采取了单一罚款的方式，但针对类似于本案中的新能源等新兴领域的经营者集中仍然采取单一罚款方式，是否能够有效遏制新能源巨头未来实施"抢跑"的动机仍尚未可知。换言之，采取罚款单一处罚的方式能够避免经营者集中带来的排除、限制竞争后果引人深思，容易让社会公众与其他经营者认为反垄断法刚性不足。[1] 即使 2022 年新《反垄断法》的出台与 2023 年《经营者集中审查规定》的公布，针对经营者集中应报未报的罚款幅度得到了一定程度的上调，但单凭罚款的威慑力仍然极为有限。在这种情况下，一些新兴领域、重点领域的龙头企业为了抢占市场份额、提前获取更多的商业机会，后续往往甘愿接受反垄断执法机关开具的罚单。而强化制裁、提高反垄断法的威慑效果一直以来都是反垄断法制裁现代化的中心任务。[2] 在该任务的引领与指导下，我国的反垄断规则体系应纳入更多丰富的制裁方式。一方面，反垄断执法机关可以考虑采取剥夺董事资格、禁止董事连锁等一些新型的制裁方式，同时结合反垄断罚款、没收违法所得等传统的制裁方式，共同提高应报未报经营者集中的处罚威慑力。另一方面，在新《反垄断法》正式实施后，我国亟须公布经营者集中

---

[1] 参见蒋岩波、戴瑞:《平台经济领域中的经营者集中申报机制研究》，载《南通大学学报(社会科学版)》2023 年第 3 期。

[2] 参见王健:《我国反垄断修法的"四化融合"新模式》，载《中国市场监管研究》2022 年第 7 期。

应报未报的典型案例与指导案例，为后续反垄断执法机关依据新《反垄断法》针对应报未报经营者集中案的处理提供范本。最高人民法院的指导性案例在这方面作出了很好的示范，比如奇虎诉腾讯、吴小秦诉广电两个指导案例对于如何分析互联网行业的市场行为与如何分析搭售行为等提供了很多具有指导性的分析内容。① 据此，我国应进一步完善《经营者集中审查规定》与其他相关反垄断规则中关于经营者集中应报未报的内容，丰富反垄断制裁方式。在此基础上，反垄断执法机关应积极推行新《反垄断法》实施后的应报未报经营者集中处罚案例库的建设，以期为未来的经营者集中审查提供更丰富的案例指引，提高审查的可预期性与稳定性。

案例四：茂名市城乡建设投资发展集团有限公司收购广东众源投资有限公司股权的交易涉嫌未依法申报违法实施经营者集中案

集中类型：股权收购

当事人：控制方——茂名市城乡建设投资发展集团有限公司（以下简称"茂名城建"）

　　　　目标企业——广东众源投资有限公司（以下简称"众源投资"）

审查方：市场监管总局

【案情】

茂名城建于 1986 年 6 月在广东省茂名市注册成立，最终控制人为茂名市发展集团有限公司。茂名城建主要从事房屋租赁、物业管理服务、市政工程和房地产开发经营等业务。被收购方众源投资于 2009 年 5 月在广东省茂名市注册成立，为中山市电力实业发展有限公司（以下简称"中山实业"）全资子公司。众源投资主要从事输配电工程施工业务。被收购方共同控制人中山实业于 1993 年 6 月在广东省中山市注册

---

① 参见李剑：《威慑与不确定性——新〈反垄断法〉法律责任条款评述》，载《当代法学》2022 年第 6 期。

成立，最终控制人为中山市人民政府国有资产监督管理委员会。中山实业主要从事股权投资管理，其控股企业从事电力工程施工、设计、综合能源服务等业务。

（一）交易情况

2023 年 12 月 12 日，茂名城建、中山实业、众源投资签署增资协议。交易前，中山实业持有众源投资 100% 的股权，单独控制众源投资。交易后，茂名城建、中山实业分别持有众源投资 51%、49% 的股权，共同控制众源投资。

（二）违法事实及相关证据

本案构成未依法申报违法实施的经营者集中。经查，茂名城建通过股权收购的方式取得众源投资控制权，属于《反垄断法》第二十五条规定的经营者集中。2022 年，茂名城建（含关联方）全球和中国境内营业额与中山实业（含关联方）全球和中国境内营业额达到《国务院关于经营者集中申报标准的规定》第三条规定的申报标准，属于应当申报的情形。《反垄断法》第三十条规定"国务院反垄断执法机构作出决定前，经营者不得实施集中"。本局 2023 年 12 月 13 日收到该交易经营者集中反垄断申报并于 12 月 20 日受理。2023 年 12 月 21 日，在审查受理后公示阶段，众源投资已完成股权变更登记，违反《反垄断法》第三十条。

反垄断执法机关针对茂名城建收购众源投资股权对市场竞争的影响进行了评估，评估认为，该项经营者集中不会产生排除、限制竞争效果。上述事实，有茂名城建提交的说明函、增资协议、交易前后股权结构图、2022 年财务报表、登记通知书、反垄断审查申报表、相关市场界定及竞争数据分析材料等证据证明。

（三）当事人陈述、申辩意见及复核情况

反垄断执法机关于 2024 年 8 月 5 日向茂名城建送达《行政处罚告知书》，告知当事人拟作出的行政处罚内容及事实、理由、依据，并告知当事人依法享有的陈述、申辩、要求听证的权利。同日，茂名城建提出陈述、申辩意见，认为其违法实施经营者集中行为轻微，社会危害性较小，请求从轻或减轻处罚，未要求听证。本局充分听取当事人意见，对当事人提出的事实、理由和证据进行复核。经复核，本局认为当事人提出的相关情节已在调查过程中予以考虑，对陈述、申辩理由不予采纳。

（四）行政处罚依据和决定

反垄断执法机关认为，茂名城建负有依法申报经营者集中的法律义务，申报后在我局作出决定前实施集中，违反了《反垄断法》第三十条。依据《反垄断法》第三十三条，评估认为本项集中不具有排除、限制竞争的效果。依据《反垄断法》第五十八条、第五十九条的规定，综合考虑当事人违法行为的性质、程度、持续时间和消除违法行为后果的情况，本案不具有从重处罚情形，同时考虑到茂名城建及其关联企业此前未因未依法申报受到过行政处罚，能够积极配合调查，如实陈述违法事实并主动提供证据材料，建立并有效实施反垄断合规制度，决定给予茂名城建 175 万元罚款的行政处罚。

【评析】

茂名城建收购众源投资股权案是一例典型的未依法申报而违法实施经营者集中的案件，展现了反垄断执法机关在《反垄断法》修订后对经营者集中审查规则的强化落实。本案中，茂名城建未经审查便完成股权变更登记，违反了《反垄断法》第三十条的规定，构成违法实施经营者集中行为。执法机关经评估认定该集中行为不具有排除、限制竞争的效果，并综合考量违法行为的性质、程度、持续时间及企业合规管理等因素，对茂名城建处以 175 万元罚款，创下违法实施经营者集中的罚款新高。这一处罚不仅体现了执法机关坚持法律底线、遏制违法行为的决心，同时也展现了执法的温和性和教育性。该案标志着我国经营者集中处罚机制逐步向透明化、规则化和精准化发展。

然本案也同样存在当前经营者集中审查与处罚实践中的一些问题，值得进一步思考探究。首先，罚款计算过程及其具体依据并未详细披露，仅笼统引用法律条款，未能清晰展示裁量过程和上下调因素，降低了处罚的公信力和可预期性。其次，竞争损害分析环节显得过于简略，处罚决定书中仅以一句"该项经营者集中不会产生排除、限制竞争的效果"进行了概括，而未公开具体评估方法、考量因素及结论依据，难以为社会公众和市场主体提供清晰指引。此外，对于未依法申报行为的潜在市场风险，处罚决定书中缺乏深入分析，也未进一步探讨此类"抢跑"行为可能对新兴行业竞争秩序造成的长期影响，从而削弱了该案例作为新法实施后典型案例的警示和示范作用。

为应对上述不足，反垄断执法机关应进一步优化经营者集中案件的处罚与审查规则。具体而言，应提升处罚决定书的透明度，明确罚款计算依据及上下调因素，为市场主体提供更具指引性的行为规范；公开竞争损害分析过程，适度披露评估考量因素和核心依据，以确保审查工作的透明性与可监督性；完善制裁手段，探索罚款以外的多元化处罚方式，例如增加违法成本，提高威慑效果；强化对地方国有企业集中交易的审查力度，避免国资背景企业因监管不足而影响市场竞争。此外，执法机关应积极建立典型案例库并出台相关指导性文件，为市场主体提供明确的行为预期。本案作为《反垄断法》修订后的一起重要案件，对推动我国反垄断执法体系的完善、提升企业合规意识、规范市场竞争秩序具有重要的参考价值，同时也为营造公平、公正的高质量营商环境奠定了基础。

此外，本案还反映出我国反垄断执法在新形势下的挑战与发展方向。一方面，新兴领域和传统行业的经营者集中呈现出不同的特点，特别是在涉及国有企业和地方政府参与的交易中，审查的复杂性显著增加。茂名城建和众源投资均由地方国资背景的企业控股，交易行为不仅涉及商业决策，还与地方经济发展和公共资源配置密切相关，这对执法机关提出了更高的专业性要求。如何在保护市场竞争的同时，兼顾国有资本布局优化与结构调整，是当前执法中亟须解决的问题。另一方面，本案揭示了经营者集中审查在数据、技术等领域的深度参与需求。随着行业数字化和网络化的加速，传统的经营者集中审查模式可能难以完全适应新经济环境下企业之间更加隐蔽和复杂的关联交易。反垄断执法需要更多依赖数字技术和数据分析工具，增强对市场结构和动态竞争关系的研判能力。[①] 未来，反垄断执法需要进一步推动法律制度的完善与执行能力的提升。建议进一步细化法律适用标准，提高执法透明度；加强执法队伍建设，培养多领域复合型人才，提高对复杂交易结构的识别和分析能力；充分利用大数据和人工智能技术，建立动态监管系统，实时监测市场竞争格局的变化，提升执法效率。此外，应探索更灵活的跨区域合作机制，加强地方与中央反垄断执法的协作，推动案例信息共享与联合执法，形成覆盖全国的竞争保护网络。通过上述举措，我国反垄断执法将更好地适应经济发展的新形势，为建设高水平的社会主义市场经济体制提供有力保障。本案作为新时代反垄断执法的实践样本，既是警示，也是启示，未来如何在制度建设、执法方式和机制创新中实现突破，将决定我国反垄断治理能力的现代化水平。

---

① 参见时建中：《新〈反垄断法〉的现实意义与内容解读》，载《中国法律评论》2022 年第 4 期。

第五章　全球主要经济体竞争法律与政策最新进展

第一节　美国竞争政策与法律最新进展[*]

一、美国联邦反垄断机构的发展变化

自 2021 年 1 月拜登总统就任以来，本届美国政府已经采取若干举措，加强反垄断执法。在联邦贸易委员会和司法部反托拉斯局等机构的多个关键岗位上，拜登总统均任命了主张加强执法的负责人。2024 年，尽管各执法机构提起反垄断案件的频率与拜登总统任期前两年相比有所降低，但此届政府仍在延续积极开展反垄断执法的势头。随着拜登总统的任期即将结束，美国联邦反垄断机构的领导层有可能在美国大选之后产生重大调整，并对未来的执法重点和执法方式产生重大影响。

（一）美国反垄断执法体制

美国竞争法主要以三大法律为基础，即《谢尔曼法》[①]《克莱顿法》[②] 和《联邦贸易委员会法》[③]。虽然几十年来国会已就三大法律出

---

[*] 本节撰稿人为王智平、Ryan Thomas、Lauren Miller Forbes、薛强、张一哲、吴一尘、周存旭。撰稿人均为美国众达律师事务所律师。

[①] 参见《美国法典》第 15 卷，第 1-7 条。
[②] 参见《美国法典》第 15 卷，第 12-27 条；第 29 卷，第 52-53 条。
[③] 参见《美国法典》第 15 卷，第 41-58 条。

台了大量重要的修正案①，并且目前正在讨论多项旨在进一步改革美国竞争法的立法提案②，但是这三部法律的最初文本仍然是美国现代反垄断执法的基础。美国两大联邦反垄断机构——反托拉斯局和联邦贸易委员会，是负责执行这些法律的主要机构。

• 《谢尔曼法》禁止限制交易的合谋行为（第 1 条）和单边的垄断行为（第 2 条）。违反《谢尔曼法》会引发严重后果——相关违法行为会受到刑事和民事处罚。《谢尔曼法》最初所针对的大型企业往往采取托拉斯形式的公司组织结构③，因此美国的竞争法律通常也被称为"反托拉斯"法。《谢尔曼法》的执法机构是司法部反托拉斯局，而非联邦贸易委员会。

• 《克莱顿法》禁止其他可能阻碍竞争的商业行为，比如阻碍竞争的搭售及排他性交易。《克莱顿法》第 7 条也是美国政府机构实施合并控制审查与执法的基础。《克莱顿法》第 7 条规定④，如果合并交易（收购价格）与参与合并的公司的规模超过了规定的门槛标准，除非被另行豁免，否则必须在完成交易之前向政府部门申报。反托拉斯局与联邦贸易委员会都有权执行《克莱顿法》。

• 《联邦贸易委员会法》是联邦贸易委员会的设立依据，该机构与反托拉斯局平行，独立行使执法权。此外，根据该法，联邦贸易委员会还有权制止"不公平的竞争方式"以及商业活动中的或影响商业活动的"不公平或欺骗性行为或做法"。⑤ 美国最高法院曾声明，一切违反

① 例如，1936 年的《罗宾逊·帕特曼法案》，《美国法典》第 15 卷第 13 条、第 13 条 a 款、第 13 条 b 款，以及第 21 条 a 款（禁止与价格歧视有关的反竞争行为）；1976 年的《哈特—斯科特—罗迪诺反托拉斯改进法案》，《美国法典》第 15 卷第 18 条 a 款（要求某些交易向联邦贸易委员会和司法部预先申报）。

② 参见，例如，《竞争与反托拉斯法执行改革法案》，第 117 届国会参议院第 225 号法案（2021 年）；《二十一世纪反托拉斯法案》，第 117 届国会参议院第 1074 号法案（2021 年）。

③ 参见《谢尔曼法》第 1 条。

④ 1976 年的《哈特—斯科特—罗迪诺反托拉斯改进法案》成为《克莱顿法》补充增加的第 7A 条。

⑤ 参见《美国联邦贸易委员会法》第 5 条；同时参见有关《联邦贸易委员会法》第 5 条项下"不公平竞争方法"的执法原则声明，联邦贸易委员会（2015 年 8 月 13 日），https://www.ftc. gov/system/files/documents/public_statements/735201/150813section5enforcement.pdf（为联邦贸易委员会针对第 5 条行为的决策过程提供了指导意见）。

《谢尔曼法》的行为亦违反《联邦贸易委员会法》，据此，联邦贸易委员会可以开展与司法部相类似的执法行为。① 关于《联邦贸易委员会法》在多大程度上能够独立适用于《谢尔曼法》或《克莱顿法》规制范围外的更多商业行为，目前仍在争论之中。《联邦贸易委员会法》仅由联邦贸易委员会负责执行。

由于反托拉斯局是司法部的一个组成部门，反托拉斯局的负责人（助理总检察长）向司法部部长（总检察长）汇报工作，后者直接向美国总统汇报。反托拉斯局助理总检察长由总统提名，并由参议院确认。

与之不同的是，联邦贸易委员会由五位委员集体领导，委员皆由总统提名并经参议院确认。联邦贸易委员会委员任期为七年，且来自同一政党的委员不能超过三名。总统从中选择一名委员担任联邦贸易委员会主席。与反托拉斯局只有一名最终决策者不同的是，联邦贸易委员会开展执法行动需要得到多数委员同意。

除反托拉斯局和联邦贸易委员会之外，美国各州的检察长及私人当事方亦可执行联邦反垄断法律。美国多个州的政府执法机关都有权按照联邦及州反垄断法开展调查活动和采取行动阻止限制竞争的行为。此外，私人当事方亦可针对违反美国反垄断法的行为提起民事诉讼。

（二）联邦反垄断机构关键职位的任命情况

过去四年，拜登政府任命的主张加强执法的机构负责人一直都在尝试重塑美国反垄断执法格局。

1. 反托拉斯局

2021 年 11 月，美国参议院对拜登总统提名乔纳桑·坎特（Jonathan Kanter）担任反托拉斯局助理总检察长（该局负责人）一职予以确认。② 就任反托拉斯局负责人以来，坎特一直主张加强执法。他曾评论

---

① 联邦贸易委员会诉印第安纳州牙医协会案，476 U. S. 447, 454（1986 年）（《联邦贸易委员会法》第 5 条涵盖"违反《谢尔曼法》及其他反托拉斯法的行为"）。

② Lauren Feiner，《参议院确认大型科技公司批评人士乔纳桑·坎特（Jonathan Kanter）担任司法部反托拉斯局负责人》，CNBC（2021 年 11 月 16 日），https://www.cnbc.com/2021/11/16/senate-confirms-jonathan-kanter-to-lead-doj-antitrust-division.html。

指出，美国的"大公司势力扩张"正处于"百年拐点之际"，需要反垄断机构"更新和调整反垄断执法工作，以应对新的市场现实情况。"① 他还曾公开评论，过去执法不足的情况"导致延续错误判例的法律不断僵化"。②

2. 联邦贸易委员会

联邦贸易委员会主席莉娜·汗（Lina Khan）也一直呼吁推行强硬的反垄断执法。在加入联邦贸易委员会之前，莉娜·汗一向直言不讳地批判"科技巨头"的支配地位和反竞争行为。2017 年，莉娜·汗发表的《亚马逊的反垄断悖论》一文获得了广泛关注，该文认为美国当前的反垄断制度框架"不足以解决现代经济中市场支配力量的结构性问题。"③ 在众议院司法委员会反垄断、商业和行政法小组担任法律顾问期间，莉娜·汗曾协助起草一份长达 450 页的报告，该报告已成为诸多政策制定者提出美国反垄断法修改意见的依据。④ 目前尚不清楚，在新一任美国总统于 2025 年 1 月就职后，莉娜·汗能否留任联邦贸易委员会。

2022 年，拜登总统还任命阿尔瓦罗·贝多亚（Alvaro Bedoya）为联邦贸易委员会委员。⑤ 贝多亚先生的提名确认使得联邦贸易委员会恢复到民主党占多数的状态，进而能够完全依据政党立场投票结果采取相关行动。贝多亚先生的任期将持续至 2026 年 9 月 25 日。⑥

2022 年 10 月，共和党派委员诺亚·菲利普斯（Noah Phillips）辞

---

① Stefania Palma，《"'百年拐点'：司法部反垄断负责人力主约束公司势力"》，载《金融时报》（2022 年 6 月 3 日），https://www.ft.com/content/313550db-3006-401e-9908-981577663c51。

② 同上。

③ 莉娜·汗，《亚马逊的反垄断悖论》，载《耶鲁法律杂志》第 126 期（2016 年）https://www.yalelawjournal.org/pdf/e.710.Khan.805_zuvfyyeh.pdf。

④ 《众议院司法委员会反垄断、商业和行政法分会关于数字市场竞争的调查报告》（2020 年）https://judiciary.house.gov/uploadedfiles/competition_in_digital_markets.pdf?utm_campaign=4493-519。

⑤ 联邦贸易委员会新闻稿，《阿尔瓦罗·贝多亚（Alvaro Bedoya）宣誓就任联邦贸易委员会委员》（2022 年 5 月 16 日），https://www.ftc.gov/news-events/news/press-releases/2022/05/alvaro-bedoya-sworn-ftc-commissioner。

⑥ 同上。

去联邦委员会委员职务。① 虽然菲利普斯先生表示离职主要是为了投身家庭，但同时他也提到，他所感受到的其他委员不愿开展讨论和做出妥协的态度对于促成他做出离职决定起到了一定作用。② 菲利普斯先生的离职导致了在 2022 年 10 月至 2024 年 3 月期间，联邦贸易委员会只有三名委员，且没有任何来自共和党派的委员，在两名新共和党派委员的任命获确认之前，联邦贸易委员会的执法决策和机构优先事项完全由民主党多数派控制。

2024 年 3 月 25 日，共和党人梅利莎·霍利奥克（Melissa Holyoak）确认就任联邦贸易委员会委员。在此之前，霍利奥克女士曾在犹他州检察长办公室担任副检察长，负责监督管理民事上诉、刑事上诉、宪法抗辩和特别诉讼以及反垄断和数据隐私部门。霍利奥克女士的任期将持续至 2025 年 9 月 25 日。③

2024 年 4 月 2 日，拜登总统确认安德鲁·弗格森（Andrew Ferguson）就任联邦贸易委员会最后一个空缺的（共和党）委员职务。弗格森先生的上一职务是担任弗吉尼亚副检察长。在加入联邦贸易委员会之前，弗格森先生还曾担任过参议院共和党多数党领袖、肯塔基州参议员米奇·麦康奈尔（Mitch McConnell）的首席法律顾问，以及美国参议院司法委员会共和党法律顾问。他的任期将持续至 2030 年 9 月 25 日。④

（三）两党共同关注反垄断问题

拜登政府执政伊始便承诺开展积极的"全政府式"反垄断执法，其过去一年的新政策和工作重点请详见下文的梳理。而随着民主党与共

---

① 联邦贸易委员会，《委员诺亚·约书亚·菲利普斯（Noah Joshua Phillips）向联邦贸易委员会员工所作说明》（2022 年 10 月 14 日），https://www.ftc.gov/system/files/ftc_gov/pdf/phillips-resig-nation-statement.pdf。

② 同上。

③ 联邦贸易委员会新闻稿，《联邦贸易委员会主席欢迎新任委员弗格森（Ferguson）和霍利奥克（Holyoak），并祝贺委员斯劳特（Slaughter）获新一任期确认》（2024 年 3 月 8 日），https://www.ftc.gov/about-ftc/commissioners-staff/melissa-holyoak。

④ 同上。

和党屡次携手反对科技和医疗保健等领域内的合并交易，严格的反垄断执法已日渐成为两党的共同关注点。

2020 年，特朗普政府治下的司法部分别针对谷歌和 Facebook 提起了历史上最重要的两起反垄断诉讼，而拜登政府执政后仍继续开展了相关检控工作。同样，2021 年 1 月，特朗普总统签署了《2020 年竞争性健康保险改革法案》，限制按照《麦卡伦—弗格森法案》给予医疗保健公司反垄断豁免权。[①] 拜登政府执政期间，医疗保健领域内的联邦反垄断执法依旧是联邦贸易委员会和司法部的优先重点任务。例如，2024 年 9 月，联邦贸易委员会以涉嫌人为哄抬胰岛素药物标价为由，对三家最大的处方药药品福利管理机构及其关联集采组织提起诉讼。[②] 被称为"莉娜·汗保守派"的多名知名共和党人表示支持莉娜·汗在反垄断执法，特别是针对"科技巨头"的反垄断执法上的激进做法。民主党和共和党在反垄断法的许多方面出人意料地达成一致，导致美国未来（特别是在 2025 年政府换届之后）的反垄断执法趋势更加难以预测。

二、联邦反托拉斯机构及其政策的最新进展

在过去一年里，科技巨头们依然面临着政府部门严格的反垄断审查。随着 2024 年底最终版 HSR 规则的出台，未来合并方准备申报的时间、负担和费用都将有所增加。最后，政府还重启实施了多部沉寂数十年的法律，例如《罗宾逊—帕特曼法案》和《克莱顿法案》第 8 条等。

1. 联邦贸易委员会最终规则禁止员工竞业禁止协议

2024 年 4 月，联邦贸易委员会按照党派立场进行投票，以 3：2 的表决结果通过了一项最终规则，规定劳动雇佣协议中的竞业禁止条款构

---

① 司法部新闻稿，《司法部欢迎〈2020 年竞争性健康保险改革法案〉获得通过》（2021 年 1 月 13 日），https://www.justice.gov/opa/pr/justice-department-welcomes-passage-competitive-health-insurance-reform-act-2020。

② 联邦贸易委员会新闻稿，《联邦贸易委员会以人为哄抬胰岛素药价为由起诉处方药中间人》（2024 年 9 月 20 日），https://www.ftc.gov/news-events/news/press-releases/2024/09/ftc-sues-prescription-drug-middlemen-artificially-inflating-insulin-drug-prices。

成《联邦贸易委员会法》第 5 条项下本身违法的"不公平竞争方式"，应予禁止。[1] 该最终规则全面禁止与包括高管在内的几乎所有员工（定义相当宽泛）达成新的离职后竞业禁止约定，不论该员工属于何等工资或技能等级。表面看来，该规则并未禁止"禁止招揽（客户或员工）协议"或保密协议。但是，规则对竞业禁止条款的定义非常宽泛，包括雇主和员工之间达成的任何"相当于制止"或处罚员工与前任雇主相互竞争的合同条款。对此，美国商会总会和其他机构已经提起诉讼，向法院申请该项规则无效。这些诉讼可能会导致该规则在案件审理过程中暂停实施。

2. 司法部反托拉斯局与联邦贸易委员会发布新指南，要求保存协作工具和临时消息记录

美国司法部反托拉斯局和联邦贸易委员会正在更新其文件提供请求和强制执行文件中的相关措辞，以应对公司越来越多地使用协作和信息共享工具以及临时消息平台的情况。[2] 新发布的联合指南强化了在政府调查或诉讼过程中保存相关材料的既有义务，并明确指出"保存责任涵盖新的协作方法和信息共享工具"，强调"任何一方律师或其客户都不能假装不知情"。更新后的措辞将出现在保存请求信函、第二阶段信息提供要求、主动公开信函和强制性法律程序文件（包括大陪审团传票）中，明确指出通过通讯应用程序进行的临时和非临时通信均被视为"文件"范畴。该指南将"通讯应用程序"广义地定义为"公司或其员工为了任何业务目的，在内部或与公司外部实体通信时使用的任何电子方式"，其中包括"临时或非临时消息、电子邮件、聊天记录、即时消息、短信以及其他群组或个人通信平台"。两家机构警告称，未能

---

① 联邦贸易委员会新闻稿，《联邦贸易委员会宣布禁止竞业禁止规定》（2024 年 4 月 23 日），https://www.ftc.gov/news-events/news/press-releases/2024/04/ftc-announces-rule-banning-noncompetes。

② 司法部新闻稿，《司法部和联邦贸易委员会更新指南，强化各方对协作工具和临时通讯的保存义务》（2024 年 1 月 26 日），https://www.justice.gov/opa/pr/justice-department-and-ftc-update-guidance-reinforces-parties-preservation-obligations。

保存"任何及所有应提供的材料，包括用以隐藏证据的临时通讯应用程序中的数据"可能导致妨碍司法指控或因销毁证据而面临民事赔偿责任。

3. 多家联邦政府机构针对私人投资医疗保健领域开展联合调查

2024年3月5日，司法部、联邦贸易委员会及美国卫生与公众服务部针对私募股权和公司日益涉足医疗保健的情况，联合开展了一项"跨政府公共调查"。[①] 作为调查的一部分，联邦政府发布了一份"信息提供要求"，显示出对私募股权在医疗保健领域内的交易可能"以牺牲医疗质量为代价追求利益最大化"的担忧。政府将此调查视为反垄断行动，援引研究报告指出医疗保健市场内的竞争可提升医疗质量、降低成本、提高医疗普及率、促进创新，并改善医护人员的工资和福利。信息提供要求主要涉及私募基金、另类资产管理人、医疗系统和私人参与方在医疗保健交易中的整合效应。过去几年中，多个联邦机构发表声明，凸显出政府对企业涉足医疗保健领域的日益关注。

4. 货币监理署关于银行合并的提案及政策声明

美国货币监理署依据《银行合并法》对其监管的机构进行并购审查。[②] 具体而言，若并购后的实体为全国性银行或联邦储蓄协会，则并购须获货币监理署批准。2024年1月29日，货币监理署发布了银行合并审查提案。当天，代理署长 Michael Hsu 在讲话中宣布了拟议规则及政策声明，概述了银行合并审查的整体愿景，即考量合并对整体经济的宏观影响。然而，Hsu 并未详细说明这一"宏观视角"如何与现行法律对个案分析的要求相协调。拟议规则简洁明了，仅撤销了两项监管规定。首先，取消了部分"加速审查程序"，包括在公众意见征求期结束

---

① 联邦贸易委员会新闻稿，《联邦贸易委员会、司法部和卫生与公众服务部启动跨部门调查，探讨企业贪婪对医疗保健的影响》（2024年3月5日），https://www.ftc.gov/news-events/news/press-releases/2024/03/federal-trade-commission-department-justice-department-health-human-services-launch-cross-government。

② 货币监理署新闻稿，《货币监理署批准银行合并最终规则和政策声明》（2024年9月17日），https://www.occ.treas.gov/news-issuances/news-releases/2024/nr-occ-2024-101.html。

后若监理署未在 15 天内采取行动，则某些申请将视作获批。Hsu 在讲话中表示反对自动批准程序，认为其妨碍了货币监理署对所有并购申请的全面审查。其次，拟议规则取消了简易申报程序，改为要求所有合并申请均需提交完整的"机构间银行合并法案申报"。此外，拟议规则将有关竞争审查的内容放在脚注中，指出监理署将继续遵循 1995 年指南的程序。但目前尚不清楚，若司法部发布新的指南，监理署将如何调整其操作。

5. 针对科技巨头的行动持续进行

2024 年，美国的反垄断行动依旧瞄准大型科技公司。2024 年 3 月份，司法部起诉苹果公司①，至此美国反垄断执法机构已经对几个最大的在线平台均采取了法律行动。8 月，联邦地区法院裁定谷歌公司非法垄断通用搜索服务市场和通用搜索文字广告市场。② 而微软公司则成功避开联邦贸易委员会就其收购动视暴雪提起的挑战，并于 2023 年 10 月成功完成交易。③ 但是，联邦贸易委员会目前正在就地区法院拒绝颁布初步禁令的裁定进行上诉，该初步禁令本可中止该并购交易。与此同时，联邦贸易委员会针对亚马逊④和 Meta⑤ 提出的诉讼仍在进行中。

6. 重启实施《罗宾逊—帕特曼法案》

2024 年 3 月，参议员伊丽莎白·沃伦（Elizabeth Warren）敦促联邦贸易委员会主席莉娜·汗重启对《罗宾逊—帕特曼法案》（RPA）的

---

① 司法部新闻稿，《司法部起诉苹果垄断智能手机市场》（2024 年 3 月 21 日），https://www.justice.gov/opa/pr/justice-department-sues-apple-monopolizing-smartphone-markets。

② 美国等诉谷歌公司案，No. 20-cv-3010（APM）（D. D. C. Aug. 5, 2024），Dkt. No. 1033.

③ 微软新闻稿，《一年后：微软收购动视暴雪推动游戏创新和竞争》（2024 年 10 月 15 日），https://blogs.microsoft.com/on-the-issues/2024/10/15/one-year-activision-blizzard/。

④ 联邦贸易委员会官网，《亚马逊公司（亚马逊电子商务）案》（2024 年 11 月 5 日），https://www.ftc.gov/legal-library/browse/cases-proceedings/1910129-1910130-amazoncom-inc-amazon-ecommerce。

⑤ 联邦贸易委员会官网，《联邦贸易委员会诉 Facebook 案》（2024 年 9 月 12 日），https://www.ftc.gov/legal-library/browse/cases-proceedings/191-0134-facebook-inc-ftc-v。

执行，以促进食品行业的公平竞争。[①] 1936 年通过的 RPA 旨在确保大小企业支付相同的价格购买同类产品，防止大型超市对小型杂货店形成不公平的竞争优势。尽管私人诉讼中常引用 RPA，但联邦贸易委员会自 2000 年以来已不再执行该法。如今，联邦贸易委员会根据沃伦参议员的建议，开始加强对食品和医药行业的审查。2023 年 12 月，第九巡回法院审理了一起多家批发商指控 Living Essentials 违反 RPA，为 Costco 提供能量饮料 5-Hour Energy 优惠定价的案件。该院推翻了地区法院做出的有利于被告方的判决，并强调，原告按照 RPA 第 2（a）条提出的诉讼请求未阐明竞争损害并不意味着处于不同经营层面的原告与 Costco 之间就不存在竞争。[②] 与之类似的是，2024 年 5 月，加利福尼亚州一家法院维持陪审团所作裁定，禁止品牌眼药水制造商和分销商以明显较低的价格向大型连锁店提供产品，而不给予小型商店同样价格——尤其值得注意的是，该院主张，即使是微小的销售或客户损失，也足以构成 RPA 所规定的损害。[③]

三、反垄断行为调查和执法的最新进展

2023 年全年，联邦贸易委员会和司法部的执法活动一直较为活跃，其中包括以创新损害理论为依据提起多项诉讼和政策举措，该损害理论涵盖了更为广泛的商业行为。尽管在若干起劳动市场案件中遭遇了挫败，司法部反托拉斯局重申其将致力于积极执法，继续关注劳动力市场、市场采购和《谢尔曼法》第 2 条相关问题，以及重新重视国际卡特尔调查。尽管拜登政府治下的司法部一直在积极推进针对"互不挖

① 美国参议院新闻稿，《沃伦、斯坎伦和立法者敦促联邦贸易委员会恢复执行〈罗宾逊—帕特曼法案〉，以促进竞争、降低食品价格》（2024 年 3 月 28 日），https://www.warren.senate.gov/newsroom/press - releases/warren - scanlon - lawmakers - urge - ftc - to - revive - enforcement - of - robinson - patman - act - to - promote - competition - lower - food - prices。

② 参见美国批发直销和分销有限公司等诉 Living Essentials 案，No. 21-55397，D. C. No. 2：18-cv-01077-CBM-E。

③ 参见 L. A. International Corporation 诉 Prestige Brands Holdings, Inc.，2：18 - cv - 06809，（C. D. Cal.）。

角"协议的刑事指控工作，但相关刑事案件的平均数量仍与上届政府持平。①

1. 司法部继续侧重于针对个人的刑事起诉

2023 年期间，司法部共提起 9 起刑事案件，对相关个人提出 22 项指控。值得注意的是，2023 年 2 月，Michael Flynn 因在与多家康涅狄格州实体（包括康涅狄格大学和百事公司）的绝缘材料合同相关的事项中从事操纵投标和欺诈而被定罪，并被判处 15 个月监禁和退赔超过 100 万美元。8 月，William Harwin 博士对共谋划分化疗和放射治疗市场达 17 年之久的行为认罪，并在 11 月被判处 3 年缓刑和 5 万美元罚款。同样在 8 月，军事承包商 Aaron Stephens 和 John Leveritt 因串通军事车辆维修项目投标而被判刑，其中 Stephens 被判 18 个月监禁和 5 万美元罚款，Leveritt 被判 6 个月监禁和 30 万美元罚款。在劳工方面，司法部对多名参与所谓"不挖角"协议和工资固定协议的个人及其雇主提出了刑事指控，但迄今未能取得定罪判决。②

2. 司法部首次在刑事反垄断案件中取得剥离判决

2023 年 9 月，美国司法部以签订延迟起诉协议（DPA）的方式了结其与两家制药公司——Teva Pharmaceuticals 和 Glenmark Pharmaceuticals 之间的刑事案件，所签订的延迟起诉协议中包含一项对于反垄断刑事案件而言较为新颖的救济措施：剥离。对于从事反垄断刑事违法行为的公司而言，通常的处罚往往是罚款。2020 年 6 月和 2020 年 8 月，司法部以涉嫌共谋分配客户、串通投标和固定价格为由，分别对 Glenmark 和 Teva 公司提起刑事指控。通过签署延迟起诉协议，Teva 和 Glenmark 免于被禁止参加美国联邦医疗保健计划。Teva 公司承认，其通过不参与三种仿制药（普伐他汀、克霉唑和妥布霉素）竞标的方式操纵投标。除剥离胆固醇药物普伐他汀业务外，Teva 公司还同意支付 2.25 亿美元的

---

① 参见美国司法部官方统计数据 https://www.justice.gov/atr/criminal-enforcement-fine-and-jail-charts。

② 参见美国司法部官方统计数据 https://www.justice.gov/atr/antitrust-case-filings-alpha。

罚款，并向人道主义组织捐赠价值 5000 万美元的霉唑和妥布霉素。Glenmark 公司承认其曾与 Teva 公司和 Apotex 公司共谋固定普伐他汀的价格，并同意支付 3000 万美元的罚款以及剥离其在普伐他汀业务中的权益。[①]

3. 司法部持续积极调查与政府合同有关的反竞争合谋行为

自 2019 年以来，司法部的采购共谋打击行动工作组已开展 100 多项刑事调查，对 50 多个个人和公司进行定罪或取得其认罪供述。[②] 2023 年 9 月，司法部就驻韩美军基地分包工程中的操纵投标和欺诈行为与当事人达成认罪协议，J&J Korea 因此被处 500 万美元罚款，并被勒令退赔 360 万美元。但与此同时，司法部通过采购共谋打击行动工作组开展的检控工作却遇到了一些挫折。2024 年 5 月，陪审团宣布 Kamida Inc. 公司及其首席执行官在明尼苏达州混凝土合同投标中就共谋操纵投标的指控不成立。此外，司法部在涉及 Contech Engineered Solutions 的案件中就操纵投标行为的一审定罪判决被第四巡回法院驳回，令未来的检控工作更加复杂。法院裁定，鉴于涉案关系的混合性质，司法部的刑事起诉书未能证明存在本身违法的反垄断违法行为。尽管遭遇了上述挫折，但美国商务部新启动的多个重大政府支出计划（例如"芯片法案"和《两党基础设施法》等）则有望确保司法部能够继续重点打击和制止政府承包服务中的共谋行为。

4. 司法部起诉寻求分拆 Live Nation 与 Ticketmaster

司法部联合 30 个州和地区的检察长，以实施垄断和其他阻碍现场娱乐活动行业市场竞争为由，共同对 Live Nation Entertainment Inc. 及其全资子公司 Ticketmaster LLC（Live Nation-Ticketmaster）提起反垄断民事诉讼。司法部主张，Live Nation-Ticketmaster 在现场演唱会生态系统中

---

① 司法部新闻稿，《制药商 Teva Pharmaceuticals 同意支付 4.5 亿美元虚假索赔法案和解金，以解决与共同支付和操纵价格有关的回扣指控》（2024 年 10 月 10 日），https://www.justice.gov/opa/pr/drug-maker-teva-pharmaceuticals-agrees-pay-450m-false-claims-act-settlement-resolve-kickback。

② 参见美国司法部官网，《司法部的采购共谋打击行动工作组》，https://www.justice.gov/atr/procurement-collusion-strike-force。

的排他行为和市场支配地位对歌迷、创新、艺术家和演出场所均造成了损害。2024 年 5 月 23 日提交给纽约南区联邦地区法院的起诉书主张，Live Nation-Ticketmaster 非法行使其垄断力量并违反了《谢尔曼法》第 2 条。司法部表示，"由于其行为，美国的乐迷被剥夺了票务创新的机会，被迫使用过时的技术，同时还要比其他国家的乐迷支付更高的票价。与此同时，Live Nation-Ticketmaster 以损害竞争的方式，对表演者、演出场所和独立推广人滥用市场力量。Live Nation-Ticketmaster 还设置了竞争壁垒，限制竞争对手进入和扩张。"①

5. 执法机构采用日益多样化的侦查工具

随着卡特尔形成方式的多样化，全球反垄断执法机构逐步升级侦查手段，以应对新的合谋行为。近年来，许多企业和个人开始使用临时通信应用程序及个人设备进行沟通，这对传统的侦查工具提出了挑战。2023 年 3 月，美国联邦贸易委员会和司法部在多个公开场合表示将加强对这些通信手段的监控，其中联邦贸易委员会特别成立了刑事联络组，专门打击涉及临时通信的犯罪行为。在日常合规评估中，美国司法部助理部长小肯尼斯·波利特（Kenneth Polite, Jr.）强调会重点检查个人设备的使用，以确保通信记录的留存。同时，司法部继续沿用传统的宽大政策和突击检查作为基本手段，并引入了新项目，例如"格雷茨基项目"（"Project Gretzky"），专门应对基于算法的共谋行为，显示出执法部门在技术进步背景下打击合谋的前瞻性布局。在最新宽大政策的调整方面，司法部于 2023 年 10 月宣布，对于在并购完成后六个月内主动报告不当行为的企业，将给予买方宽大处理。这一措施进一步强化了合规激励，以促使企业自觉披露潜在的反竞争行为。②

---

① 参见美国司法部新闻稿，https://www.justice.gov/opa/pr/justice-department-sues-live-nation-ticketmaster-monopolizing-markets-across-live-concert。

② 司法部新闻稿，《副检察长丽莎·奥·莫纳科宣布新的安全港政策，用于并购交易中的自愿披露》（2023 年 10 月 4 日），https://www.justice.gov/opa/speech/deputy-attorney-general-lisa-o-monaco-announces-new-safe-harbor-policy-voluntary-self。

四、反垄断私人诉讼领域的最新进展

1. 美国最高法院驳回 Visa Inc. 诉 National ATM Council Inc. 案的提审请求

2024 年 4 月 15 日，美国最高法院在 Visa Inc. v. National ATM Council Inc. 一案中驳回了一项请求推翻集体诉讼认证的提审申请。[①] 此前，华盛顿特区巡回法院在 2023 年 7 月 25 日裁定，维持下级法院对 National ATM Council Inc. 等三名原告作为集体诉讼代表的认证。

最高法院的拒绝意味着，各巡回法院在如何处理集体诉讼认证阶段的事实争议问题上可能会继续存在分歧。有些法院认为，即便事实争议涉及实体问题，只要该争议影响集体认证，就应予以审查，如果原告证据不如被告有说服力，则可拒绝集体认证；而另一些法院则只要求原告提出可信的证据，不对双方证据的说服力作判断，将证据评判交由陪审团决定。

2. 联邦贸易委员会就橙皮书中药械组合专利列名发表意见

2024 年 3 月 22 日，联邦贸易委员会在 Teva 诉 Amneal 案[②]中提交了一份"法庭之友"意见，建议法院批准 Amneal 提出的诉状判决动议，要求强制 Teva 将其 ProAir HFA 产品的某些专利从美国食品和药物管理局（FDA）的橙皮书中移除。多年来，制药商曾多次请求 FDA 澄清哪些药品专利类型应列入橙皮书，但 FDA 一直未作出实质性回应。联邦贸易委员会在此次"法庭之友"意见中提出，应限缩橙皮书列名规则，不应将 Teva 关于 ProAir HFA 产品施用装置的五项专利列入橙皮书。该案件涉及专利和市场竞争问题，特别是在药品审批和专利保护方面的复杂法律问题。[③]

---

① Nat'l ATM Council, Inc. v. Visa Inc., No. 21‑7109.

② Teva Branded Pharmaceutical Products R&D, et al. v. Amneal Pharmaceuticals of New York, LLC, et al., No. 2：23‑cv‑20964.

③ 联邦贸易委员会新闻稿，《FTC 在哮喘吸入器专利纠纷中提交法庭之友陈述》（2024 年 3 月 22 日），https://www.ftc.gov/news‑events/news/press‑releases/2024/03/ftc‑files‑amicus‑brief‑asthma‑inhaler‑patent‑dispute。

3. 2013 年以来所有的联邦反向支付案件原告均落败

2023 年 6 月，加利福尼亚北区地区法院的陪审团裁定，Gilead 和 Teva 未涉嫌进行非法反向支付专利和解，也未推迟仿制药 Truvada 和 Atripla 上市。[①] 原告称，Teva 同意推迟仿制药上市时间，作为交换条件，Gilead 承诺在另一款仿制药获批时将 Teva 的药品上市时间提前。然而，陪审团认为关于 Gilead 市场力量或反向支付的证据不足，因此未能支持原告的指控。这一裁定标志着自 2013 年美国最高法院在 FTC v. Actavis 案中作出裁决以来，反向支付案件的原告连续第三次败诉。在此案件中，最高法院曾明确指出，反向支付协议如果具有反竞争效果，可以被审查并可能被认定为违反反垄断法。尽管如此，近年来在类似案件中，法院对于反向支付是否违反反垄断法的裁定趋向于更为谨慎，特别是当证据不足时。[②]

五、合并控制领域的最新进展

2023 年，联邦贸易委员会和司法部在多个行业开展了 28 项合并执法行动。其中，联邦贸易委员会对 16 项交易采取行动：2 项交易获得同意令（但须征求公众意见），10 项交易因调查过程中提出的反垄断问题而被放弃或重组，4 项交易被联邦贸易委员会提起行政诉讼或联邦法院诉讼；司法部对 12 项交易采取行动：2 项交易在经过美国地区法院诉讼后被禁止，10 项交易在司法部提出合并可能危害市场竞争的担忧后被放弃或重组。此外，还有一些当事方在被起诉之前就放弃了合并计划，避免了与相关机构陷入旷日持久的诉讼。[③]

---

① United Healthcare Services, Inc., Plaintiff-Appellant, v. GILEAD SCIENCES, INC., et al., Defendants-Appellees. Case No. 24-1585.

② 参见联邦贸易委员会官网，Watson Pharmaceuticals, Inc., et al. (FTC v. Actavis), https://www.ftc.gov/legal-library/browse/cases-proceedings/071-0060-watson-pharmaceuticals-inc-et-al-ftc-v-actavis。

③ 参见联邦贸易委员会官方统计数据，https://www.ftc.gov/policy/reports/policy-reports/annual-competition-reports。

1. 司法部与联邦贸易委员会联合发布最终版合并指南

2023 年 12 月 18 日，美国司法部和联邦贸易委员会联合发布新版最终合并指南。最终版指南与之前的指南文件及近期的判例法大相径庭，反而更多地依据更为久远的先例（大部分都是 20 世纪 60 年代的先例）。① 新指南的一些关键性条款包括：①相比 2010 年版指南，做出"结构性"损害推定所依据的市场份额标准有所降低；②纵向交易的审查力度升级；③投入品市场（包括劳动力市场）被给予更多关注；④引进了所谓的"混合"损害理论，按照该理论，即使交易方之间并非竞争者或客户—供应商关系，反垄断机构亦可能反对交易；⑤重点关注可能"扩大"或"巩固"公司的市场支配地位的合并；⑥基于整个行业的整合趋势以及单个公司"整合式"收购的损害理论。该最终版指南的立场和处理方式给合并方带来了重大挑战，与之前的机构指南产生了很大偏离，包括更多地依赖结构性审查、新颖的劳动力市场理论，以及重新适用早已废弃的混合损害理论。最终版指南与拜登政府旨在重振反垄断执法的愿景是一致的。事实上，尽管该指南新出台不久，但促成指南成型落地的政策却已经推行良久——过去三年中，并购交易一直面临高度严格的反垄断审查。

2. 联邦贸易委员会阻止 IQVIA Holdings Inc. 收购 Propel Media, Inc.

2023 年 7 月 17 日，联邦贸易委员会提起诉讼，试图阻止 IQVIA Holdings Inc.（IQVIA）收购 Propel Media, Inc.（PMI）。② 联邦贸易委员会在一份行政起诉书中表示，拟议收购将使 IQVIA 在面向医生和其他医疗保健专业人士的处方药广告市场占据主导地位。联邦贸易委员会还授权其工作人员向联邦地区法院申请临时限制令和初步禁令，旨在阻止 IQVIA 在行政程序进行期间完成对 PMI 的收购。经过近两周的证据听

---

① 参见司法部官网，《2023 年合并指南》，https://www.justice.gov/atr/2023-merger-guidelines。

② 联邦贸易委员会新闻稿，《关于 FTC 暂时阻止 IQVIA 收购 Propel Media 的声明》（2024 年 1 月 3 日），https://www.ftc.gov/news-events/news/press-releases/2024/01/statement-ftc-win-securing-temporary-block-iqvias-acquisition-propel-media。

证以及 2023 年 11 月底和 12 月的结案陈词后，美国地区法院法官 Edgardo Ramos 于 2023 年 12 月 29 日发布法庭令，批准联邦贸易委员会的初步禁令动议。

3. 联邦贸易委员会在其起诉 LCMC 和 HCA 的案件中挑战州行为豁免原则失利

2023 年 9 月 27 日，路易斯安那地区法院裁定，路易斯安那州儿童医疗中心（Louisiana Children's Medical Center, LCMC）与 HCA Healthcare, Inc.（HCA）之间的交易可豁免适用联邦反垄断法，无需遵守 HSR 法的要求。① 该案起源是因 LCMC 通过公共利益证书（COPA）获得路易斯安那州政府批准后，自 HCA 处收购了三家医院。法院认定，按照路易斯安那州的 COPA 法规签发的 COPA 证书可令该交易豁免联邦反垄断执法。法院解释指出，路易斯安那州的 COPA 法规可"轻松"满足州行为豁免原则的要求，该原则规定，如果"受到质疑的限制"已在"相关州政策中予以明确阐述"，且该政策"会受到该州的积极监督"，那么相关当事人和行为即可不受联邦反垄断法律规制。此外，法院还驳回了联邦贸易委员会提出的相关主张，即任何未明确出现在 HSR 法所列举的豁免清单上的交易都不应豁免适用该法案。对于联邦贸易委员会正在与各州 COPA 计划进行的交锋而言，这项对 LCMC 有利的法庭令可谓一项重大挫折，极大地削弱了联邦贸易委员会在实施 COPA 计划的相应州内审查和干预医疗合并交易的能力。

4. 联邦贸易委员会同意就安进收购 Horizon Therapeutics 案达成和解

2023 年 8 月，联邦贸易委员会就安进公司（Amgen Inc.）以 278 亿美元收购 Horizon Therapeutics 的交易发出拟议同意令。② 联邦贸易委员

---

① 参见路易斯安那州东区法院-No. 2：23-cv-01311, No. 2：23-cv-01305, No. 2：23-cv-01890。

② 联邦贸易委员会新闻稿，《Amgen, Inc. 与 Horizon Therapeutics plc 案》，https://www.ftc.gov/legal-library/browse/cases-proceedings/231-0037-amgen-inc-horizon-therapeutics-plc-matter。

会称，此次合并可令安进公司利用其广泛的药物组合，对 Horizon 的两款垄断药物 Tepezza 和 Krystexx 予以优待，从而损害竞争。这一主张属于美国反垄断法下的一项新颖的损害理论（即，安进公司会通过增加捆绑销售和回扣损害竞争）。除联邦贸易委员会外，还有六个州的总检察长参与达成和解，和解协议允许在附加特定行为条件的情况下实施该收购交易。与常见的美国反垄断和解协议不同的是，该同意令不涉及任何资产剥离，而是禁止对 Horizon 和安进的产品给予回扣和进行捆绑销售。对此，安进公司已公开表示其"没有任何理由、能力或意图"如此行事。2023 年 12 月，联邦贸易委员会最终敲定同意令，并委派了一名监督员，标志着联邦贸易委员会十多年来首次通过诉讼对医药合并提出反对意见。

5. 司法部阻止捷蓝航空收购精神航空

2024 年 3 月 4 日，捷蓝航空公司（JetBlue Airways Corporation，简称"捷蓝航空"）宣布放弃以 38 亿美元收购精神航空公司（Spirit Airlines Inc.，简称"精神航空"）的交易。① 2023 年 3 月，司法部联合加利福尼亚州、马里兰州、马萨诸塞州、新泽西州、纽约州、北卡罗来纳州和哥伦比亚特区根据《克莱顿法》第 7 条提起诉讼，要求阻止该交易。司法部称，鉴于捷蓝航空在试图收购和排除其主要的超低成本竞争对手，如果允许此项收购交易进行，那么两家航空公司目前开展竞争的航线将会出现价格上涨的情况，进而剥夺旅客的选择权。2023 年 10 月，该案在地区法院开始审理，经过 17 天的审理，地区法院下令阻止收购进行，这是美国首起基于反垄断理由而被否决的航空公司合并案。司法部长梅里克·加兰（Merrick Garland）称这一裁决是"数千万旅客的胜利，如果允许捷蓝航空和精神航空的拟议合并继续推进，这些旅客将面临更高的票价和更少的选择"。地区法院法官 Young 则更加直截了当地表示："精神航空的忠实客户们，这项判决是为你们做出的。"

---

① 司法部新闻稿，《司法部就捷蓝航空终止收购精神航空发表声明》（2024 年 3 月 4 日），https://www.justice.gov/opa/pr/justice-department-statements-jetblue-terminating-acquisition-spirit-airlines。

6. 联邦贸易委员会就 EQT 拟收购 Quantum Energy 资产一案达成和解

2023 年 8 月，联邦贸易委员会发布同意令，解决了 EQT 公司拟向其直接竞争对手 Quantum Energy Partners 收购部分天然气资产所涉及的反垄断问题。[①] 根据联邦贸易委员会的说法，此次收购将使 Quantum 成为 EQT 的最大股东之一，并使其在 EQT 董事会中占有一席之地，这一安排构成了非法的连锁董事情形，违反了《克莱顿法》第 8 条的相关规定。根据该法条，禁止一个公司同时在竞争对手的董事会中占有席位，防止企业之间通过董事会成员的交叉任命来实现非法合作或信息共享，从而影响竞争环境。为了解决这一潜在的反垄断问题，联邦贸易委员会与相关当事方达成和解，并发布了同意令。根据该同意令，Quantum 公司被要求在收购完成后不得在 EQT 的董事会中占据任何席位。此外，同意令还要求 Quantum 公司剥离其在 EQT 公司的股份，以消除潜在的股东控制问题。为了进一步确保市场竞争不受影响，联邦贸易委员会还禁止了 EQT 和 Quantum 之间的反竞争信息交换，并要求两家公司解散原有的反竞争合资企业。除此之外，联邦贸易委员会还实施了一些其他限制措施，以确保收购不会导致市场竞争的削弱或价格操控。这一和解不仅体现了联邦贸易委员会对反垄断监管的严格态度，也标志着该委员会自 40 年来首次执行《克莱顿法》第 8 条的规定。通过该案，联邦贸易委员会进一步明确了其在并购审查中的立场，即在确保市场竞争的同时，密切关注企业内部治理结构的潜在影响。该案的解决也表明，联邦贸易委员会正在加强对跨行业收购的监管，特别是在能源行业等高度集中且涉及大规模资产交易的领域。

7. 联邦贸易委员会就其调查埃克森美孚拟收购先锋自然资源一案达成和解

2024 年 5 月，联邦贸易委员会通过签发同意令，就其对埃克森美

---

① 联邦贸易委员会官网，《QEP Partners/EQT Corporation 案》，https://www.ftc.gov/legal-library/browse/cases-proceedings/2210212-qep-partnerseqt-corporation-matter。

孚公司（ExxonMobil Corporation）拟收购先锋自然资源公司（Pioneer Natural Resources）一案的反垄断调查达成了和解。① 根据这一同意令，埃克森美孚在收购先锋公司后，先锋公司创始人兼前首席执行官 Scott Sheffield 将被禁止加入埃克森的董事会，且不得在埃克森担任顾问职务。联邦贸易委员会表示，Sheffield 过去曾有过尝试与其他石油行业参与者进行协同行为的历史，如果他被任命为埃克森董事会成员，这可能会提升未来企业间协同的可能性，从而增加反竞争的风险，违反了《克莱顿法》第 7 条的相关规定。此次和解标志着联邦贸易委员会在其反垄断执法中对董事会成员任命的监管进一步加强。联邦贸易委员会特别强调，Sheffield 与其他石油行业参与者的过往合作行为，可能导致市场上出现不正当的协作，从而抑制竞争，影响市场价格和效率。为避免这一风险，联邦贸易委员会通过同意令要求埃克森美孚做出此项承诺，确保不让 Sheffield 成为埃克森董事会成员，从而避免可能的反垄断问题。这一同意令的签发也反映出联邦贸易委员会在监管并购交易时越来越注重潜在的治理结构和行业内部协同的影响。通过对关键管理人员的限制，联邦贸易委员会力图确保市场竞争不受到有害影响，特别是在高度集中且易于协作的行业如石油和天然气领域。在过去几年里，联邦贸易委员会对并购案件中的治理结构问题的关注日益增加，认为即便是在收购交易表面上没有受到直接影响的情况下，董事会成员的任命也可能对竞争产生深远影响。

第二节　欧盟竞争政策与法律最新进展*

一、欧委会竞争立法及执法情况综述

2023—2024 年，欧盟竞争政策为保持欧盟市场的公平、竞争和开放，造福公司和消费者持续发挥着重要作用。欧盟委员会（"欧委会"）

---

① 联邦贸易委员会官网，《Exxon Mobil Corporation 案》，https://www.ftc.gov/legal-library/browse/cases-proceedings/241-0004-exxon-mobil-corporation-matter。

* 本节撰稿人为岑兆琦、许啸宇、黄锦翔。岑兆琦，中伦律师事务所合伙人；许啸宇，中伦律师事务所律师；黄锦翔，中伦律师事务所律师。

认为，欧盟竞争政策是成功应对危机、实现经济复苏以及向可持续和数字经济转型的有效工具之一。

在立法方面，欧委会持续关注数字经济与可持续农业的发展。2024年2月，欧委会通过了新修订的《相关市场界定指南》。作为自1997年通过以来的首次修订，《相关市场界定指南》将多边平台和数字生态系统的特点纳入考量范围，强调非价格因素对界定相关市场的重要性，反映了数字市场新特点及欧盟判例法的发展。此外，欧委会于2023年12月7日通过了《农业可持续性协议反垄断指南》，该指南基于一项2021年通过的农业竞争例外条款，旨在阐明农业经营者如何设计可持续性协议，以适用该竞争例外条款，为农业经营者提供了明确具体的指导。

在执法实践方面，欧委会在数字市场领域查处了数起案件，包括对Intel滥用市场支配地位的行为开出3.76亿欧元的罚单，对苹果（Apple）滥用流媒体应用发行市场支配地位的行为处以18亿欧元的罚款，并在电子钱包的竞争问题上与苹果达成和解，接受了苹果未来10年在欧盟范围内向竞争对手开放NFC支付接入的承诺。在医药领域，欧委会首次作出卡特尔裁决，针对Alkaloids of Australia、Alkaloids Corporation、Boehringer、Linnea、Transo-Phar、C2 PHARMA六家公司固定价格、划分市场、并交换商业敏感信息的行为处以1 340万欧元的罚款。除此之外，欧盟在食品零售、在线外卖平台等市场也进行了相关的调查与执法。

在经营者集中申报方面，欧委会对并购交易的审查力度仍保持在较高水平。据统计，2023年欧委会共作出333项审查决定，附条件批准了9项并购交易，并禁止了1项并购交易[①]。在深入调查在线旅行社市场后，欧委会最终禁止了线上旅行社巨头Booking收购航班线上旅行社平台eTraveli的并购交易；此外，欧委会附条件通过了Novozymes与Chr. Hansen两大生物科学公司的合并，以及大韩航空对韩亚航空的收

---

① 参见：欧盟委员会发布的《2023年竞争政策报告》。

购交易。

二、欧盟竞争立法的新发展

（一）欧盟修订《相关市场界定指南》以适应数字经济的发展①

2024 年 2 月 8 日，欧委会发布了新修订的《相关市场界定指南》。这是《相关市场界定指南》自 1997 年发布以来的首次修订，反映了近年来欧盟市场在数字化程度、提供商品和服务的新型方式以及商业交易的相互关联性等方面的重大发展。

《相关市场界定指南》更新并扩充了界定相关市场的方式，吸收了反垄断案例和经营者集中审查过程中的最佳实践。除细化相关市场界定的定义、再次明确相关市场界定的一般原则外，修订后的《相关市场界定指南》在以下几个方面进行了完善：（1）重视非价格因素对相关市场界定的重要性，包括创新、质量、可靠供应和可持续性；（2）关注在特定情形（如数字市场、创新驱动市场）下的相关市场界定问题；（3）澄清动态及前瞻性评估的方法，尤其是针对正在经历结构性转型的市场；（4）扩充了计算市场份额的指标，除了销售额、产能等因素，还增加了如活跃用户数、访问量等新因素。除此之外，《相关市场界定指南》还对相关地域市场的界定、量化方法的运用进行了澄清与更新。《相关市场界定指南》强调，相关市场界定是进行全面的竞争分析的关键一步，这包含对市场进入和扩张壁垒、规模经济效应、网络效应、产品差异性等因素的评估。

修订后的《相关市场界定指南》回应了技术变革、市场转型的新特点，丰富了市场力量的评估方法，反映了欧盟市场和竞争执法的最新发展，也将提升执法的透明度与可预期性，为企业提供更多合规指导。

（二）欧盟发布《农业可持续性协议反垄断指南》②

2023 年 12 月 7 日，欧委会通过了关于适用农业竞争例外规定的

---

① 参见 https://ec.europa.eu/commission/presscorner/detail/en/ip_23_6001。

② 参见 https://ec.europa.eu/commission/presscorner/detail/en/ip_23_6370。

《农业可持续性协议反垄断指南》(《指南》)。在 2023 年至 2027 年共同农业政策改革的背景下，欧洲议会和欧盟理事会于 2021 年通过了新的农业竞争例外规定，允许农业经营者在应用高于欧盟和/或国家法律强制规定的标准来实现一系列可持续发展的目标时，所达成和实施的协议免受《欧盟运行条约》第 101 条的限制。《指南》旨在明确农业领域的经营者如何设计实施可持续发展协议，以适用农业竞争例外条款。

具体而言，《指南》从排除范围、可持续性目标的条件、所应用的可持续发展标准、竞争执法机构的干预权限等角度，对农业竞争例外规定的适用进行了细化，具体包括：

（1）定义该例外条款的适用范围：仅包括农业生产者以及其他处于农业食品产业链上的其他经营者（如生产、销售、运输或包装产品的经营者）所订立的协议，且该协议必须与农产品相关；

（2）定义可持续性目标的内涵：只有旨在达成特定的可持续目标的协议才能适用该例外规定，该可持续目标包括三类：环境保护、减少农药使用与抗生素滥用、动物健康与福利；这意味着与经济或社会可持续有关的目标不能受益于该例外规定；

（3）可持续标准：要适用该例外规定，当事方必须在协议中适用一个高于欧盟和/或国家强制性标准的可持续标准；

（4）协议的限制类型：如果协议中的竞争限制是对实现可持续标准必不可少的，则任何类型的限制都可以适用该例外条款，《指南》进一步明确了如何评估该限制是否"必不可少"；

（5）执法机关的事后干预权限：《指南》明确如果该协议的实施导致了不合理的消费价格或消费者需求量大的产品退出市场，竞争执法机构可以进行干预，要求停止或修改可持续发展协议。

《指南》的公布将为农业经营者提供行为指引，帮助其在实现农业可持续转型的过程中获得稳定的回报而免于处罚，也有利于欧盟共同农业政策的落实，推动欧盟向更具弹性和可持续性的农业生产过渡。

三、欧委会竞争执法的主要案例

（一）垄断协议

1. 欧委会作出首个医药行业卡特尔裁决①

2023 年 10 月 19 日，欧委会就 Alkaloids of Australia、Alkaloids Corporation、Boehringer、Linnea、Transo-Pharm、C2 PHARMA 六家企业达成了关于一种重要的制药原料 N-丁溴东莨菪碱/东莨菪碱（SNBB）的卡特尔协议处以合计 1 340 万欧元的罚款。其中 C2 PHARMA 由于主动向欧委会披露了相关行为并申请了宽大程序，被免除了全部罚款。

SNBB 是生产 Buscopan 及其仿制药的一种重要活性成分，该药在欧洲主要用于治疗腹部痉挛，属于世界卫生组织认定的基本药物之一。欧委会披露称，这六家企业的违法行为包括固定 SNBB 的最低销售价格、划分市场、交换竞争敏感信息等。欧委会经调查确定，相关卡特尔行为实施的时间范围为 2005 年 11 月 1 日至 2019 年 9 月 17 日，卡特尔的参与者均为 SNBB 的生产或分销商，并详细披露了各参与者的违法行为持续时间。

在案件调查过程中，有三家企业申请了宽大程序，向执法机关提供违法行为的相关信息：（1）C2 PHARMA 作为首位申请者，获得了充分豁免，免除了高达 80.7 万欧元的罚款；（2）Transo-Pharm 和 Linnea 作为后顺位的申请者，依据其与执法机关协作的时长及提供的证据，获得了一定幅度的罚款减免。此外，根据欧委会 2008 年的《关于在卡特尔案件中执行和解程序的通告》，鉴于这些公司承认参与卡特尔并愿意承担相关责任，欧委会对其减少了 10% 的罚款。

欧委会竞争政策专员 Didier Reynders 表示，这是欧盟首次在医药领域作出的卡特尔处罚决定。本案对于维护欧盟药品原料市场的竞争、为消费者提供可负担的药品均具有重大意义。

---

① 参见 https://ec.europa.eu/commission/presscorner/detail/en/ip_23_5104。

2. 欧委会因跨境贸易限制对亿滋国际处以 3. 375 亿欧元罚款①

2024 年 5 月 23 日，欧委会宣布对亿滋国际（Mondelēz International, Inc., 下称"亿滋"）处以 3. 375 亿欧元罚款，原因是该公司阻碍了欧盟成员国之间巧克力、饼干和咖啡产品的贸易，违反了欧盟竞争法。

亿滋总部位于美国，是世界上最大的巧克力和饼干制造商之一，旗下拥有包含金帝（Côte d'Or）、妙卡（Milka）、奥利奥（Oreo）、丽兹（Ritz）、瑞士三角（Toblerone）等知名品牌。欧委会认为，亿滋存在以下违反欧盟竞争法的行为：（1）达成并实施旨在限制跨境销售巧克力、饼干和咖啡产品的反竞争协议；（2）滥用其在某些成员国巧克力市场的支配地位。

具体而言，欧委会认为，亿滋参与了 22 个具有反竞争性质的协议或协同行为，违反了《欧盟运行条约》第 101 条，行为包括：（1）对批发商实施地域或客户限制，其中一份协议还要求亿滋的经销商应以高于国内售价的价格对外出口，该行为在 2012—2019 年期间在欧盟的所有市场实施。（2）禁止成员国内的独家经销商在未获得亿滋许可的情况下向其他成员国的消费者实施被动销售，该行为在 2006—2020 年间在欧盟的所有市场实施。

此外，欧委会认为，在 2015—2019 年间，亿滋滥用在奥地利、比利时、保加利亚、罗马尼亚巧克力市场的支配地位，违反了《欧盟运行条约》第 102 条，具体滥用行为包括：（1）拒绝向一家德国的中间商供货，以防止其将巧克力转售至价格更高的奥地利、比利时、保加利亚和罗马尼亚等地；（2）停止向荷兰供应巧克力产品，以防止荷兰销售商将产品向亿滋售价更高的比利时出口。

欧委会认为，亿滋的非法行为，阻碍了零售商在欧盟市场内自由获得售价更低的产品；亿滋采取此类行为的目的是避免跨境贸易降低产品在成员国内售价，从而能够持续对产品收取更高的价格，但最终损害了

---

① 参见 https://ec.europa.eu/commission/presscorner/detail/en/ip_24_2727。

欧盟消费者的权益。

在处罚金额方面，欧委会考虑了相关行为的严重程度和持续时间，尤其是亿滋从这些行为中获取的销售额。由于亿滋在反垄断调查中积极与欧委会合作，主动承担违法行为的反垄断责任，欧委会决定对亿滋降低15%的罚款金额，总计罚款金额为3.375亿欧元。

欧盟竞争政策执行副主席 Margrethe Vestager 指出，成员国之间的跨境贸易，可以有效降低国内市场的价格，增加消费者福利，这在高通胀时期更为重要。本案针对纵向跨境销售限制行为进行了处罚，有利于维护食品零售行业的竞争秩序、促进欧盟成员国间的跨境贸易，从而推进欧盟统一市场的建设。

3. 欧委会对在线食品配送领域潜在的垄断行为展开调查①

2024年7月24日，欧委会启动了一项反垄断调查，评估在线食品配送平台 Delivery Hero 和 Glovo 是否在欧盟内从事了与食品、杂货及其他日常消费者的在线订购与配送相关的垄断行为，从而违反了欧盟竞争法。

Delivery Hero 和 Glovo 是欧洲两大在线食品配送公司，均主要从事食品配送服务。Delivery Hero 位于德国，目前已在全球七十多个国家开展服务，与五十多万家餐厅合作。Glovo 位于西班牙，其服务分布于全球二十五个国家将近一千三百多个城市。2018年7月，Delivery Hero 获得了 Glovo 的少数股权，2022年7月，Delivery Hero 进一步取得了对 Glovo 的单独控制权，Glovo 成为 Delivery Hero 的子公司。

欧委会注意到，在交易之前，Delivery Hero 和 Glovo 就可能存在划分地域市场和交换竞争敏感信息（如在商业策略、价格、产量、成本、产品特性等方面）的行为；欧委会还注意到，两家公司之间可能达成了"互不挖角"的协议，即双方可能约定了互不接触或雇用对方企业的员工。这些行为可能实施于 Delivery Hero 取得 Glovo 的少数股权之

---

① 参见 https://ec.europa.eu/commission/presscorner/detail/en/IP_24_3908。

前。如证实，两家公司的行为可能违反了欧盟竞争法关于禁止卡特尔和限制商业行动的相关法律（包括《欧盟运行条约》第 101 条和《欧盟经济区条例》第 53 条）。

这次的调查是欧委会在在线食品杂货配送行业的重要执法，旨在确保消费者能通过合理的价格获得服务。这是一个新兴活跃的市场，任何反竞争、限制性的商业行为，都有可能对市场竞争造成负面影响。此外，这也是欧委会首次针对"互不挖角"协议进行调查，旨在确保劳动力市场的公平竞争，避免劳动者的就业机会和就业环境受到不当影响。本次调查还是欧委会首次针对可能发生在经营者持有竞争对手的少量股权的情形下达成的反竞争协议的调查。

（二）滥用市场支配地位

1. 欧委会再次对英特尔公司在芯片市场上滥用市场支配地位行为处以 3.76 亿欧元罚款[①]

2023 年 9 月 22 日，欧委会再次对英特尔（Intel）公司处以约 3.7636 亿欧元的罚款，原因是英特尔公司此前在名为 x86 中央处理器（CPU）的计算机芯片市场上滥用支配地位。英特尔实施了一系列在相关市场排斥其他竞争者的行为，违反了欧盟竞争法。

本次处罚的最早始于 2009 年，欧委会认为英特尔在 x86 操作系统的 CPU 市场上滥用其市场支配地位，对其处以 10.6 亿欧元的处罚。欧委会的罚款主要依据英特尔实施的两类违法行为：（1）"忠诚折扣"：向戴尔、惠普、联想等电脑制造商提供有条件的折扣，要求其仅采购或主要采购英特尔生产的 x86 CPU；（2）限制性行为：向电脑制造商支付一定金额，要求其停止或延缓将搭载其他竞争对手 x86 CPU 的产品推向市场，并限制这些竞争产品的销售渠道。

2022 年，欧盟普通法院判决部分推翻了欧委会 2009 年的处罚决定，尤其是关于"忠诚折扣"行为的认定。同时，欧盟普通法院认为，

[①] 参见 https://ec.europa.eu/commission/presscorner/detail/en/ip_23_4570。

英特尔的限制性行为构成了滥用市场支配地位。由于无法确定罚款金额中仅与后一滥用市场支配地位行为相关的部分，因此欧盟普通法院撤销了全部罚款。针对欧盟普通法院关于忠诚折扣部分的裁决，欧委会已经提起了上诉，目前案件正在审理中。

在该判决作出后，欧委会重新针对英特尔滥用市场支配地位的行为确定了罚款金额。该行为主要发生在 2002 年 11 月至 2006 年 12 月之间，英特尔向三家电脑制造商（即惠普、华硕和联想）付款，以延缓或阻止推出搭载竞争对手 x86 CPU 的产品，并限制这些竞争产品的销售渠道。该行为违反了《欧盟运行条约》第 102 条，因此欧委会决定对其处以 3.76 亿欧元的罚款。

2. 欧委会对苹果滥用流媒体应用发行市场支配地位的行为开出 18 亿欧元罚单[①]

2024 年 3 月 4 日，欧委会公布了一项处罚决定，针对苹果（Apple）在流媒体发行市场上滥用市场支配地位的行为，处以 18 亿欧元罚款。其中欧委会特别认为，苹果限制应用程序开发商向 iOS 用户告知除了应用程序之外的其他更便宜的音乐订阅服务（Anti-steering Provisions 即"反转向条款"），严重违反了欧盟竞争法。

苹果是目前欧洲经济区内向 iOS 用户提供应用程序发行服务的唯一经营者，几乎控制了 iOS 用户体验的所有方面。苹果向应用开发者设定了一系列条款，使其能够在 App Store 上展示自己的应用程序，并向欧洲经济区的 iOS 用户提供服务。

欧委会的调查开始于 2020 年 6 月瑞典流媒体平台 Spotify 的投诉。经调查，欧委会发现，苹果禁止音乐流媒体开发者充分告知除了 iOS 用户应用程序之外更便宜的可替代音乐订阅服务，并禁止其提供任何关于应用外订阅的说明，该条款被称为"反转向条款"。具体而言，该条款禁止应用开发者实施以下行为：

---

① 参见 https://ec.europa.eu/commission/presscorner/detail/en/ip_24_1161。

（1）在应用程序中告知 iOS 用户在应用程序以外通过互联网进行订阅的价格；

（2）在应用程序中告知 iOS 用户通过苹果内置购买系统的订阅费用与其他渠道的差异；

（3）在应用程序中加入链接，引导 iOS 用户通过应用程序开发商的网站购买其订阅服务；应用开发者还不得通过邮件等方式，告知新用户其他付费订阅方式。

欧委会在处罚决定中指出，苹果的反转向条款构成不公平的交易条件，违反了《欧盟运行条约》第 102 条（a）款。此类反转向条款不属于保护苹果关于应用商店商业利益的合理必要手段，且损害了 iOS 用户的利益，使其不能对于音乐流媒体的付费订阅服务作出充分知情且有效的消费决定。

由于苹果向应用开发者收取高额的许可费，这一费用通过更高的订阅费用向苹果 App Store 的用户传导，持续十年来，iOS 用户不得不支付高额的音乐流媒体订阅费用。此外，苹果的反转向条款还在用户体验上给消费者带来非金钱损害：iOS 用户只能通过复杂的搜索过程，来找到应用程序以外的订阅途径，或因为他们从未自己找到这些途径，而从未订阅任何服务。

在罚款幅度上，欧委会考虑了行为的持续时长和危害性、总营业额、市值等因素，还考虑了苹果在行政程序中提交错误信息的行为。最后，欧委会决定在基本罚款金额之外再增加 18 亿欧元，以确保对苹果的罚款总额具有足够的威慑力。欧委会认为，这种罚款是有必要的，因为很大一部分的损害是非经济损失，这并不能以营业额为基础进行测算，且罚款必须足以制止苹果今后重复类似的行为，并威慑其他类似规模的公司。

本案是欧委会首次基于非金钱竞争损害认定经营者违反竞争法，也是对苹果的首次反垄断处罚。该案披露于《数字市场法》生效前三天，该案件将对数字市场的发展产生重大影响。

3. 为达成反垄断和解，苹果承诺 10 年内在欧盟范围内向竞争对手开放 NFC（近场通信）支付接入①

2024 年 7 月 11 日，欧委会宣布接受苹果（Apple）关于在 iPhone 上开放 NFC 的承诺。欧委会认为，该承诺解决了欧委会对于苹果拒绝向竞争对手开放 NFC 支付接入的竞争关切。

Apple Pay 是苹果自身的电子钱包，可用于支持 iPhone 用户在 App Store 及线上支付。苹果控制着其生态系统的各个方面，包括电子钱包的访问权限。欧委会在此前认为，苹果在移动电子设备市场中拥有强大的市场力量，并且在 iOS 电子钱包市场具有市场支配地位。因为苹果不向其他第三方电子钱包开发者开放 NFC 权限，Apple Pay 是 iOS 系统上唯一一个可以使用 NFC 软硬件的电子钱包。在市场调查中，欧委会初步得出结论，认为苹果拒绝向其他电子钱包开发者开放 NFC 接口，构成滥用市场支配地位。这将导致苹果将其他 Apple Pay 的竞争对手排除出市场，抑制了市场创新，并导致消费者的选择减少，这种行为违反了《欧盟运行条约》第 102 条有关禁止滥用市场支配地位的规定。

为解除欧委会的竞争关切，苹果作出了以下承诺：

（1）允许第三方电子钱包开发者在 iOS 设备上免费接入 NFC，而不必使用 Apple Pay 或 Apple Wallet；苹果将在主机卡仿真模式（HCE）下启用对 NFC 的访问，HCE 则允许安全地存储支付凭证并使用 NFC 完成交易；

（2）采用公平、客观、透明、非歧视的程序和准入标准，向第三方电子钱包开发商开放 NFC 访问权限；

（3）确保用户可以轻松地将 HCE 支付应用程序设置为他们在商店中支付的默认应用程序，并使用包括 Touch ID、Face ID 和设备密码等身份验证工具；

（4）建立监控机制和单独的争端解决系统，以便对 Apple 限制访问

① 参见 https://ec.europa.eu/commission/presscorner/detail/en/ip_24_3706。

的决定进行独立的审查；

（5）将以上承诺应用于欧洲经济区内成立的所有第三方移动应用程序开发商，以及在欧洲经济区注册了 Apple ID 的所有 iOS 用户，包括在欧洲经济区以外临时旅行的用户。

经过欧委会的市场测试后，苹果又修改了上述承诺，包括进一步扩大在其他行业终端设备上使用 HCE 支付应用程序启动支付的可能性、取消开发者访问 NFC 输入的条件、允许开发者提示用户修改默认支付应用等。

欧委会认为，苹果的最终承诺能够解决其对第三方电子钱包开发商在 iOS 中使用 NFC 支付的竞争关切，最后决定与苹果达成和解。该承诺将持续 10 年，并适用于整个欧洲经济区。但欧委会也同时表示，苹果的承诺不影响其在其他法规下当前或未来的义务，特别是《数字市场法案》下的其他义务。

苹果在欧盟开放 NFC 接入，标志着苹果曾经的"支付围墙"逐渐开放，苹果的竞争对手将能在商店使用 iPhone 进行移动支付时与 Apple Pay 展开有效竞争，这将为消费者带来更多安全、创新的电子钱包选择。

（三）经营者集中

1. 欧委会禁止旅行平台巨头 Booking 收购航班旅行平台 eTraveli 的交易①

2023 年 9 月 25 日，欧委会发布公告，称其已禁止线上旅行社平台巨头 Booking 收购航班线上旅行社平台 eTraveli 的拟议交易。欧委会认为该交易将加强 Booking 在线上酒店旅行社业务的市场支配地位，且 Booking 并没有提供足以消除竞争关切的有效措施。

Booking 与 eTraveli 是线上旅行社业务的两大头部服务提供商，Booking 主要提供酒店方面的旅行服务，eTraveli 则是航班服务的主要提供者。Booking 通过其比价平台 KAYAK 活跃于搜索服务市场。

---

① 参见 https://ec.europa.eu/commission/presscorner/detail/en/ip_23_4573。

在线旅行社（Online Travel Agency, OTA）可以匹配包含住宿、航班、租车、观光等旅行服务的供需，是重要的中介服务。在欧洲经济区，在线旅行社每年的交易额达到一千亿欧元；其中在线旅行社的酒店服务是规模最庞大、利润最高的部分，价值近四百亿欧元。

欧委会认为，该交易可能加强 Booking 在酒店旅行社业务的市场支配地位，提高酒店成本和价格。具体而言，欧委会认为：

（1）Booking 是欧洲经济区内具有支配地位的酒店旅行社，在过去十年内市场份额增长至将近 60%；在市场上只有一位与之相当的竞争者，且该竞争者规模较小、主要聚焦于美国市场。其他竞争平台无法施加足够的价格竞争压力，这使得 Booking 可以对酒店收取更高的费用。此外，由于 Booking 在酒店数量上已经具备相当的规模，基于网络效应，Booking 也将吸引更多的消费者。

（2）这项交易将使 Booking 获得一个重要的客户获取渠道。紧随住宿，航班旅行社服务是在线旅行社市场的第二大业务，将为 Booking 的核心酒店旅行社业务提供有力的补充。由于消费者在计划旅行中通常以预定航班为第一步，航班旅行社服务是酒店旅行社业务的重要客户获取渠道。eTraveli 是航班旅行社市场中最优的经营者，借助 eTraveli，Booking 可以成为欧洲主要的航班旅行社服务商。

（3）在其酒店旅行社业务基础上，Booking 可以借助这项交易扩展其旅行服务生态。航班旅行社产品将为 Booking 的平台带来大量流量，成为其旅行服务生态的重要增长途径。这项交易将导致其他竞争者更加难以争夺 Booking 在酒店旅行社领域的市场地位。

（4）该项交易为 Booking 的平台带来大量流量与交易，这将加强网络效应，并提升市场的进入与扩张壁垒，使得其他竞争者更加难以发展能够支撑酒店在线旅行社业务的客户群，处于成长阶段的潜在竞争者可能无法发展成为正式竞争者。

（5）Booking 市场支配地位的增强，将提升其面对酒店的议价地位，并将需求从廉价的销售渠道转向 Booking。这可能导致酒店更高的成本和消费者所承受的更高价格。

Booking 曾提出在航班结账页面向旅客展示多个竞争在线旅行社的酒店选项，并允许消费者直接点击所显示的优惠跳转至该在线旅行社的平台。但欧委会认为该救济措施不足以解决竞争带来的不利影响，最终欧委会决定禁止该项交易。

在线旅行社作为新兴的在线平台，具有数字市场网络效应、封锁效应等特点；旅游业对欧盟地区、城市和农村的地方经济起着至关重要的作用。禁止 Booking 对 eTraveli 的收购将保持欧洲在线旅行社市场的竞争，避免酒店和旅行者受到平台力量的过度限制，确保旅游业的重要组成部分保持价格竞争和创新的动力。

2. 欧委会附条件批准 Novozymes 与 Chr. Hansen 的拟议合并①

2023 年 12 月 12 日，欧委会披露其已附条件批准 Novozymes A/S（Novozymes，诺维信）和 Christian Hansen A/S（Chr. Hansen，汉森）的合并交易。

Novozymes 与 Chr. Hansen 均为位于丹麦的生物医药公司。Novozymes 主要从事研发、生产、供应工业酶业务，服务于农业、动物保健食品和饮料等多个行业；Chr. Hansen 是一家为食品、营养、制药和农业等行业提供天然成分解决方案的公司。

欧委会的调查显示，拟议合并将显著消除转基因乳糖酶市场的竞争。欧委会特别指出，Chr. Hansen 已经启动该产品的生产项目，且非常可能在短时间内成为有力的竞争者。在合并后，市场可能缺乏有力的潜在竞争者对合并后实体施加足够的竞争约束。

为了解决欧委会的竞争关切，合并双方承诺剥离以下资产：（1）Chr. Hansen 进军生产乳糖酶市场的项目；（2）Chr. Hansen 的乳糖酶分销业务；（3）Novozymes 的乳糖酶生产设备。

这些承诺为创建一家拥有必要生产资产和研发能力的企业铺平了道

---

① 参见 https://ec.europa.eu/commission/presscorner/detail/en/ip_23_6525。

路，使其将来可能成长为一家在乳糖酶市场具有竞争力的生产商。在对承诺进行市场测试后，欧委会认为，承诺后的交易不再引起竞争关切。

此外，欧委会还审查了该交易对工业生物科技领域的创新可能产生的影响。在经过全面审查和广泛的基准测试后，欧委会认为，合并实体的竞争对手具有同等研发投资能力，双方不具备竞争对手无法获得的任何特定研发能力。

欧委会竞争政策执行副主席 Margrethe Vestager 认为，Chr. Hansen 是 Novozymes 在乳糖酶领域的重要竞争者，剥离 Chr. Hansen 的乳糖酶业务和生产资产才能确保其研发项目能够进入市场，并保持高度创新的生物技术领域的竞争。该合并是丹麦有史以来最大规模的交易，也是欧盟生物医药领域的重要案件，对现有产品市场和技术、创新市场都将产生深远影响。

3. 欧委会附条件批准大韩航空收购韩亚航空①

2024 年 2 月 13 日，欧委会在进行深入调查后，附条件批准了大韩航空对韩亚航空的拟议收购。

大韩航空与韩亚航空均位于韩国，经营国内和国际客运、货运业务。大韩航空是韩国最大的航空公司，以首尔仁川机场为主要交通枢纽，运营枢纽辐射型网络，是 SkyTeam Alliance（天合联盟）的成员之一。韩亚航空是韩国第二大航空公司，是 Star Alliance（星空联盟）的成员之一。欧洲经济区是两家航空公司的重要业务区域。

该交易于 2023 年 1 月 13 日提交欧委会审查，欧委会展开了深入调查，并提出，该交易将损害以下市场的竞争：欧洲与韩国之间的航空货物运输服务，以及首尔与某些欧洲目的地（特别是巴塞罗那、巴黎、法兰克福和罗马）之间航线上的航空客运服务。

欧委会调查发现：大韩航空和韩亚航空在欧洲经济区与韩国之间的货运和客运方面竞争激烈。这两家航空公司合并后将成为这些航线上最

---

① 参见 https://ec.europa.eu/commission/presscorner/detail/en/ip_24_761。

大的航空公司，显著减少了消费者的选择。其他竞争者在市场扩张方面面临监管和其他障碍，不太可能对合并后的公司施加足够的竞争压力，这很可能导致客运和货运价格上涨或质量下降。

为解决欧委会的竞争关切，大韩航空提出了以下救济措施：

在货运业务方面，大韩航空将剥离韩亚航空的全球货运业务。剥离内容包括货机、机位、运输权、机组人员和其他员工，以及客户货运合同等。只有在欧委会批准了该业务合适的买家后，大韩航空才能实施收购。买家必须有能力和动力以可行的方式经营剥离的业务，并与合并后的公司进行有效竞争。

在客运业务方面，大韩航空将向竞争对手 T'Way 航空公司提供必要的资产，使其能够在四条重叠航线上开始运营。这些资产包括航班时刻和运输权，以及所需的飞机。T'Way 是一家韩国航空公司，以首尔为枢纽，在东亚及其他地区运营航线网络。大韩航空承诺在 T'Way 开始运营四条重叠航线之前不会完成合并。

欧委会认为，这些承诺维护了韩国与欧洲经济区之间货运和客运的有效竞争，承诺后的交易不再产生竞争关切；最终欧委会附条件通过了大韩航空与韩亚航空的并购。

该交易是航空运输业的重大交易之一，欧委会竞争政策执行副主席 Margrethe Vestager 认为，航空业对互联互通至关重要，在欧洲经济区占有重要地位。本次集中引发了货运和客运领域的重大竞争关切，资产剥离的承诺能有效确保行业内竞争，保障消费者的选择。

第三节　澳大利亚竞争法发展综述[*]

本文主要基于澳大利亚竞争法执法机构澳大利亚竞争与消费者委员会在其官网中公开披露的文件和案例等，简要介绍了 2023—2024 年度

---

[*] 本节撰稿人为胡铁。胡铁，北京德恒律师事务所合伙人。

澳大利亚竞争法律与政策的最新发展，以及澳大利亚竞争与消费者委员会在处理卡特尔、其他限制竞争协议、合并控制等方面的执法实践进行全面回顾和分析。通过梳理澳大利亚竞争和消费者委员会的重要政策文件和典型案例，本文旨在为读者提供对澳大利亚2023—2024年度竞争法的总结和回顾。

一、澳大利亚竞争法律与政策的最新发展

（一）并购控制改革的意见书[①]

澳大利亚竞争与消费者委员会于2024年1月公布了一份关于并购控制改革的全面意见书，旨在重塑澳大利亚的并购控制制度。这份文件详细阐述了当前制度的不足之处，提出了一系列改革建议，并解释了这些改革的必要性及预期效果。

澳大利亚竞争与消费者委员会首先指出，当前的非正式自愿执法制度已不再适合其目的。这一判断基于几个关键观察：首先，澳大利亚竞争与消费者委员会只能部分地看到澳大利亚的并购活动，许多并购没有通知澳大利亚竞争与消费者委员会；其次，现有制度倾向于默认允许并购进行，即使可能存在竞争问题；最后，在这种情况下，消费者不得不承担无法阻止反竞争并购的风险。这些问题在高度集中的澳大利亚市场中尤为突出。

改革的必要性源于强有力和有效的并购制度对经济的重要性。澳大利亚竞争与消费者委员会强调，这样的制度有助于创造和维持有竞争力、充满活力和韧性的市场，对消费者信心至关重要，并能推动创新和经济繁荣。它还能保护澳大利亚消费者、农民和小企业免受反竞争性收购的影响，这些收购可能导致更高的价格、更低的质量、更少的创新、更少的选择和整体经济生产力的下降。

为了解决这些问题，澳大利亚竞争与消费者委员会提出了一系列改

[①]　参见：https://www.accc.gov.au/system/files/merger-reform-submission.pdf。

革建议。其核心是建立一个行政审批制度，以澳大利亚竞争与消费者委员会作为第一步的裁决者，同时允许合并方和第三方向法庭申请审查。这一制度将要求合并方向澳大利亚竞争与消费者委员会就达到特定门槛的并购进行申报，并在未获批准前不得完成交易。

改革方案的一个关键特征是快速通道豁免程序，旨在处理没有争议的并购（预计占所有需要通知的并购的 90%）。这一程序将在 20 个工作日内完成，避免了更长的正式申报程序所带来的额外信息要求、更高费用和更长审查期。为了提高透明度，澳大利亚竞争与消费者委员会将发布明确的指引，说明何时可能授予豁免，并在做出决定之前公布每个豁免请求。

此外，澳大利亚竞争与消费者委员会建议引入明确的审查和决策时间表，以提供确定性、可预测性和透明度。同时，澳大利亚竞争与消费者委员会也提议赋予其召回权力（call-in power），即可以允许澳大利亚竞争与消费者委员会主动"召回"那些没有达到强制申报门槛但可能引起竞争担忧的并购交易进行审查，以减少大型公司规避通知门槛的动机，确保潜在问题并购不会逃避审查。

在批准标准方面，澳大利亚竞争与消费者委员会提出了一个新的测试：如果"确信不太可能实质性减少竞争"，澳大利亚竞争与消费者委员会必须授予批准。这一标准旨在更恰当地将未来的不确定性风险置于合并方而不是消费者和供应商身上。

澳大利亚竞争与消费者委员会还特别关注了连续收购问题，认为这是一个令人日益关切的领域，特别是在已经高度集中的市场中。提议的改革旨在提供必要的工具来处理这一问题。

整个改革方案的目标是建立一个平衡和有针对性的行政审批制度。这一制度将确保非争议的收购可以迅速处理，监管负担最小，而少数复杂和有争议的收购则可以通过一个结构化、透明和及时的流程进行仔细审查。澳大利亚竞争与消费者委员会认为，这些变化将为企业及其顾问提供更大的确定性，并使澳大利亚的并购控制制度与其他主要司法管辖区的制度保持一致。

澳大利亚竞争与消费者委员会强调，其提议是经过权衡且适度的。这些改革不仅旨在解决当前制度的不足，还致力于保护竞争和消费者利益，同时促进经济效率和创新。澳大利亚竞争与消费者委员会预期，在新制度下，大多数并购（约90%）将通过快速通道程序处理，只有少数复杂和有争议的并购将受到更严格的审查。

文件还讨论了并购控制的经济学，强调了在设计并购控制制度时风险分配的重要性。澳大利亚竞争与消费者委员会认为，将更多风险置于合并方而不是消费者和供应商身上是合理的，因为合并方通常更有能力管理这些风险。

总的来说，澳大利亚竞争与消费者委员会的提议旨在建立一个更加平衡、透明和有效的并购控制制度。这些改革建议试图在保护竞争和消费者利益的同时，为企业提供更大的确定性和效率。澳大利亚竞争与消费者委员会认为，这些变化对于应对当前的经济挑战、维护长期的经济繁荣以及确保澳大利亚市场的竞争性和创新性至关重要。通过这些改革，ACCC 希望能够更好地履行其保护竞争、促进消费者福利的职责，同时为澳大利亚经济的健康发展做出贡献。

（二）可持续发展合作和竞争法的指南草案①

澳大利亚竞争与消费者委员会于 2024 年 7 月发布了一份关于可持续发展合作和竞争法的指南草案，旨在为企业提供明确的指导。这份指南反映了可持续发展合作和竞争法的指南草案对环境可持续性问题紧迫性的认识，以及在促进可持续发展与维护市场竞争之间寻求平衡的努力。

指南首先阐明了可持续发展合作可能违反竞争法的情况。主要包括两大类：卡特尔行为和其他反竞争做法。卡特尔行为包括竞争对手之间就价格、市场份额、产量控制或串通投标达成协议。其他反竞争做法则

---

① 参见：https://www.accc.gov.au/system/files/Sustainability–collaborations–and–Australian–competition–law–draft–for–consultation–July–2024.pdf。

指那些具有实质性减少竞争目的或效果的合同、安排或谅解。澳大利亚竞争与消费者委员特别强调，许多企业对竞争法存在误解，认为所有的合作都可能违法。事实上，很多可持续发展合作是完全合法的。

为了澄清这一点，指南提供了一系列低风险可持续发展合作的示例。这些示例包括：（1）联合资助独立研究以减少环境影响；（2）共享供应商的客观环境可持续性信息；（3）设定非约束性的行业减排目标；（4）讨论并独立决定使用更环保的投入品等。这些例子有助于企业理解什么样的合作是被允许的，从而消除不必要的顾虑。

对于可能违反竞争法的合作，企业可以向澳大利亚竞争与消费者委员申请授权。澳大利亚竞争与消费者委员会评估合作带来的公共利益是否大于公共损害。这里的一个关键点是，可持续发展带来的环境效益可以被视为公共利益。澳大利亚竞争与消费者委员已经在多个案例中认可了减少温室气体排放等环境效益的重要性。这为企业开展环保合作提供了重要的法律空间。

申请授权时，企业需要提供详细信息，包括：（1）详细描述合作安排；（2）说明可能受影响的相关市场；（3）论证预期的公共利益并提供证据支持；（4）分析可能的公共损害，包括对竞争的影响；（5）解释为什么需要合作而不能单独行动；（6）证明合作是实现效益所必需的最小限度。

澳大利亚竞争与消费者委员强调，量化公共利益和损害虽然不是必需的，但如果可能，应当提供量化分析。这有助于澳大利亚竞争与消费者委员更好地评估合作的整体影响。

为了帮助企业更好地准备申请，澳大利亚竞争与消费者委员鼓励企业在正式申请前与其进行初步讨论。这些讨论可以帮助企业理解澳大利亚竞争与消费者委员的关注点，完善申请材料。此外，澳大利亚竞争与消费者委员还提供了简化审查流程的可能性。在某些情况下，澳大利亚竞争与消费者委员可能会直接发布草案决定，加快处理速度。

指南还介绍了临时授权的概念。企业可以申请临时授权，在澳大利亚竞争与消费者委员考虑实质申请期间开展合作行为。这为企业提供了更大的灵活性，特别是在应对紧急情况时。澳大利亚竞争与消费者委员会根据具体情况决定是否批准临时授权，考虑因素包括市场变化的程度、紧迫性等。

为了帮助企业更好地理解澳大利亚竞争与消费者委员的评估标准和思路，指南提供了一系列详细的案例研究。这些案例涵盖了多个领域：（1）只从符合环境标准的供应商采购；（2）停止使用塑料包装；（3）联合开发减排技术；（4）改善回收率的信息共享与协调；（5）减少食物浪费的信息共享；（6）可再生能源联合采购。每个案例都详细分析了可能的竞争法风险，以及澳大利亚竞争与消费者委员如何评估其公共利益和损害。这些案例研究为企业提供了宝贵的参考，帮助它们设计自己的可持续发展合作项目。

澳大利亚竞争与消费者委员特别强调，它将根据每个申请的具体情况进行评估。这意味着企业需要提供充分的证据和论证，证明合作确实能带来公共利益，且这些利益超过了可能的公共损害。澳大利亚竞争与消费者委员鼓励企业提供尽可能详细和具体的信息，避免使用模糊的语言。

总的来说，这份指南标志着澳大利亚在应对气候变化和环境挑战的过程中，正在积极调整其竞争政策。它为企业提供了一个清晰的框架，在这个框架内，企业可以探索更多的可持续发展合作机会，同时保持对竞争法的遵守。这不仅有利于推动企业在环保方面的创新和投资，也有助于澳大利亚整体上加快向更可持续的经济模式转型。

（三）（非并购）行为授权指南①

澳大利亚竞争与消费者委员会于 2024 年 8 月发布了（非并购）行为授权指南。该指南旨在指导企业和其他利益相关方了解和参与非并购行为的授权程序。这份指南详细阐述了授权的法律框架、申请流程、评

---

① 参见：https://www.accc.gov.au/about‐us/publications/guidelines‐for‐authorisation‐of‐conduct‐non‐merger。

估标准以及复审机制等关键方面。

授权框架是澳大利亚竞争法的一个重要特征，它允许某些可能违反竞争法的行为在特定情况下获得法律保护。澳大利亚竞争与消费者委员可以授权那些可能导致公共利益大于公共损害的行为。这一机制表明，在某些情况下，特定行为可能不会损害竞争，或者可能带来的公共利益超过了潜在的反竞争影响。

申请授权的过程始于提交有效的申请表和缴纳相应的费用。澳大利亚竞争与消费者委员强烈建议申请人在正式提交申请前与其进行非正式讨论，以确保申请材料完整且符合要求。申请表需包含公开版本和保密版本，公开版本将被放置在公共登记册上供公众查阅。

一旦申请被确认有效，澳大利亚竞争与消费者委员将启动一个详细的评估过程。这个过程通常包括以下几个关键步骤：（1）利益相关方咨询：澳大利亚竞争与消费者委员会会邀请可能受影响的各方在 2~4 周内提交意见；（2）起草决定：澳大利亚竞争与消费者委员会通常在 3~4 个月内发布初步决定；（3）召开会议：如有要求，澳大利亚竞争与消费者委员将召开会议，允许各方口头陈述意见；（4）最终决定：澳大利亚竞争与消费者委员通常在 5~6 个月内做出最终决定。

在整个过程中，澳大利亚竞争与消费者委员需要维护一个公共登记册，其中包含与授权申请相关的所有文件。申请人可以要求将某些敏感或保密信息排除在公共登记册之外，但需要提供充分的理由。

澳大利亚竞争与消费者委员在评估授权申请时采用的测试标准因行为类型而异。对于卡特尔行为等本质上违法的行为，澳大利亚竞争与消费者委员必须确信该行为将产生公共利益，且这些利益大于潜在的公共损害。对于可能影响竞争但不一定违法的行为，澳大利亚竞争与消费者委员必须确信该行为不会大幅减少竞争，或者产生的公共利益大于潜在的损害。

在评估公共利益和损害时，澳大利亚竞争与消费者委员考虑多个方面。公共利益可能包括经济效率的提升、交易成本的降低、外部性的解决等。公共损害主要关注竞争减少可能带来的负面影响。澳大利亚竞争与消费者委员鼓励申请人尽可能量化这些利益和损害，但也认识到在许多情况下这可能难以做到，因此也接受定性分析。

澳大利亚竞争与消费者委员有权对授权施加条件，以确保公共利益得以实现或维持。这些条件可能是先决条件（需要在授权生效前满足）或持续条件（需要在授权期间持续满足）。此外，澳大利亚竞争与消费者委员通常会限定授权的有效期，大多数授权的期限为 5 年，但根据具体情况可能会有所不同。

在某些情况下，澳大利亚竞争与消费者委员可能会在评估过程中授予临时授权。申请人需要提供令人信服的理由，说明为什么需要紧急考虑临时授权。澳大利亚竞争与消费者委员在决定是否授予临时授权时会考虑多个因素，包括对相关市场的潜在影响、申请的紧迫性以及各方可能面临的损害等。

授权一旦获得，并不意味着永久有效。澳大利亚竞争与消费者委员提供了多种机制来修改、撤销或替换现有授权：（1）微小变更：对授权进行小幅修改，不会实质性改变授权的效力；（2）撤销和替代：允许申请人或澳大利亚竞争与消费者委员撤销现有授权并用新授权替代；（3）撤销：在特定情况下，授权可以被完全撤销。

如果申请人或其他利益相关方对澳大利亚竞争与消费者委员的决定不满意，他们可以向澳大利亚竞争法庭申请复审。法庭将重新审理申请，可以确认、撤销或更改澳大利亚竞争与消费者委员的决定。在这个过程中，澳大利亚竞争与消费者委员的角色是协助法庭做出正确决定，而不是单纯为维护自己的决定而辩护。

澳大利亚竞争与消费者委员的决定还可以在联邦法院就法律问题提出质疑。同样，竞争法庭的决定也可以就法律问题向联邦法院上诉。这提供了额外的法律保障，确保授权过程的公正性和合法性。

总的来说，这份指南为企业和其他利益相关方提供了清晰而全面的指导，帮助他们了解和参与非并购行为的授权程序。它强调了透明度、公平性和公共利益的重要性，同时也为澳大利亚竞争与消费者委员提供了足够的灵活性来处理各种复杂的情况。通过这一机制，澳大利亚的竞争法体系在维护市场竞争和促进经济效率之间取得了平衡。

二、竞争法主要案例

（一）垄断协议主要案例

1. 楼宇自动化公司企图操纵投标案[①]

2024 年 6 月 5 日，根据澳大利亚竞争与消费者委员会提起的诉讼，联邦法院下令 Delta 楼宇自动化有限公司（Delta）因试图在澳大利亚国家美术馆的招标中操纵投标而支付 150 万澳元的罚款。

Delta 的唯一董事 Timothy Davis 也被命令支付 12 万澳元的罚款。他于 2019 年 12 月在堪培拉的一家咖啡馆组织了一次会议，与 Delta 的一个竞争对手讨论操纵投标事宜。

这些处罚是在法院早前裁定 Davis 先生代表 Delta 在该会议上提出向竞争对手支付费用，以换取在澳大利亚国家美术馆 2019 年进行的楼宇管理系统升级招标过程中操纵投标的协议之后做出的。由于竞争对手的总经理拒绝了 Davis 先生的提议，这次操纵投标的企图未能成功。

澳大利亚竞争与消费者委员会委员 Liza Carver 表示："试图操纵投标是对我们竞争法的严重违反。这起案件尤其令人担忧，因为它涉及一个由纳税人资金支付的工程招标。这个案例应该给所有企业一个强烈的提醒，即参与任何形式的卡特尔行为，包括最终未能成功的企图，都可能导致严重后果。"

法院还下令，禁止 Delta 和 Davis 先生在三年内与任何竞争对手就澳大利亚首都领地的楼宇管理系统招标进行沟通。此外，法院命令 Delta 实施竞争法合规计划，并支付 ACCC 在诉讼中的费用。

---

① 参见：https://www.accc.gov.au/media-release/delta-building-automation-and-its-director-to-pay-penalties-for-attempted-bid-rigging-for-national-gallery-of-australia-tender-process。

2. 四驱配件制造商固定转售价格案①

2024 年 5 月 17 日，澳大利亚竞争与消费者委员会公布了一起固定转售价格案。四轮驱动配件制造商 MSA 4x4 Accessories Pty Ltd（MSA）和 Offroad Animal Pty Ltd（Offroad Animal）分别承认进行了固定转售价格，指示经销商不得以低于指定价格推广或销售其产品。

2022 年 1 月至 4 月期间，MSA 指示其部分经销商不得以低于特定折扣百分比的价格对 MSA 产品进行折扣，并警告如果经销商不遵守这一指示，将不允许对建议零售价进行任何折扣。2020 年 9 月至 2023 年 6 月期间，Offroad Animal 指示经销商和潜在经销商不得以低于建议零售价的价格宣传其产品。

根据澳大利亚竞争法，供应商阻止或试图阻止经销商以低于指定最低价格广告或销售商品或服务是非法的。这种行为被称为固定转售价格。澳大利亚竞争与消费者委员会委员 Liza Carver 表示："固定转售价格阻止了经销商在价格上相互竞争的能力，导致消费者面临更高的价格。企业应该意识到澳大利亚竞争与消费者委员会对固定转售价格非常重视，并对从事这种非法行为的企业采取适当的执法行动。供应商不能通过设定经销商收取或推广的最低价格来强加更高的价格。同样，供应商也不应屈服于一些经销商的压力，对其他竞争经销商（尤其是那些成本较低的在线商业模式）强加最低价格。"

在澳大利亚竞争与消费者委员会接受的可由法院强制执行的承诺中，MSA 和 Offroad Animal 各自承诺：不进行转售价格维持；致函其经销商，告知经销商可自由设定价格；在其网站上发布纠正通知；在行业贸易展和展览会上提供纠正通知；以及建立竞争和消费者合规计划。该承诺将自开始日期起生效 3 年。

---

① 参见：https://www.accc.gov.au/media-release/two-4wd-accessory-manufacturers-admit-to-resale-price-maintenance#:~:text=Four-wheel%20drive%20accessory%20manufacturers%2C%20MSA%204x4%20Accessories%20Pty,or%20sell%20their%20products%20below%20a%20specified%20price。

3. 废物处理卡特尔案[①]

2024 年 2 月 23 日，澳大利亚联邦法院今根据《竞争与消费者法》第 45AF 和 45AG 条，就悉尼拆迁废物服务的价格固定安排，对废物管理公司 Bingo Industries 以及 Aussie Skips Bin Services 和 Aussie Skips Recycling（统称 "Aussie Skips"）作出定罪和量刑。Bingo 被罚款 3 000 万澳元，Aussie Skips 被罚款 350 万澳元，此前两家公司都承认与对方固定并提高了悉尼建筑和拆迁废物的废物箱供应和废物处理服务的价格。Bingo 的 3 000 万澳元罚款是《竞争与消费者法》下对刑事卡特尔罪行处以的第二高罚款。

Bingo 前董事总经理兼首席执行官 Daniel Tartak 和 Aussie Skips 前首席执行官 Emmanuel Roussakis 也被定罪和量刑。Tartak 先生因两项刑事卡特尔罪行被判处两次 18 个月监禁，将在两年内作为矫正令同时执行，包括 400 小时社区服务。Tartak 先生还被罚款 10 万澳元，并被禁止管理公司 5 年。Roussakis 先生因一项刑事卡特尔罪行被判处 18 个月监禁，将作为矫正令执行，包括 300 小时社区服务。Roussakis 先生还被罚款 7.5 万澳元，并被禁止管理公司 5 年。

这个卡特尔存在于 2019 年 5 月至 2019 年 8 月期间，Bingo 和 Aussie Skips 同意从 2019 年 7 月 1 日起固定悉尼的废物收集服务和废物处理服务的价格。澳大利亚竞争与消费者委员会于 2019 年 6 月开始对该卡特尔进行调查。

澳大利亚竞争与消费者委员会主席 Gina Cass-Gottlieb 表示：该判决应该作为一个强烈的提醒，刑事卡特尔行为是一种严重的罪行，会带来严重的后果，包括刑事定罪、巨额罚款、禁令和个人可能面临监禁。卡特尔行为是非法的，因为它增加了消费者和企业必须支付的价格，并限制了健康的竞争和经济增长。我们将继续调查卡特尔行为，并将适当

---

① 参见：https://www.accc.gov.au/media-release/criminal-sentences-imposed-on-bingo-aussie-skips-and-their-former-ceos-daniel-tartak-and-emmanuel-roussakis-for-skip-bin-and-waste-processing-cartel。

的案件移交联邦公诉署考虑刑事起诉。

在判决书里，Wigney 法官认为：卡特尔被广泛谴责为最恶劣的反竞争行为形式。卡特尔的核心是竞争者之间不进行竞争的协议。卡特尔行为损害消费者、企业和经济，可能会增加价格，减少选择并扭曲创新过程。Wigney 法官还指出，Bingo 和 Aussie Skips 之间的价格固定安排对悉尼大都市地区或其重要部分的收集服务和处理服务的价格竞争产生了抑制和扭曲的效果。该地区的收集服务和处理服务市场规模大且利润丰厚。卡特尔行为的效果是，该地区的一些收集服务和处理服务的消费者可能比原本应该支付的更多。

4. 电动工具固定转售价格案①

本案涉及 Techtronic Industries Australia Pty Ltd（Techtronic），这家公司是 Milwaukee 品牌电动工具和手动工具的主要供应商。Techtronic 在 2016 年至 2021 年间，与多家经销商达成协议，规定这些经销商不得以低于公司规定的最低价格（即所谓的"成本价格"）销售 Milwaukee 产品。该行为被认定为违反了《2010 年竞争与消费者法》第 48 条的转售价格维持（Resale Price Maintenance，RPM）规定。

Techtronic 在长达六年的时间内，通过经销协议，要求其经销商不得以低于指定的"成本价格"出售产品。该"成本价格"是通过 Techtronic 向经销商开具的发票价格确定的，但并未考虑到销售过程中经常给予经销商的回扣。因此，实际的产品购买成本低于该"成本价格"。这使得经销商实际上无法在市场中以更低的价格竞争。此外，Techtronic 通过口头和书面警告，以及暂时停止供应来强制执行这些协议条款。特别是，Techtronic 在 2018 年曾对两家经销商采取了暂停"忠诚折扣"的制裁措施。

澳大利亚竞争与消费者委员会对 Techtronic 的行为展开了调查，并于 2021 年提起诉讼，指控 Techtronic 有 128 起固定转售价格的行为。

---

① 参见：https://www.accc.gov.au/media-release/record-penalty-for-resale-price-maintenance-conduct-by-power-tool-supplier-techtronic。

Techtronic 最初仅承认了 3 起违规行为，但在和解后，Techtronic 承认了大部分指控。

联邦法院对 Techtronic 处以 1500 万澳元的罚款，这是澳大利亚历史上针对转售价格维持行为的最高罚款。法院还颁布了其他多项命令，要求 Techtronic：发布改正通知，告知其经销商及消费者其行为的违法性；在未来五年内不得再参与类似的转售价格维持行为；实施一个内部合规计划，以确保未来遵守《竞争与消费者法》的相关规定；支付澳大利亚竞争与消费者委员会的部分法律费用，金额为 40 万澳元。

澳大利亚联邦法院法官 Colvin J 的判决理由集中在以下几个方面：

（1）违法性质与严重性：

根据《竞争与消费者法》第 48 条，固定转售价格行为是明确违法的。转售价格维持削弱了价格竞争，剥夺了经销商在市场中自由定价的权利，并最终影响消费者的选择，导致消费者支付更高的价格。Techtronic 的行为直接限制了其经销商以低于指定"成本价格"的价格出售 Milwaukee 产品。尽管 Techtronic 声称其行为是为了维持品牌形象和市场定位，但法院指出，这种行为并不能作为其违法行为的辩护理由。法院强调，即使行为的目的是为了保护品牌形象，但仍然不能抵消其对市场竞争的负面影响。

（2）行为的持续性与规模：

法院特别强调了 Techtronic 违法行为的持续时间和规模。Techtronic 的转售价格维持行为从 2016 年开始，并持续至 2021 年。这段时间内，Techtronic 多次对违反协议条款的经销商进行警告，并在个别情况下停止向其供应产品。这表明，Techtronic 并非偶然或无意地违反了法律，而是系统性地、持续性地执行了其定价政策。Techtronic 的行为涉及范围广泛，影响了多个经销商，覆盖了大量 Milwaukee 产品的销售。这一违法行为的规模使得许多消费者在较长时间内可能无法以更低的价格购买到这些产品，增加了市场整体的消费成本。

（3）Techtronic 的市场地位与竞争环境：

虽然 Techtronic 并不被认为在市场上具有垄断力量，但其作为 Milwaukee 产品的主要供应商，对价格制定有着显著的影响力。Techtronic 的行为剥夺了其经销商在市场中的自由竞争权，使得这些经销商无法在激烈的市场环境中通过降价来吸引消费者。法院认为，这种行为虽然没有导致垄断，但它大大减少了 Milwaukee 产品的价格竞争，违背了《竞争与消费者法》的精神。

（4）法律咨询与非故意性：

在判决中，法院还考虑了 Techtronic 的辩护理由，即其行为并非故意违法。Techtronic 曾就其经销协议条款寻求外部法律意见，且并没有试图隐瞒其定价政策。然而，法院指出，尽管 Techtronic 可能没有故意违反法律，但其行为仍然对市场竞争产生了实质性影响。因此，虽然这一点在判决中被视为减轻因素，但并不能完全免除其法律责任。

（5）合作与认罪：

Techtronic 最初对澳大利亚竞争与消费者委员会的指控进行了抗辩，但在案件调解后，Techtronic 承认了大部分指控，并与澳大利亚竞争与消费者委员会合作提交了联合意见。这一合作行为使得法院在判罚时考虑了这一因素，认为 Techtronic 的认罪和合作态度可以作为适当减轻处罚的理由。

（6）处罚的确定：

法院在决定 1 500 万澳元的罚款金额时，参考了 Techtronic 的商业规模、行为的持续时间以及其在市场中的影响力。法院认为，这一罚款金额足以对 Techtronic 产生足够的威慑作用，同时也向其他公司发出了强烈信号，表明违反《竞争与消费者法》的行为将面临严厉的处罚。法院还指出，由于 Techtronic 的年营业额达到数亿澳元，因此罚款金额不仅要具有威慑性，还需要与其商业规模相符。虽然最高罚款额可能达到数十亿澳元，但法院认为，1 500 万澳元的罚款已足以在此案中起到必要的惩罚和威慑作用。

除了罚款外，法院还要求 Techtronic 实施一项合规计划，确保其未来不再发生类似行为。Techtronic 被要求向所有经销商发布纠正性通知，并在其网站上公布相关信息，以提高公众对该问题的认识。法院还要求 Techtronic 在未来五年内不得再以任何形式进行固定转售价格行为。

（二）非合并控制授权主要案例

1. 对共享诊所内牙科服务收费协议的授权①

澳大利亚竞争与消费者委员会于 2024 年 9 月 11 日公布了一份决定，授权澳大利亚牙科协会及其成员在共享诊所内就牙科服务收费达成协议。这项授权有效期至 2029 年 10 月 3 日。这项决定旨在支持共享诊所的运营模式，使牙医能够选择适合自身需求的业务结构，同时为患者带来更好的服务体验。

澳大利亚竞争与消费者委员认为，这种做法将带来显著的公共利益。首先，它为患者提供了价格确定性和更好的医生选择。在共享诊所中，患者可以在不同牙医之间自由选择，而不必担心价格差异。其次，它促进了牙医之间的合作，有助于提高服务质量。牙医可以更容易地分享专业知识和经验。第三，通过分摊成本，这种模式提高了运营效率。最后，它支持了更灵活的工作安排，有利于吸引和留住牙科从业者。

澳大利亚竞争与消费者委员认为，这种做法不太可能导致显著的公共损害。尽管允许在共享诊所内达成价格协议，但这些协议仅限于诊所内部，不涉及不同诊所之间。每个诊所仍然需要面对市场竞争，特别是在人口密集的地区。

虽然有利益相关方建议澳大利亚竞争与消费者委员应要求参与的诊所公示价格，但澳大利亚竞争与消费者委员认为这超出了授权范围，且可能无法实现预期效果。澳大利亚竞争与消费者委员最终结论是，这项授权的公共利益大于潜在的公共损害，因此满足了授权的法定要求。

---

① 参见：https://www.accc.gov.au/public-registers/authorisations-and-notifications-registers/authorisations-register/australian-dental-association-inc-0。

2. 不反对 Delivery Angel 集体谈判申报①

2024 年 7 月，澳大利亚竞争与消费者委员会做出决定不反对 Delivery Angel 代表其现有和未来成员提交的集体谈判授权。该通知允许 Delivery Angel 代表成员与电力、天然气、保险、废物处理和全国食品饮料分销服务的潜在供应商进行集体谈判。

澳大利亚竞争与消费者委员会认为，这种集体谈判很可能带来公共利益，主要体现在降低整体交易成本以及为 Delivery Angel 成员提供更好的合同谈判机会。同时，澳大利亚竞争与消费者委员会认为这种做法不太可能带来公共损害，即使有也是极小的。

根据 Delivery Angel 的请求，澳大利亚竞争与消费者委员会决定允许该授权有效期为 10 年，以便成员能够与目标供应商进行更长期的供应协议谈判，从而最大化灵活性和成本节约。澳大利亚竞争与消费者委员会认为，这种做法带来的益处很可能会在整个期间持续，并可能随着时间的推移而增强。延长授权期不太可能增加可能由此产生的极小公共损害，而且如果真的出现问题，澳大利亚竞争与消费者委员会可以在之后撤销授权所提供的保护。

该授权的申请于 2024 年 7 月 8 日提交，法律保护从 2024 年 7 月 22 日开始生效。除非澳大利亚竞争与消费者委员会撤销提供的保护或授权被撤回，否则其有效期将一直持续到 2034 年 7 月 7 日。

澳大利亚竞争与消费者委员会认为，集体谈判可能会带来以下公共利益：降低交易成本、增加对合同的参与度、以及改善信息的获取。同时，澳大利亚竞争与消费者委员会认为可能产生的公共损害很小，主要是因为：参与是自愿的、Delivery Angel 成员在相关竞争领域只占很小比例、不涉及集体抵制、不限制成员在其他方面的竞争。

总的来说，澳大利亚竞争与消费者委员会认为这种集体谈判带来的公共利益很可能超过可能产生的公共损害。如果情况发生变化或澳大利

① 参见：https://www.accc.gov.au/public-registers/authorisations-and-notifications-registers/collective-bargaining-notifications-register/delivery-angel-pty-ltd。

亚竞争与消费者委员会收到信息表明公共利益不再超过公共损害，澳大利亚竞争与消费者委员会可以随时重新评估这一决定。

3. 撤销辅助喷漆机固定转售价格的授权①

2023 年 11 月，澳大利亚竞争与消费者委员会决定撤销 Graco Australia Pty Ltd 提交的关于其无气和空气辅助喷漆机的固定转售价格的授权。澳大利亚竞争与消费者委员会认为，该授权所带来的公共利益不太可能超过由此产生的公共损害。

Graco Australia 申请授权，要求其分销商以不低于 Graco Australia 设定的最低价格来广告宣传其喷漆机产品。澳大利亚竞争与消费者委员会认为，这种做法很可能会导致消费者为这些产品支付更高的价格，因为它会削弱分销商在价格上竞争并提供大幅折扣的能力和动机。同时，鉴于澳大利亚喷漆机供应市场高度集中，竞争不足以将价格限制在竞争水平。

Graco Australia 声称这种做法会带来公共利益，包括提高零售服务水平、减少搭便车行为、增加创新等。但澳大利亚竞争与消费者委员会认为，这些产品并不需要特别复杂或高投入的零售活动，也没有证据表明存在严重的搭便车问题。目前的服务水平似乎已经足以满足大多数客户的需求。

澳大利亚竞争与消费者委员会认为，任何可能因服务水平提高而带来的公共利益，都不太可能超过价格上涨所造成的公共损害。虽然一些依赖店内服务的客户可能会从中受益，但所有或大多数 Graco 客户都将为这种更高的服务水平付费，而只有部分客户重视这种服务。

总的来说，澳大利亚竞争与消费者委员会认为这个市场的客户对价格敏感，该通知对价格的影响所带来的公共损害可能比其带来的公共利益更为显著。因此，澳大利亚竞争与消费者委员会决定撤销这一通知，其法律保护将于 2023 年 12 月 17 日终止。

---

① 参见：https://www.accc.gov.au/public-registers/authorisations-and-notifications-registers/authorisations-register/western-australian-and-northern-territory-lng-producers-0。

这个决定反映了澳大利亚竞争与消费者委员会在评估固定转售价格行为时的谨慎态度。澳大利亚竞争与消费者委员会认为，只有在有明确证据表明固定转售价格行为能带来显著公共利益，并且这种利益超过了可能的公共损害时，才会允许这种做法。在这个案例中，澳大利亚竞争与消费者委员会认为证据不足以支持 Graco Australia 的主张。

（三）合并控制授权或非正式批准主要案例

1. 澳大利亚竞争与消费者委员会反对 Australian Clinical Labs 对 Healius 的拟议收购[①]

2023 年 12 月 15 日，澳大利亚竞争与消费者委员会已决定反对 Australian Clinical Labs Limited（ASX：ACL）对 Healius Limited（ASX：HLS）的拟议收购。

ACL 和 Healius 都为门诊、住院（公立和私立医院）以及商业和政府客户提供人类病理服务。ACL 和 Healius 都在澳大利亚证券交易所（ASX）上市。ACL 在除塔斯马尼亚州外的每个州和领地经营人类病理服务。ACL 还通过其 Gribbles Veterinary 品牌在南澳大利亚州和维多利亚州提供兽医病理服务，而 Healius 则通过其 Vetnostics（新南威尔士州和首都领地）、Australian Specialised Animal Pathology Laboratory（南澳大利亚州和维多利亚州）、QML Vetnostics（昆士兰州）、Vetpath（西澳大利亚州和北领地）和 TML Vetnostics（塔斯马尼亚州）品牌提供兽医病理服务。

Healius 通过澳大利亚各地的各种品牌——Laverty Pathology（新南威尔士州和首都领地）、Dorevitch Pathology（维多利亚州）、QML Pathology（昆士兰州）、Abbott Pathology（南澳大利亚州）、Western Diagnostic Pathology（西澳大利亚州和北领地）和 TML Pathology（塔斯马尼

---

① 参见：https://www.accc.gov.au/media - release/accc - opposes - australian - clinical - labs%E2%80%99 - proposed - acquisition - of - healius#:~:text = The%20ACCC%20has%20decided%20to%20oppose%20the%20proposed, lessening%20of%20competition%20in%20Australian%20pathology%20services%20markets。

亚州），经营人类病理服务。Healius 还经营诊断成像服务。

经过深入调查，澳大利亚竞争与消费者委员会得出结论，该拟议收购可能会导致澳大利亚病理服务市场的竞争大幅减少。澳大利亚竞争与消费者委员会认为，ACL 和 Healius 都向社区、私立和公立医院、商业和政府客户以及兽医诊所提供病理服务。它们彼此密切竞争，并以知名品牌提供服务。因此该拟议收购可能会大幅减少门诊病理服务、私立医院住院病理服务和商业病理服务的供应竞争。

澳大利亚竞争与消费者委员会委员 Stephen Ridgeway 表示："我们认为，ACL 和 Healius 在门诊服务方面密切竞争，在澳大利亚拥有广泛的样本采集中心、实验室和快递网络。拟议收购可能会导致竞争大幅减少，因为它将使澳大利亚病理服务的三大供应商中的两家合并，进一步巩固已经集中的市场。合并后的 ACL 和 Healius 将经营澳大利亚 50% 以上的批准病理样本采集中心。在某些地区，它们是患者可选择的仅有的两家病理服务提供商。我们担心拟议收购会影响患者和他们的转诊医生，可能通过更长的周转时间、更短的样本采集中心开放时间、减少对医疗从业者的支持以及通过增加私人收费来提高患者的价格。"

Ridgeway 先生认为：ACL 和 Healius 是通常竞争大型私立医院合同和私立医院执业专科医生转诊的三家私营病理提供商中的两家。同样，大型商业病理客户通常只有少数几家潜在供应商，包括合并双方。由于合并后的 ACL 和 Healius 将面临有限的竞争，它们可能能够提高私立医院服务和大型商业病理客户的价格并减少服务。

澳大利亚竞争与消费者委员会仔细考虑了其他病理服务提供商（包括 Sonic、4Cyte 和公共部门提供商）提供的竞争水平。澳大利亚竞争与消费者委员会认为，新的或现有的提供商不太可能及时进入或扩张到足以解决拟议收购导致的竞争损失的规模。

Ridgeway 先生认为：新的或现有的提供商面临一系列进入和扩张障碍。病理服务存在显著的在位优势，包括实验室测试和快递网络的规模经济，以及与医疗从业者的关系。

在审查期间，ACL 提出了一项可由法院强制执行的承诺，即剥离维多利亚州偏远地区、珀斯和北领地的一揽子样本采集中心。

Ridgeway 先生表示："我们得出结论，ACL 提出的草案承诺无法解决我们的担忧。为了有效和可持续地竞争，竞争对手需要具有规模、强大的声誉和专业知识，以及与医生建立的关系。剥离方案没有解决竞争问题。"

2. 附条件通过 LDC 集团收购 Namoi Cotton Limited 案①

2024 年 8 月 1 日，澳大利亚竞争与消费者委员会表示不会反对 LDC 集团拟议收购 Namoi Cotton Limited（ASX：NAM），此前澳大利亚竞争与消费者委员会接受了 LDC 集团提出的可由法院执行的承诺，即剥离其在 ProClass Pty Ltd 的股份，并终止与 WANT Cotton Pty Ltd 的合资企业。

在澳大利亚，LDC 集团和 Namoi 都提供棉花轧花、棉绒分级、物流和仓储服务。LDC 集团和 Namoi 还都从事棉绒和棉籽的收购和营销。

LDC 集团经营三个棉花轧花厂，位于埃默拉尔德和多尔比（昆士兰州）以及莫里（新南威尔士州）。它在多尔比和布里斯班港（昆士兰州）以及莫里（新南威尔士州）建有设施，提供棉花仓储和物流服务。LDC 集团持有 ProClass 20% 的股权，后者提供棉绒分级服务。它还与 WANT Cotton 有一个合资企业，负责运营和管理位于凯瑟琳（北领地）附近的 WANT 棉花轧花厂。该棉花轧花厂于 2024 年 5 月投入运营。

Namoi 是一家在澳交所上市的公司，其业务包括轧花、通过拥有 ACS 提供棉绒分级、棉籽和棉绒营销以及仓储和物流服务。Namoi 在新南威尔士州和昆士兰州的九个地点经营十个棉花轧花厂。它还与 Wathagar Ginning Company 合资经营位于格威迪尔谷（新南威尔士州）的一个棉花轧花厂，与 Moomin Ginning Company 合资经营位于下纳莫伊谷（新南威尔士州）的一个棉花轧花厂。Namoi 持有 Kimberley Cotton

---

① 参见：https://www.accc.gov.au/media-release/louis-dreyfus%E2%80%99-proposed-acquisition-of-namoi-cotton-not-opposed-subject-to-undertaking。

Company 17%的股权，后者将在库努纳拉（西澳大利亚州）经营一个棉花轧花厂。这个棉花轧花厂预计将于 2025 年 7 月完工。

LDC 集团与 Namoi 有两个合资安排——Namoi Cotton Alliance（NCA）和 Namoi Cotton Marketing Alliance（NCMA）。NCA 通过其仓储设施储存和运输棉绒包。它在韦瓦和沃伦（新南威尔士州）以及古恩迪温迪（昆士兰州）设有仓库设施。NCMA 从事棉绒的贸易和营销。Namoi 向 NCMA 独家供应其获得的所有棉绒包，而 NCMA 则向 Namoi 提供独家服务。

澳大利亚竞争与消费者委员会担心拟议收购可能会大幅减少西澳大利亚北部和北领地棉花轧花服务的供应竞争。澳大利亚竞争与消费者委员会副主席 Mick Keogh 表示："如果不终止与 WANT Cotton 的合资企业，LDC 集团将经营西澳大利亚北部和北领地仅有的两个棉花轧花厂。"

澳大利亚竞争与消费者委员会还担心拟议收购可能会大幅减少澳大利亚棉绒分级服务的供应竞争。剥离 ProClass 股份解决了这一担忧，确保 LDC 集团不会同时持有 ProClass 和 ACS 的权益，这两家公司共同分级了澳大利亚 80%以上的棉绒。

Keogh 先生表示："如果不进行剥离，考虑到 LDC 集团对这些业务的部分所有权和全部所有权，ProClass 和 ACS 可能无法有效竞争。这可能导致澳大利亚棉花分级价格上涨或分级服务质量下降。"

澳大利亚竞争与消费者委员会还考虑了拟议收购对 LDC 集团限制竞争对手商人获取棉绒的能力和动机的影响。由于拟议的承诺解决了棉花轧花服务的重叠问题，澳大利亚竞争与消费者委员会得出结论，LDC 集团将没有足够的市场力量来限制或负面影响竞争对手商人获取棉绒。

澳大利亚竞争与消费者委员会还发现，LDC 集团将无法限制从布里斯班港出口棉花的仓储服务之获取或提高其价格。竞争对手商人仍可从其他竞争者那里获得仓储服务，而且竞争对手商人建立自己的仓储设施而不是与第三方签约的进入壁垒相对较低。

3. 附条件通过 Viva Energy 公司收购 OTR 集团案①

2023 年 12 月 14 日，澳大利亚竞争与消费者委员会表示不会反对 Viva Energy（ASX：VEA）拟议收购 OTR 集团，此前澳大利亚竞争与消费者委员会接受了一项可由法院强制执行的承诺，Viva Energy 承诺在南澳大利亚剥离 25 个 Coles Express 站点。

Viva Energy 及其相关公司在澳大利亚各州和领地经营全国性的具有零售店的连锁加油站，包括 Coles Express 便利店。在拟议收购完成后，Viva Energy 计划将 OTR 品牌扩展到其他州的 Coles Express 站点。

OTR 集团也是一家加油站和便利店运营商，主要在南澳大利亚运营，且经营着当地最大的零售加油网络，同时在其他州和领地也有一些网点，包括在北领地以 Puma 品牌经营。

澳大利亚竞争与消费者委员会的审查主要集中在 OTR 集团和 Viva Energy 业务重叠的地区，主要是在南澳大利亚和北领地。澳大利亚竞争与消费者委员会考虑了零售和批发两个层面的竞争影响。

澳大利亚竞争与消费者委员会委员 Stephen Ridgeway 表示："如果不进行剥离，拟议收购将把南澳大利亚最大的零售加油站网络与 Viva Energy 的零售加油站网络合并，使 Viva Energy 拥有一个比第二大竞争对手明显更大的扩展网络。"澳大利亚竞争与消费者委员会担心拟议收购会对阿德莱德和锡杜纳的竞争产生不利影响，并减少消费者的选择。

Viva Energy 最初提出的剥离其在阿德莱德 32 个零售站点中的数量为 23 个。然而，为回应澳大利亚竞争与消费者委员会提出的担忧，其剥离站点的数量增加到 25 个（阿德莱德 24 个，锡杜纳 1 个）。Viva Energy 提议雪佛龙作为剥离站点的预先买家。

经过咨询，澳大利亚竞争与消费者委员会已批准雪佛龙作为将要剥离的 25 个 Coles Express 站点的买家。雪佛龙在全球范围内作为燃料生

---

① 参见：https://www.accc.gov.au/media-release/viva-energys-proposed-acquisition-of-otr-group-not-opposed-subject-to-divestiture。

产商、进口商、批发商和零售商拥有广泛存在，收购这些站点将使其能够扩展到南澳大利亚。

Ridgeway 先生表示，作为评估的一部分，澳大利亚竞争与消费者委员会考虑了雪佛龙在澳大利亚燃料行业的过往和当前经验，以及其财务能力和维护运营 25 个剥离站点的计划。作为交换，Viva Energy 将收到位于昆士兰州、新南威尔士州和西澳大利亚州的 13 个雪佛龙站点。澳大利亚竞争与消费者委员会认为 Viva Energy 给出的承诺将创造一个可行、有效、独立和长期的竞争对手。有了这项承诺，澳大利亚竞争与消费者委员会认为拟议收购不会导致竞争的实质性减少。作为评估的一部分，澳大利亚竞争与消费者委员会还密切考虑了拟议收购对批发燃料供应的潜在影响，包括 Viva Energy 向南澳大利亚 OTR 集团重要网络供货的影响。

4. 并购审查事后审查报告[①]

2024 年 2 月 27 日，澳大利亚竞争与消费者委员会发布了一份报告，其详细介绍了澳大利亚竞争与消费者委员会对过去三项并购决策的事后审查结果。这些审查旨在改进澳大利亚竞争与消费者委员会的并购调查流程、提高调查效率并完善决策。

在该报告中，澳大利亚竞争与消费者委员会选择了三个案例进行深入审查：AP Eagers 收购 Automotive Holdings Group、ANZ Terminals 收购 GrainCorp Liquid Terminals Australia，以及 Bauer Media 收购 Pacific Magazines。选择这些案例的标准包括信息可获得性、并购后的时间跨度、案例的独特性，以及对澳大利亚竞争与消费者委员会未来调查的潜在相关性。

澳大利亚竞争与消费者委员会采用了内部审查的方法，这种方法允许在范围和时间上保持灵活性，同时最大限度地减少保密限制的影响并有效管理资源。审查的重点不是判断澳大利亚竞争与消费者委员会的具

---

① 参见：https://www.accc.gov.au/media-release/review-of-past-merger-decisions-reveals-mixed-outcomes。

体决定是否正确，而是关注影响结果的具体预测，并确定这些预测是否准确以及为什么会出现偏差。

澳大利亚竞争与消费者委员会承认事后审查存在一些局限性。例如，很难考虑到并购后发生的所有事件或在没有并购的情况下会发生的所有事件，以及这些事件对竞争的影响。此外，COVID-19 大流行造成的市场中断也可能放大或削弱并购对竞争的影响。澳大利亚竞争与消费者委员会还指出，由于缺乏强制信息收集权，审查的深度可能受到可用数据的限制。

报告主要有以下几个发现：

（1）市场动态难以预测：

事后审查突显了预测并购后市场动态的困难。在 Bauer/Pacific 案例中，市场发展大致符合澳大利亚竞争与消费者委员会的预期，行业持续下滑，合并实体受到在线内容提供商的有效约束。然而，在 ANZ Terminals/GrainCorp 案例中，市场动态的发展与澳大利亚竞争与消费者委员会的预期存在显著差异。例如，ANZ Terminals 在墨尔本港的竞争对手并未如预期般扩张业务，竞争约束可能不如澳大利亚竞争与消费者委员会最初认为的那样有效。这种差异可能源于多种因素，包括商业原因、各方低估扩张障碍以及 COVID-19 对供应链的影响。

（2）补救措施效果各异：

审查发现，澳大利亚竞争与消费者委员会接受的补救措施在不同案例中的有效性存在差异。在 AP Eagers/Automotive Holdings 案例中，剥离承诺似乎有效地解决了澳大利亚竞争与消费者委员会的竞争担忧，允许新竞争者进入并作为持续经营的企业参与竞争。相比之下，在 ANZ Terminals/GrainCorp 案例中，行为承诺可能未能完全解决澳大利亚竞争与消费者委员会的担忧。尽管 ANZ Terminals 遵守了不在墨尔本港租赁更多土地的承诺，但事后审查的结果对该承诺的有效性提出了质疑。此外，在南澳大利亚的资产剥离过程中出现了意料之外的复杂性，一些本应在剥离时解决的问题在四年后仍未解决。

（3）结果并非总是符合预期：

审查强调了预测并购后竞争约束的困难。在 Bauer/Pacific 案例中，并购后的市场发展大致符合预期，合并实体受到在线内容提供商的有效约束。然而，在 ANZ Terminals/GrainCorp 案例中，客户转换供应商的威胁可能并未如澳大利亚竞争与消费者委员会最初认为的那样构成重大约束。事后审查发现，由于客户选择有限，ANZ Terminals 在墨尔本港的市场地位可能得到加强，一些客户可能因 GrainCorp 作为独立竞争者的消失而受到负面影响。这些发现突显了充分理解客户与供应商关系的重要性，以及预测长期需求和客户签署长期合同风险的困难。

对于三个案例的具体分析如下：

（1）AP Eagers-Automotive Holdings Group：

澳大利亚竞争与消费者委员会批准了这项收购，但要求 AP Eagers 在纽卡斯尔和亨特谷地区剥离其现有的新车零售业务。事后审查发现，尽管 COVID-19 对市场造成了重大影响，但剥离承诺似乎达到了预期效果，解决了主要市场中竞争减少的担忧。审查还观察到了一些有趣的消费者行为，如对某些原本市场份额较低的汽车品牌需求的短期增加，以及消费者在极端供应限制下的选择行为。

（2）ANZ Terminals-GrainCorp Liquid Terminals：

澳大利亚竞争与消费者委员会在接受承诺的基础上不反对这项收购。然而，事后审查发现，特别是在墨尔本港，竞争似乎有所减少。一些 ACCC 预期会约束合并实体的市场动态并未如预期发展。例如，竞争对手未能显著扩张，未来扩张的威胁似乎并未对合并实体构成重大约束。审查还发现，进入和扩张的障碍可能比澳大利亚竞争与消费者委员会最初预期的更高，部分原因是 COVID-19 造成的市场波动增加了投资新储存设施的风险。

（3）Bauer Media-Pacific Magazines：

澳大利亚竞争与消费者委员会不反对这项收购，认为在线内容的竞争将有效约束合并实体。事后审查证实了这一判断，发现杂志行业继续呈下降趋势，外部因素（包括读者转向在线内容的威胁）有效地约束了 Bauer 获取和利用市场力量的能力。审查还发现，尽管杂志封面价格有所上涨，但这主要是由于生产成本增加所致。

这些事后审查为澳大利亚竞争与消费者委员会提供了宝贵的见解，有助于改进未来的并购审查过程。它们强调了预测市场动态的困难，突显了设计有效补救措施的挑战，并强调了全面理解市场竞争动态的重要性。这些发现不仅有助于澳大利亚竞争与消费者委员会完善其内部流程，还可能为澳大利亚并购审查制度的改革讨论提供参考。澳大利亚竞争与消费者委员会表示将继续开展年度事后审查，以持续改进其并购审查实践。

三、结语

总的来看，2023—2024 年澳大利亚竞争法的发展呈现出以下特点：一是在法律政策层面，澳大利亚竞争和消费者委员会积极推动并购控制制度改革，加强对可持续发展合作的规制指引，完善非合并行为授权制度；二是在执法实践中，澳大利亚竞争和消费者委员会对卡特尔行为保持高压态势，对固定转售价格等限制竞争行为从严处罚，在并购审查中更加注重实证分析和事后评估。这些举措体现了澳大利亚竞争执法机构在维护市场竞争、促进经济效率与创新之间寻求平衡的努力。

第四节　日本竞争政策与法律最新进展（2023—2024）*

过去一年中，日本在竞争政策和法律领域出现了重要的变化，值得关注。为此，本节将分为五个部分，对这些最新动向进行简要介绍和

---

* 本节撰稿人为陈丹舟、王威驷、徐杨、叶妍琪、林帅。陈丹舟，神奈川大学法学部教授、早稻田大学法学博士，撰写第一部分内容；王威驷，一桥大学社会科学高等研究院特任讲师、早稻田大学法学博士，撰写第二部分内容；徐杨，上海市华诚律师事务所律师、早稻田大学法学博士，撰写第三部分内容；叶妍琪，日本长岛·大野·常松律师事务所驻上海代表处法律顾问、早稻田大学法学硕士，撰写第四部分内容；林帅，立教大学法学研究科博士前期课程在读，撰写第五部分。

分析。

第一部分将讨论日本《不正当竞争防止法》的修订，特别是关于限定提供数据保护的新规定。此修订旨在加强对数据的保护，防止侵害数据持有者权益的不正当竞争行为。第二部分将介绍日本于 2024 年 6 月通过的《关于促进智能手机用特定软件相关竞争的法律》（简称"智能手机软件竞争促进法"）。该法律借鉴了欧盟的《数字市场法》（DMA），对智能手机操作系统、浏览器、应用商城和搜索引擎等四类软件设定了新的竞争义务。第三部分将探讨日本网络电视市场的反垄断问题。随着视频发布服务的普及，日本公平交易委员会对网络电视及相关服务的竞争状况进行了调查，并发布了相关报告。第四部分关注大韩航空收购韩亚航空股权案在日本的反垄断审查。该跨国并购案对市场竞争产生了潜在影响，日本公平交易委员会对此进行了详细评估。第五部分将简析日本数字平台变更算法涉嫌滥用相对优势地位的首例案件——TABELOG 案的二审判决。二审法院推翻了一审判决，认为平台的行为不构成滥用相对优势地位。希望以上五个部分，能够让读者了解日本在过去一年竞争法领域的最新发展，以及这些政策背后的社会经济因素，给中国的竞争政策研究提供参考。

一、日本《不正当竞争防止法》中限定提供数据保护制度的新动向

（一）背景、定义以及具体的违法行为类型

随着以大数据和人工智能为代表的第四次产业革命深入发展，数据的作用日益凸显，被誉为"数字经济时代的石油"。为应对这巨大的经济社会变革，日本在 2018 年对其《不正当竞争防止法》进行了修改[①]，并在世界范围内率先以行为规制的方式对不正当获取、利用数据的行为进行正式立法。其后，在 2023 年，日本进一步修改该法律，并于 2024 年 4 月正式实施[②]。最新修改后的日本《不正当竞争防止法》第 7 款规

---

① 「不正競争防止法等の一部を改正する法律」〈平成 30 年 5 月 30 日法律第 33 号〉
② 「不正競争防止法等の一部を改正する法律」（令和 5 年法律第 51 号）

定："本法所称'限定提供数据'是指以营业为目的向特定对象提供的以电磁方式（包括电子方式、磁性方式及其他人无法通过知觉而感知认识的方法，下款亦同）积累了相当数量，以及以电磁方式管理的技术或经营信息（商业秘密除外）。"据此，限定提供数据的要件主要有五[1]，①限定提供性（以营业为目的向特定对象提供）、②电磁管理性、③相当数量积累性、④技术或经营信息（商业秘密除外）、⑤非公开无偿公众可利用数据，在 2023 年的修改中将 2018 年修改中所规定的技术或经营信息（作为秘密而加以管理的信息除外）改为技术或经营信息（商业秘密除外）。该修改的目的在于消除修改前限定提供数据与商业秘密两制度之间的漏洞。因为修改前"未作为秘密加以管理"的"公知"信息可以获得限定提供数据的保护，而"虽然作为秘密管理"却已"公知"的信息，由于"作为秘密加以管理"，因此不能获得作为限定提供数据的保护。同时，由于其已是公知的信息，也不能获得作为商业秘密的保护。[2]

在日本的《不正当竞争防止法》第 2 条第 1 款第 11 项至第 16 项分别规定了不正取得类型[3]，显著地违反诚实信用类型[4]，转得类型三大类。其中转得类型又分为获取时恶意转得类型和获取时善意转得类型。

---

① 田村善之「ビッグ・データの不正利用行為規制の新設について–平成 30 年不正競争防止法改正の解説」法学教室 462 号 2019 年第 70 页。国内也有学者分为六要件，并进行了详细的解说，请参考李扬《日本保护数据的不正当竞争法模式及其检视》，载《政法论丛》2021 年第 4 期第 70 页。

② 有具体的例子：A 公司违反保密协议公开了"作为秘密而加以管理的" X 公司的数据，因为 X 公司将该数据"作为秘密加以管理"，因此不能获得作为限定提供数据的保护。但是，由于该数据被 A 公司披露而成为公知的信息，因此也不能获得作为商业秘密的保护。参照：经济产业省知的财产政策室「限定提供データの規律の見直し」https://www.meti.go.jp/shingikai/sanko-shin/chiteki_zaisan/fusei_kyoso/pdf/018_05_00.pdf（最后访问时间 2024 年 11 月 8 日）。

③ 第 2 条第 1 款第 11 项以盗窃、欺诈、胁迫或其他不正当手段获取限定提供数据的行为（以下简称"不正当获取限定提供数据的行为"），或使用、披露通过不正当手段获取的限定提供数据的行为。

④ 第 2 条第 1 款第 14 项自持有限定提供数据的经营者处（以下简称"限定提供数据持有者"）获取该限定提供数据后，以获取不正当利益或基于加害该限定提供数据持有者之目的，使用该限定提供数据的行为（限于违反与该数据管理相关任务之情形）或披露该数据的行为。

获取时恶意转得类型可以分为两种情形，第一种情形①为知道存在本款第 11 项所规定的不正当获取限定提供数据的行为（恶意地），获取该限定提供数据、使用、披露该数据的行为；第二种情形②为知道存在本款第 14 项所规定的不正当披露限定提供数据的行为（恶意地），获取该限定提供数据、使用、披露该数据的行为。获取时善意转得类型也分为两种情形，第一种情形③为获取限定提供数据之后，知道存在本款第 11 项所规定的不正当获取限定提供数据的行为（恶意地）披露该数据的行为；第二种情形④为获取限定提供数据之后，知道存在本款第 14 项所规定的不正当披露限定提供数据的行为（恶意地）披露该数据的行为。

（二）相关学说

与我国的相关争论类似，在日本关于大数据的立法保护也存在着赋权主义与行为规制主义的不同意见，⑤ 也有日本学者称之为客体路径与行为路径。⑥ 但是随着 2018 年《不正当竞争防止法》修改导入了限定提供数据保护的规定，很明显行为规制主义已经成为通说。该学说的代表性学说——田村说强调，应谨慎对待知识产权的过度强化和扩张，因为知识产权会限制自由，而且存在路径依赖，制度变得无效率但也不会简单退出。因此在创设新的知识产权时应当保持谦抑，应当努力向激励支持型知识产权法转变。⑦ 在很多领域，因为有市场先行利益的驱动、秘密管理、声誉和其他机制等已被证明能有效激励创新，这些领域并没

---

① 第 2 条第 1 款第 12 项。

② 第 2 条第 1 款第 15 项。

③ 第 2 条第 1 款第 13 项。

④ 第 2 条第 1 款第 16 项。

⑤ 泉恒希「ビッグデータの法的保護に関する一考察」載《知的財産法政策学研究》第 58 号（2021 年）第 151 頁。

⑥ 田村善之「ビッグ・データの不正利用行為規制の新設について−平成 30 年不正競争防止法改正の解説」法学教室 462 号 2019 年第 70 頁。

⑦ 田村善之「プロ・イノヴェイションのための市場と法の役割分担：インセンティヴ支援型知的財産法の意義−限定提供データの不正利用行為規制を素材として」『知財とパブリック・ドメイン 第 3 巻 不正競争防止法・商標法篇』勁草書房 2023 年第 5 頁。

有立法创设新的知识产权的迫切需要。田村还指出如果目前采用客体路径（赋权主义），会面临到一些困难，比如确定数据财产价值高低的界限本身就存在天然困难，这有可能导致保护不足或过度保护，并且制度缺乏可预测性，可能过度阻碍数据的交易和利用。另一方面，如果采用行为路径（行为规制主义），只需要把握住突破技术性保护行为的不正当性这一关键点足矣，费力去缩小以及明确保护客体的意义不大。① 田村说的这些观点较大地影响了日本导入限定提供数据保护制度立法，值得我国学术界关注。

二、日本《关于促进智能手机用特定软件相关竞争的法律》简介

2024 年 6 月，日本国会正式通过了《关于促进智能手机用特定软件相关竞争的法律（スマートフォンにおいて利用される特定ソフトウェアに係る競争の促進に関する法律，以下简称"智能手机软件竞争促进法"）》②。该法预计将于 2025 年末正式实施。

这部法律整体上看模仿欧盟《数字市场法（DMA）》的"事前规制"模式，将智能手机操作系统、浏览器、应用商城、搜索引擎这四类软件指定为"特定软件"并设定开放第三方应用商城、禁止自我优待等一系列义务，规定超过一定规模的特定软件经营者在违反这些义务时，日本反垄断执法机构公平交易委员（以下简称 JFTC）能够不经过相关市场划定与竞争效果分析即直接处罚该经营者。

（一）诞生背景

日本智能手机软件竞争促进法的出台既受欧盟等法域加强数字平台规制这的影响，也是近年来日本立足本国实际探索数字平台规制历程的结果。

---

① 田村善之「ビッグ・データの不正利用行為規制の新設について−平成 30 年不正競争防止法改正の解説」法学教室 462 号 2019 年第 69 頁。

② 本法概要与全文（日语）：https://www.jftc.go.jp/houdou/pressrelease/2024/jun/240612_digitaloffice.html。

1. 事前规制潮流与传统竞争法规制的局限

自欧盟提出将事前规制路径引入平台规制并公布 DMA 草案以来，日本紧跟欧盟、德国、英国等法域的立法动向与各国对大型数字平台企业的调查与处罚决定。另外，日本也积极利用经合组织（OECD）、七国集团（G7）等国际平台与其他法域交流经验并达成共识。从智能手机软件竞争促进法的结构来看，其明显受到了欧盟 DMA 的影响。

另一方面，自 2011 年 DeNA 案（平台二选一案件）以来，日本已经有着丰富的使用本国竞争法（即《独占禁止法》）规制数字平台相关的经验。也因此，JFTC 对数字平台相关案件调查取证困难、耗费时间长等问题深有体会。另外，在日本数字平台市场中，来自美国的谷歌、亚马逊等企业面临日本本土企业（雅虎日本、乐天商城等）的有力牵制，使日本需要在执行中平衡保障本土平台竞争环境与确保内资外资等待遇这两方面的需求。这些因素使得 JFTC 在这些年主要使用不要求证明市场支配地位的"不公平交易方法（原则上初次违反不能征收罚金）"与效仿欧盟竞争法的承诺程序（涉案企业自行提交整改方案，JFTC 认可后结案并不认定涉案企业违法）来解决数字平台相关案件，也导致其规制活动的实效性受到质疑。

2. 透明化法的尝试

在欧盟提出 DMA 后，日本也于 2020 年出台了《特定平台交易透明化法（特定デジタルプラットフォームの透明性及び公正性の向上に関する法律，以下简称"透明化法"）》。透明化法以提高平台的交易透明性与公平性为目的，规定电商平台、搜索引擎与在线广告领域的大规模平台企业需要公开交易条件等信息、确保平台运营的公平性、报告运营状况。该法的基本理念为以尽量将国家的干预限制在必要最低范围内，促进企业自主确保合规，因此并没有如欧盟般将自我优待、排除竞品、强行捆绑交易等涉及竞争秩序的行为纳入规制范围。但由于该法违法成本极低（罚金最高仅为 100 万日元），且不涉及竞争秩序，也导致了企业阳奉阴违危险的发生。

3. 智能手机软件竞争促进法的诞生

日本政府牵头的数字市场竞争总部于 2023 年 6 月发布了《移动生态系统相关竞争评价最终报告（「モバイル・エコシステムに関する競争評価最終報告」）》①，指出传统的竞争法已难以应对数字市场的竞争秩序问题，而透明化法从实际执行效果上也不足以解决所有问题，明确表示有必要采用如 DMA 等"与现有竞争法不同的路径"（即事前规制方式）进行规制。同时，日本执政党自民党也开始了对平台事前规制法案展开讨论并推进具体制定工作，并于 2024 年 4 月在内阁阁议通过，2024 年 6 月在国会通过。在世界范围内看，该法从制定到通过期间较短，阻力较小。

（二）法案的主要内容

日本智能手机软件竞争促进法共 7 章 58 条，总体上与 DMA 类似，由定义、适用对象范围、具体义务、执行与罚则等构成。但与 DMA 相比，日本智能手机软件竞争促进法的适用范围更窄，执行手段也不如 DMA 严厉。

1. 适用对象

根据智能手机软件竞争促进法第 2 条，用于智能手机的操作系统（法条称"基本操作软件"）、应用商店、浏览器以及搜索引擎这四类应用软件统称"特定软件"。提供特定软件的经营者如果其业务规模足以排除或支配其他经营者的商业活动，且用户数量和其他显示该业务规模的指标超过一定规模，则会根据第 3 条被指定为特定软件经营者（简称"指定经营者"），承担下文中的特定义务。另外，指定经营者规模要件的具体指标将由政令另行规定。

需要注意的是，与适用服务类型（"核心平台服务"）种类繁多的 DMA 相比，日本智能手机软件竞争促进法仅适用于智能手机中的四种应用软件，不涉及社交媒体、视频平台与网络在线商城等应用。另外，

① 参照：https://www.kantei.go.jp/jp/singi/digitalmarket/kyosokaigi/dai7/siryou2s.pdf。

根据 DMA，欧盟委员会可以根据实际情况指定不满足规模要件的经营者为适用对象（或不指定满足要件经营者），但 JFTC 并无此裁量权限。

在 2024 年 10 月 28 日公布的该法指定经营者规模要件相关政令草案中，指定经营者的要件为每月至少使用特定软件的用户达到 4000 万人以上。与 DMA 不同的是，该法并未对指定经营者的营业额做出要求。

2. 负担义务

日本智能手机软件竞争促进法第三章规定了指定经营者应当承担的义务，可概括如下①：

类别	内容
限制应用商城间的竞争	禁止指定经营者妨碍其他经营者提供应用商城服务（不要求必须保证可以直接从网页下载应用程序）； 为信息安全、保护隐私、保护青少年等目的在必要范围内实施的措施不受此限制
限制指定经营者之外的支付系统的使用	禁止妨碍其他经营者提供应用支付系统服务
限制应用程序内对用户提供的信息	不得在应用程序中限制向用户提供绕过应用商城通过网页端直接购入的价格的信息或购入网址，也不得限制在网页端的购买销售
对应用程序经营者的不公平对待	不得就操作系统以及应用商城的使用条件、交易的实施等加以不当的歧视性对待或不公平处理
禁止使用指定经营者以外的浏览器引擎	禁止妨碍使用其他浏览器引擎
将指定经营者的服务设定为默认首选项	必须确保用户可以通过简易操作更改默认首选项。必须显示其他浏览器或搜索引擎等同类服务的可选项。
在搜索结果中优先显示自身服务	如无正当理由，不得在搜索结果中将自身服务优先于有竞争关系的其他企业的服务显示
指定经营者不当使用数据	指定经营者不得将取得的应用程序的使用情况或销售额等信息用于与其他应用程序经营者相竞争

---

① 参照：https://www.jftc.go.jp/houdou/pressrelease/2024/jun/0102gaiyou.pdf。

续　表

类别	内容
限制其他经营者调整由操作系统控制的功能	指定经营者不得妨碍其他经营者以同等性能使用由操作系统控制的功能（音量等）
其他	披露数据管理体制、提供数据迁移工具、披露操作系统与浏览器规格变更等信息

此外，指定经营者每年度必须向 JFTC 提交包括自身合规情况的报告书。

3. 执行与处罚

与由经济产业省执行的透明化法不同，此次的智能手机软件竞争促进法由竞争执法机关 JFTC 执行，其执行体制（调查程序等）上也尽量与日本《独占禁止法》接轨。而在处罚方面，当发现指定经营者违反规定未承担义务时，JFTC 可以发出排除措施命令，要求其停止违反行为或采取措施，在必要时甚至可以要求其转让全部或部分业务。违反 JFTC 排除措施命令的经营者会被处以最长 2 年的监禁或 300 万日元以下的罚金。

在各项义务中，违反第 7 条（限制应用程序间的竞争）、第 8 条第 1 项（限制指定经营者之外的支付系统的使用）、第 2 项（限制应用程序内对用户提供的信息）的指定经营者会被处以相当于违反行为期间中销售额 20% 的制裁金（条文中称为课征金）。如果 10 年内再次违反则会被处以相当于营业额 30% 的制裁金（需要注意的是，在《独占禁止法》中原则上最多只能处以相当于销售额 10% 的制裁金）。

尽管有排除措施命令与制裁金处罚，但智能手机软件竞争促进法仍然注重促进经营者主动守法配合结案，并如《独占禁止法》一样设置承诺程序允许指定经营者主动整改。

（三）智能手机软件竞争促进法面临的评价与展望

整体而言，智能手机软件竞争促进法虽受到 DMA 很大影响，但其并非对欧盟事前规制路径的简单效仿，而是立足日本数字经济产业发展实际与过去的规制历程，结合本国国情制定。特别是日本智能手机软件竞争促进法将规制范围限定在四种特定软件、允许指定经营者提出整改方案采用承诺程序结案，以及并非所有违反行为都能处以课征金这些方面都展现出日本与欧盟不同的规制思路，凸显了日本事前规制工具的独特性。

日本智能手机软件竞争促进法的一大突出特点是在规制对象范围、规制内容与处罚力度等方面都远不如 DMA。这一方面降低了智能手机软件竞争促进法在实践中的威慑效果，但也有可能起到确保规制不至于过度损害企业信心与创新积极性的效果。

从这个角度上看，日本智能手机软件竞争促进法能起到什么样的实际效果取决于其能否在实施前与实施初期通过指南等工具明确其义务内容（例如对妨碍使用第三方应用商城行为的具体认定）、正当化事由（目前仅在部分义务中规定为确保网络安全、隐私、青少年权益所采取的必要行为可以免受规制），并在该法今后的执行中积累经验。

日本智能手机软件竞争促进法附则规定，该法实施 3 年后可就基于其实施状况讨论修改。包括指南在内，有必要持续关注该法今后的实施状况与学界观点以从中汲取经验。

三、日本网络电视市场的反垄断法问题

近年来，在日本以年轻人为中心的电视播放的视听时间在 10 年间约减少了 30%~40%，而视频发布服务的使用率在疫情期间急速增加，从 2019 年的 17.4%增长到 2022 年度的 52.1%。在此期间，日本提供视频发布服务的设备也获得了极大的普及，其中智能电视的普及率从 2016 年的 18.0%上升至 2021 年的 32.7%，流媒体的普及率则从 2016 年的 8.9%飙升至 2023 年的 33.7%①。

作为消费者用于接收视频发布服务等的设备，除智能手机、平板电

---

① 日本公平交易委员会《网络电视及视频发布服务等相关情况调查报告》https://www.jftc.go.jp/houdou/pressrelease/2024/mar/240306_hontai.pdf（最后访问时间：2024 年 3 月 6 日）。

脑等外，近年来，"智能电视"（内置上网功能的电视）或流媒体设备（通过直接接入电视 HDMI 端口或放置在电视附近用 HDMI 线连接电视和设备等实现上网的设备，如亚马逊的 Fire TV Stick、谷歌的 Chromecast with Google TV、苹果的 Apple TV 等）也不断普及（以下本文中将智能电视和流媒体设备统称为"网络电视"）。随着网络电视使用率不断提高，对世界级规模的提供网络电视内置操作系统（面向网络电视的操作系统，以下称"网络电视 OS"）的数字平台经营者（亚马逊、谷歌）不断增强的支配力的担忧等也逐渐显现。如提供网络电视 OS 的经营者可能通过其支配力，不当排除或限制视频发布服务提供商或内容提供商，导致内容的多样性和优质性受损，进而限制消费者的选择等对消费者造成不利。

为此，日本公平交易委员会实施了相关调查，以网络电视及视频发布服务为相关市场，讨论了其市场特性和竞争状况，同时分析了提供网络电视 OS 的平台经营者是否可能引起反垄断法和竞争政策上的问题，并于 2024 年 3 月 6 日发布了《网络电视及视频发布服务等相关情况调查报告》（以下称"本报告"）。篇幅所限，本文仅探讨日本网络电视相关市场的竞争状况和反垄断法相关问题。

（一）网络电视及网络电视 OS

为了在电视上使用视频发布服务，需要将电视连接到互联网，常见的连接方法有三种：①通过内置上网设备的电视，即智能电视直接连接到互联网的方法；②通过流媒体设备连接（外接）到互联网的方法；③通过连接（外接）到电视的蓝光等录像器、游戏机等其他外围设备连接到互联网的方法。本报告中所称网络电视是指上述①智能电视和②流媒体设备。

正如为了使即使没有深入理解电脑的人也可以统合管理电脑状态进行操作，电脑中安装操作系统（OS）一样，网络电视中也搭载了网络电视专用的 OS。这些网络电视 OS 有些是经营者独立开发的，有些是使用开源 OS（如 Linux、安卓开源项目等）。

（二）网络电视和网络电视 OS 相关市场的竞争状况

对于消费者而言，网络电视是接收视频发布服务的主要设备，但是通过网络电视接收视频发布服务的过程，至少包括以下四个层面：①硬件设备（即网络电视）、②网络电视 OS、③视频发布服务和④视频内容。其中，网络电视 OS 是网络电视向用户提供信息和服务的重要基础，且如亚马逊、谷歌等网络电视 OS 提供商的市场份额在逐年提高。

1. 网络电视和网络电视 OS 相关市场的特性

（1）间接网络效应

根据日本公平交易委员会的调查，消费者使用网络电视内置的网络电视 OS 可以接入更多视频发布服务，则消费者能获得更多种类的视频发布服务。因此，如果价格等其他交易条件相同，则搭载了能够利用更多视频发布服务的网络电视 OS 的网络电视更受消费者欢迎。另一方面，对于视频发布服务供应商而言，由于使用更多消费者使用的网络电视 OS 能够向更多消费者提供自己的服务，因此适用于该种网络电视 OS 可以期待获得更高的收益。由此可以认为，消费者与视频发布服务提供商之间存在正向间接网络效应。

在设备厂商和视频发布服务提供商之间，设备厂商更重视更多视频发布服务提供商采用的网络电视 OS，视频发布服务供应商也更重视设备厂商采用的网络电视 OS。因为当某个网络电视 OS 中能够使用的视频发布服务数量增加时，设备厂商使用该网络电视 OS 获得的期待收益通常变高。而对视频发布服务供应商来说，适用更多的设备厂商使用的网络电视 OS 能够向更多的消费者提供自身的服务，进而从适用的网络电视 OS 获得更高的期待收益。因此，可以认为在设备厂商与视频发布服务提供商之间，也存在正向间接网络效应。但是，设备厂商兼做网络电视 OS 提供商的垂直集成模式不在此限，因为在此情形下，设备厂商只会采用自己制造的网络电视 OS。

（2）单归属性和多归属性

由于购买电视设备通常会产生较大的支出成本，且商品的差别化不大，特别是对于网络电视设置场所有限等，因此消费者在接收视频发布服务时很少同时使用多个网络电视。因对于网络电视 OS，消费者基本可以认为是单归属性。而在同一个网络电视上同时搭载多个网络电视 OS 也会导致更高的开发和维护成本，故大多数设备厂商都是在其一个系列的网络电视采用一个网络电视 OS，而不会在一个网络电视上搭载多个网络电视 OS。因此，对于网络电视 OS，设备厂商也基本是单归属性。

但是另一方面，视频发布服务供应商，有向更多消费者提供自身视频发布服务的激励，会适用多个网络电视 OS，即向多个网络电视 OS 提供自身的应用程序，而不仅仅是限定于某个特定的网络电视 OS，所以绝大多数视频发布服务是多归属性。

2. 网络电视和网络电视 OS 相关市场的竞争情况

据日本公平交易委员会调查，亚马逊和谷歌两家公司占据了日本网络电视和网络电视 OS 市场的大半。但是，除亚马逊和谷歌外，还有部分经营者也占有一定份额。因此，网络电视 OS 供应商之间仍然存在着一定程度的竞争。

同时，由于亚马逊和谷歌以外的网络电视 OS 供应商同时也是设备厂商，即构成网络和网络电视 OS 的垂直统合，该等厂商不向其他设备厂商提供自身的网络电视 OS，所以在日本网络电视和网络电视 OS 市场，来自这些垂直统合的经营者的竞争压力相对较小。

此外，在网络电视和网络电视 OS 相关市场，由于为了应对消费者需求和视频发布服务的变化开发和维持网络电视 OS 需要较高的专业和技术水平及费用，因此新进入者的加入并不活跃。由于消费群体、使用场景的不同，来自邻接市场（智能手机、电脑和平板电脑、家用游戏机）的竞争压力和来自需求方（消费者、视频发布服务提供商）的竞争压力也不大。

综上，日本网络电视和网络电视 OS 市场虽然存在一定程度的竞争，但是网络电视和网络电视 OS 的各用户之间的间接网络效应正在发挥作用，且来自新进入者、邻接市场、需求者等的竞争压力不大，因此在该市场中一旦获得一定程度的客户就很容易实施和维持寡占，所以作为该市场的领先经营者亚马逊和谷歌有足够的盖然性会获得更强的市场影响力。

（三）反垄断法视角下的问题和分析

在网络电视的四层构造中，由于网络电视 OS 具有高进入壁垒、网络效应、规模经济等自然垄断的特性，因此一旦开始寡占化，则具有易于维持该寡占状态的趋势。目前，亚马逊和谷歌（以下二者统称为"主要网络电视 OS 供应商"）占据了日本网络电视 OS 市场份额的大半，且其将来在该相关市场的影响力有可能进一步增强。随着主要网络电视 OS 供应商在市场上的影响力不断增强，视频发布服务供应商普遍担心以下两类影响竞争的行为：①网络电视 OS 供应商通过自我优待排除其他提供视频发布服务等的竞争者的行为和②对交易对象造成不当的不利影响的行为。

1. 自我优待排除其他竞争者的行为

（1）具体行为

主要网络电视 OS 供应商可以通过控制自己提供的网络电视 OS 或其附带功能和服务等，实施以下行为：①操纵排名、推荐显示、内容检索功能的结果显示等，优先显示自己公司的视频发布服务等提供的内容；②操纵显示在电视上的视频发布服务等应用程序的顺序，或预先安装特定的应用程序、优先显示自己公司提供的视频发布服务应用程序等；③限制与自己公司提供的视频发布服务相竞争的视频发布服务的提供；④广泛横向收集竞争视频发布服务上的内容购买履历和视听数据等，将该等数据用于自己公司提供的视频发布服务等的开发；⑤在网络电视 OS 供应商销售的设备遥控器上，在设置自己公司提供的视频发布服务应用程序的启动按钮的同时，或者对于设置其他视频发布服务应用程序的启动按钮设定过高的价格，或者通过限制设置在其他设备制造商销售的设备遥控器上的应用程序启动按钮的内容，使其他视频发布服务供应商不能有效地设置其服务的应用程序启动按钮。

为了探讨上述行为是否具有合理事由，日本公平交易委员会也对网络电视 OS 供应商进行了问卷调查。主要网络电视 OS 之一的亚马逊声称，在显示排名方面，有时会根据自己公司的商业利益等优先自己公司的服务，但是主要是根据安装在设备上的应用程序、内容检索结果的关联性、受欢迎度、价格、使用频度等因素来显示检索结果。而关于应用程序的预安装等，一是预先安装考虑了用户的便利性和用户体验，二是用户也可以自由地配置应用程序，删除已预先安装的应用程序。此外，关于数据的收集和使用，都是出于提高服务安全性等的考虑，基于用户对各种隐私政策的同意才实施向用户收集数据。此外，关于限制竞争对手视频发布服务的提供和遥控按钮的不当设置，亚马逊称没有进行过类似行为，都是基于诚实信用原则协商决定的。

类似地，谷歌也表示就显示排名等，没有实施自我优待行为，都是基于与用户的关联性进行显示。而关于应用程序的预安装等，谷歌也称考虑到了用户体验，用户可以自由决定应用程序的配置顺序等。关于数据的收集和使用，谷歌也声称在没有用户同意的情况下，不会在自己公司的视频发布服务推广中使用。最后，谷歌称没有实施限制竞争对手视频发布服务的提供，也没有不当设置遥控按钮的行为。

（2）反垄断法上的问题

关于主要网络电视 OS 供应商的上述声明，无论其是否有自我优待的意图，只要实施了上述行为 [（三）1（1）①~⑤的行为]，造成了减少存在竞争关系的其他视频发布服务供应商的交易机会或者排除该等供应商的效果的，会构成反垄断法上的问题。特别是，根据网络电视和网络电视 OS 市场的特性和竞争状况分析，一旦在网络电视 OS 市场形成寡占则该寡占很容易被维持，随着寡占的进一步加剧，对其他竞争者的排除效果更加明显。另外，虽然保护消费者的隐私和数据安全不是反垄断法上的问题，但是由于判断某一行为是否违反反垄断法时需要综合考虑各种因素，如对以确保隐私和数据安全为目的的行为进行评价时，需要考虑目的的合理性和手段的相当性（是否有更不限制竞争的其他替代手段等），所以为了保护消费者的隐私和数据安全的行为也有可能成为反垄断法上讨论的对象。

综上所述，主要网络电视 OS 供应商通过上述①至⑤中列举的行为，优待自己提供的视频发布服务，妨碍其他视频发布服务供应商与消费者的交易，从而减少其他视频发布服务供应商的交易机会或者排除这些经营者的情况下，有可能构成日本《独占禁止法》（类似于我国的反垄断法）上的"私的独占"①或对竞争者设置交易障碍等违法行为。

2. 对交易对象造成不当不利影响的行为

（1）具体行为

如前所述，主要网络电视 OS 供应商占据了网络电视 OS 市场的大半份额。对于主要网络电视 OS 供应商而言，对视频发布服务的需求牵引了对网络电视的需求，因此为了增加自身网络电视 OS 的用户，就需要与各种视频发布服务供应商形成合作。

另一方面，对于视频发布服务供应商而言，相当数量的消费者是以电视方式接收视频发布服务的，为了向更多的用户分发内容，也需要与主要电视 OS 供应商进行合作。此外，视频发布服务供应商对于网络电视 OS 是多归属性的，为了被更多的消费者检索到，必须使其服务应用程序可以应对主要网络电视 OS 供应商提供的任一网络电视 OS。由此可见，对于视频发布服务供应商而言，与主要网络电视 OS 供应商的合作非常必要。由于对主要网络电视 OS 供应商的高度依赖，视频发布服务供应商变更交易对象的可能性也低。因此，主要网络电视 OS 供应商的有更高的盖然性，其交易地位比交易对手视频发布服务供应商更为优越。

并且，如前所述，网络电视 OS 市场是一个易于形成和维持寡占的市场，随着主要网络电视 OS 供应商在市场的影响力进一步增强，主要

———

① 日本《独占禁止法》第 2 条第 5 款（私的独占的定义）：本法所称"私的独占"是指，经营者无论单独地，还是采用与其他经营者结合、通谋等任何手段，通过排除或者支配其他经营者的经营活动，违反公共利益，在一定的交易领域中实质性地限制竞争的行为。

网络电视 OS 供应商在交易上的优越地位可能进一步提高。交易地位优于对方的主要网络电视 OS 供应商，利用其优势地位对作为交易对方的其他视频发布服务供应商施加不符合正常商业习惯的行为或造成不当的不利影响的行为时，可能构成日本《独占禁止法》上的滥用优势地位行为。

关于主要网络电视 OS 供应商可能实施的滥用市场优势地位的行为，本报告的调查中主要涉及以下三类：①单方面地改变规则并实施，向提供带广告的视频发布服务（AVOD 或带广告的 SVOD）的供应商，就其应用程序内广告收入收取过高的手续费，或要求视频发布服务供应商负担提供广告额所需的新系统构建成本等；②单方面地要求视频发布服务供应商开发对其自身少有或没有益处的应用程序新功能、或要求其在有限的时间内变更视频发布服务应用的规格以适应网络电视 OS 的规格变更；③单方面地要求视频发布服务供应商用网络电视 OS 供应商的缴费系统作为视频发布服务应用程序的客户的应用内缴费手段。

为了探讨前段行为是否具有合理事由，日本公平交易委员会也对网络电视 OS 供应商进行了问卷。对于前段①的行为，亚马逊主张其新政策仅适用于满足一定条件的开发者，且该政策规定的收益分配率与其向其他经营者收取的费率程度相同。谷歌则主张其没有向视频发布服务供应商要求分配附带广告的收益。关于前段②的行为，亚马逊及谷歌均主张，除有紧急必要性等情况外，但凡因网络电视 OS 的更新而需要应用程序进行调整时，都会事先通知并设置一定的宽限期，或者事先提供测试版等。最后，关于前段③的行为，亚马逊称其不存在相关情况，谷歌则主张，应用开发者开发智能手机及网络电视 OS 的谷歌 Play 商店的应用程序有许多方法，技术上可以实现在不同的设备上（例如移动及电视之间）设定不同的收费系统。

（2）反垄断法上的问题

一般来说，在判断是否属于日本的滥用优越地位（根据正常的商业习惯，是否属于不当地对作为交易对方的其他视频发布服务供应商造成不利）时，需要考虑①通过不同手续费的支付方式接受的服务、由于应用程序新功能的开发或规格变更而导致视频发布服务供应商获得的直接利益和手续费与应用程序相应成本的负担的关系（按照直接利益评价是否是合理范围内的负担）；②手续费金额的计算依据以及内容是否妥当、作出该要求是否有合理的理由等；③为了继续利用网络电视OS 相关平台而不得不接受该等手续费等的视频发布服务供应商的数量等。通过考虑这些因素，其交易地位优越于作为交易对方的视频发布服务供应商的主要网络电视 OS 供应商，利用其地位进行该①～③的行为，不符合正常的商业习惯，造成不当的不利影响的情况下，有可能构成日本滥用优势地位的行为。

（四）结语

由于操作系统具有自然垄断特性，因此，其一直是反垄断法关注的焦点。早有 20 世纪 90 年代美国司法部指控微软垄断操作系统，将浏览器软件与视窗操作系统软件非法捆绑销售的案件，近有 2018 年欧盟委员会处罚谷歌安卓操作系统案，认定谷歌向安卓设备制造商及移动网络运营商实施非法限制行为以巩固其在通用互联网搜索服务市场上的支配地位。因此，在网络电视快速普及的时期，本报告紧随市场发展，提前探讨网络电视操作系统相关市场是否有可能形成寡占，以及如果形成寡占可能会涉及哪些反垄断法上的问题，对于企业的实践以及法学界的研究给出了比较详实的数据和论证，具有很强的借鉴意义。

四、大韩航空收购韩亚航空股权案相关日本反垄断审查

（一）大韩航空收购韩亚航空股权案①概要

1. 案件背景

（1）双方简介

大韩航空及韩亚航空的总部设立在韩国，均主要从事国际航空客

---

① 案件经过：

2020 年 11 月 16 日，大韩宣布拟收购韩亚 100% 股权；

2024 年 1 月 24 日，双方向公取委提交合并计划书并被受理（开始第一次审查）；

2024 年 1 月 31 日，日本公取委下达不采取排除竞争措施的通知（即批准经营者集中）。

运业务①和国际航空货运业务②［以下各方简称"大韩""韩亚"，二者合称"（交易）双方""合并后双方"或"（合并后）公司集团"］。

（2）竞争航线

在国际航空客运业务中，竞争业务所涉航线共10条③。

在国际航空货运业务中，双方的竞争业务为日本到韩国（单程）的飞机运货业务。

2. 案件相关认定和法律规定

（1）案件相关认定

①本案在国际航空客运业务和国际航空货运业务中皆构成了横向业务合并。

②在提供国际航空客运业务的航空公司中，包括全程服务航空公司（Full Service Carrier，简称"FSC"）④和低成本航空公司（Low Cost Carrier，简称"LCC"）两种分类⑤。简要而言，FSC航空公司比LCC航空公司的运营成本较高，向乘客提供的票价也较高。

---

①　航空客运业务，指的是应他人的需求使用飞机有偿运送乘客的业务。国际航空客运业务，指的是在日本境内各点与日本境外各点之间或日本境外各地之间的航空客运服务。参照日本《航空法》（昭和27年法律第231号）第2条第18项及第19项。

②　航空货运业务，指的是应他人的需求使用飞机有偿运送货物的业务。国际航空货运业务，指的是在日本境内各点与日本境外各点之间或日本境外各地之间的航空货运服务。参照日本《航空法》（昭和27年法律第231号）第2条第18项及第19项。

③　分别为：东京—首尔；大阪—首尔；札幌—首尔；名古屋—首尔；福冈—首尔；冲绳—首尔；东京—釜山；大阪—釜山；札幌—釜山；福冈—釜山（以上路线均为往返）。

④　全程服务航空公司常采用大型机型，提供头等舱、经济舱等多个舱位，并提供机上餐饮、贵宾室等多样附带的航行服务，目标客户群主要是需要灵活应对日程、愿意支付较高票价的商务人士和旅游者等；其航线网络模式为，如自行车轴辐一般，选择主要枢纽机场为中心，以其连接国内外各机场，根据运营距离和需求量的不同，使用不同大小机型的飞机运输；因员工需要应对多种机型的航行要求，其人事培训成本较高；此外，全程服务航空公司往往是飞行常客计划的加入者。

⑤　与全程服务航空公司相比，低成本航空公司的业务模式为，通过彻底的成本削减措施、简化服务，提供低成本的航空客运服务，比如收取餐食服务费、限制机票退改政策、通过使用小型飞机等单一机型来降低维护成本和员工培训成本、降低机组人员的住宿费用（选取在单日飞行时限内能够往返两地机场的单程5小时以内的短程航线）等措施，目标客户群主要是出行以低成本为导向的乘客，且不提供飞行常客计划。

（2）案件相关法律规定

由于本案涉及日本《独占禁止法》（即反垄断法）第 10 条的规定。①

此外，公取委在 2016 年发布了《有关企业结合审查的独占禁止法的运用指针》（以下简称《指针》）②，阐述了针对企业合并案件，即经营者集中案件的处理方针，在此简要介绍涉及到本案的规定：

首先，如何进行市场划分的问题。公取委认为，该部分市场被称作"特定的交易领域"，分为商品/服务范围和地理范围两部分，需要从需求者的可替代性角度来判断，必要时还可考虑供给者的可替代性。③

其次，如何认定经营者集中构成违反《独占禁止法》（即日本反垄断法）的情况，该法上，经营者集中行为须达到"实质性限制竞争"的情况下，才构成违法行为。根据日本法的判例［东宝株式会社诉讼案件（昭和 28 年 12 月 7 日东京高等裁判所判决）］④，"实质性限制竞争"，是指行为人的行为减少了竞争，并造成一种局面，使得某一特定经营者或一些经营者在某种程度上能够按照自己的意愿自由地影响价格、质量、数量和其他各种条件，从而支配市场；此外，此种影响不一定必须由经营者集中引起，只需达到容易发生此种情况即可。

再次，在横向企业结合案件中如何考虑"实质性限制竞争"的影

---

① 即如果某公司收购或持有其他公司的股份会实质性限制特定交易领域的竞争，则该公司不得收购或持有其他公司的股份，也不得以不公平交易手段收购或持有其他公司的股份。

② 参照（平成 16 年 5 月 31 日公平交易委员会）《有关企业结合审查的独占禁止法的运用指针》，https://www.jftc.go.jp/dk/kiketsu/guideline/guideline/shishin.html（最后访问时间：2024 年 10 月 30 日）。

③ 在划定商品/服务范围时，可考虑商品/服务的内容和质量、价格水平/数量变动等方面的差异、需求者的认知和行动等因素；划定地理范围时，可考虑各地区所供应商品/服务的可替代性，即供给者的业务范围、需求者的购买范围、价格和数量变动、需求者的认知和行动等因素。

④ 该案件大致案情为，新东宝株式会社拥有发行电影的能力，但根据其与东宝的协议，新东宝将所有发行工作外包给东宝，自己只制作电影。在此协议到期后，新东宝继续执行协议内容，但在 1949 年 11 月，新东宝公司声称将自己承担发行工作，因此与东宝之间产生了纠纷，公平交易委员会在 1951 年 6 月 5 日裁定，该协议违反了《独占禁止法》第 3 条（不公平限制交易）和第 4 条第 1 项（现行法中已无此条）。

响时，涉及单独行为时，可考虑多个因素①。在后文的案件认定中，公取委的认定也严格按照此思路和因素进行。

（二）相关市场的认定及对竞争的影响：国际航空客运业务市场

日本公取委将此案涉及的市场分为国际航空客运业务市场（涉及10条航线）以及国际航空货运业务市场［日本到韩国（单程）］，下文将阐述公取委如何进行认定。

1. 日韩航空公司运营和调整航班时刻配额的程序

由于日韩两国在2010年缔结了政府间开放天空协定②，航空公司可以自由出入日本和韩国的机场（羽田机场和金浦机场除外）③。另外，在特定的拥堵机场，须在遵守负责航班时刻配额（即"Slot"④，下文简称"配额"）调整的主体的规定的前提下，进行申请⑤，且航空公司不一定能得到所需的时段。

关于特定的拥堵机场的判断，由IATA⑥进行⑦，拥堵机场的配额调

① 例如1）合并后公司集团和其他企业的地位以及市场竞争状况；2）由商品/服务进口带来的竞争压力；3）新竞争者的加入；4）邻接市场而来的竞争压力；5）需求者而来的竞争压力；6）企业结合后的综合业务能力；7）企业结合后的效率性；8）企业结合前当事人的经营状况；9）相关交易市场的规模等因素。

② 开放天空（Open Skies）协定，是一项民用航空政策，指的是互相取消两国间航空公司、航线和航班数量的限制。这使得航空公司可以根据需求灵活地开辟新航线和增加航班数量。参照日本公平交易委员会网站：（令和6年1月31日）有关大韩航空株式会社取得韩亚航空股权的审查结果，https://www.jftc.go.jp/houdou/pressrelease/2024/jan/240131_kiketsu_daikan.html（最后访问时间：2024年10月30日）。

③ 原本，若航空公司想要飞入日本/韩国机场必须根据日本/韩国《航空法》获得许可。

④ 根据日本国土交通省的资料，"虽然无法律上的定义，指的是'飞机每次从机场起飞或在机场降落时使用机场、空中导航设施、管制保安等的机会'［出处：令和元年6月羽田航班时刻配额分配标准研究小委员会（第5次会议）资料14页］"，指的是每周特定日期在特定机场分配给航空公司的特定到达和出发时间。

⑤ 申请一周中的希望日期和一天中的希望抵离时间。

⑥ IATA，即International Air Transport Association，国际航空运输协会，是一个由全球航空运输相关公司组成的协会，负责决定运输业务等方面的必要事项。

⑦ 根据拥堵的程度，日本的机场中，羽田机场、成田国际机场、关西国际机场、福冈机场为拥堵程度3，新千岁机场为拥堵程度2。韩国机场中，金浦机场和仁川国际机场（以下简称"仁川机场"）为拥堵程度3，同样需要进行配额调整。

整由 JSC[①] 进行。此外，不属于开放天空协定范围的羽田机场和金浦机场间的配额调整，由日韩政府自行确定哪些航空公司获得航权[②]，获得航权后自行申请特定时段。

2. 相关市场划分：业务范围

如上文所述，在本案中，两家公司的业务范围被定义为"国际航空客运服务"，但在客运服务模式中，也存在 FSC 和 LCC 两种模式，虽然大韩和韩亚均采用 FSC，但两家公司的集团中均存在采用 LCC 的公司，在是否有必要将此业务范围再次细分的问题上，公取委将两者作为同一个业务范围，因日韩航线是短途航线，与客运服务相关的各种服务水平差异被认为影响相对较小，两种服务模式可替代性较大，因此将二者划入同一个业务范围。

3. 相关市场划分：地理范围

本案中，将特定的出发地机场（origin）和到达地机场（destination）间的往返航线作为地理范围划定，两家公司在 10 条航线上都有航班，并且由于乘客可以选择位于同一城市或其邻近地区的机场作为替代[③]，所以将其机场划分为同一地理区域，最终得到 10 条竞争航线。

4. 安全港标准的适用

因双方的并购涉及国际航空客运业务的横向合并，因此需考虑该行

---

① JSC，即 Japan Schedule Coordination，国际线航班时刻调整事务局，是一般财团法人日本航空协会的下属组织，负责协调日本拥堵机场的航班时刻配额，既不隶属于机场，也不隶属于航空公司，而是存在于协会内部，以确保其独立性，和中立、公正和透明的协调。参照日本公平交易委员会网站：（令和 6 年 1 月 31 日）有关大韩航空株式会社取得韩亚航空股权的审查结果，https://www.jftc.go.jp/houdou/pressrelease/2024/jan/240131_kiketsu_daikan.html（最后访问时间：2024 年 10 月 30 日）。

② 航权，指航空公司从其所属国政府航空主管部门处所取得的可以在本国和他国之间从事航空运输服务的权利。参照市场监管总局关于附加限制性条件批准大韩航空公司收购韩亚航空株式会社股权案反垄断审查决定的公告，https://www.samr.gov.cn/zt/qhfldzf/art/2022/art_5debb6cce2ce49db8cf2ff3a1b3e967e.html（最后访问时间：2024 年 10 月 30 日）。

③ 如成田机场和羽田机场以及仁川机场和金浦机场。

为是否能够使用安全港标准①从而排除监管机构的介入。根据计算，该10条航线中无一满足数值条件，无法适用。

5. 本案行为对竞争的影响

（1）合并后公司集团和其他企业的地位以及市场竞争状况

根据公取委的计算，双方合并后10条航线中的7条②，①双方的总和市场占有率均高至50%～75%，为市场第一名，且与第二名之间的差距较大；②特别是首尔路线（除了东京—首尔），只有双方运营FSC，合并后该模式的航空公司之间的竞争将会完全消失③，会对有关航线的竞争造成重大影响；③即使部分竞争者计划增加航班，本案公司亦计划增加航班，竞争者的制衡作用有限。

（2）新竞争者的加入可能性

从制度上的业务壁垒、实践中的业务壁垒、可替代程度、加入可能性的程度等四个因素④来考虑，公取委认为，虽然可认为东京—首尔航线有新竞争者加入的竞争压力，但其他航线则不存在进入市场的现实可能性。

（3）来自邻接市场的竞争压力

因为日韩航线都为短途航班，没有证据表明有来自中转航班的竞争

①　根据《有关企业结合审查的独占禁止法的运用指针》（平成16年5月31日公平交易委员会）第4部分的1（3），就横向业务合并而言，如果①企业合并后的赫芬达尔–赫斯曼指数（衡量市场集中度的指标，由特定交易领域中各经营者市场份额的平方和计算得出，以下简称"HHI"）为1500或以下，②企业合并后的HHI在1500以上2500以下，且HHI增量小于250，③企业合并后的HHI超过2500，且HHI增量小于150，满足任一情况，则通常不认为该企业合并会实质性限制某一交易领域的竞争。此标准被称为"安全港标准"。

②　即大阪—首尔；札幌—首尔；名古屋—首尔；福冈—首尔；大阪—釜山；札幌—釜山；福冈—釜山。

③　且两种模式之间的运营成本、服务水平存在一定差异，LCC对FSC的制衡作用较低。

④　制度上的业务壁垒：过去曾有多例新竞争者申请配额成功的例子，因此配额调整不构成门槛。

实践中的业务壁垒：如果竞争者要进入新航线，不仅要取得配额，还要安排飞机、协调员工、提供地勤服务等，鉴于已经运营其他航线的航空公司而言，这些不构成限制。

可替代程度：对于需求者（即乘客）而言，其需求是在合理时间内抵达目的地，航空公司在这方面的差异很小。

加入可能性的程度：自2020年双方官宣合并以来，已有多家LCC航空公司进入东京—首尔航线，但根据调查结果，无一家考虑短期之内进入其他航线。

压力。此外也无其他情况表明有来自邻接市场的竞争压力。

（4）来自需求者的竞争压力

无证据表明存在来自需求者的竞争压力。

（5）当事者集团的经营状况

韩亚主张①，应适用《指针》第 4 部分的（8）②，判定其合并实质性限制竞争的风险较小。但公取委认为，截至 2022 年，韩亚的财务业务已有显著改善，不能肯定韩亚必定在不久的将来破产并退出市场，且有可能存在对竞争限制较小的买家来取代大韩，否定了韩亚的主张。

（6）经济分析

关于航空客运业务，公取委进行了两项经济分析，分别为①价格分析（确认双方提交的关于市场上经营者数量对客运影响的回归分析结果的稳健性）和②利用 GUPPI③ 的提价动机分析。经分析，若实施合并，10 条竞争航线中，至少有一方有动机提高 8 条路线的价格。

6. 结论

公取委考虑到双方上述因素，最终认定在 7 条航线上合并易产生严重限制竞争的风险。

---

① 韩亚主张其公司的经营业绩一直在恶化，且无法找到除大韩以外的替代卖家，考虑到韩亚经营失败的风险以及对消费者利益和维持日韩航线国际交流的影响，应做出灵活的判断。

② 根据该规定，若存在以下任一情况，可被认为该企业合并实质性限制竞争的风险较小：1) 企业合并的其中一方显然持续出现巨额正常亏损，实际上已资不抵债，或无法获得营运资金贷款，如果不进行企业合并，很有可能在不久的将来破产并退出市场，而且该企业虽可以通过企业合并拯救，但很难找到别的第三方进行企业合并的影响小于该双方的合并；或 2) 其中一方企业合并所涉及的经营单位明显业绩不佳，如连续大幅亏损，如果不进行企业合并，该经营单位极有可能在不久的将来退出市场，而且该企业可以通过企业合并拯救，但很难找到别的第三方进行企业合并的影响小于该双方的合并。

③ 总提价压力指数（Gross Upward Pricing Pressure Index，即 GUPPI）是用来评估企业合并在多大程度上存在提价动机的指数，GUPPI 值超过 5% 一般被认为表明存在提价动机。GUPPI 表示 A 公司因 A 公司与 B 公司的业务合并而提高价格的动机，其定义为"从 A 公司到 B 公司的转换率×[(B 公司价格—B 公司边际成本)/B 公司价格]×B 公司价格/A 公司价格"。在国际航空客运业务中，GUPPI 值是将一方的全程服务转为另一方的全程服务的 GUPPI 值和一方的低成本服务转为另一方的低成本服务所带来的价格上涨压力的 GUPPI 值相加计算得出的。参照日本公平交易委员会网站：（令和 6 年 1 月 31 日）有关大韩航空株式会社取得韩亚航空股权的审查结果，https://www.jftc.go.jp/houdou/pressrelease/2024/jan/240131_kiketsu_daikan.html（最后访问时间：2024 年 10 月 30 日）。

（三）相关市场的认定及对竞争的影响：国际航空货运业务市场

1. 国际航空货运业务的商业模式

国际航空货运企业除了从事国际航空客运业务①的航空公司②外，还有自有货机，负责将货物从寄出人处收集货物，并将货物门到门（door-to-door）运送到目的地的集运公司。

2. 相关市场划分：业务范围

（1）国际航空货运企业间的替代性

根据国际航空货运业务的需求者（货运代理）的判断，航空公司与集运公司提供的货运服务对比，二者之间的需求替代性有限。因此不属于同样的业务范围。

（2）货物种类间的替代性

该业务的货物类型包括普通货物和特殊货物，特殊货物需用货运飞机运送。但实际日韩航线上，大多数航空公司都拥有货运飞机，因此根据此因素细分业务范围意义不大。

（3）飞机种类间的替代性

可用于货运的飞机包括货运飞机，宽体客机和窄体客机。前二者可以运载 ULD，而后者不能。但由于日韩航线上大多数航空公司都拥有货运飞机，假设以能否运载 ULD 为标准划分业务范围，其竞争状况也不会产生很大不同。因此根据此因素来细分业务范围意义不大。

（4）运输方法间的替代性

除了航空货运外，还可使用船舶的海上货运。但此两种方式在价格和运输时间上有很大差别，不存在需求替代性。

3. 相关市场划分：地理范围

公取委认为，作为其业务需求者的货运代理已在全国范围内建立了

---

①　国际航空货运业务的商业模式为包括本案公司集团在内的航空公司（Carrier），应货运代理的要求，将航空货物从出发地机场运往目的地机场。货运代理与航空公司签订定期合同，以确保一定数量的舱位（以下简称"舱位"）供装载货物。

②　详细来说，从事国际航空客运业务的航空公司分为两种，一种是用专门的货运飞机运送货物，另一种则是在客运飞机的货物舱上装载货物（称为"客机运货"），在客机运货中，还分为用单元载荷装置（Unit Load Devices，简称"ULD"）运的"宽体客机运货"，以及不能使用ULD，直接用纸箱运货的"窄体客机运货"。

陆路运输网络，货运代理可以选择以日本和韩国为终点的所有航线，而非像航空客运一样受到特定的出发机场和到达机场的约束。此外，国际航空货运业务也不会用于往返航班。所以本案地理范围为日本到韩国（单程）的航线。

4. 安全港标准的适用

据计算，双方总和市场份额约70%，为第一名，且第二名公司的市场份额仅有15%，合并后 HHI 约为5100，增量 HHI 约为2200，因此公取委认为不应适用安全港标准。

5. 本案行为对竞争的影响

（1）双方之间的竞争状况、合并后公司集团和其他企业的地位以及市场竞争状况

根据双方竞争状况来看，大韩倾向于提供较高价的货运服务，而韩亚倾向于提供较低价的服务。两者为关系密切的竞争者，若两者合并，对竞争的影响是巨大的。另外，合并后的公司集团也有着高达70%的市场份额。

（2）竞争者的市场份额以及供应能力和差异化程度

根据测算，第二名公司的市场份额仅有15%，且根据需求者调查，第二名虽具有供应能力，但考虑到实际中有无大型货运飞机、是否有西日本的航线等因素，其在与双方的竞争中处于劣势地位。

（3）新竞争者的加入可能性

虽然近年来有多个竞争者进入日本至韩国的航线，但都不具备与双方相当的足够的运力。

（4）来自邻接市场的竞争压力

据调查，需求者往往在日韩航线上不使用中转航班，没有来自中转航班的竞争压力，也无证据表明存在来自邻接市场（集运公司和海运等）的竞争压力。

（5）来自需求者的竞争压力

据调查，需求者认为，考虑到三、5.（2）所述内容，使用其他公

司的货运服务较为困难，需求者对双方提供的服务有很高依赖度。

（6）当事者集团的经营状况

公取委以上述二、5.（5）同样的理由，否定了韩亚提出的同样主张。

（7）经济分析

公取委进行了四项经济分析，分别为价格分析、基于需求者问卷调查的分析、模拟分析及 GUPPI 的提价动机分析。经分析，若实施合并，双方在运费方面存在激烈竞争，公司集团存在提价的动机，但需求者不大可能因为提价而转向使用其他竞争者的服务。

6.结论

公取委考虑到上述因素，最终认定针对此日本至韩国航线的货运业务，合并易产生严重限制竞争的风险。

（四）大韩航空及韩亚航空提出的附条件措施及当局评价

针对以上情况及结论，双方向公取委提交了针对两个市场及业务的问题解决措施（即附条件实施经营者集中的措施）。

1.问题解决措施

双方共提出了以下问题解决措施，具体如下：

国际航空客运业务	国际航空货运业务
（1）交易中一方在上述 7 条航线中持有的配额将转让给特定的航空公司（该公司需事先履行向 IATA 申请配额程序并成功)①	（1）韩亚将其全球航线中专用货运飞机的货运业务②转让给有相关资质的独立第三方③

① 原则上该措施可至少维持三年（理论上其有效期直至国际航空客运服务供给的有效增加或是新航空公司的加入具有现实的可实施性，且双方提出只转让 FSC 的配额，不转让 LCC 的配额）。

② 该业务包括使用货运飞机开展业务的飞机、劳动力、设施等有形资产，也包括其持有的有效合同、许可资质、执照和航线的配额等无形资产。

③ 公取委在考虑此措施是否为有效的问题解决措施时，也参考了欧盟的决定（参照欧洲委员会/Case No. M.10149），将此货运飞机业务视为一种补救办法（即问题解决措施），最终公取委与大韩航空同意将 2024 年 2 月 13 日，即欧盟附条件批准这一合并行为的日期作为生效日期。参照日本公平交易委员会网站：（令和 6 年 1 月 31 日）有关大韩航空株式会社取得韩亚航空股权的审查结果；https://www.jftc.go.jp/houdou/pressrelease/2024/jan/240131_kiketsu_daikan.html（最后访问时间：2024 年 10 月 30 日）。

续 表

国际航空客运业务	国际航空货运业务
（2）如果第一条措施转让的配额数少于交易其中一方所持有的配额数，则其中一方可接受不特定的航空公司就不足部分提出的配额转让请求①（简称为"Open Slot"措施）	（2）大韩与其他某些航空公司签订舱位协议（Block Space Agreement），以具有竞争力的批发价格提供货物运输的舱位（即向竞争者提供货物装载舱位的协议），且提供地面装卸货、地勤运营服务等附带服务
（3）通过缔结地勤运营服务协议等支持措施，补充其他航空公司的竞争力	（3）任命独立第三方作为监督受托人，持续监督上述两条措施的执行情况，并定期报告
（4）任命独立第三方作为监督受托人（即监督人），持续监督上述三条措施的执行情况，定期报告	（4）任命独立第三方作为业务处分受托人，监督第一条措施的执行情况并报告
措施（1）到措施（3）都可被归纳为促进扩大客运的供应，以及鼓励竞争者进入市场参与竞争的措施	

2. 公取委对问题解决措施的评价

（1）公取委评价问题解决措施的基本原则

根据《指针》，评价问题解决措施是否有效，原则上，其应是业务转让、拆分交易主体之类的结构性措施，从而能够从结构上恢复因企业合并而失去的潜在竞争，使得双方不能达到在一定程度上随意自由影响价格的结果，无法形成对市场竞争的实质性限制。而最有效的此类措施是创造新的独立竞争者，或者加强现有竞争者的力量，使其成为对双方有效的制衡者②。

（2）对航空客运业务的问题解决措施的具体评价

公取委认为，措施（1）仅转让 FSC 的业务，并不转让 LCC 服务的业务，但目前涉案航线上围绕 LCC 服务的业务竞争已十分激烈，能够

---

① 原则上该措施可至少维持十年。

② 参照《有关企业结合审查的独占禁止法的运用指针》（平成 16 年 5 月 31 日公平交易委员会）第 7 部分的 1 及 2（1）。

预见合并后此情况仍会持续，考虑到各航线的个别情况，不一定必须转让 LCC 服务业务，且双方承诺伴随着配额的转让，还将实施与受让方签订地勤服务协议等支持措施，如果受让方是 LCC 航空公司的情况下，将同时具备 FSC 和 LCC 服务双模式，更加补充了受让方的竞争力量。

其次，措施（2）为 Open Slot 方案，意味着除非出现配额受让方，该受 Open Slot 方案限制的配额将继续由双方使用，但考虑到实务中因竞争者的市场力量差距等原因，能够接受双方的全部或部分业务的受让方并不多，所以彻底转让整体业务从现实角度来说不具备可行性，双方所提出的方案同样可取①。

总的来说，这些措施可以有效扩大竞争者的供给和促进新竞争者的进入。

（3）对航空货运业务的问题解决措施的具体评价

公取委认为，首先措施（1），是资产剥离、企业转让等结构性措施，意味着此部分业务将在合并后从公司集团彻底剥离。其次，从实务角度考虑，设想措施（2）执行后，大韩所释放出的这部分货物装载舱位，其提供的空间数量和运力较大，很可能催生与韩亚的市场竞争力相当的竞争者，同样也能被视为是有效的。

（五）总结

公取委在国际航空客运业务方面，发现其中 10 条航线中有 7 条存在实质性限制竞争风险。在国际航空货运业务方面，从日本到韩国的国际航空货运市场也存在实质性限制竞争风险。因此，根据双方提出的问题解决措施，例如将 7 条航线的配额转让给其他特定国际航空客运公司或采用 Open Slot 转让配额，提供航空客运地面服务等支持措施，以弥补因双方合并而失去的部分潜在竞争。在国际航空货运业务方面，韩亚将其覆盖全球航线并使用货运飞机的国际航空货运业务转让给另外的特

---

① 公取委认为该方案既考虑到了竞争者希望申请拥堵机场的航线配额的情况，考虑到此配额可能成为扩大供应和竞争者进入此航线客运业务的障碍，所以采用了 Open Slot 方式来尽力消解其障碍。

定公司，并采取措施解决合并后可能出现的限制竞争的问题。经审查，2024 年 1 月 31 日，公取委决定，在双方遵守上述维持竞争的措施的前提下，批准了本案的经营者集中决定。

四、日本数字平台变更算法涉滥用相对优势地位第一案（Tabelog 案）二审简析

2022 年，日本首次出现了关于数字平台因算法变更而构成滥用相对优势地位的判决，即 Tabelog 案。该案也是法院向日本竞争法执行机关 "公平交易委员会" 请求指导意见的案例之一。在 2022 年一审[①]中，法院认定被告数字平台因算法变更而构成滥用相对优势地位，部分支持了原告的诉讼请求（有关一审判决的详细介绍，详见《中国竞争法律与政策研究报告 2023》）。原被告双方均不服判决结果，向东京高等法院提起了上诉。在 2024 年二审[②]的判决中，结果出现了逆转——法院认定数字平台变更算法的行为并不构成滥用相对优势地位。本文将主要对二审部分进行介绍和讨论。

（一）事实概要

1. 本案被告/上诉人

"KAKAKUKOMU（价格 . com）" 股份有限公司（以下简称 "上诉人"）运营着一家名为 "Tabelog" 的餐饮店评价平台（类似于中国的大众点评，但无法在平台上直接消费）。截至 2019 年，该平台已收录了全日本 90 万家以上的餐饮店资料，累积超过三千万条食评。

2. 本案原告/被上诉人

"韩流村股份有限公司"（以下简称 "被上诉人"），其业务之一是经营 "韩国料理炭火烤肉 KollaBo" 连锁店，店铺遍布日本各地。被上

---

① 東京地判令和 4 年 6 月 16 日令和 2 年（ワ）第 12735 号株式会社韓流村对株式会社カカクコム損害賠償請求事件（判例集未刊登）。

② 東京高裁令和 6 年 1 月 19 日令和 4 年（ネ）第 3224 号：損害賠償事件（判例集未刊登）。

诉人在同意上诉人平台的会员条款后，在 Tabelog 平台上发布相关店铺信息，并通过互联网向公众公开。Tabelog 平台提供免费和付费两种会员制度，注册会员称为"店铺会员"。免费会员只能在页面上进行基本的店铺资料注册；付费会员则除了基本功能外，还可享受在搜索结果或黄金时段中优先显示等增值服务。本案中，被上诉人为 Tabelog 平台的付费会员。

　　Tabelog 平台基于用户提交的主观评价与口碑，为各餐饮店打分，并公开在相应页面上。这些评分是通过 Tabelog 的独特算法（以下简称"本案算法"）计算得出。该算法考虑了用户的影响力，即经验丰富的食评者对评分的影响力更大。为了防止评分被恶意操控，确保评分的公信力，算法的具体细节并未公开，并会定期调整。

　　2019 年 5 月 21 日，上诉人公司大幅修改了本案算法。被上诉人公司主张，上诉人公司通过此次算法调整，使得包括其旗下餐饮店在内的连锁店评分下降，进而导致店铺营收下降。被上诉人认为，此行为属于对交易条件的差别对待（违反《独占禁止法》第 2 条第 9 款第 6 项イ①及一般指定第 4 项②），该条件的变更使得连锁店的评分相较于非连锁店大幅下降，失去竞争优势。此外，还构成滥用相对优势地位（违反《独占禁止法》第 2 条第 9 款第 5 项③）。因此，被上诉人向东京地方法院提起了相关诉讼。一审判决支持了被上诉人的部分诉讼请求。对

---

　　① 法条翻译如下：第 2 条第 9 款第 6 项イ：六　前各项所列举内容以外，属于以下任一情形且可能妨碍公平竞争的行为，由公平交易委员会指定的行为：イ不正当地对其他经营者进行差别对待。

　　② 法条翻译如下：一般指定第 4 款：（交易条件等的差别对待）不正当地对某一经营者在交易条件或执行方面给予有利或不利的待遇。

　　③ 法条翻译如下：第 2 条第 9 款第 5 项：利用自己在交易中的地位优越于相对方这一点，从正常的商业习惯来看，不正当地进行以下任意一种行为。

　　イ对于继续交易的相对方（包括打算继续进行新交易的相对方。在口中相同。）使之购买该交易相关商品或服务以外的商品或服务。

　　口对于继续交易的相对方，使之为自己提供金钱、服务及其他经济上的利益。

　　八拒绝从交易相对方受领交易相关商品；从交易相对方受领交易相关商品后，使该交易相对方收回该商品；迟延向交易相对方支付交易对价，或减少其金额，以及设定或变更其他会对交易相对方造成不利的交易条件，或实施此种交易。

此，双方均表示不服，向东京高等法院提起了上诉。其中，上诉人提交了名为"新逻辑"的相关资料，以证明其算法变更是为了消费者的利益，有正当理由。

3. 一审判决内容要约

2022 年 6 月 16 日，东京地方法院作出判决。该判决中，几乎未对交易条件的差别对待进行详细分析。法院认定，上诉人在其运营的美食门户网站"Tabelog"上，对连锁店的评价算法进行了"不符合正常商业习惯"的不当更改，构成了滥用优势地位的行为，违反了《独占禁止法》第 19 条，属于不公正的交易方法。法院据此认定该行为构成日本民法上的侵权行为，并在原告索赔的 6.4 亿日元中，支持了 3 840 万日元的损害赔偿请求，但驳回了停止侵害命令的申请。

4. 二审判决内容要约

二审判决支持了上诉人的诉讼请求，驳回了被上诉人的上诉请求，并取消了一审判决中上诉人败诉的部分。即，本案中上诉人所实施的算法变更行为，不构成交易条件的差别对待，亦不构成滥用相对优势地位。因此，没有理由支持被上诉人在原审中提起的基于侵权行为的损害赔偿请求以及停止侵害的请求。

（二）检讨

本案有多个争议焦点，本文将重点讨论争议焦点一：是否构成交易条件等的差别对待，以及争议焦点二：是否构成滥用相对优势地位。

1. 关于交易条件的差别对待

虽然在一审判决中并未被仔细讨论，但二审时进行了相关分析讨论。所谓交易条件的差别对待，指"不正当地针对某个经营者就交易的条件或实施进行有利或者不利的对待"。

判断本案是否构成交易条件的差别对待，重点讨论了以下几个论点：

（1）是否构成"实施交易"

由于 Tabelog 的评分并非付费会员独享的服务，故在本案中，上诉人与被上诉人的行为是否构成"实施交易"存在争议。对此，判决认定，尽管此次评分变更并未直接基于有偿会员合同进行，但评分机制对商户吸引顾客的能力至关重要，构成交易实施的一部分。虽然不直接列为合同条款，但实质上涵盖了诸如推送顺序、商品展示优先级等与交易相关的实际操作。

（2）本案的相关行为是否是"实施不利的对待"

东京高等法院判决认为，评分变更导致 21 家连锁店的评分下降，并在与非连锁店的竞争中处于不利地位，构成了"实施不利的对待"。关键分析如下：

评分变更的影响：评分下降直接影响店铺的展示排名，进而影响顾客流量。且连锁店与非连锁店在相同地区和品类下存在直接竞争关系，评分下降对连锁店竞争力不利。

变更的针对性：虽然评分算法调整不仅限于连锁店，但其结果导致连锁店的评分整体下降。所以最终，判决认定算法变更的结果对连锁店构成了显著的劣势。

（3）该行为是否有"公正竞争阻害性"

判决详细分析了评分变更的目的、合理性以及其影响。

评分变更的目的和合理性：变更的主要目的是纠正评分与消费者感受的偏差，以及防止虚假评价操控评分。新算法旨在通过对投稿者的影响力进行再评价，避免虚假评论对评分的操控，并每月定期更新评分。

影响的限定性：尽管连锁店的评分下降，但判决认为，这一变更的影响在合理范围内，并未对连锁店的竞争力造成严重损害。原告主张评分下降导致重大营业损失，但判决认为，没有证据表明这些损失超出合理范围，也未能证明其在竞争市场中的功能受到严重影响。

综上所述，虽然本案中，上诉人的相关行为给被上诉人造成了显著的劣势，但该行为并未被判定为具有公正竞争阻害性，所以并不构成交易条件的差别对待。

2. 相对优势地位滥用的要件与争议焦点

在二审中，对于相对优势地位的认定基本上沿用了一审的分析，认定了上诉人与被上诉人之间存在交易关系，并且存在相对优势地位，但在是否构成"滥用"的方面，出现了分歧。根据《独占禁止法》第 2 条第 9 款第 5 项，构成滥用相对优势地位的行为需满足：①具有相对优势地位的经营者；②利用其优势地位对交易相对方实施；③不利益的地（不符合正常商业习惯地）进行的行为。

一审与二审的差别主要集中在第③，即在判断"不符合正常商业习惯地"的时候出现了偏差。一方面，东京地方法院的判断认为，上诉人的算法变更对连锁店评分的下调使相对方处于不利地位，不符合行业惯例，因此构成滥用。另一方面，东京高等法院的判断则认为，上诉人对算法的调整是其经营自由的一部分，且并无明确证据证明该行为超出了正常商业运作的范围，因此不构成不当行为。

东京地方法院的判断：

法院向日本公平交易委员会征求了关于《独占禁止法》适用及其他必要事项的意见，采用了与《优越的地位滥用指南[①]》类似的标准："综合考虑具体情况下所述行为的意图、目的、态样、不利影响的内容和程度（例如①交易对方是否能够预先预测到不利影响，②是否造成了超出合理范围的不利影响），是否压制了交易相对方的自主性，从公正竞争秩序的角度进行评估。"进而判断该行为是否构成不符合正常商业惯例的"不当"行为。

在东京地方法院的判决中，法院认定此次算法调整专门针对连锁餐饮店，且从客观事实来看，被上诉人通过 Tabelog 获得的客流量确实减少了，且被告未事先通知原告进行变更，算法的细节也处于非公开状态。法院据此判断，被告给原告带来了事先无法预测的不利影响，并且施加了超出合理范围的负担。由此得出被告行为确实有公正竞争阻害

---

① 優越的地位の濫用に関する独占禁止法上の考え方」による。

性，构成了滥用相对优势地位。

东京高等法院的判断：

东京高等法院采取的也是相同的评判基准，但上诉人在原审的基础上，提出了"新逻辑"的相关主张。根据上诉人解释，调整算法具有正当理由，主要是为了保证评分的公正性，但其具体内容被涂黑。

对此，东京高等法院最终指出，其目的是必要的。上诉人所经营的平台评分系统存在以下问题：用户评论可能受到他人评论的无意识影响；评论者的用餐经验不同，导致评价出现差异；有商家通过刷单操纵评分；某些主要依靠本地顾客的餐饮店评论较少，评分可能无法反映消费者的真实感受。

因此，高等法院认为，新逻辑是为了解决这些评分系统的不足，并确保评分的公正性，具有其正当性与合理性。最终得出了与一审相反的结论："虽然此次调整导致被上诉人的 21 家连锁餐饮店评分下降，且被上诉人未能证明其市场竞争力因此遭受了直接且重大的损害。"所以变更算法的行为不构成滥用相对优势地位。

（三）评价

判决过后，被上诉人表示不服，声称会继续上诉到日本最高法院。对于该判决，学界也有诸多不同的评价。

关于本案对于交易条件的差别对待的认定有意见认为，存在以下的问题，例如①未充分审查差别待遇的合理性：法院未对连锁店与非连锁店之间的差别待遇进行深入的实质性审查，仅简单认定其目的为纠正消费者感知的偏差和排除不正当口碑行为，而未进一步分析这种差别是否必要且合理。②缺乏对连锁店与非连锁店竞争不利影响的考量：判决虽然承认被上诉人公司的评分下降，但认为这对市场竞争的整体功能影响有限。然而，评分下降会直接影响排名顺序，这可能使连锁店在与非连锁店的客户竞争中面临显著不利，法院对此未予足够重视。③对平台运营者商业利益缺乏评价：判决集中于消费者利益，但忽略了像 Tabelog 这样的平台在推动变更等行为时追求的自身商业利益。法院未充分评估这些商业动机对连锁店与非连锁店竞争环境的潜在影响。④未深入分析交易条件差别的竞争影响：法院认为被上诉人公司的评分下滑不会导致重大营业损失，然而，如果考虑连锁店和非连锁店在客户竞争中的特殊性及平台排名的重要性，这种评分下滑可能已经构成显著的不利影响，法院对此未做充分审查。

关于本案对于滥用相对优势地位的认定，也有意见认为存在瑕疵。首先在优越地位滥用规制的框架下，判决要求商家必须具体证明自身因客流减少而遭受的不利影响，尤其需要与竞争者进行对比，这类似于间接竞争侵害说的立场与以往主要判决的立场不尽一致。其次，判决的核心认为，本次评分下跌并未超出合理的范围。加之上诉人公司的算法设计预计会定期更新，因此不构成判旨中提到的"无法预见的不利益"。这一判断同样也存在上述分析是否构成交易条件的差别对待同样的问题。即过于从消费者的角度进行分析，从竞争的角度来看讨论是不够严密的①。

（四）小结

本案从一审到二审，围绕算法变更是否构成交易条件的差别对待和滥用相对优势地位展开了深入的法律争论。一审法院侧重于算法调整对连锁店带来的不利影响，认为其不符合正常商业习惯，构成滥用相对优势地位。二审法院则强调平台运营者的经营自由和算法调整的合理性，认定被告的行为不构成违法。

被上诉人表示不服二审判决，决定上诉至日本最高法院。这意味着本案将成为首个涉及数字平台滥用相对优势地位并上诉至最高法院的案例。未来最高法院的裁决可能会产生新的法律理论，对数字平台的算法变更和竞争法的适用提供重要指导。Tabelog 案不仅涉及对数字平台经营行为的法律定性，更关系到如何平衡平台经营自由与市场公平竞争。随着数字经济的快速发展，此类问题将愈发突出。本案的最终判决将对日本乃至我国的数字平台监管和竞争法实践产生深远参考价值，值得持续关注。

---

① 柴田潤子「飲食ポータルにおけるランキング・アルゴリズムの不利益変更［食べログ事件］」「判例百選（第 3 版）」（有斐閣 2024）P174-175 参照。

结　语

第一节　中国反垄断法实施展望[*]

2024 年，作为新《反垄断法》实施的第二年，同时也是"十四五"规划实施的关键时期，反垄断执法机构在这一年中持续而积极地推动相关配套立法的完善，为反垄断工作的深入实施提供了坚实的法律基础。通过深入实施公平竞争政策，加强公平竞争审查的刚性约束，反垄断和反不正当竞争工作得到了进一步强化，更有力地打破地方保护和市场分割现象；提高经营者对反垄断合规的重视程度，意图提升经营者的反垄断合规意识和能力，从源头预防垄断行为的发生；加强重点领域反垄断监管，尤其是纵深推进民生领域反垄断执法，通过专项行动和多措并举的方式，加大反垄断执法办案的力度，促进了更加公平、更有活力的市场环境的形成，使改革发展的成果能够更多、更公平地惠及全体人民。

步入 2025 年，即"十四五"规划实施的最后一年，我们面临着助力规划圆满收官的重要任务。为了这一目标的实现，我们应当紧密围绕中央关于反垄断工作的决策部署，同时，紧密结合反垄断法工作的实际情况，对反垄断实施工作作如下展望。

---

* 本节撰稿人为许光耀、刘盈、吴乐程。许光耀，法学博士，广西大学法学院院长，博士生导师；刘盈、吴乐程，广西大学马克思主义学院博士研究生。

一、全面推进《反垄断法》配套立法

自 2022 年新《反垄断法》颁布以来，我国在构建《反垄断法》配套法律制度方面已取得显著成就。2023 年，国家市场监督管理总局针对典型的垄断行为，发布了包括《禁止垄断协议规定》在内的五部配套规章，有效增强了我国反垄断法律体系的完备性。步入 2024 年，一系列重要法规与指南相继出台，如《国务院反垄断反不正当竞争委员会关于行业协会的反垄断指南》《国务院关于经营者集中申报标准的规定》《招标投标领域公平竞争审查规则》《经营者反垄断合规指南》《公平竞争审查条例》①《公平竞争审查举报处理工作规则》《标准必要专利反垄断指引》。此外，还有最高人民法院发布的《关于审理垄断民事纠纷案件适用法律若干问题的解释》。这些法律文件不仅进一步细化了《反垄断法》及其配套规章的内容，还极大地丰富了以《反垄断法》为核心、多层次的反垄断法律规则体系，为我国反垄断执法与司法实践提供了更为坚实的法律支撑。

当前及未来一段时间内，为了深入贯彻实施《反垄断法》，提升执法、司法的效率与效果，全面加强和完善《反垄断法》配套立法仍是反垄断法实施工作的重中之重。

第一，全面推进经营者集中反垄断配套立法。加快推进《横向经营者集中审查指引》《违反〈中华人民共和国反垄断法〉实施经营者集中行政处罚裁量权基准》的出台，加速《非横向经营者集中审查指引（征求意见稿）》的起草进程，进一步完善我国经营者集中审查制度。同时，借由出台两个《指引》的机会，明确经营者集中行为所导致的两种竞争损害——单方效果和协调效果的含义。在 2023 年修订的《经营者集中审查规定》中，虽然第 32 条指出经营者集中所产生的竞争影响表现为"相关经营者单独或共同排除、限制竞争"，但由于并未对两

---

① 以下简称《条例》。

种损害分别进行说明，因此仍需要进一步细化。所谓单方效果，是指经营者集中后市场力量增强，并由此取得或加强市场支配地位，排斥竞争者，进而可能产生破坏市场结构的竞争损害。而协调效果则不同，它是指集中完成后将形成寡头结构，而寡头间天然倾向于消除竞争。进一步补充行为救济以及混合救济方式。《经营者集中审查规定》第40条提供了降低经营者集中竞争损害的三种附加限制性条件，即结构性条件、行为性条件和综合性条件，而紧跟其后的第41条以及后续的"限制性条件的监督和实施"章节，主要对剥离措施这一结构性条件的实施作了较为详尽的说明；相比之下，对于行为性条件和综合性条件的说明则显得不够充分，因此应当比照结构性条件，对这两类限制性条件的操作方法作出详细解释，为经营者提供更明确、多样的救济途径。

第二，积极推进公平竞争审查制度的完善。2022年新修订的《反垄断法》明确国家要建立健全公平竞争审查制度，这对健全我国反垄断法律体系具有十分重大的指向意义。2024年以来，为完善公平竞争审查制度，落实新《反垄断法》的要求，我国相继发布了《招标投标领域公平竞争审查规则》《公平竞争审查条例》《公平竞争审查举报处理工作规则》。其中，《招标投标领域公平竞争审查规则》有机衔接了招标投标制度与公平竞争审查制度，细化了公平竞争审查时的具体规则；《条例》在2021年发布的《公平竞争审查制度实施细则》基础上扩大了公平竞争审查的范围，明确了审查的主体、程序和权限，加重了违反公平竞争审查的法律责任，进一步完善了我国的公平竞争审查制度，是我国公平竞争审查制度法治化的里程碑，更是我国社会主义市场经济法治化的里程碑；《公平竞争审查举报处理工作规则》为公平竞争审查工作的实施提供了监督保障，进一步完善了公平竞争审查的制度体系，进一步提升了公平竞争审查制度的刚性约束。在这些法律文件的基础上，2024年10月10日，司法部、国家发展改革委公布《中华人民共和国民营经济促进法（草案征求意见稿)》[①]，草案中设"公平竞争"专章，

---

① 以下简称《民营经济促进法》。

强调出台政策措施应当经过公平竞争审查，以保障民营经济组织公平参与市场竞争。可以预见，《民营经济促进法》的正式颁布，将进一步完善我国公平竞争审查制度，助力构建全国统一大市场。

第三，积极推进民生领域反垄断配套立法。2024年，国家市场监督管理总局响应社会关切，针对我国药品领域的发展现状和特点，发布了《关于药品领域的反垄断指南（征求意见稿）》（以下简称《药品指南意见稿》）。相比国务院原反垄断委员会于2021年发布的《关于原料药领域的反垄断指南》（以下简称《原料药指南》），《药品指南意见稿》更全面、系统。首先，《药品指南意见稿》将医药领域反垄断执法的适用范围由原料药扩大至全药品，全面提升药品领域反垄断执法覆盖面和针对性，确保了从原料药到成品药的整个产业链都能受到有效的反垄断监管。其次，《药品指南意见稿》根据药品市场的独有特点，细化了相关市场的界定方法，增强了其可操作性，有助于执法机构更准确地判断市场竞争状况，从而更有效地打击垄断行为。再次，《药品指南意见稿》在垄断协议、滥用市场支配地位、经营者集中等具体章节，明晰了该类型垄断行为的整体分析框架，为反垄断执法提供明确指导和依据，有助于提高执法效率。此外，在垄断协议章节，进一步明确了反向支付协议的含义及认定规则。在《原料药指南》中，仅是将反向支付作为横向垄断协议的表现类型之一，并未细化其认定规则，而在《药品指南意见稿》中，不仅为反向支付协议设置了专属条文，而且进一步明晰其涵义、细化其认定规则，强化反垄断执法对药品领域新型垄断行为的打击力度和精准度，有助于维护药品市场的公平竞争秩序。在滥用市场支配地位章节，引入了产品跳转行为并明确了其认定规则。虽然我国尚未出现相关案例，但这一专条规定有望将产品跳转的反垄断规制从纯粹的理论研讨转变为切实的执法行动。

《药品指南意见稿》不仅标志着我国反垄断法制在民生领域的进一步深化，也体现了政府对保障公众健康、促进医药行业健康发展的坚定决心。保险、水电煤气、驾校培训等同样关乎民众福祉的其他民生领域中，反垄断问题同样亟待重视，未来需加速推进配套相关反垄断指南，以提高民生领域反垄断执法效率。

二、推进公平竞争审查条例实施，构筑全国统一大市场

2022年4月，中共中央与国务院联合发布了《关于加快建设全国统一大市场的意见》，该意见深刻洞察了构建全国统一大市场制度规则的紧迫性，明确将消除地方保护主义和市场分割现象作为核心任务，旨在解决制约经济循环畅通的关键性问题。其根本目的在于推动商品和要素资源在更广泛的领域内实现自由流动，从而加速构建一个高效规范、公平竞争且充分开放的全国统一大市场。

在构建全国统一大市场的战略蓝图中，"营造稳定、公平、透明、可预期的营商环境，降低市场交易成本，以及促进科技创新和产业升级"等关键要素被明确提出，这些要素与我国《反垄断法》所秉持的价值目标高度一致。基于此，2024年6月，市场监管总局正式颁布的《条例》，为打破地域壁垒、推进全国统一大市场建设提供了坚实的法治基础。该条例的出台，不仅强化了市场开放性和竞争性的要求，还确保了竞争政策在市场经济中的基础性地位，为反垄断法在维护竞争性市场结构、提升经济效率方面发挥核心作用提供了有力支撑。

面对当前复杂多变的国际经济形势和国内经济运行状况的挑战，治理地方政府行政垄断行为，破除封闭小市场、自我小循环，打破条块分割，促进要素自由流通，已成为推动全国统一大市场建设的重中之重。在此过程中，行政主体滥用行政权力，制定包含排除、限制竞争内容的规定，将成为公平竞争审查的重点对象。自2016年公平竞争审查制度建立以来，至《条例》颁布，已历经八年；同时，《反垄断法》的修订也逾两年。在此期间，相关部门积极履行职责，大力清理、废止和纠正了一系列妨碍全国统一大市场和公平竞争的政策措施，并取得了显著成效。然而仍需清醒认识到，全国统一大市场的建设是一个长期且复杂的过程，地方保护主义的顽疾难以迅速根除，需要持续努力，不断推进。

第一，为了构建更加高效与公平的市场环境，应当不断强化竞争政策的基础性地位，保证相对竞争性的市场结构，确保全国统一大市场中的要素能够自由流通。首要任务是立足内需，促进经济循环畅通无阻。这包括通过高质量供给来创造并引领需求，使得生产、分配、流通、消费等经济活动的各个环节更加顺畅，从而提升市场运行的整体效率。在此过程中，即便存在产业政策，也必须确保竞争政策的基础性地位不受动摇，以维护市场的竞争性结构，进而提升产业市场的运行效率。2024年 10 月 10 日，国家发改委发布的《民营经济促进法》公开征求意见通知指出，《民营经济促进法》的核心目标是进一步优化民营经济的发展环境，确保各类经济组织能够公平地参与市场竞争。尽管《民营经济促进法》意见稿重申了公平竞争审查制度的重要性，并提出了建立全国统一的负面清单管理制度，但在强调竞争性市场结构的关键作用方面仍有提升空间。接下来，需要在制度建设上同时注重"立"与"破"，明确阶段性目标，并逐步推进统一大市场的建设。这要求我们坚持问题导向，集中力量解决影响市场统一与公平竞争的突出问题，迅速清理和废除阻碍全国统一大市场和公平竞争的各项规定与做法，尤其要加强对新出台政策（即"增量"政策）和现有政策（即"存量"政策）的审查力度。此外，还需妥善处理有效市场与有为政府之间的关系，坚持市场化、法治化的原则，确保市场在资源配置中发挥决定性作用，同时更好地发挥政府的作用，进一步强化竞争政策的基础地位，并加速政府职能的转变。最后，要不断提升政策的统一性、规则的一致性以及执行的协同性，科学规划市场规模、结构、组织、空间、环境及机制建设的步骤与进度，例如，通过细化公平竞争审查规则，并在注重效率的同时统一各地的审查标准，以实现制度刚性与柔性的有效平衡。

第二，仍需完善公平竞争审查制度，确保政策措施不会扭曲市场的竞争性。公平竞争审查制度是确保市场竞争机制不被损害或扭曲的重要制度保障。近年来，我国在公平竞争审查制度方面取得了显著进展，首先是《民营经济促进法》意见稿再次强调了公平竞争审查的地位，其次是新颁布的《公平竞争审查条例》（以下简称《条例》），为公平竞争审查工作提供了更为具体、细化的规范。《条例》的出台，将公平竞争审查制度上升为行政法规，填补了立法空白，增强了制度的刚性约束。该《条例》明确规定了公平竞争审查的适用范围、审查标准、例外规定以及审查保障措施等，为公平竞争审查工作提供了较为全面的制度保障；在审查标准方面，《条例》高度提炼了审查标准，表述更加精细，增强了审查标准的适用性。在审查保障方面，《条例》明确规定县级以上地方人民政府应当建立健全公平竞争审查工作机制，保障公平竞争审查工作力量，并将公平竞争审查工作经费纳入本级政府预算。目前看来，该条例的实施将有助于从源头上防止排除、限制竞争的政策文件出台，强化竞争政策基础地位的法治保障。首先是《条例》对比 2023 年的《公平竞争审查条例（征求意见稿）》[①] 带来的细节调整。对比《意见》，《条例》的审查对象增加了涉及经营者经济活动的法律的起草。增加了对法律的公平竞争审查，意味着对于竞争政策在市场经济中基础性定位的进一步明确和强调。同时，值得肯定的是，《条例》关于"例外政策措施"（《条例》第十二条）的最终版本对比《意见》（《条例》第十七条），删除了两项具体条件，即"为实现救灾救助等社会保障功能的"和"面向中小微企业实施小额微量补贴等政策的"政策措施，以免政府适用例外规定的自由度过大，有可能带来对相关产业竞争性市场结构的扭曲。其次，对于第三方审查机构的介入，《条例》并未明确要求建立相关机制，只在第十六条提出"应当听取有关经营者、行业协会商会等利害关系人关于公平竞争影响的意见"，这表明《条例》的实施主要依靠自我审查进行。这便要求有关部门加强自我审查队伍的普法宣传和培训，加强与智库单位的联系，在人才支持的基础上逐步改革完善公平竞争审查机制。另外，2024 年 10 月推出的《公平竞争审查举报处理工作规则》填补了第三方监督流程的空白。

---

① 以下简称《意见》。

三、指导和激励经营者提升反垄断合规水平

2024 年 4 月,国务院反垄断反不正当竞争委员会修订并发布了《经营者反垄断合规指南》①,进一步细化了经营者实现反垄断合规的规则。相比 2020 年发布的《合规指南》,首先,新版的《合规指南》在目的条文的表述上由"鼓励"转为"指导和支持"经营者建立健全反垄断合规管理制度,这一转变,表明了国家层面对提升经营者反垄断合规意识与能力的决心。其次,从经营者的角度出发,将原《合规指南》中的第 11 条至 13 条的垄断行为由"禁止"表述为"合规风险识别",同时,细化垄断协议、滥用支配地位以及经营者集中这三个垄断行为类型的具体表现形式,通过提升经营者识别垄断行为的能力,进而提升经营者实现反垄断合规的能力。最后,增加示例说明,具体化、清晰化反垄断的合规要求。本指南在风险识别等条文后,共新增了 22 个参考示例,这些参考示例既有具体流程,如条文第 7 条参考示例 1 和 2 是对经营者设置反垄断合规管理机构及其人员职责的示例,也有违反条文的具体体现,如第 15 至第 17 条针对三类垄断行为的合规风险识别,列举了 6 个涉嫌垄断的具体示例,有助于经营者具体理解相对抽象的法律条文,提高经营者实现反垄断合规意识。

反垄断执法机构可以通过明确合规要求与指导、建立合规管理组织体系、细化合规风险管理、强化合规管理运行和保障、实施合规激励政策以及鼓励行业协会参与等措施,积极引导和激励经营者实现反垄断合规。其一,积极宣传《合规指南》,强调反垄断合规要求。通过微信公众号文章、图文广告等方式,广泛宣传修订后的《合规指南》,确保经营者了解并理解其中的原则性规定、适用范围以及合规管理的基本原则。其二,为经营者提供具体的反垄断合规管理指导。通过公开讲座、研讨会、在线课程以及组织定期的合规培训等方式,为经营者普及反垄

---

① 以下简称《合规指南》。

断法律法规、合规风险识别与评估、合规审查与监督机制等方面的知识，增强经营者及其员工的合规意识和能力。同时，借此机会为经营者提供具体的合规管理指导，例如如何根据业务特点建立合规体系，以及如何在日常运营中贯彻这些原则。其三，提供反垄断合规问题咨询服务。通过设置反垄断合规问题咨询热线电话、网络在线咨询留言板等方式，帮助经营者解决合规难题。其四，实施反垄断合规激励政策。根据《合规指南》中新增的合规激励专章，明确经营者可以申请合规激励的具体措施和条件。这包括调查前的合规激励、承诺制度下的激励、宽大制度下的激励以及罚款裁量中的激励等。同时，为经营者提供便捷的合规激励申请流程，明确申请所需材料和审批流程，并注意加强对合规激励申请的审核和监管，确保激励措施能够真正发挥引导作用。其五，鼓励行业协会参与反垄断合规建设。鼓励行业协会参考《合规指南》组织制定本行业合规管理规则，为经营者提供更加具体的行业合规指导。同时，推动行业协会与经营者之间的交流与合作，共同研究解决行业合规难题，提升整个行业的合规水平。

四、针对重点领域提升反垄断监管效能

2024 年，国家市场监督管理总局强调要"要围绕讲政治、强监管、促发展、保安全工作总思路，紧扣高质量发展这一首要任务，聚焦加快建设全国统一大市场这个重点，做好 2024 年反垄断工作，进一步强化竞争政策基础地位，创新反垄断监管方式、提升监管效能"。在此基础上，对 2025 年重点领域的反垄断监管工作作如下展望。

第一，纵深推进民生领域反垄断执法专项行动。针对民生领域的垄断问题，国家市场监督管理总局在 2023 年已明确表示要加强反垄断执法力度。到了 2024 年，面对民生领域更为突出的垄断问题，总局进一步指出要纵深推进该领域的反垄断执法工作，回应更为有力。总局不仅秉持以人民为中心的发展思想，紧密关注人民群众反映强烈的重点领域和突出问题，还将执法关注点深入与民众日常生活密切相关的医药、水

热气电、交通、社会保险、建材等领域，显著加大了执法力度，以确保这些领域的市场竞争秩序得到有效维护，让改革发展成果能够更多、更公平地惠及全体人民。2024年上半年，我国共新立案调查了11件民生领域的垄断协议和滥用市场支配地位案件；下半年，总局又公布了驾校培训、燃气、医疗保险等领域的反垄断典型案例。这些举措不仅体现了总局对民生领域垄断问题的高度关注，更彰显了其维护民生利益的坚定决心。

展望即将到来的2025年，切实、深入推进民生领域的反垄断执法，制止破坏市场竞争、损害人民利益的不法垄断行为，仍是反垄断工作的重中之重。为此，应从以下几方面推进民生领域反垄断执法工作：首先，加大执法力度，针对医药等与人民群众生活密切相关的行业，开展深入细致的市场调查，严厉打击划分市场、限制产量等垄断行为，保护市场竞争秩序，维护消费者权益。其次，完善举报机制，建立健全反垄断线索收集与举报奖励制度，鼓励社会公众积极参与监督，拓宽案件来源渠道，提高执法效率。最后，强化执法透明度，及时公开反垄断执法案例，增强经营者的反垄断合规意识，助力营造竞争更有序的市场环境。

第二，针对数字经济领域、平台经济领域和互联网经济领域的垄断行为，实施差异化的反垄断监管工作。在我国反垄断法律体系进一步充实的基础上，针对这三个细分领域中垄断行为的不同特点，研究制定更为具体、操作性强的反垄断指南和监管规则，以明确界定垄断行为的边界，并为监管提供清晰指引。2021年，国务院反垄断委员会已根据平台经济领域垄断行为的特点制定了反垄断指南，为执法机关处理"二选一"、平台封禁等平台垄断行为提供了具体的反垄断分析指引。然而，对于数字经济领域的算法共谋、大数据杀熟等类型的垄断行为，以及互联网经济领域的其他垄断行为，尚未根据其不同特点进行充分区分和细化。因此，在未来，我们应当在区分经济类型的基础上，根据不同经济领域垄断行为的具体特点，进一步细化反垄断分析方法与监管规则，以提高反垄断工作的针对性和有效性。

五、重视国际合作交流，增强国际视野

中国与欧盟及其成员国在反垄断立法执法、公平竞争审查等竞争领域的问题上，建立了较为紧密的交流与合作机制，有效地增强了我国反垄断法实施的国际视野。2024 年 3 月 18 日，国家市场监督总局与欧盟委员会竞争总司的总司长举行了深入会谈，双方就中欧在反垄断立法与执法方面的最新进展，以及中欧间的反垄断合作进行了全面交流。会谈中，双方一致表达了深化竞争政策与反垄断执法合作的意愿，达成了提升双方的反垄断执法能力与水平，并共同致力于维护国际市场的公平竞争秩序的意识。紧接着，在 3 月 19 日至 21 日期间，第 27 届中欧竞争政策周在北京成功举办。此次政策周聚焦数字市场监管、经营者集中审查、公平竞争审查与国家援助控制制度、标准必要专利等多个议题，中欧双方围绕这些议题展开了深入交流与讨论。双方均认为，应继续推动并深化在竞争领域的交流合作，为双边经贸关系的健康发展营造一个公平、有序的市场环境。11 月 8 日，中国与意大利在竞争领域签署了一份合作谅解备忘录。根据这份合作文件，中意双方将针对共同关注的竞争议题，开展信息交流、经验分享以及能力建设等一系列活动，携手维护一个公平、公正的市场竞争秩序。

欧盟作为国际三大反垄断司法辖区之一，与其开展交流、学习及合作十分必要。而美国作为另一大重要的反垄断司法辖区，其地位同样举足轻重，因此，与美国进行交流与合作亦极为关键。尤其值得注意的是，全球四大互联网巨头企业的总部均设在美国，这使得美国在应对数字经济、平台经济以及互联网经济中的垄断行为方面积累了丰富经验，这些经验无疑对我们具有极高的参考价值。2024 年 10 月 10 日，美国联邦贸易委员会与美国司法部反垄断局联合发布了《2023 财年经营者集中反垄断审查报告》（Hart‑Scott‑Rodino Annual Report：Fiscal Year 2023），指出美国反垄断执法机构在过去一年处理的经营者集中案件

中，有四分之一超过 10 亿美元交易额，延续了过往交易规模大、复杂程度高的趋势，展示了美国在经营者集中审查方面的最新动态和成果。鉴于目前我国经营者的市场规模也呈现出越来越大的趋势，我国在处理此类经营者集中案件时也可能遇到类似问题，因此，积极与美国反垄断执法机构进行交流合作，不断汲取其反垄断执法经验，有利于提升我国反垄断法实施工作水平。

2024 年是我国反垄断法体系建设的第十六周年，也是落实"十四五"规划的重要一年，在这一年中，我国在反垄断的立法、执法和司法方面都取得了令人瞩目的成绩。对 2025 年，我们满怀憧憬，期待我国反垄断法实施工作继续在习近平新时代中国特色社会主义思想的指导下，继续以保护人民利益为基石，以维护市场竞争秩序为要务，切实推进反垄断法的有效实施，为我国社会主义市场经济的高质量发展注入强劲动力。

第二节　数字平台市场力量分析的演化与革新[*]

一、市场力量评估模式的时代演变

我国《反垄断法》第 22 条界定的市场支配地位是指"经营者在相关市场内具有能够控制商品价格、数量或者其他交易条件，或者能够阻碍、影响其他经营者进入相关市场能力的市场地位。"核心词是"控制"。在传统经济中，价格是最能反映市场交易情况的指标，基于价格中心主义，工业时代中分析市场力有三类标准：

首先是绩效标准。该标准考察的是市场产品价格与边际成本（或者净利润与产业平均值）之间的偏离度。但由于企业的成本以及生产

---

[*] 本节撰稿人为何玥、杨东、黄尹旭。何玥，中国人民大学法学院博士生；杨东，中国人民大学竞争法研究所执行所长；黄尹旭，中国人民大学竞争法研究所副研究员。

流程等本属企业经营的重要信息，加之现代工业生产的边际成本很难被具体量化，而且市场主体所追求的多元目标也意味着利益最大化并不是企业经营的唯一追求，因此以绩效标准评判市场力量具有一定的局限性。[①]

其次是市场弹性标准。可以观察市场主体产量和价格对于竞争者的行为和消费者行为变动的敏感性观察得出市场主体的市场力。这种弹性可以依靠三种方法测量：计算剩余需求价格弹性；计算产业需求弹性系数及锁定效应下的定价情况；观察实际价格是否遵循价格规律。[②] 这些方法都建立在产业级别的海量信息收集和处理之上，需要精确和谨慎的计量经济学方法加以处理，且成本也较为高昂。

最后是适用最为广泛的市场结构标准，即主要通过（基于销售额或者生产额等的）市场份额推测市场主体的市场力。结构方案在理论上实质是考察市场中的卖家数量和卖家集中度来推测市场力的高低。因此，市场份额与市场力之间的映射关系依赖于准确的市场界定。这是衡量市场力和竞争损害结果可能的经验性证据，也是合并审查的经验性基础。当然，结构只是市场力的一个信号，而非市场力本身。当买家占有一定市场力的时候，即使卖方占有较多市场份额，可能也无法产生较高的市场力。[③] 不过，市场份额测定相对简单且成本较低，也符合司法的证据易得性和确定性要求，因而成为最为主流的市场力判断方式。[④]

然而在数字经济时代，传统的市场力界定标准面临挑战。数字平台通过推出差异化数字产品（服务）构建一个个分离且相互嵌套的元市场，而且利用数据优势，通过算法等手段形成多生态跨市场的影响力，

[①]　See Franklin M. Fisher & John J. McGowan, "On the Misuse of Accounting Rates of Return to Infer Monopoly Profits", *The American Economic Review*, Vol. 73, 1983.

[②]　See Jonathan Baker, "Empirical Methods of Identifying and Measuring Market Power", *Antitrust Law Journal*, Vol. 61, 1992.

[③]　See Franklin M. Fisher, "Horizontal Mergers: Triage and Treatment", *Journal of Economic Perspectives*, Vol. 1, 1987.

[④]　参见郑鹏程：《反垄断相关市场界定基本法律问题研究》，中国政法大学出版社 2018 年版，第 52 页。

形成对平台生态的循环强化。

同时，数字平台通过算法工具实施自动化高频行为，最大化数据、流量的优势，在某一市场或者局域时间内呈现出低价格甚至负价格，产生算法共谋、市场操控风险。对于平台间的竞争来说，价格不再成为其竞争的主要目标，免费产品、低价竞争广泛存在，在流量的驱动下，平台能够承受长期在边际成本以下的价格提供产品和服务。因而如果仅仅将跨市场经营的数字平台放在单一价格理论下观察，无法评价真实市场力量。[①] 特殊的平台竞争情况背后的经济事实是数字经济具有"平台—数据—算法"三维竞争结构——数字平台通过广泛汇集数据生产要素，建构和利用特有算法范式实施竞争策略，强化其市场辐射强度和控制能力，并逐步向横向、纵向以及混合市场延展。具体而言：

首先，平台能够打破市场藩篱，导致难以确定市场力量评估的明确依据。市场份额分析方法要求准确界定相关市场才能如实反映市场主体在该市场中的市场力强弱。[②] 而平台既是多边市场本身，也是多边市场的参与者，形成并处于复杂的竞争格局之中。"嵌套式平台结构"是当前数字经济生态的基座形态，数字平台通过富集各类线上线下生产要素和资源而具有强大的规模效应和网络效应，紧紧锁定用户。特别是广泛连接社会各个体的社交平台最为明显。社交平台凭借数据优势自建流量门户，挟制其他市场参与者协同行动，形成围绕核心社交平台的数字经济生态系统。占主导地位的社交平台广泛进行自我优待，不断强化数字经济生态系统的内部联系和对外一致行动。技术创新的高速发展造就平台经济中层层嵌套的平台结构。社交平台以提供基础运算逻辑和算力的平台组织作为最底层，为软件、应用开发提供工具性程序的工具开发类平台在较上一层，而各类软件、程序的应用类平台在最上层。[③] 同时存

---

① See Lina M. Khan, "Amazon's Antitrust Paradox", *Yale Law Journal*, Vol. 126, 2017.

② 参见 [德] 乌尔里希·施瓦尔贝、[德] 丹尼尔·齐默尔：《卡特尔法与经济学》，顾一泉、刘旭译，法律出版社 2014 年版，第 87 页。

③ 参见苏治、荆文君、孙宝文：《分层式垄断竞争：互联网行业市场结构特征研究—基于互联网平台类企业的分析》，载《管理世界》2018 年第 4 期。

在着以信息聚合、数据共享、资源调配为主要目的的中介性平台①。小平台与应用对大型社交平台的依附性不断增强，大型社交平台的"基础性"地位凸显并通过垄断数据要素上的潜在生产力而获得大量经济利益。② 不同层级之间的平台层层嵌套，最终呈现分层式垄断竞争的表征。

其次，数据成为竞争工具。在普遍低价乃至零价格（零价格并不等于免费）的数字经济之中，价格很难再成为主要的竞争博弈工具。数据取而代之，成为新的主要竞争工具：一方面，数据优势可以直接转化竞争优势，在信息不对称的市场中市场主体通过大数据预测交易对手方行为，采取灵活多样化的竞争策略，更能获得交易机会，锁定交易对手；另一方面，数字平台可以依靠数据生产要素参与利益分配，还可以向投资者展现自身实力和长远回报价值，进而获得正向的金融反馈。这种独特的数据竞争战略，使得传统反垄断法的价格中心范式失效。社交平台相对于其他平台更是数据竞争的赢家。

最后，竞争行为通过算法实施。平台普遍在算法的指导下开展行动，甚至直接依靠算法自动化决策。③ 当下各类平台 App 频繁更新，持续性的功能和规则革新，使平台真正的竞争意图隐匿于大数据流之下。比如，在"Google Shopping 案"中，Google 具备精良的搜索和数据相关性排序的算法技术，针对不同的需要进行设计、修改及串接，不同市场数据交叉应用，数字平台的创新服务和原有市场更容易有紧密连接的机会。④ 而社交平台因为掌握更多的用户行为数据，能够更好地训练自身算法模型，获得针对用户和平台参与者、平台外竞争者的特殊优势，进

---

① 参见杨东、俞晨晖：《发挥数字普惠金融在"抗疫"中的作用》，载《中国金融》2020 年第 7 期。

② 参见谢富胜、吴越、王生升：《平台经济全球化的政治经济学分析》，载《中国社会科学》2019 年第 12 期。

③ 参见唐林垚：《人工智能时代的算法规制：责任分层与义务合规》，载《现代法学》2020 年第 1 期。

④ 参见杨东、臧俊恒：《数字平台的反垄断规制》，载《武汉大学学报（哲学社会科学版）》2021 年第 2 期。

而形成算法权力。① 拥有海量数据流量以及数据积累优势的先行者可以借助技术，在新业务竞争领域，生成比竞争对手更具吸引力的产品。在正反馈循环之下，反过来又会固化原有的嵌套式平台结构，增强平台生态力量。例如，在微软将 ChatGPT 全面应用于其生态系统后，微软在操作系统领域、搜索引擎领域竞争力都急剧加强，目前微软市值一路攀升，已达到 2.887 万亿美元，这无疑证明了以技术作为竞争手段所具备的潜力。

综上所述，传统以价格为中心的市场力定义和界定方案已无法完全适应数字经济的新发展。需要在"平台—数据—算法"三维结构指引下重新探究数字平台何以具有竞争优势，如何取得市场支配地位或者优势地位。

二、数字平台市场力量的时代表征

实践中，数字平台市场力量的时代表征主要包括以下几种类型：

其一，平台力量不断驱使平台跨界竞争。超级平台倾向于实现跨界竞争与平台包络的战略导向。② 实质上就是获取不同市场领域数据，并通过跨市场数据强化自身在各个市场的优势地位。流量在数字经济时代的普遍价值，放大既有的网络传导效应。随着跨界经营的竞争格局频繁出现，平台间横向与纵向一体化成为平台主流的发展途径之一。尤其是微信、Facebook 等具备绝对用户数量优势的大型社交平台，其掌握海量的用户资源与数据资源让其实质上作为流量入口产生竞争优势，而垄断流量入口的企业进入其他市场时，可以打破传统行业根植特性，将原有市场或流量入口的竞争优势通过杠杆效应传导到新市场上。这种传导效应的特性是由于流量入口优势主要源于用户的规模效应与忠诚度（锁定效应），新市场与原有市场甚至可以毫不相关。在此之下，平台组织的边界被模糊化，进而发展为"平台生态系统"。实践中，因为数字平

---

① 参见张凌寒：《算法权力的兴起、异化及法律规制》，载《法商研究》2019 年第 4 期。

② 鲁彦、曲创：《互联网平台跨界竞争与监管对策研究》，载《山东社会科学》2019 年第 6 期。

台多采取跨界经营，导致法院依据既有反垄断法认定相关市场时有扩大倾向。如因原告主张要求开放推广渠道，法院直接认定"相关商品市场应为互联网平台在线推广宣传服务市场，能够满足原告产品宣传、推广主要需求的渠道如自办网站、微博、视频平台如优酷、搜索引擎服务平台、社交网站如 QQ 空间等应纳入本案相关商品市场。"按此处理，几乎将整个数字市场纳入相关市场，对于原告举证实属不利。[①] 近年来，随着数实融合的不断推进，数字平台力量对线下市场所可能产生的影响也受到了更多关注。"数实融合"推动数据、算法等要素通过平台逐渐渗入各类产业链之中，催化出不同于传统实体经济的资源配置、供求调节、生产组织、企业协同和商业运营等新模式。[②] 例如，数字平台能够通过大数据分析消费者行为，能够更精准地预测市场需求，进而优化库存管理和供应链效率。同时，它们还利用自身的技术和资本优势，推动线下零售业的数字化转型，如通过开设无人超市或智能物流系统。在面对上述数实融合场景之时，上下游产业链之间的相互作用机制也可能对市场力量界定产生影响。有学者就提出，应当考察拥有较强市场力量的经营者是否面临上下游企业的抵消性市场力量。[③]

其二，平台力量倒逼平台自我优待、封锁数据。数据的重要性也催生针对数据的逆向垄断技术，对竞争产生逆向激励。企业数据的开放或者互操作性可以促进整体市场消费者福利的增进，然而独占数据或数据流量入口意味着企业能够独享数据价值，这诱导企业封闭、垄断关键性数据进而牟取不当竞争优势。伴随着数据的网络效应和规模效应，超级平台更易控制数据的收集、处理、应用，以及相关行业规则的制定，导

---

① 参见深圳微源码软件开发有限公司诉腾讯科技（深圳）有限公司、深圳市腾讯计算机系统有限公司垄断纠纷案，广东省深圳市中级人民法院（2017）粤 03 民初 250 号民事判决书。

② 参见夏杰长，李銮淏：《数实融合驱动经济高质量发展：驱动机制与优化路径》，载《探索与争鸣》，2024 年第 9 期。

③ 参加江山：《反垄断法下的市场力量分析：权重调校与逻辑重塑》，载《江西财经大学学报》，2024 年。

致显著的数据集中和垄断。① 在数据垄断之后，超级平台只将数据福利分享给自己及生态内市场主体，实施自我优待，歧视非生态市场主体，极大干扰和损害竞争。实例如一些游戏公司即使自身不开展直播业务或者直播业务市场占有率极低，也通过著作权等手段禁止直播玩家游戏过程，进行平台封禁。② 这会导致在数据层面损害效率和创新。信息通过数据处理转化为新知识，从而提高生产效率及市场优势的过程。数据价值实现离不开数据提供者、数据处理者等各方的合作，作为合作的结果又隐含这样结构：即参与主体越多，提供数据就越多，特别是跨领域数据往往又能激发颠覆式价值。以供决策的数据为例：如果有关方面没有使用，那么即使是获得最可行和最有用的数据也是浪费。在组织中管理和共享数据可以增加数据分析的方式并增加其价值。相同的数据集可以为多个组织部门中的不同人员提供不同的见解。仅出于这个原因，数据共享的好处亦几乎是无法估量的。③ 数据有序流通是数字经济效率的重要标志。而数字平台为维持平台力量，强化数据优势，广泛制造数据孤岛，阻碍市场其他参与者获取数据。当下，以社交平台为代表的数字平台通过技术上的恶意不兼容或者改变数据储存技术的兼容性与分析工具的适配性都可能导致数据共享"有名无实"。④ 同时，占有主导地位的社交平台通过数据优势利诱其他市场主体进入自身数据生态，控制其数据行为的方式也扼杀创新。数字经济已经围绕核心平台形成一个个生态派系，市场后进入者往往需要努力使自己进入某一派系才能获得发展创新的机会。平台通过算法针对性识别有可能威胁自身市场地位的新兴技术，在技术发展初期即展开扼杀型并购。

---

① 参见赵敏、王金秋：《资本主义智能化生产的马克思主义政治经济学分析》，载《马克思主义研究》2020 年第 6 期。

② 参见广州华多网络科技有限公司诉广州网易计算机系统有限公司滥用市场支配地位及不正当竞争纠纷，广东省高级人民法院（2018）粤民终 552 号。

③ 参见黄尹旭：《论国家与公共数据的法律关系》，载《北京航空航天大学学报（社会科学版）》2021 年第 3 期。

④ 参见杨东、臧俊恒：《数据生产要素的竞争规制困境与突破》，载《国家检察官学院学报》2020 年第 6 期。

其三，平台力量之下消费者福利呈现新面向。传统反垄断法中消费者福利的衡量因素是价格，因而在芝加哥学派论述中排他性纵向行为长期被排除在竞争规制范围之外。① 然而在数字经济时代，随着市场封锁愈加白热化，跨市场纵横向一体化趋势明显，首先要引入消费者价格预期福利，即考虑更有效率的竞争者被排除出市场的情况。作为数据流量枢纽的社交平台通过自我优待行为不断抬高竞争者成本，锁定独家交易机会，其他经营者或者用户在特定数字生态往往或者必须通过占据流量门户平台的渠道才能接触交易对手方。使得消费者丧失与更有效率的竞争者交易的可能。这种交易机会丧失代表的是未来价格（质量）福利的减损，也应当被纳入现时消费者福利的考量范畴，成为福利衡量的单独因素。同时，随着数字平台攫取平台力量、滥用平台力量，数字平台对于数据的争夺和滥用愈演愈烈，直接对于消费者隐私和个人信息造成威胁。② 特别是掌握大量私密个人数据的社交平台更是用户隐私的重大威胁。这种威胁不是附带的，不可单独消除，而是根植于社交平台竞争策略之中，因此需要纳入反垄断法的规制范畴，亦应单独成为消费者福利考量因素。具体而言，虽然数字经济下消费者能从网络上获取更多信息，增强消费产品的透明度，然而算法依然逐步限缩信息供给的范围，诱导消费者产生错误判断。个人收到的信息规模在实质上熵减，信息同质化诱导信息不对称从另一角度重现。其次，损害交易机会福利。数据汇集也是网络效应与规模效应体现的重要因素，而个人在某个平台上所存留的大量数据又导致平台对个人的锁定效应，数据处理、转移技术被大型公司握有且高度不透明，在事实上导致消费者选择权与变更权的缺失，③ 进而招致消费者福利的严重损害。最后，损害隐私福利。不加限

① 参见［美］罗伯特·皮托夫斯基等:《超越芝加哥学派》，林平、臧旭恒等译，经济科学出版社 2013 年版，第 129 页。
② 参见焦海涛:《个人信息的反垄断法保护：从附属保护到独立保护》，载《法学》2021 年第 4 期。
③ 参见殷继国:《大数据市场反垄断规制的理论逻辑与基本路径》，载《政治与法律》2019 年第 10 期。

制的数据挖掘技术也严重侵犯数据提供者的隐私权，而这种损害并非消费者提供数据当时或相对较近的时间内所形成，损害结果的发生往往归属于是后续某一时间节点的数据滥用，由于难以厘定损害结果的大小以及损害结果与数据处理不当之间的因果关系，采取私法手段维护消费者权益较为艰难①。

最后，数字平台力量也会导致监管难度的提升。反垄断执法机构应对大型数字平台的监管能力滞后与不足是全世界反垄断部门面临的切实难题。技术进步导致将算法视为行为的直接规制模式受到严重阻碍。从结果论上看，技术帮助算法有效降低实施不当行为被监管部门发现的风险，算法工具的运行结果实质上体现为企业的具体行为。经营者行为被高度复杂的算法包装导致其竞争损害效果并不明显。执法部门往往只能通过结果倒推行为的负面性，导致监管的滞后性严重、竞争损害的持续性扩大。以算法共谋为例，一旦出现自主学习型的共谋算法，能够在经营者双方完全没有意思联络的前提下通过数据分析逐步提高企业间的共谋程度，甚至视为反垄断"人类中心主义"规制框架的潜在突破。② 执法机构针对事前监管和事中监管的监管范式发展不足、执法机构与技术巨头间的技术差距拉大，严重影响反垄断法律的实然性。出于对技术巨头难以有效监管的困境，对于技术巨头从行为监管到结构监管的规制路径被开始重新讨论，甚至将拆分技术巨头纳入讨论范围。③ 欧盟的《数字市场法》中也通过对大型科技公司课以"看门人"义务，避免在认定流量门户控制者行为违法性的实践困境，而对其施加作为义务。④ 平台力量的线下延伸也带来了对传统行业规则的挑战，各类经济主体需要在遵循现有法律法规的同时，探索适应数字经济特性的新监管模式。这

---

① See Daniel J. Solove, "Introduction: Privacy Self-Management and the Consent Dilemma", *Harvard Law Review*, Vol. 126, 2012.

② 参见周围:《算法共谋的反垄断法规制》, 载《法学》2020 年第 1 期。

③ 张世明:《经营者集中审查附条件批准的理论检视》, 载《天津法学》2020 年第 4 期。

④ 吴沈括、胡然:《数字平台监管的欧盟新方案与中国镜鉴——围绕〈数字服务法案〉〈数字市场法案〉提案的探析》, 载《电子政务》2021 年第 2 期。

不仅涉及数据安全和隐私保护的问题，还包括如何确保公平竞争和市场秩序。因此，平台力量在推动数实融合的同时，也承担着构建健康可持续商业环境的责任。

三、数字平台市场力量分析的革新

（一）进一步细化市场力量认定标准

应当进一步根据数字平台市场力量的特点，革新市场力量的认定标准。在市场支配地位认定时，应将平台力量纳入认定经营者市场地位的考量因素。这具有实然法上的依据。在中国《电子商务法》第 22 条中，就已绕开传统市场力认定和相关市场界定思路，将技术优势、用户数量、行业控制和依赖关系等作为市场支配地位认定的新标准体系。[①] 这些标准实质都直指数据为核心的平台力量，呈现数据密集型的基本样态。[②] 技术优势围绕数据产生，广泛依赖于数据。用户数量实质价值为用户相关的海量数据，特别是有关于个人信息的高价值数据。占主导地位平台依靠数据流量门户和看门人的特殊地位进行行业控制，产生被依赖关系。通过流量挟制和自我优待，平台构造股权关系和协议关系之外的新型"控制—依赖"关系。因此，应当结合既有的市场份额范式，将控制数据流量多寡的平台力量纳入市场支配地位认定。这一点在社交平台反垄断中尤为必要。

应秉持"PDA"范式（平台、数据、算法），综合平台结构、数据、流量等因素来认定企业是否在相关市场具有市场支配地位。平台作为数字经济的组织基础，能够整个跨领域、跨行业的线上线下的数据资源，实现对消费者行为的全面洞察和精准预测。同时，平台通过算法的优化和应用，实现了对多元化数据的深度挖掘和价值转化。在这一过程中，平台、数据和算法三者之间的相互关系和协同效应，构成了一种新

---

① 杨东：《数字经济的三维结构与〈反垄断法〉重构》，载《探索与争鸣》2021 年第 2 期。
② See Tony Hey et al., *The Fourth Paradigm: Data-Intensive Scientific Discovery*, Redmond: Microsoft Research, 2009, p. 3.

型的跨市场竞争机制。PDA 范式以供需匹配的数字平台作为组织形态，以数据作为生产要素，以算法作为行为规范，可以综合不同维度展开竞争分析，推动破局。在 PDA 范式指引下，应兼顾市场主体商业模式、竞争资源获取难易程度、消费者选择空间、行业发展规律等因素，把握竞争的本质，展开系统性的竞争分析，为全国一体化技术和数据市场的构建消除障碍。例如，在微博、蚁坊系列争议案中，尽管从业务领域来说，二者并非实际竞争者，但微博作为掌握海量流量的元平台，其流量是蚁坊业务所处相关市场至关重要的竞争资源，且微博、蚁坊拥有底层逻辑相近的业务，在客观能力方面，微博一定程度上满足了成为蚁坊所处相关市场潜在竞争者的条件。人工智能大模型赋予企业进入新市场竞争的能力尤其值得关注，例如，近年来，阿里巴巴借助云算力以及海量数据积累，在生成式 AI 模型的助力下，阿里巴巴在智能化解决方案、需求分析、市场对接等方面拥有独特且显著的优势，正在向生物制造领域不断进军。[①]

为防止占主导地位平台滥用其平台力量扼杀创新，还应在合并审查中考量数据要素。平台力量具有传导效应，可以让平台在本身不具备高市场占有的其他市场领域可以发挥数据优势，并通过数据驱动型并购选取目标市场特定主体传导和强化数据优势。同时，平台力量也具有预测性，数字平台通过对市场信息的快速分析，可以发现未来竞争对手，在尚未成为有效竞争力量前就采取并购行动。近年以来，Amzon、Facebook、Google 等全球标志性数字平台进行超过 400 宗并购交易，但其中只有极少数经过经营者集中审查且都未被禁止，透露出反垄断执机关在既有法律和政策下面临的僵局。[②] 德国在《反限制竞争法》第九次修正案第 35 条（1a）项调整多边市场事前合并审查门槛，让审查门槛

---

① 参见何玥，黄尹旭:《人工智能的竞争木马：大模型时代潜在竞争分析范式重述》，载《数字法治》，2024 年第 1 期。

② See Andrea Coscelli, "Competition in the digital age: reflecting on digital merger investigations", https://www.gov.uk/government/speeches/competition-in-the-digital-age-reflecting-on-digital-merger-investigations (last visited on April 10, 2021).

不再以营业额为基础，使得尚未取得高营业额，但在市场上已经具备发展潜力或其他竞争价值，而由其他企业愿意高价收购的合并案，以合并价值超过 4 亿欧元为门槛（第 4 款），纳入合并事前审查。数据要素应当成为事前审查的重要指标。

（二）以反垄断法多元立法目标指引数字平台市场力量分析

近年来有学者主张，反垄断法的立法目的不仅包括效率还应包含消费者福利，且后者更是根本目的，应当保护消费者免受剥削并享受市场竞争福利。[①] 即使不认同消费者福利作为反垄断法直接目的[②]，其至少也是反垄断法的间接价值目标和需要着重考量的抗辩因素。应当丰富消费者福利的考量因素，避免消费者遭受如"二选一"等被迫的独家交易。丧失丰富的交易机会将提高消费者试错的成本，固化其交易习惯，损害其未来获得更优价格、质量或者单纯体验的机会，降低市场竞争性。同样地，个人信息需要纳入消费者福利受到反垄断法规制的原因在于个人信息受损不是其他干预竞争行为的附带伤害，而是攫取个人信息等重要数据竞争战略带来的直接风险。"数据池"共享等竞争行为直接带来敏感数据隐患。[③] 个人信息亦具有公共利益，需要加强和完善使用者责任。[④] 从源头加以竞争规训，有助于周全高烈度平台竞争中的个人信息保护。社交平台最应当善尽保护个人信息的义务。

（三）以监管科技探索新型监管模式

滥用平台力量的损害结果是复杂而多元的，在事后再加以惩戒弥补可能未必周全，在此背景下，加强事前规制也有助于填补事前规制滥用平台力量的法规和经验不足，进一步完善规制体系。数字平台围绕自身构建的生态系统进行投资和创新，干预损害的结果不在于现在而在于未

---

① 参见［美］罗伯特·皮托夫斯基等：《超越芝加哥学派》，林平、臧旭恒等译，经济科学出版社 2013 年版，第 88 页。

② 喻玲：《算法消费者价格歧视反垄断法属性的误读及辨明》，载《法学》2020 年第 9 期。

③ 时建中、王煜婷：《"数据池"共享行为的竞争风险及反垄断法分析》，载《江淮论坛》2021 年第 2 期。

④ 参见刘迎霜：《大数据时代个人信息保护再思考——以大数据产业发展之公共福利为视角》，载《社会科学》2019 年第 3 期。

来，事中事后监管效果不足。① 为此，应构建与高质量发展要求相适应、体现新发展理念的新型事前监管工具，维护市场的竞争结构，恢复具有活力的营商环境。同时，面对数据驱动竞争的规制难题，可以借鉴金融科技的监管路径，以科技应对科技，以数据应对数据，以算法应对算法，积极引入监管科技理念。监管科技（RegTech）作为创新的监管工具，系技术、数据与监管的有效结合。对于构建全国一体化的技术和数据市场具有重要意义。让区块链技术为监管所用，基于区块链的规制系统将有助于提高监管的有效性，"区块链+监管"，即"法链（RegChain）"代表了未来监管的新方向，能够在技术、数据加持下加强竞争政策执法的预测性、前瞻性，实现对市场动态的全面把握。监管科技能够为市场力量分析提供竞争者、潜在竞争者从市场进入、运营到退出的全链条信息支持。在市场进入阶段，监管科技通过分析市场参与者的背景信息和业务模式，预测潜在的市场进入障碍，为竞争政策的制定提供参考。在市场运营阶段，监管科技通过实时监控市场行为和交易数据，及时发现和预警反竞争行为，为竞争政策的执行提供实时反馈。在市场退出阶段，监管科技通过分析市场退出的原因和影响，评估竞争政策的效果，为政策调整提供依据。与此同时，监管科技的应用也能够对竞争政策实效予以全面评估，推动以法人链，能够有效分析关键竞争指标、运用预测模型评估竞争政策影响、识别执行漏洞，并提升评估透明度，为竞争政策的全面评估提供支持。

（四）完善必需设施原则

必需设施原则又被称为瓶颈理论，根据该理论，当占市场支配地位的公司所拥有的设施对下游市场的竞争具有不可或缺性时，该公司有义务开放这一设施。必需设施原则的核心是施予必需设施控制者与其他竞争者共享资源义务。虽然存在理论争议和适用差异，但必需设施原则的适用优势使其在数字经济时代重新焕发生机。作为数字经济底层枢纽的

---

① See Nicolas Petit, "Innovation Competition, Unilateral Effects, and Merger Policy", *Antitrust Law Journal*, Vol. 82, 2019.

社交平台最有可能被认定为必需设施。最新的《德国反限制竞争法》第十修正案草案，将拒绝提供数据列为拒绝提供必需设施行为之一，扩展"必需设施"的范围。① 我国《反垄断法》虽然没有明文规定"必需设施"，但在相关规章、指南中，拒绝开放必需设施已被明确列为拒绝交易行为的一种。早在 2015 年发布的《关于禁止滥用知识产权排除、限制竞争行为的规定》（以下简称《滥用知识产权规定》）中就明确知识产权可能构成必需设施，《滥用知识产权规定》第 7 条规定：具有市场支配地位的经营者没有正当理由，不得在其知识产权构成生产经营活动必需设施的情况下，拒绝许可其他经营者以合理条件使用该知识产权，排除、限制竞争。该条款的出台标志着我国在立法上承认了无形设施可以被认定为必要设施。2019 年 9 月生效的《禁止滥用市场支配地位行为暂行规定》（以下简称《暂行规定》）在拒绝交易行为项下也列举了拒绝使用必需设施的情形，2022 年修改版《暂行规定》也沿用了这一内容，第 16 条第 5 款规定："拒绝交易相对人在生产经营活动中，以合理条件使用其必需设施。"立法者还对必要设施原则的内涵加以进一步明确："应当综合考虑以合理的投入另行投资建设或者另行开发建造该设施的可行性、交易相对人有效开展生产经营活动对该设施的依赖程度、该经营者提供该设施的可能性以及对自身生产经营活动造成的影响等因素。"在 2021 年发布的《平台经济反垄断指南》中也规定了平台构成必需设施应满足的条件。必需设施原则已得到了承认；另一方面《反垄断法》对控制关系国民经济命脉和国家安全的行业采取特殊规制手段，举轻以明重，既然国有设施都需要严格规制，那么私人控制关系整个数字经济底层架构的必需设施，更有从严规制价值。开放平台有助于增强流量入口的流量积累，对基础商业模式多有益处，也有助于用户福利。流量垄断者拒绝开放是从其控制的整体数字经济系统角度出发，

---

① Entwurf eines Zehnten Gesetzes zur Änderung des Gesetzes gegen Wettbewerbsbeschränkungen für ein fokussiertes, proaktives und digitales Wettbewerbsrecht 4.0（GWB - Digitalisierungsgesetz），https://www.bmwi.de/Redaktion/DE/Downloads/G/gwb - digitalisierungsgesetz - referentenentwurf.pdf?__ blob = publicationFile&v = 10，2021 - 4 - 10.

有损市场整体竞争和用户福利。基于上述原因，必需设施原则需要在数字经济时代衍生为开放设施原则。符合开放设施要求的数字平台以开放为原则，不开放为例外。只有不开放符合比例原则，利大于弊方可允许。

（五）在《反垄断法》中增加数字经济专章

近年来数字经济发展迅猛，以数据生产要素为典型代表，数字经济与工业经济有诸多不同，由此而生的数字经济反垄断是一个崭新而复杂的问题，需要探求数字经济实质、重塑竞争规则。笔者建议以"专章规定+指南+部门规章"并存来进一步构造反垄断规制体系。在《反垄断法》中对于数字经济基本反垄断问题做出原则性规范，针对相关细节再通过部门规章以及指南加以完善，既体现良好竞争秩序对于数字经济的不可或缺的关键性作用，还满足数字经济的复杂性和变动性，为细化监管留下空间。[①] 同时，工业经济生产方式目前还处于绝对主导地位，久经考验的既有反垄断法律和政策有较大应用空间，对于平台力量的竞争规制目前还处于补充和补强阶段。《反垄断法》基本按照原有逻辑因应社会变化做出适当改动即可，基本框架毋庸改变。在《反垄断法》主轴之外，制定补充性的数字经济专章，并在未来不断完善指南和相应部门规制，可以弥补既有措施不足，针对性地促进数字竞争法治健康发展。在数字经济专章中应当体现以数据为核心的平台力量，关注数据流量垄断，以数据及流量对价支付为基础构建平台跨市场干预竞争的损害评估方法。

[①] 参见杨东、黄尹旭：《〈反垄断法〉设置数字经济专章研究》，载《竞争政策研究》2021年第2期。

附　录*

公平竞争审查条例

第一章　总　则

第一条　为了规范公平竞争审查工作，促进市场公平竞争，优化营商环境，建设全国统一大市场，根据《中华人民共和国反垄断法》等法律，制定本条例。

第二条　起草涉及经营者经济活动的法律、行政法规、地方性法规、规章、规范性文件以及具体政策措施（以下统称政策措施），行政机关和法律、法规授权的具有管理公共事务职能的组织（以下统称起草单位）应当依照本条例规定开展公平竞争审查。

第三条　公平竞争审查工作坚持中国共产党的领导，贯彻党和国家路线方针政策和决策部署。

国家加强公平竞争审查工作，保障各类经营者依法平等使用生产要素、公平参与市场竞争。

第四条　国务院建立公平竞争审查协调机制，统筹、协调和指导全国公平竞争审查工作，研究解决公平竞争审查工作中的重大问题，评估全国公平竞争审查工作情况。

第五条　县级以上地方人民政府应当建立健全公平竞争审查工作机制，保障公平竞争审查工作力量，并将公平竞争审查工作经费纳入本级政府预算。

第六条　国务院市场监督管理部门负责指导实施公平竞争审查制

---

　　* 本附录内容均选自国家市场监督管理总局和最高人民法院官方网站。

度，督促有关部门和地方开展公平竞争审查工作。

县级以上地方人民政府市场监督管理部门负责在本行政区域组织实施公平竞争审查制度。

第七条 县级以上人民政府将公平竞争审查工作情况纳入法治政府建设、优化营商环境等考核评价内容。

第二章 审查标准

第八条 起草单位起草的政策措施，不得含有下列限制或者变相限制市场准入和退出的内容：

（一）对市场准入负面清单以外的行业、领域、业务等违法设置审批程序；

（二）违法设置或者授予特许经营权；

（三）限定经营、购买或者使用特定经营者提供的商品或者服务（以下统称商品）；

（四）设置不合理或者歧视性的准入、退出条件；

（五）其他限制或者变相限制市场准入和退出的内容。

第九条 起草单位起草的政策措施，不得含有下列限制商品、要素自由流动的内容：

（一）限制外地或者进口商品、要素进入本地市场，或者阻碍本地经营者迁出，商品、要素输出；

（二）排斥、限制、强制或者变相强制外地经营者在本地投资经营或者设立分支机构；

（三）排斥、限制或者变相限制外地经营者参加本地政府采购、招标投标；

（四）对外地或者进口商品、要素设置歧视性收费项目、收费标准、价格或者补贴；

（五）在资质标准、监管执法等方面对外地经营者在本地投资经营设置歧视性要求；

（六）其他限制商品、要素自由流动的内容。

第十条　起草单位起草的政策措施，没有法律、行政法规依据或者未经国务院批准，不得含有下列影响生产经营成本的内容：

（一）给予特定经营者税收优惠；

（二）给予特定经营者选择性、差异化的财政奖励或者补贴；

（三）给予特定经营者要素获取、行政事业性收费、政府性基金、社会保险费等方面的优惠；

（四）其他影响生产经营成本的内容。

第十一条　起草单位起草的政策措施，不得含有下列影响生产经营行为的内容：

（一）强制或者变相强制经营者实施垄断行为，或者为经营者实施垄断行为提供便利条件；

（二）超越法定权限制定政府指导价、政府定价，为特定经营者提供优惠价格；

（三）违法干预实行市场调节价的商品、要素的价格水平；

（四）其他影响生产经营行为的内容。

第十二条　起草单位起草的政策措施，具有或者可能具有排除、限制竞争效果，但符合下列情形之一，且没有对公平竞争影响更小的替代方案，并能够确定合理的实施期限或者终止条件的，可以出台：

（一）为维护国家安全和发展利益的；

（二）为促进科学技术进步、增强国家自主创新能力的；

（三）为实现节约能源、保护环境、救灾救助等社会公共利益的；

（四）法律、行政法规规定的其他情形。

第三章　审查机制

第十三条　拟由部门出台的政策措施，由起草单位在起草阶段开展公平竞争审查。

拟由多个部门联合出台的政策措施，由牵头起草单位在起草阶段开展公平竞争审查。

第十四条 拟由县级以上人民政府出台或者提请本级人民代表大会及其常务委员会审议的政策措施，由本级人民政府市场监督管理部门会同起草单位在起草阶段开展公平竞争审查。起草单位应当开展初审，并将政策措施草案和初审意见送市场监督管理部门审查。

第十五条 国家鼓励有条件的地区探索建立跨区域、跨部门的公平竞争审查工作机制。

第十六条 开展公平竞争审查，应当听取有关经营者、行业协会商会等利害关系人关于公平竞争影响的意见。涉及社会公众利益的，应当听取社会公众意见。

第十七条 开展公平竞争审查，应当按照本条例规定的审查标准，在评估对公平竞争影响后，作出审查结论。

适用本条例第十二条规定的，应当在审查结论中详细说明。

第十八条 政策措施未经公平竞争审查，或者经公平竞争审查认为违反本条例第八条至第十一条规定且不符合第十二条规定情形的，不得出台。

第十九条 有关部门和单位、个人对在公平竞争审查过程中知悉的国家秘密、商业秘密和个人隐私，应当依法予以保密。

第四章　监督保障

第二十条 国务院市场监督管理部门强化公平竞争审查工作监督保障，建立健全公平竞争审查抽查、举报处理、督查等机制。

第二十一条 市场监督管理部门建立健全公平竞争审查抽查机制，组织对有关政策措施开展抽查，经核查发现违反本条例规定的，应当督促起草单位进行整改。

市场监督管理部门应当向本级人民政府报告抽查情况，抽查结果可以向社会公开。

第二十二条 对违反本条例规定的政策措施，任何单位和个人可以向市场监督管理部门举报。市场监督管理部门接到举报后，应当及时处理或者转送有关部门处理。

市场监督管理部门应当向社会公开受理举报的电话、信箱或者电子邮件地址。

第二十三条 国务院定期对县级以上地方人民政府公平竞争审查工作机制建设情况、公平竞争审查工作开展情况、举报处理情况等开展督查。国务院市场监督管理部门负责具体实施。

第二十四条 起草单位未依照本条例规定开展公平竞争审查，经市场监督管理部门督促，逾期仍未整改的，上一级市场监督管理部门可以对其负责人进行约谈。

第二十五条 未依照本条例规定开展公平竞争审查，造成严重不良影响的，对起草单位直接负责的主管人员和其他直接责任人员依法给予处分。

第五章 附 则

第二十六条 国务院市场监督管理部门根据本条例制定公平竞争审查的具体实施办法。

第二十七条 本条例自 2024 年 8 月 1 日起施行。

关于经营者集中申报标准的规定

(2008 年 8 月 3 日中华人民共和国国务院令第 529 号公布 根据 2018 年 9 月 18 日《国务院关于修改部分行政法规的决定》第一次修订 2024 年 1 月 22 日中华人民共和国国务院令第 773 号第二次修订)

第一条 为了明确经营者集中的申报标准，根据《中华人民共和国反垄断法》，制定本规定。

第二条 经营者集中是指下列情形：

（一）经营者合并；

（二）经营者通过取得股权或者资产的方式取得对其他经营者的控制权；

（三）经营者通过合同等方式取得对其他经营者的控制权或者能够对其他经营者施加决定性影响。

第三条 经营者集中达到下列标准之一的，经营者应当事先向国务院反垄断执法机构申报，未申报的不得实施集中：

（一）参与集中的所有经营者上一会计年度在全球范围内的营业额合计超过 120 亿元人民币，并且其中至少两个经营者上一会计年度在中国境内的营业额均超过 8 亿元人民币；

（二）参与集中的所有经营者上一会计年度在中国境内的营业额合计超过 40 亿元人民币，并且其中至少两个经营者上一会计年度在中国境内的营业额均超过 8 亿元人民币。

营业额的计算，应当考虑银行、保险、证券、期货等特殊行业、领域的实际情况，具体办法由国务院反垄断执法机构会同国务院有关部门制定。

第四条 经营者集中未达到本规定第三条规定的申报标准，但有证据证明该经营者集中具有或者可能具有排除、限制竞争效果的，国务院反垄断执法机构可以要求经营者申报。

第五条 经营者未依照本规定第三条和第四条规定进行申报的，国务院反垄断执法机构应当依法进行调查。

第六条 国务院反垄断执法机构应当根据经济发展情况，对本规定确定的申报标准的实施情况进行评估。

第七条 本规定自公布之日起施行。

关于行业协会的反垄断指南

（2024 年 1 月 10 日国务院反垄断反不正当竞争委员会印发）

第一条　目的和依据

为了预防和制止行业协会从事《中华人民共和国反垄断法》（以下简称《反垄断法》）禁止的行为，发挥行业协会在促进行业规范健康持续发展、维护市场竞争秩序等方面的积极作用，引导行业协会加强反垄断合规建设，根据《反垄断法》等法律规定，制定本指南。

第二条　基本概念

本指南所称行业协会，是指由同行业经济组织和个人组成，行使行业服务和自律管理职能的社会团体法人。

行业协会主要由具有竞争关系的经营者组成，也可能包括上下游经营者，或者具有其他业务联系的经营者。

第三条　总体要求

行业协会应当加强行业自律，引导本行业的经营者依法竞争，合规经营，维护市场竞争秩序。

行业协会不得违反《反垄断法》的规定，从事排除、限制竞争行为。

第四条　禁止组织从事垄断协议的一般规定

组织本行业的经营者从事垄断协议，是行业协会违反《反垄断法》的主要表现形式。行业协会不得违反《反垄断法》第二十一条的规定，组织本行业的经营者从事垄断协议行为。

前款所称从事，包括垄断协议的达成和实施。

第五条　垄断协议的形式

垄断协议是指排除、限制竞争的协议、决定或者其他协同行为。

协议、决定可以是书面、口头等形式。

其他协同行为是指经营者虽未明确订立协议或者决定，但实质上存在协调一致的行为，有关经营者基于独立意思表示所作出的价格跟随等平行行为除外。

第六条　横向垄断协议

行业协会不得组织本行业具有竞争关系的经营者达成《反垄断法》第十七条禁止的下列垄断协议：

（一）固定或者变更商品或者服务（以下统称商品）价格。行业协会不得以价格自律、行业整顿、维护市场秩序等名义为本行业的经营者设定商品价格或者限制其自主定价权，也不得组织本行业的经营者固定或者变更价格水平、价格变动幅度、利润水平或者折扣、手续费等其他费用，约定采用据以计算价格的标准公式、算法、平台规则等。

（二）限制商品的生产数量或者销售数量。行业协会不得对本行业的经营者作出减产、停产、设定生产配额或者比例、限量供应、停止销售等关于商品生产数量或者销售数量的决定，也不得组织本行业的经营者通过限制产量、固定产量、停止生产等方式限制商品的生产数量，通过限制商品投放量等方式限制商品的销售数量等。

（三）分割销售市场或者原材料采购市场。行业协会不得组织本行业的经营者划分商品的销售地域、销售对象、市场份额、销售收入、销售利润或者销售商品的种类、数量、时间，也不得组织本行业的经营者划分原材料的采购区域、供应商、种类、数量、时间等。

（四）限制购买新技术、新设备或者限制开发新技术、新产品。行业协会不得组织本行业的经营者限制购买、使用、租赁、投资、研发新技术、新工艺、新设备、新产品，或者拒绝使用新技术、新工艺、新设备、新产品等。

（五）联合抵制交易。行业协会不得组织本行业的经营者联合拒绝向特定经营者供应或者销售商品、联合拒绝采购或者销售特定经营者的商品，或者联合限定特定经营者不得与其具有竞争关系的经营者进行交易等。

（六）国务院反垄断执法机构认定的其他垄断协议。

第七条　纵向垄断协议

行业协会不得组织本行业的经营者与交易相对人达成《反垄断法》第十八条禁止的下列垄断协议：

（一）固定向第三人转售商品的价格。行业协会不得组织本行业的经营者固定向第三人转售商品的价格水平、价格变动幅度、利润水平或者折扣、手续费等其他费用。

（二）限定向第三人转售商品的最低价格。行业协会不得组织本行业的经营者限定向第三人转售商品的最低价格，或者通过限定价格变动幅度、利润水平或者折扣、手续费等其他费用限定向第三人转售商品的最低价格等。

（三）国务院反垄断执法机构认定的其他垄断协议。

对于前款第一项和第二项规定的协议，行业协会或者经营者能够证明协议不具有排除、限制竞争效果的，不予禁止。

经营者能够证明其在相关市场的市场份额低于国务院反垄断执法机构规定的标准，并符合国务院反垄断执法机构规定的其他条件的，不予禁止。

第八条　组织达成垄断协议的情形

行业协会不得通过下列行为组织本行业的经营者达成垄断协议：

（一）制定、发布含有排除、限制竞争内容的行业协会章程、规则、决定、通知、意见、标准、自律公约等；

（二）通过会议、邮件、电话、函件、即时通讯工具等，召集、组织、推动经营者以书面、口头等形式达成含有排除、限制竞争内容的协议、决议、纪要、备忘录等；

（三）通过会议、邮件、电话、函件、即时通讯工具等，召集、组织、推动经营者虽未订立协议或者决定，但达成排除、限制竞争的协调一致行为；

（四）其他组织经营者达成垄断协议的行为。

第九条　组织实施垄断协议的情形

行业协会不得通过下列行为组织本行业的经营者实施垄断协议：

（一）采取设置入会要求、没收保证金、设定违约金、限制会员权益、取消会员资格、通报批评、联合抵制、暂停经营活动等惩戒措施，强迫经营者实施垄断协议；

（二）采取将垄断协议实施情况与会员奖优评先挂钩等激励措施，引导经营者实施垄断协议；

（三）行业协会自身或者通过第三方机构对经营者实施垄断协议情况进行监督监测；

（四）采取搭建平台、设立专班、建立协调机制等保障措施，为经营者实施垄断协议提供便利性条件；

（五）其他组织经营者实施垄断协议的行为。

第十条　高风险行为

行业协会应当避免从事下列可能为本行业经营者达成、实施垄断协议提供便利性条件的行为：

（一）推动本行业的经营者交换、讨论竞争性敏感信息或者通报竞争性敏感信息；

（二）发布行业内指导价、基准价、参考价、推荐价、预测价等，或者制定供本行业经营者参考的价格计算公式，引导本行业的经营者协调商品价格；

（三）发布不实或者夸大的成本趋势、供求状况等市场行情信息，引导本行业的经营者协调商品价格。

前款所称竞争性敏感信息，是指商品的成本、价格、折扣、数量、质量、营业额、利润或者利润率以及经营者的研发、投资、生产、营销计划、客户名单、未来经营策略等与市场竞争密切相关的信息，但已公开披露或者可以通过公开渠道获取的信息除外。

第十一条 垄断协议豁免

行业协会组织本行业的经营者达成的垄断协议，符合《反垄断法》第二十条规定的情形和条件的，不予禁止。

行业协会可以就垄断协议是否符合《反垄断法》第二十条规定的情形和条件，为本行业的经营者提供指导，并支持本行业的经营者向反垄断执法机构提出豁免申请。

第十二条 行业协会的经营者身份

行业协会从事商品生产、经营或者提供服务，属于《反垄断法》第十五条规定的经营者时，不得违反《反垄断法》规定，从事垄断协议、滥用市场支配地位行为以及违法实施经营者集中。

第十三条 滥用行政权力排除、限制竞争

经法律、法规授权具有管理公共事务职能的行业协会不得违反《反垄断法》第五章的规定，滥用行政权力实施限定交易、通过签订合作协议或备忘录等方式妨碍经营者进入相关市场或对经营者实行不平等待遇、妨碍商品自由流通、排除或限制经营者参加招投标等经营活动、限制或强制经营者设立分支机构、强制经营者从事垄断行为、制定含有排除限制竞争内容的规定等排除、限制竞争行为。

第十四条 协助行政机关滥用行政权力排除、限制竞争

行业协会不得基于行政机关的要求、委托，或者通过与行政机关联合制定发布规定、办法、决定、公告、通知、意见、函件、会议纪要，签订合作协议、备忘录等方式，协助行政机关实施滥用行政权力排除、限制竞争行为。

第十五条 公平竞争审查

经法律、法规授权具有管理公共事务职能的行业协会制定涉及经营主体经济活动的规范性文件、其他政策性文件以及"一事一议"形式的具体政策措施时，应当按照《反垄断法》及相关规定的要求进行公平竞争审查，评估对市场竞争的影响，防止排除、限制竞争。

第十六条　自律合规倡导

行业协会应当借助连接政府与经营主体的独特优势，发挥提供服务、反映诉求、规范行为等职能，促进行业规范健康持续发展。

鼓励和支持行业协会充分发挥自律职能，加强自身反垄断合规建设，采取行业规则、公约以及市场自治规则等方式，指导、帮助会员建立健全反垄断合规管理制度，尽早识别、防范反垄断合规风险。

第十七条　内部合规管理

行业协会应当加强内部合规管理，避免从事或者被会员控制利用从事违反《反垄断法》的行为，破坏市场竞争秩序。鼓励行业协会建立有效的反垄断合规管理制度，或者在现有合规管理制度中加强反垄断合规管理，采取包括但不限于以下措施：

（一）制定反垄断合规行为准则；

（二）建立反垄断合规承诺机制；

（三）设置反垄断合规部门或者人员；

（四）建立反垄断合规奖惩制度；

（五）加强反垄断合规培训。

第十八条　合规风险识别与控制

行业协会可以根据法律规定、行业特征、市场情况等识别现实和潜在的反垄断合规风险，并采取相应的预防措施。

鼓励行业协会制修订行业协会章程、规则、决定、通知、意见、标准、自律公约等时，对是否涉嫌违反《反垄断法》及相关规定进行审查。涉嫌违反上述法律规定的，不予发布或者调整至符合要求后发布。

鼓励行业协会建立反垄断合规举报机制，为协会工作人员、会员等举报涉嫌违反《反垄断法》的行为提供便利，并承诺为举报人的信息保密、不因举报行为采取任何对其不利的措施。

第十九条　加强沟通

鼓励行业协会主动与反垄断执法机构沟通，提供行业市场竞争状况、经营者情况等材料，提出加强和改进反垄断执法的意见建议。

反垄断执法机构及其工作人员对执法过程中知悉的商业秘密、个人隐私和个人信息，依法负有保密义务。

第二十条　加强合规指导

行业协会可以通过以下方式，预防和制止会员从事违反《反垄断法》的行为：

（一）指导会员加强反垄断合规管理；

（二）对会员开展反垄断合规培训，提示会员不得以行业协会为平台或者媒介从事垄断行为；

（三）发现会员涉嫌从事垄断协议等违法行为时，采取告诫、通报、取消会员资格等措施进行教育惩戒；

（四）其他指导会员加强反垄断合规的措施。

发生前款第三项情形的，鼓励行业协会及时向反垄断执法机构举报，或者指导会员尽早向反垄断执法机构报告从事垄断协议的有关情况并提供重要证据，同时提醒会员停止涉嫌违法行为并配合调查。对符合宽大适用条件的经营者，反垄断执法机构可以依法减轻或者免除处罚。

第二十一条　配合调查

行业协会发现自身行为涉嫌违反《反垄断法》规定的，或者已被反垄断执法机构依法立案或者启动调查程序的，应当立即停止相关行为，主动向反垄断执法机构报告有关情况，并配合反垄断执法机构的后续调查，不得拒绝、阻碍反垄断执法机构的调查。

第二十二条　配合约谈

行业协会及其会员涉嫌违反《反垄断法》规定的，反垄断执法机构可以对其法定代表人或者负责人进行约谈。行业协会及其会员应当按照反垄断执法机构的要求予以整改，提出消除行为后果的具体措施、履行时限等，并提交书面报告。

反垄断执法机构可以将约谈情况通报行业管理部门、社会团体登记管理机关，也可以根据需要邀请上述部门共同实施约谈。

第二十三条　法律责任

行业协会从事或者组织本行业的经营者从事垄断行为，行业协会和经营者应当依据《反垄断法》的规定分别承担相应的法律责任。

反垄断执法机构确定行业协会和经营者的法律责任时，应当考虑违法行为的性质、程度、持续时间、消除违法行为后果的情况、行业协会发挥的作用、经营者发挥的作用、垄断协议实施的情况等因素。

行业协会具有主动消除或者减轻违法行为危害后果、配合反垄断执法机构查处垄断行为有立功表现等情形的，反垄断执法机构应当依法从轻或者减轻处罚。

行业协会具有胁迫会员达成垄断协议、阻止会员退出垄断协议、一年内因同一性质违法行为受过行政处罚等情形的，反垄断执法机构可以依法从重处罚。

第二十四条　信用惩戒

对因违反《反垄断法》被列入活动异常名录和严重违法失信名单的行业协会，反垄断执法机构可以将其作为重点监管对象。

第二十五条　加强部门协调

反垄断执法机构与社会团体登记管理机关、行业管理部门等加强沟通协调，推进竞争监管和市场准入、行业监管等更加紧密衔接，由监管执法的个案对接转向深层次制度对接，提高监管执法效能，形成协同规制合力。

第二十六条　指南的解释

本指南由国务院反垄断反不正当竞争委员会办公室解释，自发布之日起施行。

《关于行业协会的反垄断指南》解读

（国务院反垄断反不正当竞争委员会）

为预防和制止行业协会从事《中华人民共和国反垄断法》（以下简称《反垄断法》）禁止的行为，发挥行业协会在促进行业规范健康持续发展、维护市场竞争秩序等方面的积极作用，引导行业协会加强反垄断合规建设，根据《反垄断法》等法律规定，国务院反垄断反不正当竞争委员会（以下简称委员会）制定出台《关于行业协会的反垄断指南》（以下简称《指南》）。

一、起草背景

行业协会是政府和经营主体之间的桥梁和纽带，在提供政策咨询、加强行业自律、促进行业发展、维护企业权益等方面发挥了重要作用。同时，部分行业协会不当干预市场竞争、组织会员企业从事垄断行为的情况时有发生，损害了市场公平竞争和消费者利益，不利于构建新发展格局、推动高质量发展。市场监管部门全面贯彻落实党中央、国务院决策部署，依法加强反垄断监管执法，《反垄断法》实施以来查处涉及行业协会的典型垄断案件 50 余件，有力保护了市场公平竞争，维护了消费者利益和社会公共利益。

我国反垄断法关于行业协会的规定相对原则，行业协会对明晰行为规则、加强反垄断合规有较强期待。委员会办公室在与现行法律、法规、规章和指南做好衔接的基础上，坚持立足国情、突出问题导向、充分把握规律、注重兼收并蓄，结合行业协会发展现状、运行机制、治理模式等，研究起草《指南》，为行业协会规范履职设置"红绿灯"，引导行业协会加强风险识别、评估和防范，推动行业协会依法自律，促进行业规范健康持续发展。

二、起草过程

《指南》起草过程中，委员会办公室坚持以习近平新时代中国特色社会主义思想为指导，全面贯彻落实党中央、国务院决策部署，坚持依法立法、科学立法、民主立法、开门立法，坚持监管规范和促进发展并重，认真总结国内执法实践，合理借鉴国际成熟经验，立足我国实际深入开展研究论证。主要开展了以下工作：

（一）坚持问题导向，深入研究难点问题。聚焦行业协会反垄断监管执法中的热点难点问题，借助反垄断专家智库力量深入研究行业协会参与垄断行为的特点规律、产生原因和规制体系，为《指南》起草提供有力理论支撑。

（二）紧密结合实际，积极开展调查研究。对社会团体登记管理机关、行业管理部门、省级市场监管部门、有关行业协会、企业、律所、专家学者等开展广泛调研，确保《指南》重点突出、务实管用，更好规范行业协会行为，有力推动行业高质量发展。

（三）准确把握规律，全面总结执法经验。系统梳理国内外行业协会反垄断监管执法经验，准确把握行业协会发展特点和规律，认真分析行业协会垄断风险并有针对性地作出回应，确保《指南》契合我国行业协会发展阶段和反垄断监管执法需要。

（四）广泛听取意见，充分凝聚各方共识。2023 年 5 月，在市场监管总局官网公开征求社会公众意见，同时广泛征求政府部门、经营主体和专家学者意见，多次召开行业协会座谈会、企业座谈会听取意见建议，确保《指南》科学有效、切实可行。

三、主要内容

《指南》共 26 条，进一步细化违法行为认定标准，加强行业协会反垄断合规建设。主要内容如下：

（一）《指南》第一条至第三条为原则性规定。明确《指南》目的、依据以及行业协会概念，提出行业协会反垄断监管的总体要求，强调行业协会应当加强行业自律，引导本行业的经营者依法竞争，合规经营，维护市场竞争秩序，不得违反《反垄断法》的规定，从事排除、限制竞争行为。

（二）《指南》第四条至第十五条细化行业协会可能违反《反垄断法》的具体情形。包括：行业协会组织本行业的经营者从事垄断协议；行业协会以经营者身份从事垄断协议、滥用市场支配地位行为以及违法实施经营者集中；经法律、法规授权具有管理公共事务职能的行业协会滥用行政权力排除、限制竞争。针对行业协会违反《反垄断法》的主要表现形式，即行业协会组织本行业经营者从事垄断协议，《指南》区分横向垄断协议和纵向垄断协议两种类型，从组织达成、实施两个维度作出详细规范。

（三）《指南》第十六条至第二十二条指导行业协会加强反垄断合规建设。强调行业协会应当依法自律，提高合规意识、加强合规建设、防范合规风险；引导本行业经营者依法竞争、合规经营，并从合规管理制度、垄断风险识别与控制、内部举报机制、沟通咨询、会员合规指导、配合调查和约谈等方面进行阐释。

（四）《指南》第二十三条至第二十四条明确法律责任及考量因素。明确反垄断执法机构认定有关法律责任时应当考量违法行为的性质、程度、持续时间、消除违法行为后果的情况、行业协会发挥的作用、经营者发挥的作用、垄断协议实施的情况等因素，列明从轻、减轻、从重处罚情形，规定了信用惩戒有关情形。

（五）《指南》第二十五条至第二十六条对协同监管及解释作出规定。强调应当加强部门协作、强化监管共治，形成协同规制合力。《指南》由委员会办公室解释，自发布之日起施行。

四、主要特点

《指南》立足我国实际，全面总结反垄断监管执法经验，为行业协会构建公开透明、可预期的行为规则，助力加快建设全国统一大市场，促进高质量发展。主要有以下特点：

一是划出行为底线，稳定市场预期。《指南》聚焦行业协会多发易发的垄断风险，从行业协会、经营者、行政主体等三个维度详细列举具体违法情形，为行业协会划出行为底线，设置好"红灯"。同时指出行业协会可能从事的三类高风险行为，设置好"黄灯"，帮助其更好预防和制止垄断行为的发生。

二是倡导合规建设，健全长效机制。《指南》结合行业协会实际，鼓励和支持行业协会依法自律，建立健全反垄断合规管理制度，加强风险识别、评估和防范，切实提升反垄断合规意识和能力；多措并举指导会员加强反垄断合规管理，预防和制止会员从事垄断行为，构建反垄断合规长效机制。

三是加强多元共治，形成工作合力。《指南》引导行业协会借助连接政府与经营主体的独特优势，发挥提供服务、反映诉求、规范行为等职能，鼓励行业协会主动与反垄断执法机构沟通。反垄断执法机构与社会团体登记管理机关、行业管理部门加强协同联动，推进竞争监管和市场准入、行业监管等更加紧密衔接，不断提升监管执法效能，形成协同规制合力。

经营者反垄断合规指南

（2024 年 4 月 25 日国务院反垄断反不正当竞争委员会印发）

第一章　总　则

第一条　目的和依据

为指导和支持经营者建立健全反垄断合规管理制度，增强反垄断合规风险防控和处置能力，培育公平竞争文化，筑牢依法合规经营底线，促进经营者持续健康发展，根据《中华人民共和国反垄断法》（以下简称《反垄断法》）等法律规定，制定本指南。

第二条　适用范围

中华人民共和国境内从事经济活动的经营者，适用本指南；中华人民共和国境外从事经济活动的经营者，相关经济活动对境内市场竞争产生影响的，适用本指南。

第三条　基本概念

本指南所称反垄断合规，是指经营者经营管理行为和员工履职行为符合《反垄断法》等法律、法规、规章及其他规范性文件（以下统称反垄断法相关规定）的要求。

本指南所称反垄断合规风险，是指经营者及其员工因违反反垄断法相关规定，引发法律责任、造成经济或者声誉损失以及其他负面后果的可能性。

本指南所称反垄断合规管理，是指以预防和降低反垄断合规风险为目的，以经营者经营管理行为及其员工履职行为为对象，开展包括制度制定、风险识别、风险处置、合规审查、合规培训、合规承诺、合规奖惩、合规监督等有组织、有计划、全流程的管理活动。

第四条　反垄断合规管理原则

（一）坚持问题导向。经营者可以根据所处行业特点和市场竞争状况等因素，把握可能产生反垄断合规风险的业务领域、工作环节和工作岗位，有针对性地开展反垄断合规管理。

（二）坚持务实高效。经营者可以从自身业务规模、商业模式、治理结构等情况出发，制定适宜的反垄断合规管理制度。大型经营者通常需要建立较为完备的合规管理制度，中型、小型经营者可以结合自身实际，建立与发展阶段和能力相适应的合规管理制度。

（三）坚持全面覆盖。反垄断合规管理要覆盖所有业务领域、部门和员工，贯穿决策、执行、监督、反馈等各个环节，体现在决策机制、内部控制、业务流程等各个方面，实现多方联动、上下贯通。

第五条　公平竞争文化建设

经营者要积极加强公平竞争文化建设，自觉守法、诚信经营，避免从事反垄断法相关规定禁止的行为。高级管理人员要发挥带头作用，依法依规经营。

鼓励经营者将反垄断合规作为企业经营理念和社会责任的重要内容，并将公平竞争文化传递至利益相关方。

第二章　合规管理组织

第六条　总体安排

经营者可以建立由反垄断合规管理机构、业务及职能部门等共同组成的反垄断合规管理组织体系。其中，反垄断合规管理机构负责统筹、组织和推进反垄断合规管理工作；业务及职能部门负责本部门日常反垄断合规管理工作；审计、法律、内控等部门在职权范围内履行反垄断合规监督职责。

经营者可以根据自身规模、业务特点、经营成本等实际情况，在实现有效合规的前提下，精简设置反垄断合规管理组织体系。

第七条 合规管理机构

反垄断合规管理机构一般由合规治理机构、合规管理负责人和合规管理牵头部门组成。反垄断合规管理机构可以专设，也可以由有关部门承担相应职责。

合规治理机构是反垄断合规管理的最高机构，负责反垄断合规管理的组织领导和统筹协调，研究决定反垄断合规管理重大事项。合规管理负责人负责反垄断合规管理的总体部署和组织实施。合规管理牵头部门负责推动落实反垄断合规管理要求，为其他部门提供合规支持。

参考示例 1：企业甲是大型企业，在成立之初就设立了法务部，但未开展合规管理工作。由于同业经营者受到反垄断调查和处罚，企业甲认识到反垄断合规的重要性，制定了反垄断合规管理制度，成立反垄断合规委员会，设立首席合规官，由法务部作为合规管理牵头部门，强化各业务部门主要负责人在各自业务领域的反垄断合规责任，并建立了合规培训、内部举报、合规追责等机制。

参考示例 2：企业乙是小型企业，由于经营业务区域性较强、同业交流较多，主要面临垄断协议合规风险。为此，企业乙决定采取有针对性的合规管理措施，由法定代表人担任合规最高负责人，法务专员兼任合规管理员。同时，在公司章程中规定全体员工应杜绝垄断行为，并明确相关同业活动与合作均应经过合规管理员事前审查，重大事项须报法定代表人批准。

第八条 合规治理机构

合规治理机构主要履行以下职责：

（一）批准反垄断合规管理基本制度，明确反垄断合规管理目标；

（二）建立和完善反垄断合规管理组织体系；

（三）决定合规管理负责人任免和合规管理牵头部门的设置与职能；

（四）指导、监督、评价反垄断合规管理工作，实施合规考核和奖惩；

（五）研究决定反垄断合规管理重大事项，批准重大反垄断合规风险事件处置方案；

（六）加强公平竞争文化建设；

（七）经营者根据自身治理结构和管理需要确定的其他职责。

第九条　合规管理负责人

合规管理负责人主要履行以下职责：

（一）贯彻落实合规治理机构要求，领导合规管理牵头部门统筹推进反垄断合规管理工作；

（二）拟订反垄断合规管理基本制度，细化反垄断合规管理目标，并做好监督执行；

（三）参与重大经营决策并提出合规意见，汇报合规管理重大风险和重大事项；

（四）加强反垄断合规管理人才培养和队伍建设；

（五）组织推进反垄断合规管理信息化建设；

（六）指导经营者分支机构反垄断合规管理工作；

（七）总结反垄断合规管理年度工作情况，并纳入合规管理年度报告；

（八）经营者根据自身治理结构和管理需要确定的其他职责。

反垄断合规管理负责人在履职上需要具备足够的独立性和权威性。鼓励经营者任命高级管理人员担任反垄断合规管理负责人。

第十条　合规管理牵头部门

合规管理牵头部门主要履行以下职责：

（一）制定和更新反垄断合规管理规范，优化合规管理机制和流程，明确合规管理计划，督促各部门贯彻落实；

（二）组织开展反垄断合规风险识别、评估、提醒和处置；

（三）开展反垄断合规审查，接受反垄断合规咨询；

（四）监督检查反垄断合规管理规范执行情况，组织开展合规风险排查和举报调查，对违规人员提出处理建议；

（五）组织协调相关部门、人员配合反垄断执法机构的调查和审查，推动制定和督促落实整改措施；

（六）组织或者协助业务部门、人事部门等开展反垄断合规培训；

（七）向合规管理负责人报告反垄断合规管理落实情况和重大风险；

（八）经营者根据自身治理结构和管理需要确定的其他职责。

经营者为合规管理牵头部门独立履职提供必要的资源和保障。

第十一条　业务及职能部门合规管理职责

业务及职能部门在反垄断合规管理中主要履行以下职责：

（一）建立和完善符合反垄断合规管理要求的业务管理机制和流程，组织本部门落实反垄断合规管理规范，确保合规要求融入业务规范、流程和岗位职责；

（二）定期梳理重点岗位和关键环节反垄断合规风险，开展合规风险识别，建立合规风险预警和应对机制；

（三）负责本部门经营管理行为的合规初审，及时就潜在反垄断合规风险向合规管理牵头部门提出合规咨询；

（四）配合合规管理牵头部门开展风险排查、举报调查、监督检查和问题整改，如实提供反垄断合规管理工作所需的资料和信息，及时报告合规风险事项；

（五）配合反垄断调查和审查，及时制定整改方案并落实整改措施；

（六）定期报告反垄断合规管理职责落实情况和风险情况；

（七）其他与反垄断合规管理有关的工作。

鼓励经营者在业务及职能部门设置专职或兼职合规管理员，不断提升合规管理专业化水平。

第十二条　合规队伍建设

鼓励经营者建立专业化、高素质的反垄断合规管理队伍，根据业务规模、合规风险水平等配备适当的反垄断合规管理人员，切实提升合规管理能力。

第三章　合规风险管理

第十三条　风险识别和评估

反垄断合规风险识别和评估具有一定的专业性和复杂性。经营者可以根据所处行业特点和市场竞争状况，并结合自身规模、商业模式等因素，突出重点领域、重点环节和重点人员，强化反垄断合规风险识别。

经营者可以在风险识别的基础上，评估反垄断合规风险发生的可能性、影响后果等，并对合规风险进行分级管理。行业情况和法律法规发生变化的，经营者需要及时对风险识别和评估情况进行更新。

特定领域的经营者可以参考《关于汽车业的反垄断指南》《关于平台经济领域的反垄断指南》《关于原料药领域的反垄断指南》《关于知识产权领域的反垄断指南》等，有针对性地开展反垄断合规风险识别和评估。

参考示例 3：企业甲是一家整车制造厂商，通过授权经销商模式销售汽车，与下游经销商存在长期合作关系。经过对业务部门各岗位的合规风险识别，企业甲发现市场销售部负责签订授权经营合同，授权汽车经销商按照规定标准，在一定的区域从事企业甲相关品牌汽车销售和售后服务，存在实施限制转售价格纵向垄断协议行为的风险。因此，企业甲决定建立一套覆盖事前、事中、事后全流程的反垄断风险评估制度。针对与下游经销商的业务合作，事前由业务部门评估拟开展业务的反垄断风险级别，再由合规管理牵头部门对相应反垄断风险进行审核，实现评估前置；事中由合规管理牵头部门时刻关注合规风险，并及时进行风险提示；事后由合规管理牵头部门评估合规规范的执行情况，保障合规管理要求落实。

第十四条　风险提醒

经营者可以根据不同岗位的合规风险差异，定期开展风险测评，对高风险人员加强风险提醒，提高风险防控的针对性和有效性。

高风险人员主要包括法定代表人、高级管理人员和主要业务部门中知晓竞争性敏感信息、可能与具有竞争关系的经营者或者上下游经营者接触的人员。主要业务部门一般包括负责销售、采购、价格和商务政策制定、并购管理、销售网络管理以及联络行业协会等事项的部门。

本条所指竞争性敏感信息，是指商品的成本、价格、折扣、数量、质量、营业额、利润或者利润率以及经营者的研发、投资、生产、营销计划、客户名单、未来经营策略等与市场竞争密切相关的信息，但已公开披露或者可以通过公开渠道获取的信息除外。

参考示例 4：企业甲是某地一家从事砂石生产经营的企业，建立了风险提醒机制。随着砂石竞争加剧和价格下降，当地砂石行业协会多次组织自律会议，要求砂石企业避免低价竞争。根据参会人员反馈的会议情况，企业甲研判可能存在垄断协议行为合规风险，并将风险等级评估为高。为此，企业甲及时将研判结果通过邮件系统推送给总经理、副总经理、销售经理等与竞争对手联系较多的高风险人员，提醒其不得在与其他砂石企业员工会议、沟通等活动中交流销售价格、折扣方案等竞争性敏感信息，有效防范与竞争对手达成垄断协议的合规风险。

第十五条　垄断协议行为合规风险识别

垄断协议行为合规风险，是指与其他经营者达成或者组织其他经营者达成《反垄断法》第十七条、第十八条和第十九条禁止的垄断协议行为的风险。经营者在经营过程中要避免以下行为：

（一）与具有竞争关系的其他经营者达成固定或者变更商品价格、限制商品生产数量或者销售数量、分割销售市场或者原材料采购市场、限制购买新技术新设备或者限制开发新技术新产品、联合抵制交易等横向垄断协议。竞争性敏感信息交换可能引发横向垄断协议风险，经营者应当避免通过书信、电子邮件、电话、短信、会议、即时通讯软件、数据、算法、技术以及平台规则等任何明示或者默示形式，与具有竞争关系的经营者交换竞争性敏感信息。

（二）与交易相对人达成固定向第三人转售商品的价格、限定向第三人转售商品的最低价格等纵向垄断协议。经营者应当避免以限定价格变动幅度、利润水平或者折扣、手续费等方式，或者借助有关惩罚性、激励性措施，直接或间接限制交易相对人的转售价格。

（三）组织其他经营者达成垄断协议或者为其他经营者达成垄断协议提供实质性帮助。经营者应当避免组织同行竞争者、上游供应商、下游经销商等其他经营者达成垄断协议，或者为达成垄断协议提供实质性帮助，包括提供必要的支持、创造关键性的便利条件以及其他重要帮助。

（四）参与行业协会、其他经营者或者相关机构组织的垄断协议。经营者加入行业协会前，要注意评估行业协会章程、活动规则、自律公约等相关材料是否存在反垄断合规风险。经营者参加行业协会、具有竞争关系的经营者或者上下游经营者、相关机构发起的会议前及信息交流过程中，要注意审核会议议程等相关材料，确保没有引发反垄断合规风险的不当议题。参会过程中做好会议记录，会后核对会议纪要，避免讨论竞争性敏感信息，必要时明确表示退出会议，同时留存反对意见相关证据。

本条所指垄断协议包括以书面、口头等方式达成的协议或者决定，也包括经营者之间虽未明确订立协议或者决定，但实质上存在协调一致的协同行为，有关经营者基于独立意思表示所作出的价格跟随等平行行为除外。相关规定可参照《禁止垄断协议规定》等。

参考示例5：具有竞争关系的企业甲、乙、丙在投标过程中，通过电话、会议、聚餐、电子邮件、专程拜访等方式，频繁进行沟通，交换敏感信息、进行价格协商、商讨投标意向，多次达成报高价或者不报价、分配客户的协议并予以实施。上述做法属于达成并实施固定价格、分割销售市场的垄断协议行为，排除、限制了市场竞争，违反《反垄断法》第十七条"禁止具有竞争关系的经营者达成下列垄断协议：（一）固定或者变更商品价格；（三）分割销售市场或者原材料采购市场"的规定。

参考示例6：某医疗器械产品的生产商甲通过经销协议、邮件通知、口头协商等方式，与其交易相对人达成约定，限定相关医疗器械产品向医院转售的最低价格，并通过制定下发各经销环节的产品价格表、内部考核、撤销经销商低价中标产品等措施，确保约定价格的实施。上述做法属于限定向第三人转售商品最低价格的垄断协议行为，限制了市场竞争，推高了相关商品价格，违反《反垄断法》第十八条"禁止经营者与交易相对人达成下列垄断协议：（二）限定向第三人转售商品的最低价格"的规定。

第十六条　滥用市场支配地位行为合规风险识别

滥用市场支配地位行为合规风险，是指具有市场支配地位的经营者实施《反垄断法》第二十二条禁止行为的风险。市场份额或者市场力量较大的经营者需要定期评估是否在相关市场具有市场支配地位，并在经营过程中避免以下行为：

（一）以不公平高价销售商品或者以不公平低价购买商品。判断价格是否不公平，经营者可以重点考察销售价格或者购买价格是否明显高于或者明显低于其他经营者在相同或者相似市场条件下销售或者购买同种商品或者可比较商品的价格、是否明显高于或者明显低于同一经营者在其他相同或者相似市场条件区域销售或者购买同种商品或者可比较商品的价格、在成本基本稳定的情况下是否超过正常幅度提高销售价格或者降低购买价格、销售商品的提价幅度是否明显高于成本增长幅度或者购买商品的降价幅度是否明显高于交易相对人成本降低幅度等。

（二）没有正当理由，以低于成本的价格销售商品。判断价格是否低于成本，经营者可以重点考察销售价格是否低于平均可变成本。正当理由包括降价处理鲜活商品、季节性商品、有效期限即将到期的商品或者积压商品，因清偿债务、转产、歇业降价销售商品，在合理期限内为推广新商品进行促销等。

（三）没有正当理由，拒绝与交易相对人进行交易。拒绝交易存在多种表现形式，经营者可以重点考察是否实质性削减与交易相对人的现有交易数量，是否拖延、中断与交易相对人的现有交易，是否拒绝与交易相对人进行新的交易，是否通过设置交易相对人难以接受的价格、向交易相对人回购商品、与交易相对人进行其他交易等限制性条件使交易难以进行，是否拒绝交易相对人在生产经营活动中以合理条件使用其必需设施等。正当理由包括因不可抗力等客观原因无法进行交易，交易相对人有不良信用记录或者出现经营状况恶化等情况影响交易安全，与交易相对人进行交易将使经营者利益发生不当减损，交易相对人明确表示或者实际不遵守公平、合理、无歧视的平台规则等。

（四）没有正当理由，限定交易相对人只能与其进行交易或者只能与其指定的经营者进行交易。限定交易存在多种表现形式，经营者可以重点考察是否直接限定交易相对人的交易对象，或者通过惩罚性、激励性措施等方式变相限定。正当理由包括为满足产品安全要求，保护知识产权、商业秘密或者数据安全，保护针对交易进行的特定投资，维护平台合理的经营模式所必需等。

（五）没有正当理由搭售商品，或者在交易时附加其他不合理的交易条件。搭售和附加不合理交易条件存在多种表现形式，经营者可以重点考察是否违背交易惯例、消费习惯或者无视商品功能，利用合同条款或者弹窗、操作必经步骤等交易相对人难以选择、更改、拒绝的方式将不同商品捆绑销售或者组合销售；是否对合同期限、支付方式、商品的运输及交付方式或者服务的提供方式等附加不合理限制；是否对商品的销售地域、销售对象、售后服务等附加不合理限制；是否交易时在价格之外附加不合理费用；是否附加与交易标的无关的交易条件。正当理由包括符合正当的行业惯例和交易习惯，或者为满足产品安全要求、实现特定技术、保护交易相对人和消费者利益所必需等。

（六）没有正当理由，对条件相同的交易相对人在交易价格等交易条件上实行差别待遇。判断是否构成差别待遇，经营者可以重点考察是否对条件相同的交易相对人实行不同的交易价格、数量、品种、品质等级，实行不同的数量折扣等优惠条件，实行不同的付款条件、交付方式，实行不同的保修内容和期限、维修内容和时间、零配件供应、技术指导等售后服务条件。正当理由包括根据交易相对人实际需求且符合正当的交易习惯和行业惯例实行不同交易条件，针对新用户的首次交易在合理期限内开展的优惠活动，基于公平、合理、无歧视的平台规则实施的随机性交易等。

经营者评估相关行为是否不公平或者是否具有正当理由，还可以考虑有关行为是否为法律、法规所规定，对国家安全、网络安全等方面的影响，对经济运行效率、经济发展的影响，是否为经营者正常经营及实现正常效益所必需，对经营者业务发展、未来投资、创新方面的影响，是否能够使交易相对人或者消费者获益，对社会公共利益的影响等。相关规定可参照《禁止滥用市场支配地位行为规定》等。

参考示例 7：A 原料药是生产 B 制剂的必需原材料。企业甲在中国 A 原料药市场上具有市场支配地位。在没有正当理由的情况下，企业甲多次大幅上调 A 原料药销售价格，并与下游制剂企业乙达成独家销售协议，仅向乙出售 A 原料药，没有正当理由拒绝向其他制剂企业出售。上述行为属于滥用市场支配地位，以不公平的高价销售商品以及没有正当理由拒绝与交易相对人进行交易的行为，排除、限制了市场竞争，推高了相关药品价格，损害了消费者利益，违反《反垄断法》第二十二条"禁止具有市场支配地位的经营者从事下列滥用市场支配地位的行为：（一）以不公平的高价销售商品或者以不公平的低价购买商品；（三）没有正当理由，拒绝与交易相对人进行交易"的规定。

参考示例 8：平台乙在相关市场具有市场支配地位，对平台内商家提出"二选一"要求，禁止平台内商家在其他竞争性平台开店或者参加促销活动，并借助市场力量、平台规则和数据、算法等技术手段，采取流量支持、搜索降权等多种奖惩措施保障"二选一"要求得到充分执行，维持、增强自身市场力量，获取不正当竞争优势。上述行为属于滥用市场支配地位限定交易的行为，排除、限制了市场竞争，妨碍了商品服务和资源要素自由流通，影响了平台经济创新发展，侵害了平台内商家的合法权益，损害消费者利益，违反《反垄断法》第二十二条

"禁止具有市场支配地位的经营者从事下列滥用市场支配地位的行为：（四）没有正当理由，限定交易相对人只能与其进行交易或者只能与其指定的经营者进行交易"的规定。

第十七条　经营者集中行为合规风险识别

经营者集中行为合规风险，是指未按《反垄断法》第二十五条和第二十六条的规定申报实施集中、申报后未经批准实施集中或者违反审查决定的风险。经营者在经营过程中要避免以下行为：

（一）经营者集中达到申报标准，未申报实施集中。签署拟议交易文件前，主动评估是否触发经营者集中申报义务。经营者需要评估交易是否取得控制权，参与集中经营者营业额是否达到申报标准，相关交易是否可能具有排除、限制竞争效果等，也可以向国家市场监督管理总局、相关省级市场监管部门提出商谈咨询。经营者需要高度重视分步骤进行的交易、与竞争对手开展的交易等情形。

（二）经营者集中达到申报标准，申报后未批准实施集中。包括但不限于提前完成经营主体登记或者权利变更登记，提前委派高级管理人员，提前参与交易文件中约定的与目标公司的业务合作，提前办理合营企业营业执照，提前以合营企业的名义对外招揽业务、谈判、签订合同，与交易方开展交易文件中约定的可能导致提前实现集中效果的业务合作，提前交换竞争性敏感信息等。

（三）违反经营者集中审查决定。包括但不限于经营者集中被附加限制性条件批准后未遵守限制性条件、经营者集中被禁止后仍然按照原计划实施集中等。

（四）经营者集中未达到申报标准，但有证据证明该经营者集中具有或者可能具有排除、限制竞争效果，且经营者未按反垄断执法机构要求申报实施集中。

本条所指经营者集中，包括经营者合并、通过取得股权或者资产的方式取得对其他经营者的控制权、通过合同等方式取得对其他经营者的控制权或者能够对其他经营者施加决定性影响。相关规定可参考《经营者集中审查规定》《经营者集中反垄断合规指引》等。

鼓励经营者安排反垄断合规管理人员参加与交易相关方的交流，防范经营者集中行为合规风险。

参考示例 9：企业甲和企业乙主要在中国境内开展同一类商品的生产经营，在中国境内市场的营业额均超过 40 亿元。为扩大市场份额，企业甲拟收购企业乙 100% 的股权并整合业务。股权收购协议签署后一周内双方完成了交割。本交易中，企业甲和企业乙是参与集中的经营者，双方营业额达到国务院规定的申报标准，企业甲通过交易获得了对企业乙的控制权，应当在实施交易前向中国反垄断执法机构申报经营者集中。企业甲在变更登记之前未依法申报，违反《反垄断法》第二十六条"经营者集中达到国务院规定的申报标准的，经营者应当事先向国务院反垄断执法机构申报，未申报的不得实施集中"的规定。在调查过程中，反垄断执法机构评估了有关交易对市场竞争的影响，认为集中后实体在相关市场具有较高市场份额，交易可能减少相关市场主要竞争对手、进一步提高相关市场进入壁垒，产生排除、限制竞争的效果。基于调查情况和评估结论，反垄断执法机构依法责令企业甲采取措施恢复相关市场竞争状态，并处以相应罚款。

参考示例 10：企业丙拟加强与供应商丁的合作，因此计划收购供应商丁某子公司 50% 的股权，且年度预算、总经理任免等事项均需双方一致同意方可通过。在交易谈判过程中，供应商丁提出应当考虑是否需要进行经营者集中申报。企业丙此前未开展过经营者集中申报，对于是否触发经营者集中申报义务、如何申报、审查时长等问题缺乏了解。为此，企业丙向反垄断执法机构提交了书面商谈申请。反垄断执法机构在商谈中为企业丙提供了如何判断是否触发申报义务的指导，并结合企业丙与供应商丁补充说明的材料，就申报程序、法定审查时限等进行了说明。企业丙根据反垄断执法机构的指导，认真全面地准备了申报材料，并在案件审查过程中积极配合、及时答复反垄断执法机构提出的问题，在申报正式受理后三十天内获得了不实施进一步审查的决定，在计划交易时间内完成了交割。

第十八条　与滥用行政权力排除、限制竞争行为相关垄断行为合规风险识别

与滥用行政权力排除、限制竞争行为相关垄断行为合规风险，是指经营者在行政机关和法律、法规授权的具有管理公共事务职能的组织（以下称行政主体）协调、推动或者要求下，从事《反垄断法》禁止的垄断行为的风险。

经营者在与行政主体签订合作协议、备忘录等，或者收到行政主体要求执行的办法、决定、公告、通知、意见、函件、会议纪要等文件时，要注意识别相应文件内容是否带来反垄断合规风险，及时向行政主体作出提示，必要时向反垄断执法机构反映。

参考示例 11：甲市某行政机关为增强本地相关产业竞争力，要求本市 8 家企业开展合作，组建联合经营体，划分销售区域、固定销售价格，避免相互竞争。8 家企业据此签订合作协议，对有关要求作出细化安排，并规定违反协议的惩罚措施。甲市某行政机关的相关做法违反《反垄断法》第四十四条"行政机关和法律、法规授权的具有管理公共事务职能的组织不得滥用行政权力，强制或者变相强制经营者从事本法规定的垄断行为"的规定。8 家企业虽然是执行行政机关的要求，但仍然违反《反垄断法》第十七条"禁止具有竞争关系的经营者达成下列垄断协议：（一）固定或者变更商品价格；（三）分割销售市场或者原材料采购市场"的规定，需要承担相应的法律责任。

第十九条　拒绝配合审查和调查行为合规风险识别

在接受审查和调查过程中，经营者不得实施以下行为：

（一）拒绝、阻碍执法人员进入经营场所；

（二）拒绝提供相关文件资料、信息或者获取文件资料、信息的权限；

（三）拒绝回答问题；

（四）隐匿、销毁、转移证据；

（五）提供误导性信息或者虚假信息；

（六）其他阻碍反垄断调查和审查的行为。

经营者在接受调查时，可以成立工作组协调相关部门和人员配合调查，也可以聘请专业机构提供咨询服务。

参考示例 12：公司甲在接受反垄断调查期间，法定代表人拒绝提供采购、销售涉案商品的票证、单据、记录、会计账簿等资料，阻挠执法人员查阅公司电子数据、文件资料；公司业务部人员隐匿存有证据材料的优盘，并谎称公司的采购合同以及与上游生产企业签订的合作协议等材料丢失。上述行为违反《反垄断法》第五十条"被调查的经营者、利害关系人或者其他有关单位或者个人应当配合反垄断执法机构依法履行职责，不得拒绝、阻碍反垄断执法机构的调查"的规定，公司甲和法定代表人、业务部有关人员均需依法承担相应法律责任。

第二十条　法律责任提示

经营者违反《反垄断法》相关规定的，应当依法承担相应的法律责任：

（一）从事垄断协议行为的法律责任。经营者达成并实施垄断协议、组织其他经营者达成垄断协议或者为其他经营者达成垄断协议提供实质性帮助的，由反垄断执法机构责令停止违法行为，没收违法所得，并处上一年度销售额 1% 以上 10% 以下的罚款；上一年度没有销售额的，处 500 万元以下的罚款。尚未实施所达成的垄断协议的，可以处 300 万元以下的罚款。经营者的法定代表人、主要负责人和直接责任人员对达成垄断协议负有个人责任的，可以处 100 万元以下的罚款。经营者主动向反垄断执法机构报告达成垄断协议的有关情况并提供重要证据的，反垄断执法机构可以酌情减轻或者免除对该经营者的处罚。行业协会违反《反垄断法》规定，组织本行业的经营者达成垄断协议的，由反垄断执法机构责令改正，可以处 300 万元以下的罚款；情节严重的，社会团体登记管理机关可以依法撤销登记。

（二）从事滥用市场支配地位行为的法律责任。经营者滥用市场支配地位的，由反垄断执法机构责令停止违法行为，没收违法所得，并处上一年度销售额1%以上10%以下的罚款。

（三）违法实施经营者集中的法律责任。经营者违法实施集中，且具有或者可能具有排除、限制竞争效果的，由反垄断执法机构责令停止实施集中、限期处分股份或者资产、限期转让营业以及采取其他必要措施恢复到集中前的状态，处上一年度销售额10%以下的罚款；不具有排除、限制竞争效果的，处500万元以下的罚款。

（四）拒绝、阻碍审查和调查的法律责任。对反垄断执法机构依法实施的审查和调查，拒绝提供有关材料、信息，或者提供虚假材料、信息，或者隐匿、销毁、转移证据，或者有其他拒绝、阻碍调查行为的，由反垄断执法机构责令改正，对单位处上一年度销售额1%以下的罚款；上一年度没有销售额或者销售额难以计算的，处500万元以下的罚款；对个人处50万元以下的罚款。

（五）经营者因违反《反垄断法》规定受到行政处罚的，按照国家有关规定记入信用记录，并向社会公示。

（六）经营者实施垄断行为，给他人造成损失的，依法承担民事责任。损害社会公共利益的，设区的市级以上人民检察院可以依法向人民法院提起民事公益诉讼。

（七）经营者违反《反垄断法》规定，构成犯罪的，依法追究刑事责任。

经营者从事上述第（一）项至第（四）项所规定的行为，情节特别严重、影响特别恶劣、造成特别严重后果的，国务院反垄断执法机构可以在规定的罚款数额的二倍以上五倍以下确定具体罚款数额。

参考示例13：在某行业协会的组织下，行业内包括企业甲在内的具有竞争关系的多个经营者通过会议、磋商等方式，讨论相关商品销售价格，并签订统一价格的自律公约。随后，行业协会通过组织自查、责任追究等方式，推动公约实施。随着企业甲合规管理体系的建立，合规管理部门在风险排查中发现上述行为涉嫌违反《反垄断法》禁止达成、实施垄断协议的规定，存在严重的反垄断合规风险，立即向合规委员会报告。合规委员会专题研究后，主动向反垄断执法机构报告了达成垄断协议的情况，并提交了签署和实施行业自律公约的相关证据。行业协会组织本行业经营者达成并实施垄断协议的行为，违反《反垄断法》第二十一条"行业协会不得组织本行业的经营者从事本章禁止的垄断行为"的规定；行业内经营者参加并实施垄断协议，违反《反垄断法》第十七条"禁止具有竞争关系的经营者达成下列垄断协议：（一）固定或者变更商品价格"的规定。依据《反垄断法》规定，应当对行业协会处 300 万元以下的罚款、对参与垄断协议的经营者处上一年度销售额 1% 以上 10% 以下罚款。企业甲作为第一个主动报告达成垄断协议的有关情况并提供重要证据的经营者，反垄断执法机构可以根据《反垄断法》规定，酌情减轻或者免除对企业甲的处罚。

第二十一条　境外风险提示

经营者在境外开展业务时，应当了解并遵守业务所在国家或者地区的反垄断相关法律规定。当发生重大境外反垄断风险时，反垄断合规管理机构应当及时向决策层和高级管理层汇报，组织内部调查，提出风险评估意见和风险应对措施；同时，经营者可以通过境外企业和对外投资联络服务平台等渠道向有关政府部门和驻外使领馆报告。

经营者可以根据业务规模、业务涉及的主要司法辖区、所处行业特性及市场状况、业务经营面临的法律风险等制定境外反垄断合规制度，或者将境外反垄断合规要求嵌入现有整体合规制度中。有关境外反垄断合规事项，经营者可参考《企业境外反垄断合规指引》。

参考示例 14：企业甲是一家大型物流集团，在多个国家和地区设有子公司。近年来，企业甲注意到多个境外子公司收到当地反垄断执法机构的协助调查通知，并了解到行业内某些企业正在接受反垄断调查甚至受到处罚，逐渐认识到遵守各个国家和地区的反垄断法律法规是境外业务持续健康发展的重要保障。为此，企业甲基于国内已有的反垄断合规管理制度，全面补充和加强了境外反垄断合规内容，对不同国家和地区反垄断法律制度进行汇总梳理，编制境外反垄断合规手册，定期对涉及海外业务的员工开展合规培训，并将反垄断合规管理嵌入境外业务流程，有效防范合规风险。

第二十二条 风险处置

鼓励经营者建立健全风险处置机制，对各类合规风险采取恰当的控制和应对措施：

（一）反垄断执法机构启动调查的，积极配合反垄断执法机构调查。

（二）涉嫌从事垄断协议行为的经营者，可以依据《反垄断法》第五十六条第三款和《横向垄断协议案件宽大制度适用指南》的规定，主动向反垄断执法机构报告有关情况并提供重要证据，申请宽大；也可以依据《反垄断法》第十八条、第二十条规定，向反垄断执法机构证明相关协议属于不予禁止或者不适用有关规定的情形。

（三）涉嫌从事滥用市场支配地位行为的经营者，可以依据《禁止滥用市场支配地位行为规定》第十五条至第十九条的规定，向反垄断执法机构证明相关行为具有正当理由。

（四）违法实施或涉嫌违法实施经营者集中的经营者，可以依据《经营者集中审查规定》第六十八条第二款的规定，主动报告反垄断执法机构尚未掌握的违法行为，主动消除或者减轻违法行为危害后果，申请从轻或者减轻处罚。

（五）被调查的经营者可以依据《反垄断法》第五十三条和《垄断案件经营者承诺指南》的规定，向反垄断执法机构承诺在其认可的期限内采取具体措施消除行为后果，并申请中止调查。

（六）根据《反垄断法》和《中华人民共和国行政处罚法》（以下简称《行政处罚法》）相关规定，向反垄断执法机构证明有关行为符合从轻或者减轻处罚的情形。

（七）经营者对反垄断执法机构依据《反垄断法》第三十四条、第三十五条规定作出的决定不服的，可以先依法申请行政复议；对行政复议决定不服的，可以依法提起行政诉讼。对反垄断执法机构依据《反垄断法》第三十四条、第三十五条以外规定作出的决定不服的，可以依法申请行政复议或者提起行政诉讼。

第四章　合规管理运行和保障

第二十三条　反垄断合规审查

鼓励经营者建立反垄断合规审查机制，将合规审查作为经营者制定规章制度流程、与其他经营者签订合作协议、制定销售和采购政策、开展投资并购、参加行业协会活动等重大事项的必经程序，由业务及职能部门履行反垄断合规初审职责，反垄断合规管理牵头部门进行复审，及时对不合规的内容进行处置，防范反垄断合规风险。

参考示例 15：由于对外股权投资业务较多，企业甲专门制定了投资并购交易项目反垄断申报义务评估流程指引，明确投资部门评估流程、判断标准和禁止事项。投资部门按照合规管理要求，在每一个交易中开展申报义务评估，并针对难以准确判断的问题，及时提交反垄断合规管理牵头部门进行反垄断合规审查，保障有关交易项目依法合规进行。

第二十四条　反垄断合规咨询

经营者可以根据实际合规需求，建立反垄断合规咨询机制。

业务部门在履职过程中遇到重点领域或重要业务环节反垄断合规风险事项时，可以主动咨询反垄断合规管理牵头部门意见。反垄断合规管理牵头部门在合理时间内答复或启动合规审查流程。

对于复杂或专业性强且存在重大反垄断合规风险的事项，经营者可以咨询外部法律专家和专业机构。

第二十五条　反垄断合规汇报

鼓励经营者建立反垄断合规汇报机制，由反垄断合规管理负责人定期向合规治理机构汇报反垄断合规管理情况，及时报告反垄断合规风险。

经营者可以向反垄断执法机构报告反垄断合规情况及进展。反垄断执法机构通过企业信用信息公示系统开展经营者合规管理信息归集，给予经营者必要支持和指导。

参考示例 16：企业甲在反垄断合规管理制度中建立了反垄断合规汇报机制，各业务部门和合规负责人定期向合规委员会汇报生产经营中的反垄断合规风险情况、反垄断合规工作开展情况等，并将相关内容形成年度合规评估报告向合规委员会进行汇报。同时，由于生产经营中涉及合同较多、风险较大，企业甲针对性地建立了重大合同报备制度，将可能涉及反垄断风险的合同（如包含价格调整、排他性限制条款的合同以及涉及多个交易相对人的合同）作为重大合同，及时向合规委员会报备。如果没有及时报备，合规管理负责人将承担相应责任。

第二十六条 合规培训

鼓励经营者将反垄断合规培训纳入员工培训计划和常态化合规培训机制，结合不同岗位的合规管理要求开展针对性培训：

（一）决策人员、高级管理人员、合规管理人员带头接受专题培训；

（二）核心业务、重要环节、关键岗位以及其他存在较高反垄断风险的员工，接受针对性的专题培训；

（三）从事境外业务的决策人员、高级管理人员和员工，定期接受相关司法辖区反垄断合规内容培训；

（四）其他人员接受与岗位反垄断合规管理职责相匹配的反垄断合规培训。

合规培训可以通过内部培训、专家讲座、专题研讨等线下方式，也可以通过网络课程等线上方式进行。鼓励经营者建立合规培训台账，结合反垄断法相关规定及时更新培训内容，定期评估培训效果，对可能给经营者带来反垄断合规风险的第三方提供合规培训支持。

参考示例 17：大型企业甲重视加强合规文化建设，建立了常态化反垄断合规培训机制，通过在内部网站开设合规专栏、举办合规讲座及研讨会等方式，每季度进行反垄断合规培训，并通过合规测试等方式巩固培训成果。同时，还建立了针对性反垄断合规培训机制，对管理人员、核心业务人员、调岗员工及新入职员工进行专题培训。

参考示例 18：小企业乙治理结构简单，员工数量较少。为节约成本，提高反垄断合规培训效率，根据自身情况优化培训方式，通过定期进行员工谈话、举办员工讨论会、集体学习典型案例等形式实施合规培训。

第二十七条　合规承诺及保障

鼓励经营者向社会公开作出反垄断合规承诺，在内部管理制度中明确相关人员违反合规承诺的不利后果，并以实际行动表明对反垄断合规工作的支持。承诺可以包括以下内容：

（一）建立健全涵盖反垄断合规治理机构领导责任、合规管理部门牵头责任与业务部门主体责任的责任体系；

（二）建立健全涵盖风险识别、风险评估、风险提醒、合规咨询、合规培训等措施的反垄断合规风险防范体系；

（三）建立健全涵盖反垄断合规审查、内部举报、外部监督、合规汇报的反垄断合规监控体系；

（四）建立健全涵盖风险处置、合规奖惩等机制的反垄断合规应对体系；

（五）有效开展反垄断合规需要的其他资源支持。

参考示例 19：企业甲在其官网上设置"合规与诚信"专栏，向社会公开作出如下合规承诺：企业甲重视并持续营造公平竞争文化，坚持诚信经营、遵守所有适用的反垄断法律法规，建立符合业界最佳实践的反垄断合规管理体系，并坚持将合规管理落实到各项业务活动及流程中，要求每一位员工遵守反垄断法相关要求。同时，企业甲公开其反垄断合规的具体举措和做法，公布举报渠道，欢迎任何第三方举报企业甲员工违反反垄断法律法规要求的行为，并承诺对举报人和内容严格保密。

第二十八条　合规奖惩

鼓励经营者建立健全对员工反垄断合规行为的考核及奖惩机制，将反垄断合规考核结果作为员工及其所属部门绩效考核的重要内容，及时对违规行为进行处理，激励和督促员工自觉遵守反垄断合规管理要求。

参考示例20：企业甲为保障落实反垄断合规管理要求，建立了反垄断合规考核机制，将反垄断合规管理情况纳入业务及职能部门负责人的年度综合考核事项中。同时，定期对员工合规职责履行情况进行评价，将考核结果作为晋升任用、评先选优等工作的重要依据。对在反垄断合规管理工作中成绩突出的员工以及避免或挽回经济损失的员工，予以表彰和奖励；对违反反垄断合规管理制度的行为，依照规定追究责任。

第二十九条　合规监督机制

鼓励经营者建立反垄断合规举报处理和反馈机制，积极响应员工、客户及第三方的反垄断合规投诉和举报，并组织开展核查。对举报人身份和举报事项严格保密，确保举报人不因举报行为受到不利影响。

经营者各部门、分支机构及关键员工可以在反垄断合规管理牵头部门的组织或者协助下，定期或者不定期开展合规自查，也可以独立组织或者聘请第三方机构开展专项合规检查。鼓励经营者加强对下属机构反垄断合规管理的监督检查。

参考示例21：企业甲建立了反垄断合规管理定期自查机制。合规管理牵头部门在某次合规自查中，通过某份行业协会会议纪要发现参加会议的部分企业可能交换了定价意向等敏感信息。企业甲立即发起了内部反垄断合规检查，了解本企业参会人员是否严格落实了合规注意事项、事前合规审查是否存在遗漏等。同时，聘请第三方机构对风险事项出具了法律分析意见，并立刻草拟了一份不参与任何违反《反垄断法》行为的合规声明。经调查，企业甲确认相关敏感信息交换未出现在会前议程中，而是由会上其他企业临时提出，且企业甲参会人员未参与讨论。因此，企业甲及时向行业协会发送了合规声明，并在内部传达会议纪要前删除了其他竞争对手敏感信息,防范反垄断合规风险。

第三十条　合规管理评估与改进

鼓励经营者定期对反垄断合规管理有效性开展评估,发现和纠正合规管理中存在的问题,持续改进和完善反垄断合规管理。出现重大反垄断合规风险或者违规问题的,经营者需及时开展反垄断合规管理有效性专项评估。

经营者可以对商业伙伴反垄断合规情况开展评估,或者与商业伙伴签署反垄断承诺条款,共同遵守反垄断合规要求,共建公平竞争市场环境。

参考示例 22:大型企业甲业务范围广、商业模式复杂且外部市场环境变化较快,需要根据行业变化和监管动态持续改进反垄断合规管理制度。因此,企业甲确定了两类合规管理评估机制:一是当内外环境没有发生重大变化时,仅评估合规管理运行和执行情况;二是当内外环境发生重大变化时,全面评估合规管理制度的适应性、合规管理运行和执行的有效性等情况。

第三十一条　信息化建设

鼓励经营者加强合规管理信息化建设,将合规要求和风险防控机制嵌入业务流程,强化对经营管理行为合规情况的过程管控和运行分析。

第五章　合规激励

第三十二条　加强合规激励

为鼓励经营者积极培育和倡导公平竞争文化、建立健全反垄断合规管理制度,反垄断执法机构在对违反《反垄断法》的行为进行调查和处理时,可以酌情考虑经营者反垄断合规管理制度的建设实施情况。

第三十三条　调查前合规激励

经营者在反垄断执法机构调查前已经终止涉嫌垄断行为,相关行为轻微且没有造成竞争损害的,执法机构可以将经营者反垄断合规管理制度建设实施情况作为认定经营者是否及时改正的考量因素,依据《行政处罚法》第三十三条的规定酌情不予行政处罚。

第三十四条　承诺制度中的合规激励

经营者承诺在反垄断执法机构认可的期限内采取具体措施消除涉嫌垄断行为后果的，反垄断执法机构可以将其反垄断合规管理制度建设实施情况作为是否作出中止调查决定的考量因素，并在决定是否终止调查时对反垄断合规管理情况进行评估。

经营者申请中止调查或者终止调查的具体适用标准和程序，可以参考《禁止垄断协议规定》《禁止滥用市场支配地位行为规定》和《垄断案件经营者承诺指南》等规定。

第三十五条　宽大制度中的合规激励

经营者主动向反垄断执法机构报告达成垄断协议的有关情况并提供重要证据的，如果能够证明经营者积极建立或者完善反垄断合规管理制度并有效实施，且对于减轻或者消除违法行为后果起到重要作用的，反垄断执法机构可以在宽大减免范围内对经营者适用较大减免幅度。

经营者申请宽大的具体适用标准和程序，可以参考《禁止垄断协议规定》和《横向垄断协议案件宽大制度适用指南》等规定。

第三十六条　罚款幅度裁量区间中的合规激励

经营者在反垄断执法机构作出行政处罚决定前，积极建立或者完善反垄断合规管理制度并有效实施，对于减轻或者消除违法行为后果起到重要作用的，反垄断执法机构可以依据《反垄断法》第五十九条和《行政处罚法》第三十二条的规定，酌情从轻或者减轻行政处罚。

第三十七条　实质性审查

经营者可以依据本指南规定，向反垄断执法机构申请合规激励。

经营者申请合规激励的，反垄断执法机构要从完善性、真实性和有效性等方面，对其反垄断合规管理制度的建设实施情况进行审查：

（一）经营者是否建立了体系化的管理制度、健全的合规管理机构和相称的合规风险管理机制；

（二）经营者是否严格执行了合规管理制度、是否真实履行了反垄断合规承诺；

（三）经营者是否采取了有效的合规监督和保障措施；

（四）其他需要审查的因素。

反垄断执法机构对经营者反垄断合规管理制度的建设实施情况进行审查时，可以设置必要的考察期。

第三十八条 不予合规激励的情形

存在下列情形之一的，反垄断执法机构不给予经营者合规激励：

（一）经营者未通过合规实质性审查的；

（二）作出合规实质性审查决定所依据的事实发生重大变化的；

（三）经营者在合规考察期间提供的信息不完整或者不真实的；

（四）经营者多次从事违反《反垄断法》的行为；

（五）反垄断执法机构认定的其他情形。

第六章　附　则

第三十九条 指南的效力

本指南仅对经营者反垄断合规作出一般性指引，不具有强制性。法律法规规章对反垄断合规另有专门规定的，从其规定。

第四十条 参考制定

行业协会可参考本指南，组织制定本行业反垄断合规管理参考规则，引导本行业的经营者依法竞争、合规经营，维护市场竞争秩序。

第四十一条 指南的解释

本指南由国务院反垄断反不正当竞争委员会办公室解释，自发布之日起实施。

《经营者反垄断合规指南》解读

为指导和推动经营者加强反垄断合规管理，提升反垄断合规风险防范能力和水平，维护公平竞争市场秩序，促进经营者持续健康发展，国务院反垄断反不正当竞争委员会对《经营者反垄断合规指南》(以下简称《指南》) 进行了修订。

一、修订背景

习近平总书记强调，要强化企业公平竞争意识，引导全社会形成崇尚、保护和促进公平竞争的市场环境。2020 年 9 月，原国务院反垄断委员会制定《指南》，对增强经营者公平竞争意识、提高反垄断合规管理水平发挥了重要作用。随着反垄断工作的深入开展，落实高质量发展要求，有必要及时对《指南》作出修订。

（一）落实新反垄断法的需要。2022 年 6 月，全国人民代表大会常务委员会作出《关于修改〈中华人民共和国反垄断法〉的决定》，进一步完善我国反垄断法律制度，对一些垄断行为作出新规定。因此，有必要及时对《指南》作出修订，全面提示经营者反垄断法律风险，指导经营者依法合规经营。

（二）营造公平竞争市场环境的需要。随着我国超大规模市场发展，各类经营主体间竞争行为的多样性、复杂性大幅提高。保护和促进公平竞争，需要经营者积极培育和倡导公平竞争文化，自觉守法、诚信经营。因此，有必要及时对《指南》作出修订，促进增强经营者合规管理意识，提升经营者合规管理水平，自觉维护公平竞争市场秩序。

（三）促进经营主体高质量发展的需要。随着我国企业发展壮大，对依法合规经营提出更高要求。反垄断是经营者加强合规管理的重要内容。因此，有必要及时对《指南》作出修订，进一步增强指引性和可操作性，指导企业健全合规管理体系、提升合规管理水平，对促进企业行稳致远、推动我国市场由大到强转变具有重要意义。

二、修订过程

2023 年 11 月，国务院反垄断反不正当竞争委员会办公室启动《指南》修订。修订过程始终坚持问题导向和目标导向，主要开展了以下工作：

（一）全面梳理政策实践。深入学习习近平总书记关于加强企业合规的重要论述和党中央、国务院有关决策部署，认真总结《指南》实施以来市场监管部门促进经营者加强反垄断合规管理的工作实践，以及反垄断执法过程中发现的合规薄弱环节、合规风险重点，明确《指南》修订的原则、方向和重点。

（二）深入开展调查研究。围绕反垄断合规管理的重点难点，多次开展专题调研，与企业、高校、科研机构、律师事务所等多方召开专题座谈会，组织数场专家研讨会，深入了解企业加强反垄断合规管理的创新实践和问题挑战，听取各方对《指南》修订的意见建议。同时，深入研究欧盟、美国、日本、韩国等国家和地区反垄断合规指南的实践做法，为我国完善相关制度提供借鉴。

（三）广泛征求各方意见。先后征求国务院反垄断反不正当竞争委员会成员单位、省级市场监管部门、重点行业协会、代表性企业和社会公众意见，对社会各方面反馈的建设性、合理化建议予以吸收采纳，修改完善《指南》。

三、《指南》的主要特点

根据为经营者提供指引的性质和定位，新修订的《指南》突出把握以下导向：

（一）更加突出问题导向。《指南》鼓励经营者根据所处行业特点和市场竞争状况等因素，把握可能产生反垄断合规风险的业务领域、工作环节和工作岗位，有针对性地开展反垄断合规管理。结合反垄断法律规定和企业运营场景，对经营者在产品定价、同业交流、上下游合作、经营者集中、接受反垄断调查审查等具体活动中可能产生的合规风险作出明确提示，并增加指导性假设案例，加强"场景化"指导，增强指南的指引性。

（二）更加突出实践导向。《指南》鼓励经营者结合自身实际，建立与发展阶段和能力相适应的合规管理制度，并将近年来企业探索形成的合规管理有效做法机制化，强调将合规责任落实到各领域各环节，对有关合规管理原则、合规管理机构、合规管理职责等作出较为具体的指引，为企业建立健全反垄断合规管理体系提供更加清晰、更可操作的参考做法。

（三）更加突出激励导向。在反垄断法、行政处罚法等法律规定的基础上，将企业加强主动合规与行政处罚裁量、宽大制度、中止调查制度等做好衔接，并对如何评估企业合规制度的真实性、完善性、有效性作出规定，强化合规激励。

四、修订主要内容

（一）完善总则原则性规定。一是进一步完善《指南》的适用范围。二是调整完善关于合规管理基本概念的规定，并丰富合规文化建设内容。三是新增坚持问题导向、务实高效、全面覆盖的原则，为经营者加强反垄断合规管理提供指导。

（二）设立合规管理组织章节。一是对经营者反垄断合规管理组织体系的总体设置作出指引。二是明确经营者合规管理机构设置，并提出不同层级机构在合规管理中的具体职责。

（三）细化合规风险管理内容。一是将合规风险重点与合规风险管理合并为一章，增加对反垄断合规风险识别的场景化指导。二是突出重点领域、重点环节和重点人员，修改完善风险识别和评估、风险提醒、风险处置等合规风险管理机制的规定。三是细化垄断协议、滥用市场支配地位、经营者集中、拒绝配合调查等方面合规风险的要点，并新增经营者可能面临的与行政机关滥用行政权力排除、限制竞争相关的垄断行为风险。四是完善法律责任和境外反垄断合规风险提示，分不同情形说明经营者可以采取的风险处置举措。

（四）完善合规管理运行和保障内容。一是新增反垄断合规审查、合规咨询、监督机制、评估与改进等实践中行之有效的运行机制条款，实现合规风险闭环管理。二是完善合规汇报机制。三是增强合规培训的针对性和有效性，促进合规意识持续增强、合规能力持续提升。四是明确合规承诺的示范带动作用，鼓励经营者以实际行动表明对反垄断合规工作的支持。

（五）增加合规激励专章。一是引入反垄断合规激励机制，明确经营者可以申请合规激励。二是明确调查前、承诺制度、宽大制度、罚款裁量等反垄断执法不同环节中合规激励具体适用情形。三是明确经营者申请合规激励的程序和不予合规激励的具体情形。

（六）调整完善附则。一是鼓励行业协会参考《指南》组织制定本行业合规管理规则。二是明确《指南》由国务院反垄断反不正当竞争委员会办公室负责解释。

此外，《指南》在相应部分设置了 22 个参考示例，为经营者提供更加清晰明确的指引。

市场监管总局关于修订发布《经营者集中简易案件反垄断审查申报表》《经营者集中简易案件公示表》的公告

（2024 年第 39 号）

为贯彻落实党的二十大和二十届二中、三中全会精神，进一步深化经营者集中审查制度改革，降低经营主体制度性成本，现根据《中华人民共和国反垄断法》《国务院关于经营者集中申报标准的规定》《经营者集中审查规定》等相关规定，修订发布《经营者集中简易案件反垄断审查申报表》（以下简称《申报表》）和《经营者集中简易案件公示表》（以下简称《公示表》）。

《申报表》和《公示表》将于 2024 年 10 月 12 日起正式施行并上线经营者集中反垄断业务系统。申报人于此日期前在经营者集中反垄断业务系统填写申报信息但尚未提交的，《申报表》和《公示表》将按照新版本自动调整，请申报人在提交前核对确认。

相关问题及建议请发至 jyzjz@samr.gov.cn。

附件：1.《经营者集中简易案件反垄断审查申报表》

2.《经营者集中简易案件公示表》

附件1

经营者集中简易案件反垄断审查申报表

(保密版)①

填报时间： 年 月 日

经营者集中达到国务院规定的申报标准，经营者应当事先向市场监管总局申报，未申报或者申报后获得批准前不得实施集中。如果经营者在申报前已经实施集中，例如出现《经营者集中审查规定》第八条第三款的相关情形，请向市场监管总局主动报告。

不符合《经营者集中审查规定》第十九条规定的简易案件情形的，不填写本表进行经营者集中申报，请填写经营者集中反垄断审查申报表。

申报人应确保申报表、申报表的附件以及申报人在申报过程中提供的所有信息是真实、完整和准确的，复印件与原件完全一致，不得提供任何虚假材料和误导性信息。申报人隐瞒重要情况、提供虚假材料或误导性信息的，应当承担相应的法律责任。

---

1. 案件名称②

---

2. 交易性质（可多选）

□ 新设合并

□ 吸收合并

□ 股权收购

    □ 现金收购

    □ 公开要约收购

        □ 未获目标公司董事会或管理层支持的要约收购

    □ 换股

    □ 其他（具体说明：＿＿＿＿＿＿＿）

□ 资产收购

□ 新设合营企业

□ 通过合同等方式取得控制权或者能够施加决定性影响（具体说明：＿＿＿＿＿＿
＿＿＿＿＿＿）

---

① 申报人仅需提交保密版申报表，市场监管总局根据案件具体情况可以要求申报人补充提供有关非保密信息。

② 案件名称应当符合有关经营者集中申报案件名称的要求。对于在既存企业基础上，通过股权收购方式，最终对目标公司形成共同控制的交易，交易名称应统一为×公司（收购方）收购×公司（目标公司）股权案。对于新设合营企业，交易名称应统一为×公司与×公司新设合营企业案。

3. 申报依据
□ 达到《国务院关于经营者集中申报标准的规定》规定的申报标准
□ 参与集中的所有经营者上一会计年度在全球范围内营业额合计超过 120 亿元人民币，并且其中至少两个经营者上一会计年度在中国境内的营业额均超过 8 亿元人民币
□ 参与集中的所有经营者上一会计年度在中国境内的营业额合计超过 40 亿元人民币，并且其中至少两个经营者上一会计年度在中国境内的营业额均超过 8 亿元人民币
□ 未达申报标准自愿申报

4. 申请适用简易案件审查程序的理由①
□ 在同一相关市场，参与集中的经营者所占的市场份额之和小于 15%
□ 在上下游市场，参与集中的经营者所占的市场份额均小于 25%
□ 不在同一相关市场也不存在上下游关系的参与集中的经营者，在与交易有关的每个市场所占的市场份额均小于 25%
□ 参与集中的经营者在中国境外设立合营企业，合营企业不在中国境内从事经济活动
□ 参与集中的经营者收购境外企业股权或资产，该境外企业不在中国境内从事经济活动
□ 由两个以上经营者共同控制的合营企业，通过集中被其中一个或一个以上经营者控制
申报人承诺本交易没有《经营者集中审查规定》第二十条所列举的情形。

5. 参与集中的经营者②

---

① 申报人申请简易案件的理由是基于市场份额时，须同时满足 1-3 项事由。1-3 项事由可以多选，也可单选；没有勾选的，视为本集中不涉及该类型交易。

② 需根据经营者集中的具体情形界定参与集中的经营者。

一般而言，在经营者合并的情况下，无论是吸收合并还是新设合并，合并各方均为参与集中的经营者；在经营者通过取得股权或者资产的方式取得对其他经营者的控制权的情况下，取得控制权的经营者和目标经营者为参与集中的经营者；在经营者通过合同等方式取得对其他经营者的控制权或者能够对其他经营者施加决定性影响的情况下，取得控制权或能够施加决定性影响的经营者和目标经营者为参与集中的经营者。如集中后两个以上经营者对目标经营者有控制权或者能够施加决定性影响，则上述两个以上经营者均为参与集中的经营者。

尽管有上述说明，在新设合营企业的情况下，合营企业的共同控制方为参与集中的经营者，合营企业本身不是参与集中的经营者。在既存企业的基础上通过交易形成合营企业的，如既存企业本身为合营企业，既存企业和交易后所有对其有控制权或者能够施加决定性影响的经营者均为参与集中的经营者。如既存企业在交易前由一个经营者单独控制，交易后所有有控制权或者能够施加决定性影响的经营者为参与集中的经营者；如交易前的单独控制方交易后仍拥有控制权或者能够施加决定性影响，既存企业不是参与集中的经营者；交易前单独控制方交易后不再拥有控制权或者能够施加决定性影响的，既存企业是参与集中的经营者。

包括：1.　　　2.　　　　（3. ……）[请列举，详细情况在下栏填写]			
5.1 [请填写参与集中的经营者名称（全称)/姓名]		企业性质（国企、民企、外企等)①：	
		统一社会信用代码（如有）：	
5.1.1　是否是申报人②	□ 是（身份证明或注册登记证明、公证认证文件等，见附件［　　　]）③ □ 否		
	备　注		
5.1.2　在交易中的地位（可多选）	□ 合并方 □ 收购方 □ 被收购方 □ 股权出让方 □ 被收购方的原有股东（股权出让方除外） □ 合营方 □ 其他（具体说明：＿＿＿＿＿＿＿＿＿）		
5.1.3　成立时间			
5.1.4　注册地/住所	注册地/国籍（自然人）		住　　所
5.1.5　联系地址	地　　址		网　　址
5.1.6　经营者内部的联系人	姓　　名		部　　门
	职　　务		电子邮件
	手机及固定电话号码		传真号码
	系统填报授权书④	见附件［　　　]	

①　根据最终控制人情况判断。

②　通过合并方式实施的经营者集中，合并各方均为申报义务人；其他情形的经营者集中，取得控制权或能够施加决定性影响的经营者为申报义务人，其他经营者予以配合。申报义务人未进行集中申报的，其他参与集中的经营者可以提出申报。直接参与交易的经营者是收购或投资工具的，不宜作为申报人。

③　如果申报人在过去三年内曾向国家市场监督管理总局提交过反垄断申报，且公司在申报表中确认此前提供的认证或公证文件内容并无变更的，则只需提交上次公证或认证的复印件，无须另行公证或认证。就认证文件而言，境外申报人可以选择提交领事认证文件或者海牙认证文件。

④　如 5.1.7 项勾选"有"，则无须提供此项文件。如 5.1.7 项勾选"无"，则须提供此项文件。

5.1.7 代理人 （或代理律师）	□有　　□无			
	姓　名		单　位	
	职　务		联系地址	
	手机及固定 电话号码		电子邮件	
	传真号码		授权委托书	见附件〔　　〕。
	系统填报 授权书	见附件〔　　〕。		
5.1.8 组织形式	□有限责任公司 □股份有限公司（非上市公司） □上市公司（上市时间、交易所、股票代码：＿＿＿＿＿＿） 　　□股份有限公司 　　□其他（具体说明：＿＿＿＿＿＿） □合伙企业 □自然人① □其他（具体说明：＿＿＿＿＿＿）			
5.1.9 上一会计 年度营业额②	年　度	〔　　〕年度 □日历年度 □财务年度（起止日期：＿＿＿＿＿＿）		
	中国境内	人民币〔　　〕亿元 （原计价币种及金额：〔　　〕亿元〔币种〕） （汇率③：＿＿＿＿＿＿）		
	全　球	人民币〔　　〕亿元 （原计价币种及金额：〔　　〕亿元〔币种〕） （汇率：＿＿＿＿＿＿）		

---

① 如选择本项，则不填写第5.1.3、5.1.11、5.1.12项。

② 如申报时上一会计年度的财务报表尚未完成审计，请提供上一会计年度未经审计的营业额、最近会计年度经审计的营业额及经审计的财务报表，并请在申报后及时提供上一会计年度经审计的财务报表。如财务报表为外文，请同时报送中文译本或主要部分中文摘要（如无现成的中文本）。

③ 请注明适用的汇率及汇率的来源和计算方法。通常情况下，将以外币计算的营业额换算为人民币时宜适用中国人民银行公布的相应会计年度的汇率中间价平均值。下同。

续　表

	经审计的上一会计年度财务报表	见附件〔　　〕。
	上一会计年度年报①	□ 有（见附件〔　　〕） □ 无
	备　　注	
5.1.10　主要业务②	全球范围	
	中国境内	
5.1.11　股权结构	股东名称及持股比例③	
	是否有最终控制人	□ 有　　□ 无④
5.1.12　最终控制人（如有）	名称/姓名	
	成立时间⑤	
	注册地/国籍（自然人）	住　　　所	
	组织形式	□ 有限责任公司 □ 股份有限公司（非上市公司） □ 上市公司（上市时间 、交易所、股票代码：_____） 　　□ 股份有限公司 　　□ 其他（具体说明：_____） □ 合伙企业 □ 自然人 □ 其他（具体说明：_____）

---

① 如年度报告为外文，请同时报送中文译本或主要部分中文摘要（如无现成的中文译本）。

② 请详细介绍参与集中的经营者与本项集中相关的业务，并概要介绍该经营者的其他主要业务。

③ 如经营者股权结构非常分散，请提供主要股东及持股比例，并说明选择理由。非有限责任公司或股份有限公司的，提供经营者权益持有者名称及持有权益的比例、安排或约定。

④ 若答案为否，则不填写第 5.1.12 项。

⑤ 最终控制人属于自然人的，不填此项。

	主要业务 （包括整个 集团）		
	股权结构图	见附件［　　］。	
5.1.13　关联实 体①	中国境外从事 与本项集中相 关业务的关联 企业详细介绍②		
	中国境内从事 与本项集中相 关业务的关联 企业详细介绍		
6. 参与交易的其他经营者③			
包括：1.　　　　（2.……）［请列举，详细情况在下栏填写］			
6.1　［请填写参与交易的其他经营者的名称/姓名］			
6.1.1　在交易中 的地位	□ 股权出让方 □ 资产出让方 □ 被收购方 □ 无控制权或决定性影响的合营方 □ 其他（具体说明：＿＿＿＿＿）		
6.1.2　基本信息	成立时间④		
	注册地/国籍 （自然人）		住　　所
	组织形式	□ 有限责任公司 □ 股份有限公司（非上市公司） □ 上市公司（上市时间、交易所、股票代码： ＿＿＿＿＿＿） □ 股份有限公司	

————————

① 一个经营者的关联实体包括该经营者直接或间接控制的所有经营者、该经营者的最终控制人以及最终控制人直接或间接控制的所有经营者等。

② 请着重对其产品和服务进行详细描述。

③ 本项填写参与交易但不属于参与集中经营者的相关方信息。

④ 参与交易的其他经营者是自然人的，可不填写此项。

续　表

		☐ 其他（具体说明：＿＿＿＿＿＿） ☐ 合伙企业 ☐ 自然人 ☐ 其他（具体说明：＿＿＿＿＿＿）
6.1.3　主要业务		
7. 集中交易概况		
7.1　集中协议	形　式①	☐ 正式协议/合同/公司章程 ☐ 公开要约 ☐ 非正式或初步协议（如正式协议、合同或公司章程的草案/框架协议/备忘录/意向书等，在下栏说明不能提供正式协议的理由） ☐ 无交易文件（在下栏说明不能提供集中协议的理由）
	理　由	
	名　称②	签署时间③
	协议方④	文　本⑤　见附件〔　　〕。
7.2　交易金额⑥	现金	折合人民币
	股份数目及估值	
	资产类别及估值	
	其他权益及估值	
	汇率	合计
	备注	

---

① 经营者申报时应提供经正式签署的集中协议；经营者能够提供充分证据证明因交易的特殊安排、其他法律法规规章或政策的强制性要求、其他司法辖区的强制性规定或其他合理的理由，申报时无法提供经正式签署的集中协议，或者在集中协议签署后申报将无法遵守《反垄断法》第三十条、三十一条关于审查期限的规定的，可以在集中协议签署前向国家市场监督管理总局申报，但应当提供相关材料如备忘录或框架协议、集中协议草稿、公开要约等，同时提供交易的主要条款和条件，以确保交易的确定性。上述材料应包括经营者集中审查所需的信息。无论审查是否结束，一旦签署集中协议，申报人都应不加拖延向国家市场监督管理总局提供集中协议，并说明集中协议与原申报材料的异同；如果申报后经营者集中的内容发生足以影响国家市场监督管理总局审查和决定的重大变化的，申报人应及时通知国家市场监督管理总局，并更新申报内容或重新申报。

② 如有多份文件，请分别填写。

③ 如为要约收购，则填写发出正式要约的时间。

④ 如为要约收购，则填写要约方的名称。

⑤ 请同时提供目标公司/合营企业经签署的股东协议、章程（如有），以及交易各方之间及与目标公司/合营企业间的非竞争协议或条款等（如有）。如为要约收购，则提供要约文件。

⑥ 请提供交易总价值，包括现金、股权、资产和其他对价。以非现金作为对价的，请提供其评估价值。以其他币种计价的，请列明币种、汇率并转换为人民币。

续　表

7.3 交易的描述①	
7.4 交易前后股权和控制权情况②	交易前后的股权结构图见附件〔　　　〕。
7.5 预计交割时间及特殊时限要求（如有，并解释）	
7.6 交易的背景、动机、经济合理性	
7.7 市场发展计划	
7.8 合营企业③	名　称④	
	成立时间⑤	
	注册地/住所	□ 境内　□ 境外（具体：_____）
	合营企业主营业务、运作方式、经营区域、与合营各方及其关联方的业务关系	
	合营各方及关联方之间是否有其他业务上的协议或安排	

---

① 请描述交易，包括交易架构、交易各方的名称、交易标的和交易各方的对价（如涉及投入资产和业务，请说明其具体范围、内容、价值，并说明集中后交易各方是否将继续从事上述业务）、交易各关键步骤及时间点、交易进展情况和预计完成时间等。

② 请对交易前后的股权结构进行描述，并参考《经营者集中审查规定》第五条对交易前后的控制权结构、控制权变化进行说明并分析。并请以附件的形式提供交易前后的股权结构图（应体现参与集中的经营者与其最终控制人（如有）之间的关系）。

③ 如果交易导致形成合营企业（包括新设合营企业及在既存企业基础上通过交易形成合营企业），请填写此项。

④ 如为新设合营企业，在此填写拟使用的名称。

⑤ 如为新设合营企业，在此填写拟成立的时间。

8. 集中对相关市场竞争的影响					
8.1　集中各方业务关系及相关市场界定①	业务关系	相关商品市场	相关地域市场	相关市场界定理由	参与集中的经营者及其市场份额
	横向重叠	□有　□无（如有，须在此明确填写相关商品市场、相关地域市场、参与集中的经营者及其市场份额等内容，相关市场界定理由可在附件中予以说明。下同。）			
		1.			
	纵向关联	□有　□无			
	相邻关系②	□有　□无			
	其他③	□有　□无			
	附件	见附件〔　　〕。			
8.2　集中对市场竞争的影响④	集中各方及主要竞争者市场份额⑤	见附件〔　　〕。			
	竞争分析	见附件〔　　〕。			

---

　　① 请按照《国务院反垄断委员会关于相关市场界定的指南》的规定，根据集中各方所从事的业务及相互关系，从需求替代和供给替代两个方面界定相关商品市场和相关地域市场，并说明详细理由（请尽量以数据和事实作为支持，并注明所引用数据和事实的来源，如数据系申报人估算，请注明计算的方法和依据）。

　　② 指商品之间具有互补性，或者具有相同客户群和相同最终用途。

　　③ 指集中各方业务之间不具有横向重叠、纵向关联和相邻关系的情形。

　　④ 包括但不限于：根据销售额和销售量等其他合理口径计算的市场总体规模，市场发展现状，集中各方及主要竞争者的销售额、销售量等数据及市场份额。并请说明集中对市场结构、及消费者的影响。请注明每一项数据的来源、计算方法和依据，以附件形式提供能够证明数据来源的文件，并在本栏中注明附件的编号。申请适用简易审查程序的理由为《经营者集中审查规定》第十九条第（二）或者第（三）项的，不填此项。申请适用简易审查程序的理由为《经营者集中审查规定》第十九条第（一）或者第（四）项的，申报人需填写集中各方及主要竞争者市场份额，无需主动填写竞争分析，市场监管总局可以根据审查需要要求申报人提供竞争分析。

　　⑤ 参与集中的经营者在同一相关市场所占市场份额之和小于5%、在上下游市场和其他与交易有关的每个市场上所占市场份额均小于5%，且申报人难以获取行业认可的第三方出具的市场份额数据的，可以仅提供参与集中的经营者市场份额和市场总体规模数据。市场监管总局认为必要时可以要求申报人补充竞争者市场份额信息。如为新设合营企业，请提供合理预估的合营企业开展运营后一定时期内（例如三年）的市场份额。

9. 相关市场行业协会信息						
编号	名称	地址	联系人	电话号码	传真号码	网址

10. 交易是否需要中国政府其他部门（包括国家市场监督管理总局其他司局）审批
□ 是（详细说明①：＿＿＿＿＿＿＿＿＿） □ 否

11. 本项交易的合规性及集中各方在中国境内的合规性②	
11.1　本项交易的合规性	
11.2　集中各方主体资格及业务的合规性	

12. 交易是否需要在其他国家/地区申报
□ 是（说明需要申报的司法辖区、已申报/拟申报时间及审查进度等：＿＿＿＿＿＿＿＿＿＿） □ 否

13. 其他需要说明的情况
□ 有　□ 无 详细信息： 见附件〔　　〕。

14. 申报人承诺③
请参照附件模板和文本格式作出承诺并签字或盖章后提交。 附件：《承诺函》模板

---

① 请说明需要经过哪些审批、目前的报批/审批进度，并以附件形式提供相关部门的审批意见（如有）。

② 请说明本项交易是否符合中国法律、法规、规章及相关规定、政策。并请确认集中各方及其关联企业在中国是否存在既往的涉及实体设立、经营管理、外资审批和行业准入监管等方面的未决问题和合规性问题。

③ 请参照承诺函模板作出承诺，并于签字或盖章后以附件形式提交。另有承诺或声明的，其承诺的范围和强度实质上不应弱于承诺函模板中的承诺内容。

附件目录

编号	附件名称	所属条目

承诺函

申报人在此承诺，本申报表、申报表附件以及申报人在申报过程中提供的文件和信息都是真实、准确和完整的，复印件与原件一致，不存在任何虚假陈述或误导性信息。

申报人明确了解，如违反《反垄断法》第六十二条等有关规定，将依法承担相应法律责任。

申报人（盖章/签字）：

时间：20××年×月×日

附件 2

经营者集中简易案件公示表模版及填表说明

经营者集中简易案件公示表（模板）

案件名称	填写要求：与申报人在经营者集中简易案件反垄断审查申报表中填写的案件名称保持一致。	
交易概况（限200字内）	填写要求：简要介绍交易过程，包括交易各方、交易事项，新设合营企业或被收购方（资产）主要业务，以及交易前后控制权。 示例： A公司与×公司、×公司等签署协议，A公司收购C公司共计×%的股份。C公司主要从事药品批发业务。交易前，B公司持有C公司×%的股份，单独控制C公司。交易后，A公司将持有C公司×%的股份，A公司、B公司共同控制C公司。	
参与集中的经营者简介（每个限100字以内）	1. 经营者名称	填写要求：简要介绍经营者名称、成立时间、注册地、上市情况、主要业务，最终控制人名称和主要业务。不要填写与集中无关的内容，不得出现广告类表述语言。 示例1： A公司于×年×月×日成立于×省×市，为×交易所上市公司，主要业务为药品生产、医疗服务、药品批发等。 A公司最终控制人为AA集团，主要业务为药品、食品、日化类产品的生产销售等。
	2. 经营者名称	示例2： B公司于×年×月×日成立于×国（或×地区），为×交易所上市公司，主要业务为药品生产、医疗服务、药品批发等。 B公司最终控制人为自然人，主要业务为药品、旅游等行业投资。
简易案件理由（可以单选，也可以多选）	□ 1. 在同一相关市场，参与集中的经营者所占的市场份额之和小于15%。	
	□ 2. 在上下游市场，参与集中的经营者所占的市场份额均小于25%。	

续　表

	□ 3. 不在同一相关市场也不存在上下游关系的参与集中的经营者，在与交易有关的每个市场所占的市场份额均小于 25%。
	□ 4. 参与集中的经营者在中国境外设立合营企业，合营企业不在中国境内从事经济活动。
	□ 5. 参与集中的经营者收购境外企业股权或资产的，该境外企业不在中国境内从事经济活动。
	□ 6. 由两个以上的经营者共同控制的合营企业，通过集中被其中一个或一个以上经营者控制。
备注	示例 1： 横向重叠： ×年中国境内××市场： A 公司：0~5%，B 公司：0~5%，各方合计：0~5% 示例 2： 纵向关联： 上游：×年中国境内××市场： A 公司：如上所述 下游：×年中国境内××市场：B 公司：15~20%

填表说明：

一、经营者集中简易案件公示表（以下简称公示表）内容应当客观、真实，与申报表内容一致。申报人对公示表内容的真实性负责，提供虚假资料、信息的，将按照《反垄断法》第六十二条依法处罚。

二、交易概况。

（一）交易概况简要介绍交易过程，包括交易各方、交易事项等，要明确交易前后控制权。交易概况应当简明扼要，细节无需赘述。

（二）对新设合营企业案件，应在交易概况中披露合营企业计划从事的业务。对股权收购案件，应在交易概况中披露被收购方从事业务情况。

（三）公司名称的简称以（""）表示，例如：重庆万里新能源股份有限公司（"万里股份"）

三、参与集中的经营者简介

（一）参与集中的经营者按实际数量填写，按实际数量增加表格行数。

（二）简介填写参与集中的经营者名称、成立时间、注册地（中国境内的具体到省级或地级市，如上海市、山东省济南市），上市情况（非上市公司不需填写）及主要业务；同时，另起一段填写参与集中的经营者的最终控制人名称及主要业务。

（三）没有最终控制人的，填写"无最终控制人"；最终控制人为1~2个的，按实际情况填写；最终控制人超过2个的，选择与本次交易相关联的控制人进行业务描述。最终控制人为自然人的，可以不披露姓名、国籍。

（四）简介内容应当简洁明了，不要填写与集中无关的内容，例如："××公司积极服务于×市产业形成、工业强市发展大局，统筹推进债务防范化解和市场化转型"；不得出现广告类表述语言，例如："居于世界500强第×位"、"在××行业处于世界领先水平"、"是一家多元并进、专业化发展的综合性国际化企业集团"等。

四、简易案件理由和备注

（一）申报人申请简易案件的理由是基于1~3项时，须在备注中说明界定的相关商品市场和相关地域市场（无须阐述界定理由），以及参与集中的经营者的相关市场份额。1~3项可以多选，也可单选；没有勾选的，视为本集中不涉及该类型交易。

（二）申报人申请简易案件的理由是基于第4项、第5项时，无须在备注中说明相关市场和市场份额。

（三）由两个或两个以上经营者共同控制的合营企业，通过集中被其中的一个经营者控制，如果该经营者与合营企业属于同一相关市场的竞争者，则申报人在申请简易案件时，须同时勾选第1项和第6项理由，并在备注中说明界定的相关商品市场和相关地域市场（无须阐述界定理由），以及参与集中的经营者的相关市场份额。

（四）市场份额可以区间形式提供，区间幅度不应超过 5%。

（五）有多种集中性质的，先写横向，其次纵向，再次混合（包括相邻关系等）。已经有市场份额表述的，可以标示为"如上所述"。

（六）同一集中性质有多组关系的，可用表格表示。例如：

横向重叠：

相关商品市场	相关地域市场	✕年市场份额
✕✕市场	全球	A 公司：0~5% B 公司：0~5% 双方合计：5~10%
✕✕市场	中国境内	A 公司：0~5% B 公司：0~5% 各方合计：0~5%

纵向关联：

相关商品市场	相关地域市场	✕年市场份额
上游：✕✕市场 下游：✕✕市场	上游：中国境内 下游：中国境内	上游：中国境内✕✕市场 A 公司：15~20% 下游：中国境内✕✕市场 B 公司：10~15%
上游：✕✕市场 下游：✕✕市场	上游：中国境内 下游：城市	上游：中国境内✕✕市场 A 公司：如上所述 下游：✕城市✕✕市场 C 公司：10~15%

五、"经营者集中简易案件公示表"字体为黑体小二；表格内字体统一为宋体（正文）小四，其中，"横向重叠"、"纵向关联"、"混合集中"字体加粗。行间距选择段前 0 行，段后 0 行，单倍行距。

市场监管总局关于公平竞争审查举报处理工作规则

第一条 为了做好公平竞争审查举报处理工作，强化公平竞争审查工作监督保障，根据《中华人民共和国反垄断法》《公平竞争审查条例》等有关规定，制定本规则。

第二条 对涉嫌违反《公平竞争审查条例》规定的政策措施，任何单位和个人可以向市场监督管理部门举报。

前款所称违反《公平竞争审查条例》规定，包括以下情形：

（一）有关政策措施未履行公平竞争审查程序，或者履行公平竞争审查程序不规范；

（二）有关政策措施存在违反公平竞争审查标准的内容；

（三）其他违反《公平竞争审查条例》的情形。

第三条 国家市场监督管理总局主管全国公平竞争审查举报处理工作，监督指导地方市场监督管理部门公平竞争审查举报处理工作。

县级以上地方市场监督管理部门负责本行政区域内的公平竞争审查举报处理工作，并对下级市场监督管理部门公平竞争审查举报处理工作进行监督指导。

第四条 市场监督管理部门处理公平竞争审查举报，应当遵循依法、公正、高效的原则。

第五条 县级以上市场监督管理部门负责处理对本级人民政府相关单位及下一级人民政府政策措施的举报。

上级市场监督管理部门认为有必要的，可以直接处理属于下级市场监督管理部门处理权限的公平竞争审查举报。

第六条 收到举报的市场监督管理部门不具备处理权限的，应当告知举报人直接向有处理权限的市场监督管理部门提出。

第七条 市场监督管理部门应当向社会公开举报电话、信箱或者电子邮件地址。

第八条 举报人应当对举报内容的真实性负责。举报内容一般包括：

（一）举报人的基本情况；

（二）政策措施的起草单位；

（三）政策措施涉嫌违反《公平竞争审查条例》的具体情形和理由；

（四）是否就同一事实已向其他机关举报，或者就依据该政策措施作出的具体行政行为已申请行政复议或者向人民法院提起行政诉讼。

举报人采取非书面方式举报的，市场监督管理部门工作人员应当记录。

第九条 市场监督管理部门收到举报材料后应当做好登记，准确记录举报材料反映的主要事项、举报人、签收日期等信息。

第十条 市场监督管理部门收到举报后，应当及时对举报反映的政策措施是否违反《公平竞争审查条例》规定组织开展核查。

反映法律、行政法规、地方性法规涉嫌存在影响市场公平竞争问题的，市场监督管理部门应当根据有关法律法规规定移交有关单位处理。

反映尚未出台的政策措施涉嫌违反《公平竞争审查条例》规定的，市场监督管理部门可以转送有关起草单位处理。

第十一条 举报具有下列情形之一的，市场监督管理部门不予处理：

（一）不属于本规则第二条规定情形的；

（二）举报已核查处理结束，举报人以同一事实或者理由重复举报的；

（三）对有关具体行政行为及所依据的政策措施已申请行政复议或者向人民法院提起行政诉讼已经受理或者处理的；

（四）举报材料不完整、不明确，经市场监督管理部门要求未在七个工作日内补正或者补正后仍然无法判断举报材料指向的；

（五）不予处理举报的其他情形。

第十二条　市场监督管理部门开展核查，可以要求起草单位、牵头起草单位或者制定机关提供以下材料：

（一）政策措施文本及起草说明；

（二）政策措施征求意见情况；

（三）公平竞争审查结论；

（四）关于政策措施是否存在违反《公平竞争审查条例》规定情况的说明；

（五）其他为开展核查需要提供的材料。

第十三条　经核查存在下列情形的，属于未履行或者不规范履行公平竞争审查程序：

（一）政策措施属于公平竞争审查范围，但未开展公平竞争审查的；

（二）有关单位主张已经开展公平竞争审查，但未提供佐证材料的；

（三）适用《公平竞争审查条例》第十二条规定，但未在审查结论中详细说明的；

（四）政策措施属于《公平竞争审查条例》第十四条规定的情形，但未送交市场监督管理部门开展公平竞争审查的；

（五）未按照《公平竞争审查条例》第十六条规定听取有关方面意见的，法律另有规定的除外；

（六）未作出公平竞争审查结论，或者结论不明确的；

（七）其他违反公平竞争审查程序的情形。

第十四条　经核查存在下列情形的，属于违反公平竞争审查标准：

（一）政策措施中含有《公平竞争审查条例》第八条至第十一条规定的禁止性内容且不符合第十二条规定的；

（二）适用《公平竞争审查条例》第十二条规定的政策措施，经核查后发现不符合《公平竞争审查条例》第十二条第（一）至（四）项

规定的适用情形的;

(三)适用《公平竞争审查条例》第十二条规定的政策措施,经核查后发现文件出台时存在其他对公平竞争影响更小的替代方案的;

(四)适用《公平竞争审查条例》第十二条规定的政策措施,没有确定合理的实施期限或者终止条件,或者在实施期限到期或者满足终止条件后未及时停止实施的;

(五)其他违反公平竞争审查标准的情形。

第十五条 核查过程中,市场监督管理部门可以听取有关部门、经营者、行业协会商会对有关政策措施公平竞争影响的意见。

第十六条 市场监督管理部门应当自收到完备的举报材料之日起六十日内结束核查;举报事项情况复杂的,经市场监督管理部门负责人批准,可以适当延长。

第十七条 经组织核查,属于下列情形之一的,市场监督管理部门可以结束核查:

(一)有关政策措施不违反《公平竞争审查条例》规定的;

(二)在核查期间有关单位主动修改、废止有关政策措施的;

(三)有关政策措施已经失效或者废止的。

第十八条 经核查发现有关单位违反《公平竞争审查条例》规定的,市场监督管理部门可以制发《提醒敦促函》,督促有关单位整改。《提醒敦促函》主要包括收到举报和组织核查的有关情况、整改要求和书面反馈整改情况的时间要求等内容。

市场监督管理部门可以提出以下整改要求:

(一)有关单位未履行或者履行公平竞争审查程序不规范的,要求开展公平竞争审查或者补正程序等;

(二)政策措施存在违反公平竞争审查标准内容的,要求按照相关程序予以修订或者废止;

(三)核查发现有关单位存在公平竞争审查制度和机制不完善等情形的,要求健全完善有关制度机制。

《提醒敦促函》可以抄送有关单位的上级机关。

第十九条　有关单位违反《公平竞争审查条例》规定，经市场监督管理部门督促，逾期仍未提供核查材料或者整改的，上一级市场监督管理部门可以对其负责人进行约谈。

市场监督管理部门根据工作实际，可以联合有关单位的上级机关共同开展约谈。

约谈应当指出违反《公平竞争审查条例》规定的有关问题，并提出明确整改要求。约谈情况可以向社会公开。

第二十条　未依照《公平竞争审查条例》规定开展公平竞争审查，造成严重不良影响的，市场监督管理部门可以向有关上级机关提出对有关单位直接负责的主管人员和其他直接责任人员依法给予处分的建议。

市场监督管理部门在工作中发现有关单位及其工作人员涉嫌违纪违法的，可以将有关问题线索按规定移送相应纪检监察机关。

第二十一条　市场监督管理部门经核查认为有关政策措施的制定依据涉嫌违反《公平竞争审查条例》规定的，应当逐级报告有处理权限的上级市场监督管理部门，由其按照本规则开展核查。

第二十二条　举报线索涉嫌滥用行政权力排除、限制竞争的，及时按照《中华人民共和国反垄断法》等有关规定，移交有管辖权的反垄断执法机构调查处理。

第二十三条　对于实名举报，市场监督管理部门可以根据举报人的书面请求，依法向其反馈举报处理情况。

第二十四条　鼓励社会公众和新闻媒体对违反《公平竞争审查条例》规定的行为依法进行社会监督和舆论监督。

第二十五条　市场监督管理部门应当做好本行政区域公平竞争审查举报信息的统计分析，有针对性加强公平竞争审查工作。

第二十六条　对公平竞争审查举报处理工作中获悉的国家秘密、商业秘密和个人隐私，市场监督管理部门、有关单位、个人应当依法予以保密。

第二十七条　本规则自 2024 年 10 月 13 日起实施。

标准必要专利反垄断指引

(2024 年 11 月 8 日市场监管总局印发)

第一章　总　则

第一条　指引的目的、依据

为预防和制止滥用标准必要专利排除、限制竞争的行为，保护市场公平竞争，鼓励创新，提高经济运行效率，维护消费者利益和社会公共利益，根据《中华人民共和国反垄断法》（以下简称《反垄断法》）《中华人民共和国标准化法》《中华人民共和国专利法》和《禁止滥用知识产权排除、限制竞争行为规定》《国务院反垄断委员会关于知识产权领域的反垄断指南》等法律法规章和指南的规定，制定本指引。

第二条　相关概念

标准必要专利，是指实施标准必不可少的专利。

标准必要专利权人及相关权利人，是指享有标准必要专利权的经营者或者有权许可他人实施标准必要专利的经营者，本指引以下统称为标准必要专利权人。

标准实施方，是指实施标准的经营者。

第三条　分析原则

认定滥用标准必要专利排除、限制竞争行为，依据《反垄断法》并遵循以下基本原则：

（一）依据《反垄断法》规定，采用与滥用知识产权排除、限制竞争行为相同的分析思路；

（二）兼顾保护知识产权和维护市场公平竞争；

（三）平衡标准必要专利权人和标准实施方的利益；

（四）充分考量标准制定和实施过程中与标准必要专利相关的信息披露、许可承诺与许可谈判等情况。

第四条 相关市场

通常情况下，界定涉及标准必要专利的相关商品市场和相关地域市场需要遵循《反垄断法》《国务院反垄断委员会关于相关市场界定的指南》和《禁止滥用知识产权排除、限制竞争行为规定》所确定的一般原则，同时考虑标准必要专利的特点，结合个案进行具体分析。

（一）相关商品市场

界定涉及标准必要专利的相关商品市场采用替代性分析的方法。在具体个案中，涉及标准必要专利的相关商品市场主要是技术市场和实施标准所涉及的产品和服务市场。其中，技术市场可以从不同标准之间、不同标准必要专利之间、标准必要专利与非标准必要专利之间以及标准必要专利与非专利技术之间等是否存在紧密替代关系进行需求替代分析。必要时，可以同时从标准和标准必要专利的供给等方面进行供给替代分析。

（二）相关地域市场

界定涉及标准必要专利的相关地域市场同样采用替代性分析的方法。当涉及标准必要专利的许可覆盖多个国家和地区时，在个案中界定相关地域市场，需综合考虑不同国家和地区在标准实施、专利权保护等方面的地域性特征等因素。

在调查涉及标准必要专利的垄断协议、滥用市场支配地位案件以及开展经营者集中反垄断审查时，通常需要界定相关市场，但不同类型垄断案件对于相关市场界定的实际需求不同，应结合个案情况有所侧重。

第五条 加强事前事中监管

在标准制定与实施、专利联营的管理或者运营以及标准必要专利许可过程中，标准制定组织、专利联营的管理或者运营主体、标准必要专利权人、标准实施方等经营者应当加强反垄断合规建设，防范垄断风险，发现可能存在排除、限制竞争风险的，可以主动向反垄断执法机构报告有关情况，接受监督和指导。

对存在排除、限制竞争风险或者涉嫌实施垄断行为的，反垄断执法机构可以通过提醒敦促、约谈整改等方式，加强事前事中监管，要求标准制定组织、专利联营的管理或者运营主体、标准必要专利权人、标准实施方等经营者提出改进措施，做好有关问题的预防和整改。反垄断执法机构采取事前事中监管措施的，不影响对垄断行为的调查处理。

对存在排除、限制竞争风险或者涉嫌实施垄断行为的，任何单位和个人有权向反垄断执法机构举报。

第二章 涉及标准必要专利的信息披露、许可承诺和善意谈判

反垄断执法机构鼓励标准必要专利权人及时充分披露标准必要专利信息，作出公平、合理和无歧视的许可承诺，以及与标准实施方共同进行善意的许可谈判。上述良好行为有利于提高标准的制定和实施效率，维护公平竞争的市场秩序，促进技术创新与产业发展。若未遵循上述良好行为，并不必然导致违反反垄断法，但可能提高排除、限制竞争的风险。

第六条 标准必要专利的信息披露

按照标准制定组织规定，参与标准制修订的经营者，在标准制修订的任何阶段需及时充分披露其拥有和知悉的必要专利，同时提供相应证明材料。

没有参与标准制修订的经营者可以按照标准制定组织规定，在标准制修订的任何阶段披露其拥有和知悉的必要专利，同时提供相应证明材料。

在具体个案中，经营者未按照标准制定组织规定及时充分披露专利信息，或者已明确放弃专利权但向标准实施方主张专利权的情形，是认定其行为在相关市场中是否会对市场竞争产生排除、限制影响的重要考虑因素。

第七条　标准必要专利的许可承诺

公平、合理和无歧视原则，是标准必要专利权人与标准实施方进行标准必要专利许可谈判需遵循的重要原则，被境内外标准制定组织所公认并广泛采用，成为知识产权政策的重要内容。

按照标准制定组织规定，参与标准制修订的专利权人或者专利申请人需明确作出专利实施许可声明，同意在公平、合理和无歧视原则基础上，免费或者收费许可其他经营者在实施该标准时使用其专利。

对于已经基于公平、合理和无歧视原则作出许可承诺的专利，标准必要专利权人转让该专利时，需事先告知受让人该专利实施许可承诺的内容，并保证受让人同意受该专利实施许可承诺的约束，即标准必要专利许可承诺对受让人具有同等效力。

在具体个案中，标准必要专利权人或者其受让人是否违反公平、合理和无歧视承诺，是认定构成以不公平的高价许可，没有正当理由拒绝许可、搭售、附加其他不合理的交易条件或者实行差别待遇等具体垄断行为的重要考虑因素。

第八条　标准必要专利的善意谈判

标准必要专利善意谈判是履行公平、合理和无歧视原则的具体表现。标准必要专利权人和标准实施方之间就标准必要专利许可的费率、数量、时限、使用范围和地域范围等许可条件开展善意谈判，以达成公平、合理和无歧视的许可条件。善意谈判包括但不限于下列程序和要求：

（一）标准必要专利权人应对标准实施方提出明确的许可谈判要约，通常包括标准必要专利清单、合理数量的标准必要专利与标准的对照表、许可费率的计算方法及依据、合理的反馈期限等具体内容；

（二）标准实施方在合理期限内对获得许可表达善意意愿，即不存在无正当理由拖延、拒绝许可谈判等情形；

（三）标准必要专利权人提出符合其所作出的公平、合理和无歧视承诺的许可条件，主要包括许可费率计算方法及合理性理由、标准必要

专利保护期限及转让情况等与许可直接相关的必要信息和实际情况;

（四）标准实施方在合理期限内接受许可条件,如不接受,需在合理期限内就许可条件提出符合公平、合理和无歧视原则的方案。

在具体个案中,应对谈判的过程和内容进行全面评估。标准必要专利权人和标准实施方均需对其已尽到善意谈判义务进行证明。标准实施方表达善意意愿不影响其在谈判过程中对专利的必要性、有效性等提出异议的权利。

第三章　涉及标准必要专利的垄断协议

认定涉及标准必要专利的垄断协议,适用《反垄断法》和《禁止垄断协议规定》《禁止滥用知识产权排除、限制竞争行为规定》等相关规定。

第九条　标准制定与实施过程中的垄断协议

在标准制定和实施过程中,经营者之间可能达成垄断协议,排除、限制竞争,具体分析时可以考虑以下情形:

（一）是否没有正当理由,排除其他特定经营者参与标准制定;

（二）是否没有正当理由,排除其他特定经营者的相关方案;

（三）是否没有正当理由,约定不实施其他竞争性标准;

（四）是否没有正当理由,限制特定标准实施方基于标准进行测试、获得认证等实施标准的活动;

（五）需要考虑的其他相关情形。

标准制定组织或者其他经营者不得在标准制定和实施过程中,组织标准必要专利权人达成垄断协议或者为标准必要专利权人达成垄断协议提供实质性帮助。

第十条　涉及标准必要专利联营的垄断协议

通常情况下,专利联营可以降低许可等交易成本,提高许可效率。但是,标准必要专利权人之间可能利用专利联营达成垄断协议,排除、限制竞争,具体分析时可以考虑以下情形:

（一）标准必要专利权人是否利用专利联营交换价格、产量、市场划分等有关竞争的敏感信息；

（二）专利联营的管理或者运营主体是否将竞争性专利纳入专利联营；

（三）专利联营的管理或者运营主体是否联合限制标准必要专利权人单独对外许可；

（四）专利联营的管理或者运营主体是否组织标准必要专利权人达成垄断协议或者为标准必要专利权人达成垄断协议提供实质性帮助；

（五）需要考虑的其他相关情形。

第十一条 涉及标准必要专利的其他垄断协议

除上述协议外，标准必要专利权人还可能滥用其专利权实施其他类型的垄断协议，排除、限制竞争，具体分析时可以考虑以下情形：

（一）是否限制标准实施方生产、销售涉及标准必要专利产品的价格、数量、地域范围或者质量；

（二）是否限制标准实施方开发竞争性技术；

（三）可能构成垄断协议的其他情形。

第四章　涉及标准必要专利的滥用市场支配地位行为

认定涉及标准必要专利的滥用市场支配地位行为，适用《反垄断法》和《禁止滥用市场支配地位行为规定》《禁止滥用知识产权排除、限制竞争行为规定》等相关规定。通常情况下，首先需要界定相关市场，分析标准必要专利权人等经营者在相关市场是否具有市场支配地位，再根据个案情况具体分析是否构成滥用市场支配地位行为。

第十二条 市场支配地位的认定方法和考虑因素

认定标准必要专利权人等经营者在相关市场上是否具有支配地位，应当依据《反垄断法》和《国务院反垄断委员会关于知识产权领域的反垄断指南》等规定进行分析，认定或者推定经营者具有市场支配地位需结合标准必要专利的特点，可以具体考虑以下因素：

（一）标准必要专利权人在相关市场的市场份额，以及相关市场的竞争状况。通常情况下，在标准本身并无替代标准时，标准必要专利权人在其持有的标准必要专利许可市场中，占有全部的市场份额，但是有证据足以推翻的除外；

（二）标准必要专利权人控制相关市场的能力。主要包括标准必要专利权人决定许可费率、许可方式等许可条件的能力，阻碍、影响其他经营者进入相关市场的能力，以及标准实施方制约标准必要专利权人的客观条件和实际能力等；

（三）下游市场对标准必要专利的依赖程度。主要包括对应标准的演进情况、可替代性和转换成本等；

（四）其他专利权人进入许可市场的难易程度。主要包括标准必要专利技术被替换的可能性等；

（五）标准必要专利权人的财力和技术条件等与认定市场支配地位有关的其他因素。

第十三条 以不公平的高价许可标准必要专利

通常情况下，合理的许可费能够保障标准必要专利权人就其研发投入和技术创新获得回报。但是，标准必要专利权人等经营者可能滥用其市场支配地位，以不公平的高价许可标准必要专利或者销售包含标准必要专利的产品，排除、限制竞争，具体分析时可以考虑以下因素：

（一）许可双方遵循本指引第二章开展良好行为的情况；

（二）许可费是否明显高于可以比照的历史许可费或者其他经营者的许可费；

（三）许可谈判过程中，是否主张对过期、无效的标准必要专利或者非标准必要专利收取许可费；

（四）标准必要专利权人等经营者是否根据标准必要专利数量、质量和价值发生的变化合理调整许可费；

（五）标准必要专利权人等经营者是否通过非专利实施实体等进行重复收费。

第十四条　拒绝许可标准必要专利

通常情况下，在标准必要专利权人按照标准制定组织的规则作出公平、合理和无歧视承诺后，如果没有正当理由，标准必要专利权人等经营者不得拒绝任何愿意获得许可的标准实施方，否则可能对市场竞争产生排除、限制影响，具体分析时可以考虑以下因素：

（一）许可双方遵循本指引第二章开展良好行为的情况；

（二）标准实施方是否有不良信用记录或者出现经营状况恶化等严重影响交易安全的情况；

（三）是否因不可抗力等客观原因无法进行标准必要专利的许可；

（四）拒绝许可相关标准必要专利对市场竞争和创新的影响；

（五）拒绝许可相关标准必要专利是否会损害消费者利益或者社会公共利益。

第十五条　涉及标准必要专利的搭售

通常情况下，在标准必要专利许可时进行一揽子许可，可以降低整体交易成本，提高标准实施效率。但是，标准必要专利权人等经营者可能滥用其市场支配地位，没有正当理由，在许可时强制标准实施方接受一揽子许可、接受非标准必要专利许可或者购买其他产品，排除、限制竞争，具体分析时可以考虑以下因素：

（一）许可双方遵循本指引第二章开展良好行为的情况；

（二）是否符合正当的行业惯例和交易习惯；

（三）是否具有技术上的合理性和必要性；

（四）拆分一揽子许可是否具有可行性，是否会给标准实施方造成不合理的标准实施成本；

（五）标准实施方是否可以自主选择许可组合或者所购买的产品。

第十六条　涉及标准必要专利的附加其他不合理的交易条件

通常情况下，标准必要专利的许可条件由标准必要专利权人和标准实施方之间约定形成，体现许可双方的意思自治。但是，标准必要专利权人等经营者可能滥用其市场支配地位，没有正当理由，在标准必要专利许可中附加不合理的交易条件，排除、限制竞争，具体分析时可以考虑以下因素：

（一）许可双方遵循本指引第二章开展良好行为的情况；

（二）是否将免费或者不合理对价的反向许可等作为许可标准必要专利的前置性条件；

（三）是否强制要求标准实施方进行交叉许可并不提供合理对价；

（四）是否禁止或者限制标准实施方对其标准必要专利的必要性、有效性等提出异议；

（五）是否禁止或者限制标准实施方选择纠纷解决的措施或者地域；

（六）是否迫使或者禁止标准实施方与第三方进行交易，或者限制标准实施方与第三方进行交易的条件；

（七）是否限制标准实施方开发竞争性技术；

（八）是否缺乏合理理由要求标准实施方提供或者披露与标准实施无关的、与相关标准必要专利许可明显缺乏相关性的经营信息与技术信息等其他不合理条件。

第十七条　涉及标准必要专利的差别待遇

通常情况下，标准必要专利许可条件会因为标准实施方的实际情况、所处地域的交易习惯、经济发展水平等在许可费、时间等方面体现出差异性。但是，标准必要专利权人可能滥用其市场支配地位，没有正当理由，对条件相同的标准实施方实行差别待遇，排除、限制竞争，具体分析时可以考虑以下因素：

（一）许可双方遵循本指引第二章开展良好行为的情况；

（二）许可谈判的时机和市场背景是否发生显著变化；

（三）标准实施方的条件是否实质相同；

（四）许可数量、地域、期限和使用范围等许可条件是否实质相同；

（五）存在差异性的标准必要专利许可内容是否因许可双方达成的

其他许可条件而导致；

（六）该差别待遇是否对标准实施方参与市场竞争产生显著不合理影响。

第十八条 涉及标准必要专利的滥用救济措施行为

通常情况下，标准必要专利权人有权依法请求法院或者相关部门作出或者颁发停止侵害相关专利权的判决、裁定或者决定。但是，标准必要专利权人等经营者可能违反公平、合理和无歧视原则，未经善意谈判，滥用上述救济措施迫使标准实施方接受其不公平的高价或者其他不合理的交易条件，排除、限制竞争。具体分析时应当考虑许可双方是否根据本指引第八条进行善意的许可谈判，并可以考虑《国务院反垄断委员会关于知识产权领域的反垄断指南》规定的其他因素。

第五章 涉及标准必要专利的经营者集中

审查涉及标准必要专利的经营者集中，适用《反垄断法》《国务院关于经营者集中申报标准的规定》《禁止滥用知识产权排除、限制竞争行为规定》等规定。

第十九条 涉及标准必要专利的经营者集中申报

经营者之间涉及标准必要专利的交易，可能构成经营者集中。认定涉及标准必要专利的交易是否构成集中，应根据《反垄断法》《国务院反垄断委员会关于知识产权领域的反垄断指南》以及有关反垄断规章进行分析，同时还可以考虑以下因素：

（一）标准必要专利所覆盖的产品或者服务是否构成独立业务或者产生独立且可计算的营业额；

（二）标准必要专利许可的方式和期限。

涉及标准必要专利的交易构成经营者集中，并且达到《国务院关于经营者集中申报标准的规定》规定的申报标准的，经营者应当事先向国务院反垄断执法机构进行申报，未申报的不得实施集中。

根据《国务院关于经营者集中申报标准的规定》，涉及标准必要专利的经营者集中未达到申报标准，但有证据证明该经营者集中具有或者可能具有排除、限制竞争效果的，国务院反垄断执法机构可以要求经营者申报。经营者未按照要求进行申报的，国务院反垄断执法机构应当依法进行调查。经营者可以就未达到申报标准的经营者集中主动向国务院反垄断执法机构申报。

第二十条 涉及标准必要专利的经营者集中审查

如果涉及标准必要专利的交易是经营者集中的实质性组成部分或者对交易目的的实现具有重要意义，在经营者集中审查过程中，应考虑《反垄断法》规定的因素，同时考虑标准必要专利的特点。

涉及标准必要专利的限制性条件包括结构性条件、行为性条件和综合性条件。附加涉及标准必要专利的限制性条件，通常根据个案情况，针对经营者集中具有或者可能具有的排除、限制竞争效果，对限制性条件建议进行评估后确定，包括但不限于要求相关经营者剥离包括标准必要专利在内的相关资产、遵循公平合理无歧视原则进行许可、禁止搭售等行为和对标准必要专利受让人的行为进行必要约束等。

第六章　附　则

第二十一条 指引的效力

本指引仅对涉及标准必要专利领域的竞争行为作出一般性指引，供经营者和反垄断执法机构参考，不具有强制性。本指引未作规定的，可以参照《国务院反垄断委员会关于知识产权领域的反垄断指南》。

第二十二条 指引的解释和实施

本指引由市场监管总局解释，自发布之日起实施。

关于《标准必要专利反垄断指引》的解读

2024 年 11 月 08 日

为预防和制止经营者滥用标准必要专利排除、限制竞争行为，保护市场公平竞争，鼓励创新，提高经济运行效率，维护消费者利益和社会公共利益，市场监管总局印发了《标准必要专利反垄断指引》（以下简称《指引》）。现就相关内容进行解读：

一、必要性

（一）保护市场公平竞争的迫切需要。当前，标准必要专利许可实践覆盖无线通信、音视频、物联网等众多领域，许可主体趋向多元，许可模式日益复杂，在正常商业行为和反竞争行为之间存在模糊地带，增加了企业经营活动的不可预期性，也为反垄断监管执法带来挑战。《指引》明确标准必要专利领域反垄断监管执法有关制度规则，加强信息披露、许可承诺、善意谈判等行为指引和高风险行为预防，有利于为广大经营者提供清晰明确的行为遵循，促进市场公平竞争，保护产业创新发展动力。

（二）细化反垄断制度规则的内在要求。市场监管总局高度重视规制滥用知识产权排除、限制竞争行为，起草制定《国务院反垄断委员会关于知识产权领域的反垄断指南》、《禁止滥用知识产权排除、限制竞争行为规定》等，建立健全知识产权领域反垄断制度规则体系。《指引》聚焦标准必要专利领域，对反垄断执法制度规则进一步细化，有利于增强制度针对性和可操作性，提升反垄断监管执法的稳定性和透明度，规范和引导行业公平竞争，形成鼓励创新的政策制度环境。

（三）顺应全球治理趋势的具体举措。近年来，标准必要专利领域的公平竞争问题受到国内外高度关注，各国结合产业发展需求，制定出台有针对性的政策措施。制定出台《指引》有利于主动顺应国际治理趋势和产业发展大势，推动健全我国标准必要专利治理体系，及时、准确、充分释放我国政府统筹保护知识产权和促进公平竞争的政策导向，推动打造统一规范有序、鼓励创新发展的市场环境，也有利于更好参与全球公平竞争治理，服务高水平对外开放，提升我国产业国际竞争力。

二、制定过程

（一）深入开展理论研究。围绕增强《指引》的理论性和前瞻性等，委托中国标准化研究院等机构开展《指引》研制咨询项目，全面梳理国内外有关标准必要专利反垄断的立法与执法司法经验，结合我国产业发展实际和阶段特点，对框架结构和主要制度进行系统研究，为《指引》研制工作提供了理论支撑。

（二）加强产业情况调研。围绕增强《指引》针对性和可操作性等，针对无线通信、音视频等重点领域标准必要专利问题，开展系列座谈和调研，重点听取标准必要专利权人和标准实施方诉求，全面了解重点产业标准必要专利发展最新情况，深入分析存在的重点、难点问题，将研究形成的解决思路转化为具体规则，为《指引》研制工作夯实了实践基础。

（三）广泛征求意见建议。围绕增强《指引》民主性和科学性等，2023 年 6 月 30 日至 7 月 29 日，就《指引》（草案）向社会公开征求意见，并同步征求国务院反垄断反不正当竞争委员会成员单位、各省级市场监管部门、有关社会团体、企业、专家等的意见，加强与美国、欧盟等国家和地区反垄断执法机构沟通交流，对各方面意见建议深入研究，充分吸收采纳，形成最大共识。

三、主要内容

《指引》共六章二十二条，主要规定了以下内容：

（一）总则（1-5条）。明确《指引》的目的和依据，界定标准必要专利相关概念，提出涉及标准必要专利的垄断行为分析原则以及相关市场界定思路，建立事前事中监管规则。

（二）涉及标准必要专利的信息披露、许可承诺和善意谈判（6-8条）。从市场公平竞争以及反垄断监管执法角度，对经营者提出信息披露等合规要求，并明确上述合规要求的定位及与认定垄断行为之间的关系。

（三）涉及标准必要专利的垄断协议（9-11条）。规定标准制定与实施过程中的垄断协议、涉及标准必要专利的专利联营及其他垄断协议等情形。

（四）涉及标准必要专利的滥用市场支配地位行为（12-18条）。规定涉及标准必要专利的市场支配地位的认定方法和考虑因素，以及滥用市场支配地位行为的典型类型及认定因素。

（五）涉及标准必要专利的经营者集中（19-20条）。规定涉及标准必要专利的经营者集中申报情形及审查规定，并明确认定和考虑因素。

（六）附则（21-22条）。对《指引》的效力及解释等作出规定。

四、主要特点

《指引》主要有以下三个方面的特点：

（一）充分体现发展和规范并重的基本理念。标准必要专利领域的公平竞争问题，涉及国内国际两个市场，与众多产业创新发展密切相关。《指引》积极回应标准必要专利领域市场竞争中的难点焦点问题，在转化运用成熟理论研究成果、吸收借鉴已有实践经验的基础上，坚持市场化法治化国际化的基本方向，准确把握产业发展、技术创新和市场竞争规律，明确该领域适用《反垄断法》的基本框架，细化相关认定规则和考虑因素，注重将事前事中预防和事后惩戒处罚相结合，充分发挥反垄断监管执法的规范和引导作用。

（二）兼顾标准必要专利权人和实施方利益平衡。标准必要专利问题涉及产业多方利益，《指引》较好地兼顾了标准必要专利权人和标准实施方之间的利益关系，充分考虑双方发展需求，在制度规则设计上，坚持兼顾当前，着眼长远，依据《反垄断法》规定和公平合理无歧视原则，合理明确当事人的行为、私权和公益保护的边界，着力为各类经营者公平参与市场竞争提供制度保障，一方面，强调保护知识产权，维护标准必要专利权人获得合理创新收益，另一方面，强调权利行使应当在合法范围内，有效规制滥用标准必要专利实施垄断行为，充分激发标准必要专利实施方的创新活力与动力。

（三）构建事前事中事后全链条监管的制度体系。《指引》坚持系统思维和全链条监管理念，明确标准必要专利领域反垄断监管执法事前事中事后规则，设立专章规定信息披露、许可承诺和善意谈判等鼓励经营者实施的良好行为实践，强化不公平高价、滥用诉权禁令救济等高风险竞争行为规制，并规定了"主动报告""提醒敦促""约谈整改"等事前事中监管工具，推动对标准必要专利领域反垄断监管方式的创新，促进标准必要专利领域的经营者合规建设与反垄断监管执法。

最高人民法院
关于审理垄断民事纠纷案件适用法律若干问题的解释

（2024 年 2 月 4 日最高人民法院审判委员会第 1915 次会议通过，自 2024 年 7 月 1 日起施行）

为维护市场公平竞争秩序，依法公正高效审理垄断民事纠纷案件，根据《中华人民共和国民法典》、《中华人民共和国反垄断法》、《中华人民共和国民事诉讼法》等有关法律规定，制定本解释。

一、程序规定

第一条 本解释所称垄断民事纠纷案件，是指自然人、法人或者非法人组织因垄断行为受到损失以及因合同内容或者经营者团体的章程、决议、决定等违反反垄断法而发生争议，依据反垄断法向人民法院提起民事诉讼的案件。

本解释所称经营者团体，包括行业协会等由两个以上经营者为了实现共同目的而组成的结合体或者联合体。

第二条 原告依据反垄断法直接向人民法院提起民事诉讼，或者在反垄断执法机构认定构成垄断行为的处理决定作出后向人民法院提起民事诉讼，且符合法律规定的受理条件的，人民法院应予受理。

原告起诉仅请求人民法院确认被告的特定行为构成垄断，而不请求被告承担民事责任的，人民法院不予受理。

第三条 一方当事人向人民法院提起垄断民事诉讼，另一方当事人以双方之间存在合同关系且有仲裁协议为由，主张人民法院不应受理的，人民法院不予支持。

第四条　第一审垄断民事纠纷案件，由知识产权法院和最高人民法院指定的中级人民法院管辖。

第五条　垄断民事纠纷案件的地域管辖，根据案件具体情况，依照民事诉讼法及相关司法解释有关侵权纠纷、合同纠纷等的管辖规定确定。

第六条　原告依据反垄断法对在中华人民共和国境内没有住所的被告提起民事诉讼，主张被告在中华人民共和国境外的垄断行为对境内市场竞争产生排除、限制影响的，根据民事诉讼法第二百七十六条的规定确定管辖法院。

第七条　案件立案时的案由并非垄断民事纠纷，人民法院受理后经审查发现属于垄断民事纠纷，但受诉人民法院并无垄断民事纠纷案件管辖权的，应当将案件移送有管辖权的人民法院。

第八条　两个以上原告因同一垄断行为向有管辖权的同一人民法院分别提起诉讼的，人民法院可以合并审理。

两个以上原告因同一垄断行为向有管辖权的不同人民法院分别提起诉讼的，后立案的人民法院发现其他有管辖权的人民法院已先立案的，应当裁定将案件移送先立案的人民法院；受移送的人民法院可以合并审理。

人民法院可以要求当事人提供与被诉垄断行为相关的行政执法、仲裁、诉讼等情况。当事人拒不如实提供的，可以作为认定其是否遵循诚信原则和构成滥用权利等的考量因素。

第九条　原告无正当理由而根据影响地域、持续时间、实施场合、损害范围等因素对被告的同一垄断行为予以拆分，分别提起数个诉讼的，由最先受理诉讼的人民法院合并审理。

第十条　反垄断执法机构认定构成垄断行为的处理决定在法定期限内未被提起行政诉讼或者已为人民法院生效裁判所确认，原告在相关垄断民事纠纷案件中据此主张该处理决定认定的基本事实为真实的，无需再行举证证明，但有相反证据足以推翻的除外。

必要时，人民法院可以要求作出处理决定的反垄断执法机构对该处理决定的有关情况予以说明。反垄断执法机构提供的信息、材料等尚未公开的，人民法院应当依职权或者依申请采取合理保护措施。

第十一条　当事人可以向人民法院申请一至二名具有案件所涉领域、经济学等专门知识的人员出庭，就案件的专门性问题进行说明。

当事人可以向人民法院申请委托专业机构或者专业人员就案件的专门性问题提出市场调查或者经济分析意见。该专业机构或者专业人员可以由双方当事人协商确定；协商不成的，由人民法院指定。人民法院可以参照民事诉讼法及相关司法解释有关鉴定意见的规定，对该专业机构或者专业人员提出的市场调查或者经济分析意见进行审查判断。

一方当事人就案件的专门性问题自行委托有关专业机构或者专业人员提出市场调查或者经济分析意见，该意见缺乏可靠的事实、数据或者其他必要基础资料佐证，或者缺乏可靠的分析方法，或者另一方当事人提出证据或者理由足以反驳的，人民法院不予采信。

第十二条　经营者实施垄断行为损害社会公共利益，设区的市级以上人民检察院依法提起民事公益诉讼的，适用与公益诉讼有关的法律和司法解释的规定，但本解释另有规定的除外。

第十三条　反垄断执法机构对被诉垄断行为已经立案调查的，人民法院可以根据案件具体情况，裁定中止诉讼。

二、相关市场界定

第十四条　原告主张被诉垄断行为违反反垄断法的，一般应当界定反垄断法第十五条第二款所称的相关市场并提供证据或者充分说明理由。

原告以被告在相关市场的市场份额为由主张其具有市场支配地位或者显著的市场力量的，应当界定相关市场并提供证据或者充分说明理由。

原告提供证据足以直接证明下列情形之一的，可以不再对相关市场界定进一步承担举证责任：

（一）被诉垄断协议的经营者具有显著的市场力量；

（二）被诉滥用市场支配地位的经营者具有市场支配地位；

（三）被诉垄断行为具有排除、限制竞争效果。

原告主张被诉垄断行为属于反垄断法第十七条第一项至第五项和第十八条第一款第一项、第二项规定情形的，可以不对相关市场界定提供证据。

第十五条 人民法院界定经营者在一定时期内就特定商品或者服务（以下统称商品）进行竞争的相关商品市场和相关地域市场，可以根据案件具体情况，以被诉垄断行为直接涉及的特定商品为基础，从需求者角度进行需求替代分析；供给替代对经营者行为产生的竞争约束类似于需求替代的，还可以从供给者角度进行供给替代分析。

人民法院进行需求替代或者供给替代分析时，可以采用假定垄断者测试的分析方法，一般选择使用价格上涨的假定垄断者测试方法；经营者之间的竞争主要表现为质量、多样性、创新等非价格竞争的，可以选择质量下降、成本上升等假定垄断者测试方法。

第十六条 人民法院从需求替代的角度分析界定相关商品市场时，一般根据需求者对于商品特性、功能和用途的需求、质量的认可、价格的接受以及获取的难易程度等因素，确定由需求者认为具有较为紧密替代关系的一组或者一类商品所构成的市场为相关商品市场。从供给替代的角度分析界定相关商品市场时，可以综合考虑其他经营者进入市场的意图和能力、承担的成本与风险、克服的市场障碍、需要的时间等因素。

分析界定互联网平台（以下称平台）所涉相关商品市场时，结合被诉垄断行为的特点、产生或者可能产生排除、限制竞争效果的具体情况、平台的类型等因素，一般可以根据该平台与被诉垄断行为最相关一边的商品界定相关商品市场，也可以根据被诉垄断行为所涉及的多边商品分别界定多个相关商品市场，必要时也可以根据特定平台整体界定相关商品市场。特定平台存在跨边网络效应，并给该平台经营者施加了足够的竞争约束的，可以根据该平台整体界定相关商品市场，也可以根据跨边网络效应所涉及的多边商品分别界定多个相关商品市场，并考虑各个相关商品市场之间的相互关系和影响。

第十七条　人民法院从需求替代的角度分析界定相关地域市场时，可以综合考虑需求者因商品价格或者其他竞争因素的变化而转向其他地域购买商品的情况、商品的运输成本和运输特征、多数需求者选择商品的实际区域和主要经营者的商品销售分布、地域间的市场障碍、特定区域需求者偏好等因素。从供给替代的角度分析界定相关地域市场时，可以综合考虑其他地域的经营者对商品价格等竞争因素的变化作出的反应、其他地域的经营者供应或者销售相关商品的及时性和可行性等因素。

分析界定平台所涉相关地域市场，可以重点考虑多数需求者选择商品的实际区域、需求者的语言偏好和消费习惯、相关法律法规的要求、其他地域竞争者的现状及其进入相关地域市场的及时性等因素。

三、垄断协议

第十八条　人民法院认定反垄断法第十六条规定的其他协同行为，应当综合考虑下列因素：

（一）经营者的市场行为是否具有一致性；

（二）经营者之间是否进行过意思联络、信息交流或者传递；

（三）相关市场的市场结构、竞争状况、市场变化等情况；

（四）经营者能否对行为一致性作出合理解释。

原告提供前款第一项和第二项的初步证据，或者第一项和第三项的初步证据，能够证明经营者存在协同行为的可能性较大的，被告应当提供证据或者进行充分说明，对其行为一致性作出合理解释；不能作出合理解释的，人民法院可以认定协同行为成立。

本条所称合理解释，包括经营者系基于市场和竞争状况变化等而独立实施相关行为。

第十九条 反垄断法第十七条规定的具有竞争关系的经营者，是指在商品生产经营过程中处于同一阶段、提供具有较为紧密替代关系的商品、独立经营决策并承担法律责任的两个以上的实际经营者或者可能进入同一相关市场进行竞争的潜在经营者。

特定经营者取得对其他经营者的控制权或者能够对其他经营者施加决定性影响，或者两个以上经营者被同一第三方控制或者施加决定性影响，应当视为一个经济实体的，不构成前款所称具有竞争关系的经营者。

第二十条 原告有证据证明仿制药申请人与被仿制药专利权利人达成、实施的协议同时具备下列条件，主张该协议构成反垄断法第十七条规定的垄断协议的，人民法院可予支持：

（一）被仿制药专利权利人给予或者承诺给予仿制药申请人明显不合理的金钱或者其他形式的利益补偿；

（二）仿制药申请人承诺不质疑被仿制药专利权的有效性或者延迟进入被仿制药相关市场。

被告有证据证明前款所称的利益补偿仅系为弥补被仿制药专利相关纠纷解决成本或者具有其他正当理由，或者该协议符合反垄断法第二十条规定，主张其不构成反垄断法第十七条规定的垄断协议的，人民法院应予支持。

第二十一条 被诉垄断行为属于反垄断法第十八条第一款第一项、第二项规定的垄断协议的，应当由被告对该协议不具有排除、限制竞争效果承担举证责任。

第二十二条 人民法院依照反垄断法第十八条第一款和第二款的规定审查认定被诉垄断协议是否具有排除、限制竞争效果时，可以综合考虑下列因素：

（一）被告在相关市场的市场力量和协议对相关市场类似不利竞争效果的累积作用；

（二）协议是否具有提高市场进入壁垒、阻碍更有效率的经营者或者经营模式、限制品牌间或者品牌内竞争等不利竞争效果；

（三）协议是否具有防止搭便车、促进品牌间竞争、维护品牌形象、提升售前或者售后服务水平、促进创新等有利竞争效果，且为实现该效果所必需；

（四）其他可以考虑的因素。

在案证据足以证明的有利竞争效果明显超过不利竞争效果的，人民法院应当认定协议不具有排除、限制竞争效果。

第二十三条 被诉垄断协议具有下列情形之一，原告依据反垄断法第十八条第一款的规定主张被告应当承担法律责任的，人民法院不予支持：

（一）协议属于经营者与相对人之间的代理协议，且代理商不承担任何实质性商业或者经营风险；

（二）被告在相关市场的市场份额低于国务院反垄断执法机构规定的标准并符合国务院反垄断执法机构规定的其他条件。

第二十四条 经营者利用数据、算法、技术等手段进行意思联络、信息交流或者传递，或者利用数据、算法、技术、平台规则等手段实现行为一致性，达成、实施被诉垄断协议的，人民法院可以依照反垄断法第十七条的规定审查认定。

经营者利用数据、算法、技术、平台规则等手段实现限定或者自动化设定转售商品价格等，达成、实施被诉垄断协议的，人民法院可以依照反垄断法第十八条的规定审查认定。

第二十五条 平台经营者与平台内经营者的协议要求平台内经营者在该平台上提供与其他交易渠道相同或者更优惠交易条件的，根据原告的诉讼请求和具体案情，人民法院可以区别下列情形作出处理：

（一）平台经营者与平台内经营者之间具有竞争关系的，依照反垄断法第十七条的规定审查认定；

（二）平台经营者与平台内经营者之间不具有竞争关系的，依照反垄断法第十八条或者第十九条的规定审查认定；

（三）原告主张平台经营者滥用市场支配地位的，依照反垄断法第二十二条、电子商务法第二十二条的规定审查认定；

（四）原告主张平台经营者违反电子商务法第三十五条的规定的，依照该条规定处理。

第二十六条　经营者、经营者团体等组织其他经营者达成、实施垄断协议，给原告造成损失，原告依据民法典第一千一百六十八条的规定主张实施组织行为的经营者、经营者团体等与达成、实施垄断协议的其他经营者承担连带责任的，人民法院应当予以支持。

经营者、经营者团体等为其他经营者达成、实施垄断协议提供实质性帮助，给原告造成损失，原告依据民法典第一千一百六十九条第一款的规定主张提供帮助行为的经营者、经营者团体等与达成、实施垄断协议的其他经营者承担连带责任的，人民法院应当予以支持。但是，经营者、经营者团体等能够证明其不知道且不应当知道其他经营者达成、实施有关协议的除外。

前款所称实质性帮助，是指对垄断协议达成或者实施具有直接、重要促进作用的引导产生违法意图、提供便利条件、充当信息渠道、帮助实施惩罚等行为。

第二十七条　被告依据反垄断法第二十条第一款第一项至第五项的规定提出抗辩的，应当提供证据证明如下事实：

（一）被诉垄断协议能够实现相关目的或者效果；

（二）被诉垄断协议为实现相关目的或者效果所必需；

（三）被诉垄断协议不会严重限制相关市场的竞争；

（四）消费者能够分享由此产生的利益。

四、滥用市场支配地位

第二十八条　原告主张被诉垄断行为属于反垄断法第二十二条第一款规定的滥用市场支配地位的，应当对被告在相关市场内具有支配地位和被告滥用市场支配地位承担举证责任。被告以其行为具有正当性为由抗辩的，应当承担举证责任。

第二十九条　原告有证据证明经营者具有下列情形之一的，人民法院可以根据具体案件中相关市场的结构和实际竞争状况，结合相关市场经济规律等经济学知识，初步认定经营者在相关市场具有支配地位，但有相反证据足以反驳的除外：

（一）经营者在较长时间内维持明显高于市场竞争水平的价格，或者在较长时间内商品质量明显下降却未见大量用户流失，且相关市场明显缺乏竞争、创新和新进入者；

（二）经营者在较长时间内维持明显超过其他经营者的较高市场份额，且相关市场明显缺乏竞争、创新和新进入者。

被告对外发布的信息可以作为原告证明被告具有市场支配地位的初步证据，但有相反证据足以反驳的除外。

第三十条　反垄断法第二十三条和第二十四条所称的"经营者在相关市场的市场份额"，可以根据被诉垄断行为发生时经营者一定时期内的相关商品交易金额、交易数量、生产能力或者其他指标在相关市场所占的比例确定。

人民法院认定平台经营者在相关市场的市场份额时，可以采用能够反映相关市场实际竞争状况的交易金额、活跃用户数量、企业用户数量、用户使用时长、访问量、点击量、数据资产数量或者其他指标作为计算基准。

第三十一条　原告主张公用企业或者其他依法具有独占地位的经营者滥用市场支配地位的，人民法院可以根据市场结构和竞争状况的具体情况，认定被告在相关市场具有支配地位，但有相反证据足以反驳的除外。

第三十二条　人民法院依照反垄断法第二十三条的规定认定平台经营者的市场支配地位，可以重点考虑下列因素：

（一）平台的商业模式及平台经营者实际受到的竞争约束；

（二）平台经营者在相关市场的市场份额及该市场份额的持续时间；

（三）平台经营是否存在显著的网络效应、规模效应、范围效应等；

（四）平台经营者掌握的相关数据、算法、技术等情况；

（五）平台经营者对相邻市场的影响；

（六）用户或者平台内经营者对平台经营者的依赖程度及制衡能力、锁定效应、使用习惯、同时使用多个平台的情况、转向其他平台经营者的成本等；

（七）其他经营者进入相关市场的意愿、能力及所面临的规模要求、技术要求、政策法律限制等市场进入障碍；

（八）相关市场的创新和技术变化情况；

（九）其他需要考虑的与平台经营相关的因素。

第三十三条 人民法院依照反垄断法第二十三条的规定认定被诉滥用知识产权的经营者的市场支配地位，可以重点考虑下列因素：

（一）相关市场内特定知识产权客体的可替代性、替代性客体的数量及转向替代性客体的成本；

（二）利用该特定知识产权所提供的商品的可替代性及该商品的市场份额；

（三）交易相对人对拥有该特定知识产权的经营者的制衡能力；

（四）相关市场的创新和技术变化情况；

（五）其他需要考虑的与知识产权行使相关的因素。

经营者主张不能仅根据其拥有知识产权而推定具有市场支配地位的，人民法院应予支持。

第三十四条 依据反垄断法第二十四条第一款第二项、第三项被推定共同具有市场支配地位的经营者，有证据证明具有下列情形之一，反驳上述推定的，人民法院应予支持：

（一）该两个以上经营者之间不具有行为一致性且存在实质性

竞争；

（二）该两个以上经营者作为整体在相关市场受到来自其他经营者的有效竞争约束。

第三十五条 经营者同时具备下列条件的，人民法院可以认定其构成反垄断法第二十二条规定的滥用市场支配地位行为：

（一）在相关市场具有支配地位；

（二）实施了被诉垄断行为；

（三）被诉垄断行为具有排除、限制竞争效果；

（四）实施被诉垄断行为缺乏正当理由。

第三十六条 人民法院认定反垄断法第二十二条第一款第一项规定的经营者"以不公平的高价销售商品或者以不公平的低价购买商品"，可以综合考虑下列因素：

（一）该商品的收益率是否明显偏离竞争性市场中的合理收益率；

（二）该商品的价格是否明显偏离其成本与竞争条件下的合理利润之和；

（三）经营者向交易相对人销售或者购买商品的价格是否明显高于或者低于该经营者在上下游市场中销售或者购买相同商品或者可比商品的价格；

（四）经营者向交易相对人销售或者购买商品的价格是否明显高于或者低于其他经营者在相同或者相似条件下销售或者购买相同商品或者可比商品的价格；

（五）经营者向交易相对人销售或者购买商品的价格是否明显高于或者低于该经营者在相同或者相似条件下在其他地域市场销售或者购买相同商品或者可比商品的价格；

（六）经营者向交易相对人销售商品的价格增长幅度是否明显高于该经营者成本增长幅度，或者购买商品的价格降低幅度明显高于交易相对人成本降低幅度；

（七）该高价或者低价的持续时间；

（八）其他可以考虑的因素。

认定前款第四项、第五项所称相同或者相似条件，可以考虑经营模式、交易渠道、供求状况、监管环境、交易环节、成本结构、交易情况、平台类型等因素。

第三十七条 具有市场支配地位的经营者，具有下列情形之一的，人民法院可以初步认定其构成反垄断法第二十二条第一款第二项规定的"以低于成本的价格销售商品"：

（一）经营者在较长时间内持续以低于平均可变成本或者平均可避免成本的价格销售商品；

（二）经营者在较长时间内持续以高于平均可变成本或者平均可避免成本，但低于平均总成本的价格销售商品，且有其他证据证明其具有排除、限制同等效率的其他经营者在相关市场开展有效竞争的明确意图。

依照前款规定认定平台经营者以低于成本的价格销售商品，还应当考虑该平台涉及的多边市场中各相关市场之间的成本关联情况及其合理性。

具有下列情形之一的，人民法院可以认定构成反垄断法第二十二条第一款第二项规定的正当理由：

（一）低价处理鲜活商品、季节性商品、淘汰商品、即将超过有效期限的商品或者积压商品等；

（二）因清偿债务、转产、歇业等低价销售商品；

（三）为推广新商品、发展新业务、吸引新用户在合理期限内低价促销；

（四）能够证明行为具有正当性的其他理由。

第三十八条 具有市场支配地位的经营者，同时具备下列条件的，人民法院可以初步认定其构成反垄断法第二十二条第一款第三项规定的"拒绝与交易相对人进行交易"：

（一）经营者直接拒绝与交易相对人交易，提出交易相对人明显难以接受的交易条件，或者不合理地拖延交易，致使未能达成交易；

（二）经营者与交易相对人进行交易在经济、技术、法律和安全上具有可行性；

（三）拒绝交易行为排除、限制上游市场或者下游市场的竞争。

具有市场支配地位的经营者没有正当理由，拒绝将其商品、平台或者软件系统等与其他经营者提供的特定商品、平台或者软件系统等相兼容，拒绝开放其技术、数据、平台接口，或者拒绝许可其知识产权的，人民法院依照反垄断法第二十二条第一款第三项的规定予以认定时，可以综合考虑下列因素：

（一）该经营者实施兼容、开放或者许可在经济、技术、法律和安全上的可行性；

（二）该商品、平台或者软件系统、技术、数据、知识产权等的可替代性及重建成本；

（三）其他经营者在上游市场或者下游市场开展有效竞争对该经营者商品、平台或者软件系统、技术、数据、知识产权等的依赖程度；

（四）拒绝兼容、开放或者许可对创新以及推出新商品的影响；

（五）实施兼容、开放或者许可对该经营者自身经营活动和合法权益的影响；

（六）拒绝兼容、开放或者许可是否实质性地排除、限制相关市场的有效竞争；

（七）其他可以考虑的因素。

具有下列情形之一的，人民法院可以认定构成反垄断法第二十二条第一款第三项规定的正当理由：

（一）因不可抗力、情势变更等客观原因无法进行交易或者导致交易条件、结果明显不公平；

（二）交易相对人具有经营状况严重恶化、转移财产或者抽逃资金以逃避债务等丧失或者可能丧失履行交易能力的情形，或者具有不良信用记录、丧失商业信誉、实施违法犯罪等情形，影响交易安全；

（三）交易相对人拒绝接受适当的交易条件，或者不遵守经营者提出的合理要求；

（四）与交易相对人交易将严重减损该经营者的正当利益；

（五）能够证明行为具有正当性的其他理由。

第三十九条 具有市场支配地位的经营者，同时具备下列条件的，人民法院可以初步认定其构成反垄断法第二十二条第一款第四项规定的"限定交易相对人只能与其进行交易或者只能与其指定的经营者进行交易"：

（一）经营者直接限定或者以设定交易条件、提供交易指南等方式变相限定交易相对人只能与其进行交易或者只能与其指定的经营者进行交易，或者限定交易相对人不得与特定经营者进行交易；

（二）限定交易行为排除、限制相关市场的竞争。

认定限定交易行为是否具有排除、限制竞争效果，可以综合考虑下列因素：

（一）限定交易的范围、程度及持续时间；

（二）限定交易是否提高市场进入壁垒或者增加竞争对手的成本而产生市场封锁效应；

（三）被告为平台经营者的，限定交易所针对的平台内经营者的可替代性和平台用户使用多个替代性平台的情况及其转向其他平台的成本；

（四）限定交易是否实质剥夺交易相对人的自主选择权；

（五）其他需要考虑的因素。

具有下列情形之一的，人民法院可以认定构成反垄断法第二十二条第一款第四项规定的正当理由：

（一）为保护交易相对人和消费者利益所必需；

（二）为满足商品安全要求所必需；

（三）为保护知识产权或者数据安全所必需；

（四）为保护针对交易进行的特定投入所必需；

（五）为维护平台合理的商业模式所必需；

（六）为防止对平台整体具有消极影响的不当行为所必需；

（七）能够证明行为具有正当性的其他理由。

第四十条　具有市场支配地位的经营者，同时具备下列条件的，人民法院可以初步认定其构成反垄断法第二十二条第一款第五项规定的"搭售商品"：

（一）经营者将可以单独销售的不同商品捆绑销售；

（二）交易相对人违背意愿接受被搭售商品；

（三）搭售行为排除、限制相关市场的竞争。

反垄断法第二十二条第一款第五项规定的"附加其他不合理的交易条件"，包括下列情形：

（一）对交易达成、服务方式、付款方式、销售地域及对象、售后保障等附加不合理限制；

（二）在交易对价之外索取缺乏合理依据的费用或者利益；

（三）附加与所涉交易缺乏关联性的交易条件；

（四）强制收集非必要的用户信息或者数据；

（五）附加限制交易相对人改进技术、研究开发新产品等不竞争义务。

具有下列情形之一的，人民法院可以认定构成反垄断法第二十二条第一款第五项规定的正当理由：

（一）符合正当的交易习惯、消费习惯或者商业惯例；

（二）为保护交易相对人和消费者利益所必需；

（三）为满足商品安全要求所必需；

（四）为正常实施特定技术所必需；

（五）为维护平台正常运行所必需；

（六）能够证明行为具有正当性的其他理由。

第四十一条　具有市场支配地位的经营者，同时具备下列条件的，人民法院可以初步认定其构成反垄断法第二十二条第一款第六项规定的

"对条件相同的交易相对人在交易价格等交易条件上实行差别待遇"：

（一）经营者就相同商品对交易相对人在交易价格等交易条件上实行差别待遇；

（二）与经营者的其他交易相对人相比，该交易相对人在交易安全、交易成本、规模和能力、信用状况、所处交易环节、交易持续时间等方面不存在影响交易的实质性差异；

（三）差别待遇行为排除、限制相关市场的竞争。

具有市场支配地位的经营者向交易相对人销售或者购买商品的价格高于或者低于该经营者在上下游市场中销售或者购买相同商品的价格，形成对交易相对人的利润挤压，足以排除、限制同等效率的交易相对人在相关市场开展有效竞争的，人民法院可以初步认定该经营者构成前款所称差别待遇。

认定差别待遇是否具有排除、限制竞争效果，可以综合考虑下列因素：

（一）是否排除、限制经营者与竞争对手之间的竞争；

（二）是否致使交易相对人处于不利竞争地位，并排除、限制其所在相关市场的竞争；

（三）是否损害消费者利益和社会公共利益；

（四）其他可以考虑的因素。

具有下列情形之一的，人民法院可以认定构成反垄断法第二十二条第一款第六项规定的正当理由：

（一）根据交易相对人的实际需求实行差别待遇且符合正当的交易习惯、消费习惯或者商业惯例；

（二）针对新用户的首次交易在合理期限内开展优惠活动；

（三）基于公平、合理、无歧视的平台规则实施的随机性交易；

（四）能够证明行为具有正当性的其他理由。

第四十二条 平台内经营者作为原告提起诉讼，主张平台经营者利用数据、算法、技术、平台规则等实施滥用市场支配地位或者其他违法行为，根据原告的诉讼请求和具体案情，人民法院可以区别下列情形作出处理：

（一）平台经营者通过惩罚性或者激励性措施等限定平台内经营者交易、对平台内经营者附加不合理的交易条件、对条件相同的平台内经营者在交易价格等交易条件上实行差别待遇等，原告主张该平台经营者滥用市场支配地位的，依照反垄断法第二十二条、电子商务法第二十二条的规定审查认定；

（二）原告主张实施前项行为的平台经营者违反电子商务法第三十五条的规定的，依照该条规定处理。

五、民事责任

第四十三条　被告实施垄断行为，给原告造成损失的，根据原告的诉讼请求和查明的事实，人民法院可以依法判令被告承担停止侵害、赔偿损失等民事责任。

判令被告停止被诉垄断行为尚不足以消除排除、限制竞争效果的，根据原告的诉讼请求和具体案情，人民法院可以判令被告承担作出必要行为以恢复竞争的法律责任。

第四十四条　原告因被诉垄断行为受到的损失包括直接损失和相对于该行为未发生条件下减少的可得利益。

确定原告因被诉垄断行为受到的损失，可以考虑下列因素：

（一）被诉垄断行为实施之前或者结束以后与实施期间相关市场的商品价格、经营成本、利润、市场份额等；

（二）未受垄断行为影响的可比市场的商品价格、经营成本、利润等；

（三）未受垄断行为影响的可比经营者的商品价格、经营成本、利润、市场份额等；

（四）其他可以合理证明原告因被诉垄断行为所受损失的因素。

原告有证据证明被诉垄断行为已经给其造成损失，但难以根据前款规定确定具体损失数额的，人民法院可以根据原告的主张和案件证据，考虑被诉垄断行为的性质、程度、持续时间、获得的利益等因素，酌情确定合理的赔偿数额。

第四十五条 根据原告的诉讼请求和具体案情，人民法院可以将原告因调查、制止垄断行为所支付的合理开支，包括合理的市场调查费用、经济分析费用、律师费用等，计入损失赔偿范围。

第四十六条 多个被诉垄断行为相互关联，在同一相关市场或者多个相关市场给原告造成难以分割的整体性损失的，人民法院在确定损失时应当整体考虑。

多个被诉垄断行为各自独立，在不同的相关市场给原告造成损失的，人民法院在确定损失时可以分别考虑。

第四十七条 横向垄断协议的经营者以达成、实施该协议的其他经营者为被告，依据反垄断法第六十条的规定请求赔偿其参与该协议期间的损失的，人民法院不予支持。

第四十八条 当事人主张被诉垄断行为所涉合同或者经营者团体的章程、决议、决定等因违反反垄断法或者其他法律、行政法规的强制性规定而无效的，人民法院应当依照民法典第一百五十三条的规定审查认定。

被诉垄断行为所涉合同或者经营者团体的章程、决议、决定中的部分条款因违反反垄断法或者其他法律、行政法规的强制性规定而无效，当事人主张与该部分条款具有紧密关联、不具有独立存在意义或者便利被诉垄断行为实施的其他条款一并无效的，人民法院可予支持。

第四十九条 因垄断行为产生的损害赔偿请求权诉讼时效期间，从原告知道或者应当知道权益受到损害以及义务人之日起计算。

原告向反垄断执法机构举报被诉垄断行为的，诉讼时效从其举报之日起中断。反垄断执法机构决定不立案、撤销案件或者决定终止调查的，诉讼时效期间从原告知道或者应当知道该事由之日起重新计算。

反垄断执法机构调查后认定构成垄断行为的，诉讼时效期间从原告知道或者应当知道反垄断执法机构认定构成垄断行为的处理决定确定发生法律效力之日起重新计算。

六、附则

第五十条　人民法院审理垄断民事纠纷案件，适用被诉垄断行为发生时施行的反垄断法。被诉垄断行为发生在修改后的反垄断法施行之前，行为持续至或者损害后果出现在修改后的反垄断法施行之后的，适用修改后的反垄断法。

第五十一条　本解释自 2024 年 7 月 1 日起施行。《最高人民法院关于审理因垄断行为引发的民事纠纷案件应用法律若干问题的规定》（法释〔2012〕5 号）同时废止。

本解释施行后，人民法院正在审理的第一审、第二审案件适用本解释；本解释施行前已经作出生效裁判，当事人申请再审或者依照审判监督程序再审的案件，不适用本解释。